简明税法教程

周序中◎主 编　高桂林 胡延玲◎副主编

21世纪高职高专经济与管理专业基础课规划教材
21 SHIJI GAOZHIGAOZHUAN JINGJIYUGUANLI ZHUANYE JICHUKE GUIHUA JIAOCAI

首都经济贸易大学出版社
·北京·

前 言

PREFACE

　　税收是国家运用公共权力对公民的私人财产进行必要的课征，体现的是国家的公权力和公民的私人财产权之间的对应关系。税收是一个国家财政收入最重要的来源，国家或政府为社会提供的公共产品主要是由税收支持的。在现代社会，税法和任何其他法律一样，是调整社会矛盾和冲突的产物，是权利和义务的结合体。税法的公正与否直接关系到人民财产安全和自由，关系到社会秩序的稳定和人们生活的安定和谐。

　　税法作为调整经济运行与社会发展的重要手段，以法律支配权力、以法治取代人治、限制课征权的滥用是税法的核心命题与最高理想。在现代社会里，法律作为调控社会的主要手段，担负着化解社会矛盾的作用，我们应该加强税法学的教育和研究，提高国民的税法意识，制定科学、公平、公正的税法，最大限度保护人民的财产和自由，维持良好的社会秩序，促进社会的和谐发展。

　　在我国，税法学的研究一直比较薄弱，原因是多方面的。从传统上看，我国人治和官本位的文化传统浓厚，法治观念淡泊，法律一直被当做形而下的"器"——也就是治国的工具——而从属于封建礼教和专制皇权，普通百姓只能被动地接受。从现实上看，现代税法的特殊性和复杂性使一般民众难以掌握，再加上我国长期在宣传和解释上存在的片面性，使社会上下对税法的认识和理解均存在许多误区，这使我国民众对税法的立、改、废缺乏应有的积极性，也影响了税法学的发展。为此，我们编撰了《简明税法教程》一书，以期在普及税法基本理论和知识的基础上，推动税法学向更深入的领域发展。

　　本书的编写简明易懂，完整、系统地阐述和揭示了税法学的基本理论、基本知识和基本技术方法；吸收了理论界和学术界最新研究成果，并紧密结合立法、司法和执法实际；具有较强的科学性、先进性、适用性和实用性。

　　本书共分3篇15章。第一篇为税法学的基本理论,共有4章,内容主要涉及税法学的研究对象和研究内容;税收和税法的含义,税法调整对象和地位,税收法律体系,税法课税要素;税法原则;税收法律关系等。第二篇为税收实体法律制度,共有6章,内容主要涉及税收管理体制法律制度;流转税法律制度;所得税法律制度;财产税法律制度;资源税与土地税法律制度;行为税法律制度等。第三篇为税收程序法律制度,共有5章,内容主要涉及税收征收管理法律制度;税收法律责任;税务行政复议法律制度;税务行政诉讼法律制度;税务行政赔偿法律制度等。本书每章后均附有案例和思考题,以助于理解和掌握。

　　本书各章撰写分工如下:李晓安撰写第一、二章;周序中撰写前言、第三、四、十二章,并负责全书的统稿;乔如海撰写第五章;王建花撰写第六章;王瑞撰写第七章;曹炎撰写第八章;郭盛兰撰写第九章;赵燕青撰写第十章;房文晓撰写第十一章;胡延玲撰写第十三、十四章;高桂林撰写第十五章。

　　本书的出版与首都经济贸易大学出版社孟岩岭老师的热心支持与辛勤工作是分不开的,在此表示感谢!

　　受编撰者水平所限,本书尚有不足和疏漏之处,敬请专家学者和读者指正!

编　者

2009 年 1 月 1 日

简明税法教程

目　录

CONTENTS

简明税法教程

简明税法教程

简明税法教程

简明税法教程

第一篇　税法学的基本理论

第一章　税法学

要点提示

　　税法学是指以税法及与税法相关的一切社会现象为研究对象的法学学科。税法学与经济学、政治学、社会学的关系极为密切。税法学的研究内容比较宽泛，它对税法的现象、运行的普遍性规律和问题进行的分析，是我们认识和掌握税法概念、范畴体系及其与税收关系的主要途径和方法。

第一节　税法学的研究对象

一、税法学的研究对象

何谓研究对象？研究对象即所谓研究的客体，也即一定的社会现象、社会关系。每一门学科都有自己的研究对象。这一对象包含着自己矛盾的特殊性，对于某一现象有关领域特殊矛盾的研究，就构成该学科的研究对象。税法学的研究对象是指税法所规制和调整的社会关系。简言之，税法学是指以税法及与税法相关的一切社会现象为研究对象的法学学科。

税法是国家制定的用以调整国家与纳税人之间在征纳税方面权利与义务关系的法律规范的总称，这种规范的表现形式包括法律、法规、条例、规章、办法、实施细则等。税法以税收原理、税收法律规范及相关的社会现象为核心内容。税收反映的是国家与纳税人之间的经济利益分配关系，税法将这种关系上升为国家与纳税人之间的权利与义务关系。税法的目的是维护正常的税收秩序，保障国家利益和纳税人的合法权益。税法学是以税法及与税法有关的一切社会现象为研究对象的知识体系，是整个法律科学不可分割的一个组成部分，是法学的一个重要分支学科。

二、税法学与其他学科的关系

（一）税法学与经济学的关系

经济学是研究社会如何利用稀缺资源以生产有价值的商品，并将它们分配给不同的人的重要学科。具体地说,经济学考察与研究在经济活动中如何确定劳动、资本和土地的价格,以及运用这些价格配置资源;考察与研究金融市场行为;考察与研究收入分配以及在不影响经济运行的前提下对弱势群体给予帮助;考察与研究政府支出、税收、预算赤字对经济增长的影响;考察与研究经济周期中失业与生产的波动;等等。其中,经济学中的财政学和会计学与税法学的联系最为紧密。财政是人类社会各个不同社会形态的国家为实现其职能,以国家为主体无偿地参与一部分社会产品或国民收入的分配活动。财政学关于公共财政的理论对理解税收法律关系的性质和本质提供了有益的路径。现代财政学主流学说关于税收的理解为所谓"税收价格论",这一观点认为,税收是因纳税人享受政府所提供的公共产品而支付的价格,这就从根本上肯定了政府征税的正当性与合理性,指出了纳税人纳税的必要性和必然性。① 税务机关进行税收征管的主要依据是相关的会计账簿,因此,会计学与税法学的关系也极为密切。会计学是以系统研究关于个别企业的资本及其利润核算原理和技术为任务的学科。在具体的如增值税、营业税、消费税等税法学具体研究对象中,会计学的知识十分重要,而税务会计这一交叉学科的出现更说明了税法学与会计学的密切关系。

（二）税法学与政治学的关系

政治学是以政治现象及其发展规律为研究对象的一门学科。政治学研究政党、政府与民众的关系,政党、政府的执政理念对一国民生及经济发展会产生重要影响。在税法学中,纳税人与国家之间的关系是制定税收法律的重要基础性课题,关系到整个税收法制的状况,关系到具体税收法律制度的设计。政治学对民生的关注与税法学中征税人与纳税人的关系、税种、税率、征税对象等的确立之间存在关联,税收法定原则不仅是一项税法原则,而且在政治学领域,它也构成了政府运行的制度基础,税法学所研究的税制的历史发展与一个国家的政治文明的进步相关。可见,税法学与政治学的关系极为密切。

（三）税法学与社会学的关系

社会学主要以社会结构、社会进程以及各种重大的社会问题为研究对象,是一门具有综合意义的社会科学。社会学研究的社会关系、社会组织、社会文化、社会规范、社会制度以及社会和谐与社会冲突、社会运行与社会变迁、社会越轨与社会控制等问题对税法的制定有重要的指导作用。税法学所研究的税法涉及整个社会中重大的利益关系,这些利益关系往往是某些重大社会问题的组成部分,如目前我国进行的社会主义新农村建设等,在税法方面都有所反映、有所体现。因此,税法学与社会学的关系也极为密切。

---

① 张馨.税收价格论:理念更新与现实意义[J].税务研究.2001(6):17.

第二节　税法学的研究内容

税法学的研究内容比较宽泛,既研究国内税法学,也研究国际税法学、比较税法学;既研究税法产生与发展的历史,也研究现代税法在实践中的运行状况;既对现行税收法律规范进行注释和评析,更要研究税收法律规范背后的理论问题;既研究税收体制关系,又研究税收征纳关系;既研究税收征纳实体法,也研究税收征纳程序法;既研究税收义务,也研究税收权利;既要对税法的公权力性质进行分析,又要对税法的私权利性质给予足够的重视。税法学的研究更将税收之债作为税法的重要范畴,对税收债务的成立与确定、变更与消灭、保全与担保进行研究;对税收征管法、税收征管体制、税收责任、税收救济进行分析。作为一种知识体系,税法学研究税收法律关系性质、本质、要素和运行;税法的基本原则;税法的性质与作用;税法的渊源与效力;税法的产生与发展;税收基本原则;税收立法、税法解释、税收管理;等等。具体来说,税法学的研究内容包括以下几个方面:

第一,税收的概念、税法的概念、税法与税收的关系,税法的调整对象、税法的地位和作用、税法的本质和特征、税法的基本原则、税收法律关系、税法的体系和分类,税收法律责任等基本理论问题的研究。

第二,对国家制定各项税收法律规范活动的研究。

第三,对税法的实施,即在实体和程序两方面的执法、守法情况和经验的研究。

第四,对税收法律制度的研究。

第五,对税务司法,即对税务检察与税务审判的研究。

第六,对税收管理体制与税收立法的研究。

第七,对中外税法的历史、现状及发展的研究。

第八,对税法学自身建设、体系结构安排的研究。

第九,对税法学与其他部门法学和与其他相关学科(如财政学、国家税收等)关系的研究。

从税收法律规范的类别来说,税法学还包括对各个类别的税收法律规范的专门研究,具体内容如下:

一是关于流转类税法,如对增值税法、消费税法、营业税法、关税法、交易税法等的研究。

二是关于所得(收益)类税法,如对企业所得税法(内资企业、外资企业所得税法)、个人所得税法、农牧业税法的研究。

三是关于资源类税法,如对资源税法、土地使用税法和耕地占用税法的研究。

四是关于财产类税法,如对契税法、房产税法、车船购置税法、遗产税法等的研究。

　　五是关于行为类税法,如对城乡维护建设税法、印花税法、屠宰税法、筵席税法、车船使用税法等的研究。

　　另外,随着我国税收法律规范的不断完善,税法学的内容和范围还将不断地发展变化。

第三节　学习税法学的意义

　　在我国,学习和研究税法学的历史较短,税法学是我国20世纪80年代初出现的一门年轻的法律学科,它的出现是我国法学的一个新发展。在改革开放以前,我国税收法律制度始终以税种少、税负轻、税制简化为税收立法的主要指导思想,因此,当时的税收范围比较小,纳税人的比例较低,税收负担较轻。在这种情况下,有关的税务纠纷和争论也较少,因此,把税法作为权利义务关系的体系进行充分研究的必要性不大。

　　随着社会主义市场经济体制的建立与完善,为了推动国家法制建设、保障国家财政收入、实施宏观调控、维护纳税人的合法权益,税法在我国得到了迅速发展,并成为我国重要的法律部门。随着我国税收法律制度的日趋完善,征税范围也迅速扩大,普遍课税状况逐渐形成,使我国经济社会主体及市民社会主体税收负担明显增加,各种各样的税务矛盾越来越多,围绕税收引发的其他社会矛盾也呈增多趋势,税法研究的重要性和迫切性就十分明显了,税法学的研究也步入了成熟阶段。

　　因此,学习和研究税法学,是目前我国法制建设的客观需要,也是时代的要求。通过对税收法律规范的学习和研究,可以提高人们对税法的产生、变化和发展规律的认识,提高人们对税法的本质、作用、原理的认识和对税法实务的认识。学习税法学的意义具体体现在以下几个方面:

　　第一,学习和研究税法学是加强税收立法,健全社会主义税收法制,保证社会主义税收秩序的需要。

　　第二,学习和研究税法学是国家领导、组织和管理税收活动,保证财政收入,促进经济发展的需要。

　　第三,学习和研究税法学是适应税收体制改革,提高税收征管水平的需要。

　　第四,学习和研究税法学是培养和造就税收法律专门人才的需要。

思　考　题

1. 税法学的研究对象有哪些?
2. 简述税法学与经济学的关系。
3. 简述税法学与政治学的关系。
4. 简述税法学的研究内容与学习意义。

第二章　税　法

要点提示

　　税收是国家为实现其公共职能,按照预定的标准,强制、无偿地从私人部门向公共部门转移的资源,它是国家参与社会产品分配和再分配的重要手段,是国家财政收入的主要形式。税法是调整税收活动中发生的社会关系的法律规范的总称。通过本章的学习,应重点掌握税收的特征与职能,税法的特征与性质,税法的法律地位与渊源,税法的法律体系与要素,税法的产生与发展。

第一节　税收概述

一、税收的定义

　　税收也称租税、赋税、捐税、税金,或称税。税收是存在了几千年的财政收入形式,也是各国普遍存在的社会经济现象。税收存在的必要性在于:它是满足公共需求、提供公共产品的最有效、最重要的手段,它能够在一定程度上缓解公共产品领域存在的市场失灵问题,它通过对社会收入的分配和再分配,成为宏观调控和保障经济与社会稳定的政策工具。[①] 在经济学上,税收是指国家为了实现其职能的需要,按照法律规定,以国家政权体现者的身份,强制地向纳税人无偿征收货币或实物所形成特定分配关系的活动。

　　对税收的定义,学界多有分歧,代表性的定义有如下几种:

　　美国学者塞利格曼认为,税收是政府为满足公共利益的需要而向人民强制征收的费用,它与被征收者能否因其而得到特殊利益无关。

　　英国学者道尔顿认为,税收是公共团体强制课征的捐输,不论是否对纳税人予以报偿,都无关紧要。[②]

　　日本学者金子宏认为,税收是国家为了取得用以满足公共需求的资金,基于法

---

① 张守文.财税法学[M].北京:中国人民大学出版社,2007:158.
② 高培勇.西方税收理论与政策[M].北京:中国财政经济出版社,1993:10.

律的规定,无偿地向私人课征的金钱给付。①

德国学者海因里希·劳认为,税收是政府根据一般市民的标准而向其课征的资财,它并不是市民对政府的回报。②

日本学者汐见三郎认为,税收是国家及公共团体为了支付其一般经费,依财政权向纳税人强制征收之资财。③

《美国经济学辞典》关于税收的定义为,税收是居民个人、公共机构和团体被强制向政府转让的货币(偶尔也采取实物或劳务的形式)。

日本《现代经济学辞典》则将其定义为,税收是国家或地方公共团体为筹集用以满足社会公共需要的资金而按照法律的规定,以货币形式对私人进行的一种强制性课征。

上述对税收的定义虽然不统一,但是下述定义却得到了经济学界的普遍认可,即税收是国家为实现其公共职能,按照预定的标准,强制、无偿地从私人部门向公共部门转移的资源,它是国家参与社会产品分配和再分配的重要手段,是国家财政收入的主要形式。在这一定义中,税收征收的主体是国家,目的是满足国家行使其职能的需要,其依据主要是市场失灵和对公共物品的需要,是国家凭借政治权力依照法律对一部分社会产品价值进行的分配和再分配。

二、税收的特征

税收的特征反映的是税收与其他事物相区别的本质属性。税收具有无偿性、强制性和固定性三个特征。

(一)无偿性

税收的无偿性是指国家征税后税款就成为国家所有,不再直接返还纳税人,也不支付任何报酬,即国家征税既不需要事先支付对价,也不需要事后直接偿还或给予具体的纳税人以相应的资金回报。在国家与纳税人之间不存在等价有偿的交换关系。无偿性是税收的本质属性,体现了财政分配的本质。

(二)强制性

税收的强制性是指国家以社会管理者的身份,凭借政治权力,依据直接体现国家意志的法律强制征税,纳税人必须依法纳税,否则就要受到法律的制裁,即税收并不取决于纳税主体的主观意愿,而是取决于征税主体的认识和意愿。税收的无偿性决定了税收具有强制性。英国学者巴斯泰布尔认为,所谓赋税的强制性,指的是法律规定了缴纳的税额、方式、时间以及课税主体,而没有接受纳税人意见的余

① 金子宏.日本税法原理[M].刘多田,等,译.北京:中国财政经济出版社,1989:5.
② 国家税务总局税收科学研究所.西方税收理论[M].北京:中国财政经济出版社,1997:60.
③ 国家税务总局税收科学研究所.西方税收理论[M].北京:中国财政经济出版社,1997:60.

地。① 税收的强制性集中表现为征税主体必须依法行使税权,纳税主体在法定义务范围内必须履行纳税义务。当税收征管机关合法行使权力受到干扰或纳税人无法定事由拒不履行纳税义务时,违法者将受到法律的制裁。

(三)固定性

税收的固定性是指税收的征收标准和限度是相对稳定、明确的,即国家通过法律形式预先规定了每个税种的征税范围、计税标准及征收比例或数额,按预定标准征收,这些标准在一定时期内具有相对的稳定性。

三、税收的职能

税收的职能是指税收固有的职责和功能。税收具有三大职能:财政收入与分配职能、配置资源职能和保障稳定职能。

(一)财政收入与分配职能

税收的财政收入与分配职能主要表现在以下两个方面,即获取财政收入和对收入的再分配。税收是财政收入的主要形式,是国家获取财政收入的主要手段。当代各国主要通过征税来筹集财政资金,以提供公共物品,满足公共需求。税收具有组织财政收入的功能,即税收作为参与社会产品分配的手段,能将一部分社会产品从社会成员手中转移到国家手中,形成国家财政收入。税收不仅是参与国民收入初次分配的手段,它同样可以用于社会收入的再分配。由于存在市场失灵、社会分配不公等问题,国家适度介入经济生活、对社会收入进行再分配是甚为必要的。

(二)配置资源职能

税收的配置资源职能是指国家运用税收杠杆调控经济运行的功能。税收在组织财政收入的过程中,必然改变国民收入在各部门、各地区和各纳税人之间的分配比例,改变利益分配格局。税收本身具有"稳定器"的作用,可以对经济波动进行逆向调节,降低国民收入增减对经济波动反应的灵敏程度。

(三)保障稳定职能

税收的保障稳定职能主要表现在以下两个方面:一是税收收入足额。这是指税收要为政府筹集足额资金,以满足社会公共需要。税收足额是一个相对的概念,是相对于政府支出而言的。同样额度的税收相对于支出比较小的政府是足额的,而相对于支出比较大的政府却是不足的,因此,政府支出也要受财政收入的制约。政府既可以通过增加税收使财政收入由不足变为足额,也可以通过减少支出使税收收入由不足变为足额。量出为入与量入为出相结合,是税收收入足额的辩证内涵。二是税收收入稳定。这是指税收收入要相对稳定在同国民生产总值或国民收入合适的一定水平上,非属特殊情况,不宜经常或急剧变动,以避免税收对正常经

---

① 许建国.税收与社会[M].北京:中国财政经济出版社,1990:9.

济秩序造成冲击。税收收入稳定又是相对于政府合理支出的需要而言的,在发生较大的经济波动或政府职能变动时,必然要求打破旧的稳定,建立新的均衡。

四、税收的分类

税收的分类是指对税收体系中各税种按照一定的标准进行归类。对税收进行分类的目的在于研究、对比各不同税种的特点和优劣,以建立适合我国国情的税收体系。依据不同的标准,可以将税收划分为不同的类别:

第一,根据征税对象的性质和特点的不同,可以将税收划分为流转税、所得税、财产税、行为税和资源税五大类。流转税是指以商品交换和提供劳务为前提,以商品流转额和非商品流转额为征税对象的税种;所得税是以纳税人的所得或收益额为征税对象的税种;财产税是指以国家规定的纳税人的某些特定财产数量或价值额为征税对象的税种;行为税是指以某种特定行为的发生为条件,对行为人加以征税的税种;资源税是指以占用和开发国有自然资源获取的收入为征税对象的税种。

第二,根据税收最终归宿的不同,可以将税收划分为直接税和间接税。直接税是指由纳税人自己承担税负的税种;间接税是指纳税人可以将税负转嫁给他人,自己不直接承担税负的税种。

第三,根据税收管理权和税收收入支配权的不同,可以将税收划分为中央税、地方税和中央地方共享税。这种分类方式是由分税制的财政管理体制决定的。中央税是指由中央政府管理和支配的税种;地方税是指由地方政府管理和支配的税种;中央地方共享税是指由中央地方共同管理和支配的税种。

第四,根据计税标准的不同,可以将税收划分为从价税和从量税。从价税是指以征税对象的价格为计税标准征收的税种;从量税是指以征税对象特定的计量单位为计税标准征收的税种。我国现行的各种流转税大都属于从价税,但消费税中的啤酒、黄酒、汽油、柴油则属于从量税,资源税、土地使用税、耕地占用税、车船税、屠宰税也属于从量税。

第五,根据税收是否具有特定用途,可以将税收划分为普通税和目的税。普通税是指用于国家财政经常开支的税收;目的税是指专款专用的税收,如城市维护建设税、耕地占用税、社会保障税等。我国现行税制中,只有城市维护建设税和耕地占用税是目的税。

第六,根据计税价格中是否包含税款,可以将从价计征的税种分为价内税和价外税。我国的关税和增值税,其计税价格中不包含税款在内,属于价外税;其他从价税均属于价内税。

第二节　税法概述

一、税法的概念和特征

（一）税法的概念

关于税法的概念，日本学者金子宏认为："税法，是关于税收的所有法律规范的总称。"我国一些学者认为，"税法是指由国家最高权力机关或其授权的行政机关制定的有关调整国家在筹集财政资金方面所形成的税收关系的法律规范的总称"①。"税法是国家制定的各种有关税收活动的法律规范的总称，包括税收法律、法令、条例、税则和制度等"②。《牛津法律大辞典》中的税法是指"有关确定哪些收入、支付或交易应当纳税，以及按什么税率纳税的法律规范的总称"③。《不列颠百科全书》中将税法解释为："是政府凭以要求纳税人将其收入或财产的一部分转移给政府的条例。"

概括以上定义，我们认为，税法是调整税收活动中发生的社会关系的法律规范的总称。

（二）税法的特征

税法具有以下几个特征：

1. 经济性。税法的经济性主要体现在以下几个方面：①税法以税收为核心内容，税收是经济学的概念，是一种经济活动。税法作用于市场经济，直接调整经济领域的特定经济关系，税法的适度调整有助于弥补市场缺陷，节约交易成本，提高经济效率。②税法通过对税种、税率、税目等的设计，引导、扶持对经济可持续发展有益的产业，抑制、禁止对经济可持续发展不利的产业。税法反映并尊重经济规律，引导市场主体从事合理的市场行为，不断地解决效率与公平的矛盾。③税法是对经济政策的法律化，它通过保障税收杠杆的有效利用，引导经济主体趋利避害。

2. 规制性。税法通过对各种税的具体规定，达到对有利于社会发展的事业、行为予以鼓励、保护，对经济和社会发展不利的事业和行为进行限制、禁止的调整目的。征税主体以税法为依据，对税收征收法律关系进行调整；纳税主体以税法为根据，对自己的经济行为进行调整，以达到经济发展与社会整体发展相结合，个人发展与社会群体发展相协调的法律规制目的及社会发展目标。

3. 技术性。税法的技术性主要表现在以下两个方面：①在税收实体法中，在具

---

① 蔡秀云. 新税法教程[M]. 北京：中国法制出版社，1995：1.
② 许建国. 中国税法原理[M]. 武汉：武汉大学出版社，1995：3.
③ 戴维·M. 沃克. 牛津法律大辞典[M]. 邓正来，等，译. 北京：光明日报出版社，1988：790.

体税目的选择、税率的确定,特别是优惠税率的确定等方面。②在税收程序法中,在税务登记制度、发票制度和管辖制度等方面。

4. 综合性。税法的综合性主要表现为:①广义的税收法律规范不仅存在于单行的专门税收法规中,还存在于其他与税收有关的法规之中,如刑法、公司法、会计法等。②由于税法内容的复杂性,不可能像民法、刑法等法律部门那样制定一个统一的税法典,而只能是一个由多种法律规范构成的法律体系。在这一法律体系中,既要有实体性规范,又需要特定的程序予以保障。因此,税法不是单纯意义上的实体法或程序法,而是实体性法律规范和程序性法律规范的统一体。

二、税法与税收的关系

税法与税收密不可分。税收是税法产生、存在和发展的基础,是决定税法性质和内容的重要因素。自税收产生以来的历史表明,有"税"必有"法",无"法"不成"税"。税收与税法之间是一种经济内容与法律形式内在结合的关系。税收作为产品分配形式,是税法的具体内容;税法作为特殊的行为规范,是税收的法律形式。

此外,税法与税收亦有区别,主要表现为:税收是一种经济活动,属经济基础范畴;税法则是一种法律制度,属上层建筑范畴。国家和社会对税收收入与税收活动的客观需要,决定了与税收相对应的税法的存在;税法则对税收活动的有序进行和税收目的的有效实现发挥着极为重要的保障作用。税法是国家制定的用以调整国家与纳税人之间在征纳税方面权利与义务关系的法律规范的总称。税法的目的是维护正常的税收秩序,保障国家利益和纳税人的合法权益。税收反映的是国家与纳税人之间的经济利益分配关系,而税法反映的是国家与纳税人之间的权利与义务关系。

三、税法的性质与作用

(一)税法的性质

古罗马时期的著名法学家乌尔比安将法律划分为公法与私法。公法是关于国家或国家与个人之间权利义务关系的法律部门的总和,它的调整对象主要是国家与个人(法人)的利益关系。私法是关于个体之间权利义务关系的法律部门的总和,它的调整对象是个人(法人)与个人(法人)的利益关系。私法通过权利对权利的自行性约束,达到法律对社会关系调整的目的。私法自治,"看不见的手"所具有的自发性和有效性都依赖于权利与权利之间的自行调节。公法通过权力对权力的约束以及对权利的干涉,一方面保证权力的正常运转,另一方面也防止权利的滥用。公法通过国家的强行干预,达到法律对社会关系调整的目的。传统公法与私法在价值取向方面往往对某一方面有所偏好,传统公法偏重于秩序与公平,传统私法则偏重于自由与效益。

税法是属于公法还是具有私法的性质,学界多有争论。我国台湾学者陈清秀认为,税法的法律关系中有一方是由国家或地方公共团体以公权力主体的特殊资格地位,享受税法上的权利,负担税法上的义务。税法主要以维护公共利益而非个人利益为目的,因此,税法在性质上属于公法。[①] 这一观点得到了许多学者的赞同。因为,在税收法律关系主体中,至少有一方是国家或者代表国家行使税收方面权力的机关,同时,税法的主要目的是维护国家税收利益的实现,而税收利益是一种公共利益,因此,税法应属于公法。

还有学者认为,税收关系是因国家组织税收收入所发生的社会关系。国家取得税收收入的过程,实际上也是国家政治权力介入私人经济领域,实现一定数量资财的所有权无偿转移的过程。这个过程既非纯粹的经济关系,也非纯粹的公权力关系,而是由税收经济关系、税收征纳程序关系和税收监督保障关系共同构成的复合体。其中,税收债务是法定的公法上的债务,而不是私法上的债务,其债务内容不能如私法之债那样依当事人的"意思自治"而自由确定,而必须依法进行,即"债务法定"。在现行法的结构中,税收法律关系是公法上的法律关系,因它而产生的法律诉讼全部作为行政诉讼,适用行政诉讼法而非民事诉讼法的规定。税收作为满足公共需要的手段,不仅具有很强的公益性,而且税收的课赋与征收还必须公平地进行。作为这一特性的反映,税收债权人——国家拥有私法债权人所没有的种种特权。其结果,在税收法律关系中,作为债权人的国家具有法定的优越性,并在这种法定的优越性的范围内,税收法律关系表现为对应但不对等的关系,具体表现为税务机关有单方面的税收调整权、核定权、质问检查权、自力执行权、税收优先权等,而管理相对方则有相应的服从的义务。这些权力的法律确认,目的在于确保国家税收的征收,保持纳税人之间的相互公平。但是,对这些特权,其范围必须限于法律的明文规定内,绝不允许在解释上对其范围加以任意的扩大。[②]

尽管税法属于公法,但是,在现代社会背景下,税法也体现出强烈的私法化趋势。因为,从国家产生的本源来看,国家的权力来源于市民权利的让渡,国家的产生是为了使国民能够更和平、安宁、幸福地生活,国家所有的权力均来自民众的授权。虽然国家产生后在相当长的时期内,其权力的性质发生了异化,背离了其最初的目的,但随着对权力和权利认识的回归,税法公法性质的光环呈逐渐淡化的趋势,税法的私法性质则引起了学者的广泛关注。有学者认为,税法与私法本质上应当统一,并具有内在、广泛的联系,其本源就在于"对(私人)财产权的确认和保障"。而依法治国家宪法意旨和市场经济的内在要求,过于强调税收的"权力性、强制性与无偿性",因而使税法异化为侵犯(私人)财产权的"侵权法",与作为"维

① 陈清秀.税法总论[M].台北:三民书局,1997:8.
② 朱大旗.从税法的调整对象、特点论税收法律关系的性质[J].法天下.2006(2):7.

权法"的私法形成对立的观点,不利于现代税法学的发展。更进一步看,税法的私法化可具体表现为:课税依据的私法化、税收法律关系的私法化、税法概念范畴的私法化、税法制度的私法化,等等。①

(二)税法的作用

税法主要具有以下几个方面的作用:

1.税法是实现国家财政收入的法律保障。税收组织国家财政收入,意味着纳税人必须将其一部分经济利益让渡给国家,而这种让渡没有直接对待给付性;税收对经济进行调控,又使个别或部分纳税人为了国家宏观调控的需要而作出较大的牺牲;税收对经济生活实行监督,发现、制裁欠税、偷税、抗税等行为,解决税务争议,又必须依靠相当程度的强制力。因此,要想正常发挥税收的上述基本职能,势必会与纳税人的利益产生矛盾、发生冲突。所以,国家只有通过制定税法,运用国家政权的力量,才能够在根本利益一致的基础上解决税收职能实现过程中产生的与纳税人的利益冲突问题。同时,通过形式多样、配套齐全的税法体系,明确税收的每一环节和每一要素,能够保障税收职能有效、迅速和充分地实现。

2.税法是维护正常税收秩序的法律准则。税收关系主要是税收征纳关系,在本质上体现为社会产品分配过程中,国家与纳税主体之间的利益分配关系。作为征税主体的国家,为了使其自身的物质需要得到长期、持续、稳定的满足,就必须使税收征纳关系也具有稳定性、长期性和规范性,那么,最佳途径就是使其法制化。制定税法,可以对税收关系各方主体及其权利、义务关系作出规定,明确税收关系各方主体所享有的合法权益的范围,并且为各方主体特别是纳税人维护自己的合法权益、追究他方责任提供可靠的法律依据。

3.税法是维护国家税收主权的法律依据。税收主权是国家经济主权必不可少的重要组成部分,主要体现在国家间税收管辖权冲突和国际税收权益分配关系等方面。因此,涉外税法也是国家税法体系不可或缺的部分,通过它对上述问题的具体规定,国家的税收管辖权才能得到贯彻,从而达到维护国家税收权益的目的。

第三节　税法的地位

一、税法的调整对象和地位

税法的调整对象是划分法的部门的依据。因此,认真研究税法的调整对象,科学地界定税法调整对象的性质和范围,对确立税法部门法的地位具有十分重要的意义。税法的调整对象是税收关系,包括税收分配关系和税收征收管理关系。由

---

① 刘剑文.WTO 与中国法律改革[M].北京:西苑出版社,2001:281~293.

于税法有独特的调整对象,也因此决定了税法在我国整个法律体系中的地位。税法的地位主要是考量税法是不是一个独立的法律部门。长期以来,由于对我国经济发展与税收关系的重要性认识不足,因而对税收、税法独特的发展历史和性质认识不清,低估了税法应有的地位。

（一）税收与国家的历史一样悠久

人类有记载的历史只有几千年,但是人类存在的历史是几百万年。在国家产生之前,人类的社会组织形式是氏族,氏族是原始社会的基本组织形式。由于原始人类抵御自然灾害和外部侵害的能力十分有限,只能依靠共同生活、依靠集体的力量维持生存。在氏族制度下,重要的生产资料实行公有制,没有贫富差别和阶级分化,人们享有集体生活中的平等地位。但是,随着社会分工和交换的出现,更先进的劳动工具提高了劳动生产率,产生了更多的剩余产品,出现了自由支配属于自己物品的私人占有,出现了不直接从事生产劳动而专职从事社会管理的人员,出现了富人和穷人,并发展成两个对立的阶级,也产生了不可调和的矛盾和斗争。为了不使社会和相互冲突的阶级在无谓的斗争中同归于尽,需要一个凌驾于社会之上的力量,把这种斗争控制在有序的范围内。于是,国家和法律就产生了。国家的基本职能是为社会成员设立行为标准,并设立解决社会争端的有组织的机制,即法庭、警察和监狱。为了维持国家机器的运转,需要向国民征税,税收成为国家财政收入的主要来源。因此可以说,税收的历史同国家的历史一样悠久。而税法、刑法、民法是国家维持运转的三大主要法律。虽然将税法作为一种知识体系进行研究是近现代的事,但是税收的产生却是与国家的产生同步的。有学者将税法纳入行政法部门,或纳入经济法部门,这是有待商榷的。因为,行政法、经济法都是近现代调整政府行为与干预市场经济的产物。

（二）税收是改变社会的有力工具

在现代社会,税法为政府征税提供了合法性。通过对私人（企业、个人）的收入、商品和服务进行征税,减少了私人收入和私人支出,但是为公共支出提供了来源。公共支出提供公共产品,政府通过举办军事力量以保卫国土不受侵犯,保证社会安全;通过改善环境、分配稀缺资源,实现对环境和资源的保护;通过稳定经济、减少失业、向弱势群体提供帮助,促进社会的和谐稳定;通过改善公众教育,提高公众素质和竞争能力;通过对收入和利益资源的再分配,合理配置、调节利益关系,减小收入差距;通过对某些经济活动（如吸烟、污染）增税以对其进行抑制,或减税以鼓励一些行业或部门（如教育、保健）的发展。可见,税收是改变社会的有力工具。由此也可表明,以税收作为基本内容的税法在整个法律体系中的重要地位。

（三）税法的独立地位

税法是调整在税收活动中发生的社会关系的法律规范的总称。税法的调整对象是税收征纳关系,国家主体依据税法规定的税收权,通过政府的权力行使,将私人部门的收入转化为国有收入,其目的是向公众提供公共物品,实现国家的公共职能。税法中国家具有法定的优越性,在这种法定优越性的范围内,税收法律关系表现为对应但不对等的关系,体现了税法调整方法单方面的强制性,即不以被征纳主体的主观意愿或双方的意思表示为基础,而是单方面地取决于征税主体的认识与意愿,并不以对纳税人的回报作为条件。税法的独立地位具体表现为:税务机关有单方面的税收调整权、核定权、质问检查权、自力执行权、税收优先权等,而管理相对方只有相应的服从义务。由于税收关系本身包括两个层次的内容,即税收分配关系和税收征收管理关系,因此,税法中既包含实体法的内容,也包含程序法的内容,体现了实体法和程序法相结合的特征。税收征收管理关系中有不少关系就是程序关系,调整这一部分关系的税法规范自然具有程序法的属性。税法所具有的强制性、固定性和无偿性的特点,也决定了税法自身的独立性。

二、税法与其他部门法律的关系

(一)税法与宪法的关系

宪法是国家根本大法,具有最高的法律地位与法律效力。宪法是母法,所有的法律都依据宪法产生,并不得与宪法相抵触。因此,宪法中关于公民纳税义务的规定,国家享有征税权的规定,国家机关之间税收权限的划分等规定,构成了制定具体税收法律法规的基础。有关税收的规定也是美国、英国、法国、日本等国宪法文件的重要内容。此外,税法的基本原则——税收法定原则,只有在宪法中予以体现,才能真正确立其地位,并进而推进税收法治。同时,税法价值、税法意识也和宪法价值、宪法意识密切相关。

(二)税法与行政法的关系

税法与行政法的关系相当密切,有学者曾认为,税法属于行政法律部门,可见两者之间的密切关系。其中,税收征管、税收行政复议、税收行政诉讼和税收行政赔偿的基本原理和基本制度与一般行政法并无二致,而且税法的执行主体主要是行政机关。但是,两者还是有较大区别的,尤其是在产生的历史、调整对象、宗旨、职能、法域、目的等方面,税法与行政法是大不相同的。

(三)税法与经济法的关系

关于税法与经济法的关系应当说大致有两种观点:一种观点认为,税法就是经济法的一个亚部门法,①这种观点目前在我国比较流行;还有一种观点认为,税法并不必然构成经济法的组成部分,但由于近年来把税收作为经济政策手段的趋势日益增强,使税法和经济法有重叠之处。② 我们认为,通过考察税法和经济法的发

---

① 张守文.税法原理[M].2版.北京:北京大学出版社,2001:27.

② 金子宏.日本税法原理[M].刘多田,等,译.北京:中国财政经济出版社,1989:31.

展史,以及它们的特征、价值和基本制度(参见本节"税法的地位"),税法和经济法仍是有区别的。

(四)税法与民商法的关系

税法与民商法的关系也是很密切的。私法原理可经由私人财产权及其关系延伸至税法,税法的调整也要遵循民商法确立的私人交易的规律,不能对私法秩序构成损害。在税收"债务关系说"被普遍认同的情况下,税法的具体制度,尤其是税收实体法律制度大有借鉴民法债法具体制度的必要。比如,对税收法律关系的"债权债务关系"性质的分析;从物权法、侵权行为法和债法的角度对税收行为的私法性质的探讨;"平等互利"、"诚实信用"等私法基本原则在税法中的运用。反之,税法亦影响私法原理,比如,税法对"所有权绝对原则"和"契约自由原则"的限制,税法对私法主体形态演变的作用,等等。这也显示了税法和民商法的密切关系。

(五)税法与社会法的关系

税法,尤其是个人所得税法、遗产税法、社会保障税法,具有促进社会公平正义的功能。从这种意义上说,税法和社会法一样,都是实现社会政策目标的工具。因此,税法与社会法也有密切的关系。

(六)税法与刑法的关系

涉税犯罪是刑法调整的犯罪种类之一,对涉税犯罪的制裁也是保障国家税收债权实现的主要方式。税法中规定的犯罪构成整个刑法的组成部分。由此看来,税法和刑法也具有密切的关系。

(七)税法与国际法的关系

在将税法理解为国内税法和国际税法的情况下,税法和国际法也有着密切的关系。国家之间签订的避免重复征税的税收协定要真正发挥作用,仍需要国内税法的配合。世界贸易组织(WTO)涉及的与税收有关的条款要最终实现,还是要靠各国国内税法的具体规定。

第四节　税收法律体系

税收法律体系是指一国全部现行税收法律规范组成的有机联系的整体。我国税法是实体内容和征管程序相统一的,相应地,税收法律体系主要是指税收实体法和税收程序法。

一、税收实体法

在我国,税收实体法亦称实体税法,是规定国家征税和纳税主体纳税的实体权利和义务的法律规范的总称,其内容包括流转税法、所得税法、财产税法、行为税与特定目的税法、资源税法等。

（一）流转税法

流转税法是调整以流转额为征税对象的税收关系的法律规范的总称。所谓流转额,是指在商品流转中商品销售收入额和经营活动所取得的劳务或业务收入额。以流转额作为征税对象的税收称之为流转税,如增值税、消费税、营业税、关税等。凡为规范流转税而制定的法律法规,均属于流转税法。

（二）所得税法

所得税法是调整所得税的税收关系的法律规范的总称。所得税是以纳税人的所得或收益额为征税对象的一种税。企业所得税是对企业纯收益征收的税;个人所得税是对个人纯收入征收的税。目前,我国制定的所得税法律法规主要有:《中华人民共和国个人所得税法》、《中华人民共和国企业所得税暂行条例》、《中华人民共和国外商投资企业和外国企业所得税法》等。

（三）财产税法

财产税法是调整财产税关系的法律规范的总称。财产税是以国家规定的纳税人的某些特定财产的数量或价值额为征税对象的一种税。我国现行财产税法规主要有《中华人民共和国房产税暂行条例》和《中华人民共和国契税暂行条例》等。随着我国经济的发展和改革的深化,我国将逐步开征遗产与赠与税、物业税等财产税种。

（四）行为税与特定目的税法

行为税与特定目的税法是调整行为税与特定目的税关系的法律规范的总称。行为税与特定目的税是指国家为了特定目的或者针对纳税人的特定行为而征收的一类税收。行为税与特定目的税是一个泛指的集合概念,因其具体的征税客体不同而呈现出多样性,具体表现为各个不同的行为税种。我国现行的行为税与特定目的税法规主要有《中华人民共和国印花税暂行条例》、《中华人民共和国固定资产投资方向调节税暂行条例》、《中华人民共和国车船使用税暂行条例》、《中华人民共和国屠宰税暂行条例》等。

（五）资源税法

资源税法是调整资源税关系的法律规范的总称。资源税是以自然资源为课税对象的各税种的统称。我国现行的资源税法规主要包括《中华人民共和国耕地占用税暂行条例》、《中华人民共和国城镇土地使用税暂行条例》、《中华人民共和国土地增值税暂行条例》等。

除上述五类实体税法以外,一些未纳入的税法称为其他实体税法,这些税法也是我国统一税法体系的重要组成部分。

二、税收程序法

税收程序法亦称程序税法,是规定国家税务机关税收征管和纳税程序方面的法律规范的总称。其主要内容包括税务登记、纳税鉴定、纳税申报、税款征收、账务和票证管理、税务检查、违章处理等。我国现行的程序税法的主要表现形式是1992年颁布的《税收征管法》(1995年2月、2001年4月先后两次修订)及《税收征收管理法实施细则》。

第五节　税法的构成要素

税法的构成要素是指税法应当具备的必要因素和内容。税法的构成要素一般包括税法主体、征税对象、税目、税率、计税依据等实体要素和纳税时间、纳税地点等程序要素。

一、税法主体

税法主体是在税收法律关系中享有权利和承担义务的当事人,包括征税主体和纳税主体。

征税主体是国家,主要由各级财政机关、税务机关和海关具体负责税收征管。

纳税主体又称纳税义务人(简称纳税人),是指税法规定的直接负有纳税义务的自然人、法人和非法人组织。纳税人不同于负税人,负税人是指税收的实际负担者,二者有时相同,有时不同,如个人所得税的纳税人与负税人是相同的,而增值税的纳税人与负税人就不一致。

与纳税人相对应的还有扣缴义务人,是指税法直接规定的负有代收代缴、代扣代缴义务的单位和个人。国家一般在收入分散、纳税人分散时,采用源泉控制的征收方法,规定扣缴义务人,如个人所得税的扣缴义务人是个人应税所得的支付单位。

二、征税客体

征税客体又称课税对象或纳税客体,具体规定对什么征税,是区分不同税种的主要标志。不同的征税对象构成了不同的税种,根据征税对象的不同,可将税种分为对流转额征税、对所得额征税、对财产征税、对资源征税和对特定行为征税等。

三、税目

税目是指税法中规定的征税对象的具体项目,是征税的具体依据。如消费税的征税对象是应税消费品,其税目包括烟、酒等十四种消费品。个人所得税的征税对象是个人的应税所得,其税目包括工资、稿酬、劳务等十一项。

四、税率

税率是应纳税额与计税基数之间的数量关系或比例,是计算应纳税额的尺度。税率的高低直接关系到纳税人的负担和国家财政收入的多少,是税法的核心要素。我国现行税率主要有比例税率、累进税率和定额税率三种基本形式。

五、计税依据

计税依据是指计算应纳税额的依据或标准,即根据什么来计算纳税人应缴纳的税额。计税依据一般有两种:从价计征和从量计征。从价计征是以计税金额为计税依据;从量计征则是以课税对象的重量、体积、数量为计税依据。

六、纳税时间

纳税时间是指在纳税义务发生后,纳税人依法缴纳税款的期限,也称纳税期限。纳税计算期可分为按次计算和按期计算。

七、纳税地点

纳税地点是纳税人依据税法规定向征税机关申报纳税的具体地点,它说明纳税人应向哪里的征税机关申报纳税以及哪里的机关有权实施管辖的问题。税法的纳税地点主要有:机构所在地、经济活动发生地、财产所在地、报关地等。

第六节 税法的渊源和效力

一、税法的渊源

税法的渊源一般是指税法规范的效力来源及其外在表现形式,一般分为正式的税法渊源与非正式的税法渊源。通常来说,我国的税法渊源主要包括以下几种。

(一)宪法

宪法是国家的根本大法,具有最高的法律地位和法律效力。作为根本大法,宪法规定了国家的根本政治制度、经济制度和社会制度,规定了国家的根本任务和国家组织机构的职权与职责,规定了公民的基本权利和基本义务。宪法是所有法律产生的依据和基础,因此,宪法也是制定税收法律的基本依据。不仅如此,我国宪法中直接规定的税收法定原则、公民的纳税义务、国家机关职权与职责的划分等制度规定都是制定税法的依据和基础。

(二)税收法律

税收法律是由全国人民代表大会和全国人民代表大会常务委员会制定和颁布

的税收规范性文件,是我国税法的主要法律渊源。《中华人民共和国立法法》(以下简称《立法法》)第 8 条规定,基本经济制度以及财政、税收、海关、金融和外贸的基本制度只能制定法律。我国目前的税收法律包括《中华人民共和国个人所得税法》(以下简称《个人所得税法》)、《中华人民共和国外商投资企业和外国企业所得税法》(以下简称《外商投资企业和外国企业所得税法》)和《中华人民共和国税收征收管理法》(以下简称《税收征管法》)等法律,另外,《中华人民共和国刑法》(以下简称《刑法》)、《中华人民共和国海关法》(以下简称《海关法》)等法律规定中也有涉税的法律条款。

(三)税收行政法规

税收行政法规是指国家最高行政机关(即国务院)根据宪法和法律制定的调整税收关系的规范性文件,其效力仅次于宪法和法律,是目前我国最主要的税法法源。我国税收实体法除个人和外资所得税制定为法律外,均为税收行政法规,例如,《中华人民共和国企业所得税法》(以下简称《企业所得税法》)、《中华人民共和国增值税暂行条例》(以下简称《增值税暂行条例》)和《中华人民共和国营业税暂行条例》(以下简称《营业税暂行条例》)等均属行政法规。

(四)地方性税收规章

地方性税收规章包括税收地方性法规、自治条例、单行条例以及规章。

税收地方性法规是指由省、自治区、直辖市以及省级人民政府所在地的市和经国务院批准的较大的市的人民代表大会及其常委会制定的关于税收方面的规范性文件。

税收自治条例和单行条例是指由民族自治地方的人民代表大会根据当地民族的特点制定的关于税收方面的规范性文件。

税收规章是指由国务院各部委、中国人民银行、审计署和具有行政管理职能的直属机构根据法律和行政法规,在本部门的权限内制定的调整税收关系的规范性文件。省、自治区、直辖市和较大市的人民政府也可以制定税收规章。税收规章也是税法的法源。

目前,我国实行的是集权式的税收管理体制,中央税、中央地方共享税和地方税的立法权、解释权、开征停征权、税目税率调整权、减免税权均集中在中央,地方税收立法空间极小。

(五)税法解释

税法解释作为税法法源是指包括有权制定税收法律法规的国家机关的立法解释,最高人民法院、最高人民检察院所作的司法解释,国务院及所属具有税收行政管理职能的机关和省、自治区、直辖市和较大市的人民政府根据法律和行政法规,在法定的权限内所作的行政解释。这三类解释都是有权解释,都是我国税法的重要法源。

（六）国际税收条约、协议

国际税收条约、协议是指我国同外国缔结的双边和多边条约、协定和其他具有条约、协议性质的文件。国际税收条约、协议也是我国税法的重要法源。例如，我国政府与他国政府签订的关于避免对所得双重征税和防止偷漏税的协定。

二、税法的效力

税法的效力是指税法对一定范围的主体在一定的时空范围内适用所产生的法律上的约束力和强制力。税法的效力源于税法的渊源，税法的适用范围主要包括三个方面，即税法的时间效力、空间效力和主体效力。

（一）税法的时间效力

税法的时间效力即税法在时间上的适用范围，是指税法效力的存续期间。由于具体的税法规范存在订立、修改、废止等情形，因而其从生效至废止的这段时间，即为税法在时间上的适用范围。

税法的时间效力还涉及税法的溯及力问题。由于法律一般不能适用于生效前的事实和关系，不溯及既往原则或禁止溯及课税原则也是税法适用的一般原则。

（二）税法的空间效力

税法的空间效力是指税法发生效力的地域范围。一般说来，一国的税法在空间上的适用范围仅限于该国主权所及的领域之内，在特殊情况下也会产生税法的"域外适用"问题。

在通常情况下，由国家立法机关和行政机关制定的税收法律法规是统一适用于全国的，由地方立法机关制定的地方性税收法规、规章仅适用于该地方所辖领域。但由于各国情况千差万别，因而税法的空间效力也不尽相同，这往往与各国具体的政治体制、财政体制、历史传统等密切相关。

（三）税法的主体效力

税法的主体效力也称税法的对人效力，是指税法发生效力的主体范围。税法依其渊源的不同，不仅有一定的地域或空间上的适用范围，而且也有一定的主体适用范围。税法的主体适用范围取决于一国的税收管辖权，而在税收管辖权方面，各国较普遍采用的是属人主义和属地主义。其中，属人主义，或称属人原则，是指只要纳税主体是本国居民，则不论其在境内抑或境外，本国税法均对其适用。属地主义，或称属地原则，是指不论是本国人、外国人或无国籍人，不论是本国企业还是外国企业，只要其经济活动或财产位于本国境内，或者有源于本国境内的所得，则本国税法即对其适用。

上述属人原则和属地原则是各国行使税收管辖权通常遵行的基本原则。在相关国家均同时采用上述两个原则的情况下，就会发生税收管辖权的冲突，这种冲突往往需要通过签订税收协定或进行国际税收协调来加以解决。

此外，在采用属人原则的情况下，可能会导致一国税法的域外适用。但是，有时也存在税法适用除外的情况。例如，一国税法对外国的国家元首、外交使节、国际组织的官员就是不适用的，这也是 1961 年《维也纳外交关系公约》等国际公约作出的规定。

第七节　税法的产生和发展

一、税法的产生

税法不是从来就有的，它是人类社会发展到一定历史阶段的产物，它是随着私有制的出现和国家的产生而产生的。

在人类的发展过程中，逐步由自身进化过渡到社会的发展。在进入文明时代之前，税现象或类似税现象即已存在。

原始社会末期的税现象大致有两种表现形式：一种是原始部落之间因军事征服产生的贡纳关系；另一种是氏族内部因公共需要而产生的献礼。在我国，夏代即有《禹贡》的专门赋税制度，在上古三代，贡均是与田赋和力役并存的重要税制。秦汉统一各民族后，贡制的收入功能虽然淡化，但作为一种体现统治和臣服的民族政策，仍存在于中央政权和地方少数民族政权的政治关系中。在西方也存在类似的贡纳关系。例如，公元 991 年，英格兰人屈于维京人（Vikings）的侵扰，为换取和平，被迫每年向丹麦人交纳 22 000 镑金银的贡金，为此，英格兰的统治者开始向臣民征收丹麦金。而在中世纪的西欧各国，国王与各封建领主之间也普遍以封建契约为纽带，各自承担保护和贡纳的义务。

二、税法的发展

在中世纪，经济形态是自然经济，农业是主要产业，财富主要表现为土地。因此，地租是收益的绝大部分，税收以土地收益税为核心，税法包括在规范领主和隶农关系的封建习惯法中。此外，国王或领主还通过特权征收市场税、入市税等。随着商业革命的出现，商业和手工业成为经济中的活跃因素，商品流转环节大量增加，在古老的土地财富之外衍生出了新的财富形式，新的税源催生了新的税种——间接税，即对货物、交易的课税，如营业税、销售税、消费税、关税等。

到封建社会末期，专制君主的挥霍无度和横征暴敛必然会遭到人们的强烈反抗，随着资产阶级革命的完成，税收法定主义这一税法的最高原则最终得以确立。18 世纪后期，西方国家相继发生了工业革命，生产力水平迅速提高，社会剩余产品大量增加，在地租之外，资本收益和薪金收入成为新的税源，并确立了税收法定主义为税法的核心原则。加之现代商法的完善,会计技术的改进,使新的税源具有实践上的可触及性,税制的演变进入了现代直接税阶段。另外,工业化带来的资本集中、收入分配严重不公等现象危及社会的秩序,需要国家予以干预,这时具有对人税属性的所得税就成为有力工具。

到19世纪后期,社会政策学派提出赋税一方面有获得国库收入的目的,另一方面还要有纠正分配不公的积极目的的财政理论。在税收立法上,开始以累进制所得税代替比例制所得税,对奢侈品等课征重税,开征财产税与资本税等,税法成为社会政策服务的主要工具。第一次世界大战以后,为了应对世界性的经济危机,各国先后有意识地以税收作为调控经济的政策工具,因此又发展出了为经济政策服务的税法,也就是有的学者所称的"管制诱导性租税"。第二次世界大战后,西方主要国家相继建成福利国家,在所得税之外又出现了新的税种——薪给税或社会保障税。随着国家任务的多元化,税法变得日益复杂,在传统的财政目的税法之外,又出现了经济目的税法和社会目的税法,负载着多重任务的税法成了公共政策的一个焦点。

三、中国社会主义税法制度的建立

中华人民共和国的诞生标志着我国政权性质和法律制度的根本转变。新中国成立以后,我国统一的社会主义税法制度是在革命根据地时期税收法律制度的基础上建立和发展起来的。

新民主主义革命时期,各个革命根据地都曾颁布过一些税收法令。例如,1928年12月颁布的《井冈山土地法》、《中华苏维埃共和国暂行税则》,1933年颁布的《农业税暂行税则》,1940年颁布的《陕甘宁边区货物税暂行条例》,1941年颁布的《统一累进税条例》,1945年颁布的《陕甘宁边区酒类牌照税暂行办法》和《陕甘宁边区烟类税暂行条例》。革命根据地的这些税收法令是新中国税法制度的雏形。

新中国成立之初,我国的税法制度很不统一,各地实行的税种、税目、税率和征收办法都不一致。

为了适应全国政治上统一、经济上迅速恢复和发展的需要,政务院根据《中国人民政治协商会议共同纲领》第40条的规定,于1950年1月颁布了新中国第一个统一税收法规——《全国税政实施要则》。该实施要则的颁布标志着我国社会主义统一税法制度的建立。政务院还先后公布实施了《契税暂行条例》、《公营企业缴纳工商业税暂行办法》、《房产税暂行条例(草案)》、《地产税暂行条例(草案)》、《利息所得税暂行条例》、《屠宰税暂行条例》、《印花税暂行条例》、《货物税暂行条例》、《特种消费行为税暂行条例》、《车船使用牌照税暂行条例》、《全国各级税务机关暂行组织规程》等税收法规。所有这些税收法规,对统一和建立我国社会主义税法制度、恢复和发展国民经济发挥了非常重要的作用。

从 1950 年全国统一的社会主义税法制度的建立到党的十一届三中全会实行改革开放前的 30 年间,我国社会主义税法制度经历了 1953 年、1958 年和 1973 年的三次大调整。

从 1953 年起,我国进入了经济建设和社会主义改造时期。为了适应这一新情况,1952 年 12 月 31 日政务院发布了《关于税制若干修正及实行日期的通告》,同时公布了《商品流通税试行办法》,遵照"保证税收、简化税制"的原则,对原工商税制作了若干重要修正,并从 1953 年 1 月 1 日起施行。这次税法的修正扶植和保护了社会主义经济,减少了纳税环节和征税手续,使我国的工商税制能够适应当时改造资本主义工商业、促进个体经济走合作化道路形势发展的需要。

1958 年,全国人民代表大会常务委员会通过了《中华人民共和国工商统一税条例(草案)》,对原工商税制进行重大改革,试行工商统一税。这一年通过了《中华人民共和国农业税条例》,在全国范围内施行。

国务院于 1972 年 3 月批准《中华人民共和国工商税条例(草案)》从 1973 年 1 月起在全国试行。实际上,改革后,对国营企业只征收一种工商税,对集体企业只征收工商税和工商所得税两种税,形成了一种极为简化的适应计划经济的工商税制。

党的十一届三中全会确定的路线标志着我国进入了以经济建设为中心的社会主义现代化建设的新时期,我国大力推行经济体制改革和实行对外开放。原有的过于简单的税制已难以适应变化了的复杂的现实情况,难以满足经济体制改革和对外开放形势发展的需要。在这种情况下,为了推动国家的经济体制改革,适应国家的对外开放,国家对税法制度进行了全面、深刻的改革,使我国社会主义税法制度得到了很大的发展。

1980 年和 1981 年,国家先后制定颁布了《中外合资经营企业所得税法》、《外国企业所得税法》和《个人所得税法》。国务院于 1983 年颁布了《关于国营企业利改税试行办法》,1984 年颁布了《国营企业第二步利改税试行办法》,1984 年 11 月制定公布了《国务院关于经济特区和沿海 14 个港口城市减征、免征企业所得税和工商统一税的暂行规定》。

1985 年,国务院发布了《国营企业工资调节税暂行规定》,决定从 1985 年起开征国营企业工资调节税;从 1985 年 1 月起开征集体企业奖金税和事业单位奖金税。国务院先后发布《集体企业所得税暂行条例》和《城乡个体工商业户所得税暂行条例》。1991 年,《外商投资企业和外国企业所得税法》的颁布,统一了涉外企业所得税,把原来的中外合资经营企业所得税和外国企业所得税合并为外商投资企业和外国企业所得税,从 l991 年 7 月 1 日起施行。1992 年颁布了《税收征管法》,统一了全国的税收征管办法。

1993 年至 1994 年,我国对流转税制、所得税制、其他税制、征收管理体制度进行了改革。

1994 年 1 月 1 日起全面实施的新税制是我国社会主义市场经济体制下税收法制建设的一个重要里程碑。它使我国税收机制的功能作用有了很大的转变和增强,从而大大促进了我国社会主义市场经济的建立和发展。

我国自 2001 年 11 月 11 日加入世界贸易组织后,一直按照承诺履行义务。到 2005 年,我国的关税水平降到关贸总协定要求的发展中国家水平以下,并将最高关税一般地约束在 15% 以下。我国还承诺停止出口补贴,在加入世界贸易组织后 2 至 3 年内取消大部分非关税措施,5 年内取消所有的配额和数量限制。此外,我国于 2000 年修订了《海关法》,2003 年 10 月通过了《中华人民共和国进出口关税条例》,2004 年 8 月通过了《中华人民共和国进出口货物原产地条例》,2005 年 1 月通过了《海关进出口货物征税管理办法》。这些法律法规结合加入世界贸易组织的承诺以及我国的实际情况,有效地完善了我国的关税法律制度。

★ 案例分析 ★

2008 年年初,广州市地税局第四稽查局对某汽车销售服务有限公司进行例行检查。在检查期间,该公司不断以各种借口阻挠稽查人员检查财务资料,拖延稽查进度,这一举动引起了稽查人员的怀疑。稽查人员随即进行调账稽查,调取了该公司被稽查年度的所有财务资料。检查中发现,该公司以往年度均有赢利,但与同行业利润率对比偏低,稽查人员还在银行支出凭证中发现了 4 笔在经营费用中列支的广告费,总额为 242.7 万元,但该公司仅能提供 4 张广告业专用发票,并未留下任何媒体传播或发布的记录。而按照《企业所得税税前扣除办法》的规定,纳税人申报扣除的广告费支出必须符合三项条件:一是广告通过经工商部门批准的专门机构制作;二是已实际支付费用,并已取得相应发票;三是通过一定的媒体传播。显然,这 4 笔广告费并不符合列支标准,其真实性值得怀疑。

为此,稽查部门向工商管理部门查询,证实开票单位没有合法的工商登记,而税收征管系统也没有开票单位进行税务登记的记录。经鉴定,这 4 张广告业专用发票均为假发票。最后,稽查人员带着该公司提供的银行对账单到银行进行核实,发现该公司篡改了银行的转账记录,所有广告费用都是虚假支出。

稽查局根据《企业所得税暂行条例》,追缴该公司企业所得税 80.09 万元,并根据《税收征管法》的规定,加收滞纳金 29.7 万元,并对其偷税行为处以 40 万元的罚款。目前,所有款项均已入库。

(资料来源:中华财税网:http://www.nbcs.gov.cn/powercms/template/ningbo/index.htm.)

思 考 题

1. 简述税收的概念与特征。
2. 简述税法的性质与特征。
3. 简述税法的调整对象与法律地位。
4. 简述税法与税收的关系。
5. 税法的课税要素有哪些?
6. 简述税法的渊源与效力。

第三章 税法原则

要点提示

税法原则是法律精神和理念最集中的体现，构成了整个税收法律制度的基本准则和理论基础。通过学习本章，应熟知税法原则的含义、特征和分类；重点掌握税收法定主义原则和税收公平主义原则的全部内容；理解和掌握诚信课税原则、实质课税原则；了解和熟悉禁止类推适用原则、禁止溯及课税原则。

第一节 税法原则概述

一、税法原则的含义

税法原则、税法规则和税法概念构成了税收法律制度的基本要素。法律原则是构成法律规则的基础或本源的综合、稳定性的原理和准则，它是法律精神最集中的体现，是设定法律规则的抽象性原理，构成了整个法律制度的基本准则和理论基础。它是"法律的基础性真理、原理，或是为其他法律要素提供基础或本原的综合性的原理或出发点"①。可见，税法原则是实现税法价值和税法精神的制度体现，同时也是构建税法体系，设定税法规则的根本标准。税法原则是税法规则的指导，税法规则是税法原则的具体体现。在税收法制实践中，税法原则所显示的价值和价值准则无疑是税法规则的规范性基础和根本意义所在，具有非常重要和不可代替的作用。

二、税法原则的特点

税法原则一般来说是抽象和概括的。抽象的、普适化的税法原则一般是作为一种法的理念而对税法的现实化发挥着规制作用，其特点是：

第一，覆盖面广。税法的每一原则都是在广泛的、现实的或者既定的税收活动

---

① 戴维·M.沃克.牛津法律大辞典[M].邓正来，等，译.北京：光明日报出版社，1989：74.

和税收关系中抽象出来的标准。它不预先设定任何确定的、具体的事实状态,没有规定具体的权利和义务,更没有确定的法律后果。但是,它指导和协调着全部税收关系或某一领域税收关系的法律调整机制。

第二,导向作用明显。税法原则概括和综合了税法制度的基本性质、内容和价值取向,保障税法制度内部的协调统一,在较大的范围和较长的过程中,对税收法制的发展、改革与完善,对税法主体行为的选择具有较强的导向作用。

第三,普适性强。税法原则适用于其所涉的所有税法领域。在税法的实施过程中,在制定税法规则,进行税法解释和推理,弥补税法中的空白和漏洞,强化税法的调控能力,以及选择税法行为时均具有重要作用。特别是遇到新情况或疑难案件,需要平衡互相重叠或冲突的利益,寻求合理的解决方法时,税法原则是十分重要的。

三、税收原则理论的发展沿革

税收,是人类社会发展到一定历史阶段的产物,是一个历史范畴。早在夏商周时期,我国就已有了以贡、彻、助为主要形式的不完全形态的租税制度,即使以春秋时代的鲁宣公(公元前 594 年)实行"初税亩"作为我国税收正式形成的标志,税收在我国也有 2 400 多年的历史了。而关于税收原则的思想萌芽也可以追溯到很早以前。如我国在先秦时期就已提出平均税负的朴素思想,对土地划分等级分别征税;春秋时代的政治家管仲则更明确地提出了"相地而衰征"的税收原则,即按照土地的肥沃程度来确定税负的轻重。在漫长的封建社会,各朝代曾进行过多次"变法"或"改革",几乎每一次改革都与税收制度密切相关,尽管这些"变法"与西方国家的近代税法不尽相同,但同样也体现了法律在保障国家税收收入方面的重要作用。但应当认识到,在那个"朕即国家"、"法自君出"、"君与法共"的时代,不可能存在体现现代民主、法治精神的税法原则。西方在 16 至 17 世纪的重商主义时期就已提出了比较明确的税收原则,如重商主义后期的英国经济学家威廉·配第就初步提出了"公平、便利、节省"等税收原则。亚当·斯密最先明确、系统地提出了"公平、确实、便利、节省"税收四原则,构成了西方税收原则的理论之源。此后,有关税收原则的理论不断得到补充和发展,至 19 世纪末,集税收原则理论之大成者阿道夫·瓦格纳提出了"税收四方面九原则",即:财政原则,包括充分原则和弹性原则;国民经济原则,包括税源的选择原则和税种的选择原则;社会公正原则,包括普遍原则和公平原则;税务行政原则,包括确实原则、便利原则、最少征收费原则(即节省原则)。到 20 世纪,凯恩斯主义盛行,凯恩斯学派提出税收公平原则和税收效率原则,因而,在现代西方税收学中,通常把税收原则归结为"公平、效率、稳定经济"三原则。此后崛起的各种新经济自由主义流派亦提出了各种有关税收原则的学说,更加丰富了税收原则理论。

四、税法基本原则和税法具体原则

税法原则有税法基本原则和税法具体原则之分。税法基本原则是指,在税法的立法、执法、司法和守法等实施的全过程中具有普遍指导意义和根本准则作用的法律原则。税法具体原则是指,以税法的基本原则为基础,并在基本原则的指导下适用于某一类税收关系或者税收活动的法律原则。

税法基本原则的根本准则属性来源于以下两个方面:首先来自其内容的根本性;其次来自其效力的贯彻始终性。税法基本原则体现了税法最基本的精神,调整全部税收关系,是全部税法规范的依据和基础,其效力及于税法所调整的税收关系的各个方面。税法的基本原则是在功能上比具体原则更重要,在作用范围上比具体原则更广泛的法律原则。可以说,税法基本原则是原则中的原则,是法律中的超级规范,因它的存在而使整个税收法律体系有机统一起来。

基本原则的含义具有下列共同点:①基本原则是一种具有指导意义的根本规则和基本准则,其内容具有根本性。②基本原则是直接规定于或是寓意于法律之中的基本准则,也就是说,有关基本原则的理论和学说必须在被立法所采纳时才能成为法律的基本原则。③基本原则的效力具有普遍性,它不同于适用某一领域的具体原则。① 法的基本原则不仅是立法的根本和出发点,对一切法律法规的制定起指导作用,而且对人们提高法律意识,树立适应现代需要的法律观,以及开展法学教育研究也有重大意义。同时,法的基本原则作为法的哲学精髓和基本精神的体现,具有连接法律理念与法律实践,通过原则自身的运用来规范司法裁判的积极意义。②

税法基本原则主要包括税收法定主义原则和税收公平主义原则。税收法定主义原则和税收公平主义原则是税法学界公认的税法的两大基本原则。关于这两大原则,日本著名税法学家金子宏这样论述过:"支配税法全部内容的基本原则可归纳为税收法律主义(即本书的税收法定主义原则)原则和税收公平主义原则。这两项基本原则都是对近代以前的国家税制模式的否认。它们相互之间的密切联系确立于近代国家之中。前者(税收法律主义)是有关课税权行使方式的原则,后者(税收公平主义)是关于税收负担分配的原则。因此,可以说,前者是关于形式的原理,后者是关于实质的原理。"③通过以上论述我们可知,这两项基本原则是相辅相成的。依法制定的法律只有处处体现税负的公平,才能得到人们的普遍遵守,才能收到预期的效果;同样,有利于实现公平的税收制度若不能以法律的形式得到支

---

① 施正文.税法要论[M].北京:中国税务出版社,2007:62.
② 李晓安.经济法教程[M].北京:首都经济贸易大学出版社,2006:26.
③ 金子宏.日本税法原理[M].刘多田,等,译.北京:中国财政经济出版社,1989:48.

持和保护,是无法在实际生活中有效运行的。

税法的具体原则主要是指专门适用于税收实体法,或者专门适用于税收程序法,或者税收实体法与税收程序法共通适用的税法原则。例如,诚信课税原则、实质课税原则、禁止类推适用原则、禁止溯及课税原则等。

第二节 税收法定主义原则

一、税收法定主义原则的含义

税收法定主义原则,又称税收法律主义原则或税收法定原则,是指税收的设立与征缴必须基于法律的规定进行,没有法律依据,国家就不能征税,国民也不得被要求纳税。在此应特别指出的是,这里所指的税收法律仅限于国家立法机关制定和颁布的法律,不包括行政法规;同时,税收法定主义原则也决定了对税收法律的解释应当从严,不得扩大解释,不得类推适用,税法的效力不能溯及既往。

税收法定主义原则一方面要求纳税人必须依法纳税,另一方面规定课税只能在法律的授权下进行,超越法律的课税是违法和无效的。税收法定主义原则实质上是对国家的权力加以限制,使之在行使课税权时有法可依,以有利于保护纳税主体的合法权利和保障社会经济活动的顺利开展,使国民经济活动具有法的稳定性和可预测性。这一原则是现代各国税法中最重要的或者说首要的一条基本原则[1],许多国家都将此原则作为宪法的原则予以接受和采纳,其最典型的表述为:"未经代表同意不得课税"。税收法定主义原则是民主原则、法治原则等现代宪法原则在税法上的体现,对于保障国民财产权利的安全及自由,对于维护国家利益和社会公共利益具有举足轻重的作用。

二、税收法定主义原则的积极意义

税收法定主义原则是人民为反抗封建专制统治者随意侵犯国民财产权利的税收任意主义而提出的,它是仿照刑法上的罪刑法定主义而形成的原则。罪刑法定主义是近代刑法中的一项主要原则。这两个"主义"有着密切的关系,因为它们都是近代人民通过反抗封建统治者争取得来的。在封建社会,"普天之下莫非王土,率土之滨莫非王臣",封建统治者对人民有无限的权力,既可以任意践踏人民的人身权利,也可以任意侵犯人民的财产权利。人民在人身和财产两方面都得不到保障,没有安全可言。在封建社会末期,人民用各种方式同封建统治者进行斗争,其目标就是争取这两方面的安全和保障。当时提出了两个口号:一个是人民的人身

---

[1] 中川一郎.税法学体系总论[J].当代公法理论,1993(6):7.

自由不容侵犯;一个是人民的财产权利不容侵犯。革命成功后,近代国家得以把这两点规定在宪法里。各国宪法关于保护人身权利方面都有所规定:政府非经法定程序不得任意逮捕、关押人民,非经法院依法审判不得任意定罪处刑,而法院又只能按照刑法的规定才能对人民判罪处刑,这就是刑法中的罪刑法定主义。至于财产权利方面,现代各国宪法大都规定对人民的财产要依法保护,不得任意侵犯(如没收、征收、剥夺等),规定政府非依法律不得向人民征税,如果没有法律根据向人民征税,就是侵犯人民的财产权利,这就是税收法定主义原则。所以,税收法定主义原则和罪刑法定主义是近代国家保障人民权利的两大手段,一个保障人民的财产,一个保障人民的人身。

税收法定主义原则揭示了税法的应然性,而以往我国的税法理论只注重税法的实然性,由此造成税法理论仅满足于阐述法条之其然,而对其所以然不甚了了,致使税法理论在某种程度上成为附庸,无独立的理论品格,丧失其社会批判功能。加强税收法定主义原则的研究,使税法理论更具永恒性,并在精神上获得独立的思想根基,才不致盲目唯权是从。

三、税收法定主义原则的内容

税收法定主义原则主要包括以下几个方面的内容。

(一)课税要件法定原则

课税要件,即课税构成要件,是指为成立税收征纳关系所必备的实体法条件,亦即确定纳税人纳税义务成就的必备条件。因税收的作用客观上导致国家无偿取得一部分社会财富的所有权,所以课税要件的全部内容必须由法律规定,否则政府无权征税。课税要件一般应包括税收主体(课税主体及纳税主体)、课税客体、课税依据(征收标准)、税率与税目。由于课税要件直接关系到纳税人的纳税义务是否成立及其义务的大小,与国民和国家利益休戚相关,因此必须由法律加以规定。其实质内容是法律与行政立法的关系问题,具体包含以下两个方面的内容,即"法律保留原则"和"法律优位原则"。

1. 税法类如刑法,是对有关主体的财产自由和安全的重大限制,故应如"罪刑法定"一样,有关纳税人实体权利义务的课税构成要件必须以法律的形式作出规定,而不得授权行政机关加以决定或由行政机关自行决定,授权行政机关和由其自行决定的仅为具体的和个别的事项,非依法律规定不得课征赋税,此即"法律保留原则"。据此原则,应严格限制立法机关对行政机关的一般性、概括性和空白性委任授权立法,并且未经授权的行政机关不得在行政法规中对课税要件作出规定。

2. 法律的效力高于行政立法的效力,违反法律规定的行政法规、地方性法规、行政规章等不具有法律效力,税收征收机关违反法律、超越权限所作的决定一律归于无效;同时,税务行政机关和执法部门对违反该原则的税收法规、规章应拒绝适用。此即"法律优位原则"。税收是具有强制性的,是国家凭借政治权力强制地占有原本不属于自己的财产或收益,纳税人有纳税义务,不能拒绝,但国家征税也不能是无限度的,应加以限制,否则纳税人的基本利益得不到保障,国家也就无法长期稳定地取得财政收入。所以,为了限制国家的课税权,保障纳税人的基本权利,只有通过法律的规定,使国家与纳税人的分配关系得以确认,代表国家的政府不能超过法律的规定课税,也不能随意放弃课税权。依法征税、严格执法是税收法定主义原则的基本要求,而纳税人则不得拒绝纳税,要在税法规定的限度内承担义务。

(二)课税要件确定原则

课税要件确定原则即要求关于课税要件的法律规定必须明确。在法律以及依法律授权的法规和地方性法规中,凡构成课税要件和税收的课赋与征收程序等部分,其规定必须尽量明确而不出现歧义,在基本内容上不出现漏洞,防止税法解释上的混乱,严禁扩张解释和类推适用,以保证执法机关能够准确地执行税法,纳税人也可以预测其纳税负担,否则会使法定性无从谈起。课税要件确定原则是从另一个角度对税务执法机关的自由裁量权进行限制,实质上是为了防止两种不良的情况:一是为了防止税收法律中出现过于一般或意义不明的条款或概念。因为如果出现了这类条款,对它的解释就会被滥用,就会因此导致在税收执法中的权利滥用,也就会出现损害纳税人利益或损害国家利益的情况。二是为了防止税收执法中的自由裁量权。税收立法权和执法权都是"法定"权力,而行政自由裁量权则是一种"自由"权力,稍有不慎就会产生滥用的现象。恣意滥用自由裁量权所造成的后果是非常严重的,因此,在税收立法中,应当尽可能使所使用的概念和所制定的条款意义明确,表达清楚。课税要件确定原则也是保障纳税人的权利所必需的。

(三)合法性原则

税收征收机关作为国家的代表,在课税构成要件充分满足的条件下,应以法律赋予的一切必要手段,依法确实有效地履行其职责,使纳税义务人按照某项具体的税收义务的内容,全面切实地履行其义务,这就是合法性原则。由于税法是强制性法律,因此,征税机关必须依照法律规定的要求和步骤征收税款。征税机关不得自行开征或停征,也不得自行减免或者退补,依法征税既是其权利,也是其义务。减免税是保持税法灵活性与公平性所必需的,在这方面,税务执法机关有较大的自由裁量权,但减免税的实施必须依照税法规定的要求、步骤和范围进行。征税机关没有任意减免税以及延期征税的自由,也没有放弃征税权的自由。征税机关不得与纳税人达成任何变更课税构成要件或征税程序的协定,用以规避或违反税法的任何协议和行为都是违法的和无效的。否则,不但在赋税征收过程中会造成不公和滥用职权,而且会因纳税人的不同而产生差异,难以维持课税的公平。

(四)程序保障原则

程序保障原则是指税收的课赋和征收是权力的行使,所以必须以正当的形式进行,而且对其纠纷也必须通过公正的程序予以解决。税收的课征作为社会公权力的行使,必须遵循正当的程序,既要实体合法,也要程序正当。这就要求征税各个环节,从登记、申报、计算、缴纳到检查以至处罚、复议、诉讼,都应有严格、系统、明确的程序保障。征税机关在行使其税收行政执法权的过程中,在程序上必须遵守法律的规定,不得随意增加或减少执法的环节或程序。由于在税收法律关系中征纳双方主体地位的特殊性,因此,国家同时应设置一系列特定的法律制度,以保障和维护双方,特别是纳税人的权利。这就是说,要建立程序保障体系。健全的保障体系有利于税收以正当的形式进行,也有利于税务纠纷以公正的程序予以解决。可以说,税法如果既能保证征税主体——国家课税权力相应的实现,又能保障纳税主体的权利以及其在公正的程序下履行纳税义务,则标志着现代意义的税收法律制度的确立。因此,在法制建设较完善的国家,税收课征程序的保障作为体现税收法定主义原则的重要标志得到了相当的重视。

第三节　税收公平主义原则

一、税收公平主义原则概述

(一)税收公平主义原则的概念

税收公平主义原则,也称税收平等主义原则,是指税收应基于公正和平等的理念在国家与国民(包括自然人和法人)之间,以及在国民相互之间进行公平分配的基本准则。这一原则是近代平等性的政治原则和宪法原则,在课税思想上的具体体现,也是近代重要的税收原则,即"税负公平"原则在法律上的具体体现。

(二)税收公平主义原则的适用范围

从传统的学术观点来看,对税收公平主义原则的理解原先只注重"税收负担应当在公民之间进行公平分配"的问题,完全忽略了国家与国民之间在税收法律关系中权利义务公平分配的问题,这一现象从经济学或者从财政学、税收学的角度观察可能是说得通的,但从法学的角度来观察,我们认为是有重大欠缺的。因为,从法律上讲,我们首先要考虑的是法律关系中主体双方之间权利义务公平分配的问题,其次才考虑一方主体内部权利义务公平分配的问题。也就是说,在税收法律关系中,首先要关注征税主体与纳税主体之间权利义务公平分配的问题。这具有双重含义:一是国家应按全体国民税收负担能力公平合理确定税负;二是禁止国家超出国民税收负担能力课征税收。税收公平主义原则作为"基本原则",不应只适用于一方主体内部,只解决"税收负担在公民之间进行公平分配"的问题,更应当首先解决好税收活动中征税主体与纳税主体之间权利义务公平分配的问题,这才是最根本的,也是税收公平主义原则内在的应有之义。

税收体现了以国家为主体的特定分配关系,国家的生存和发展需要一定的物质基础。国家所以征税,或者说国家应当征税,是因为国家必须为其创造者——人民提供"公共产品",以满足人民的"公共需要"。财产从人民的手中转让给国家成为其财政收入,完成"取之于民"的过程;国家运用其财政收入为人民提供"公共产品",形成"用之于民"的结果。

税收作为国家强制、无偿和固定地从国民手中取得收入的一种方式,是国家公权力与私人财产权利相互冲突的反映,并最终形成这样一种局面,即国家享有无偿剥夺国民一部分财产所有权的权力。正因如此,调整税收关系的税法通常被视为侵权规范,是侵害人民权利的法律。虽然国家征税是为了向社会公众提供必需的公共产品,但这并不表明国家可以借公共需要之名享有不受限制的征税权力。为了使国家征税权的行使与人民财产权和自由权之间维持合理的关系,防止征税权的滥用及其对人民财产权的侵害,就必须在国家与国民之间公平地设定界限和分配权力(利),公正合理地课赋与征收税收。法国启蒙思想家、著名法学家孟德斯鸠在其代表作《论法的精神》中指出:"国家的收入是每个公民所付出的自己财产的一部分,以确保他所余财产的安全或快乐地享用这些财产。"[1]因公权力的行使而造成对人民的侵权必须符合目的性,并采行最小侵害的方法。国家对人民财产剥夺的需要正是征税权存在的理由与根据,这种需要迫使人们割让自己的一部分财产权利,但无疑每个人都希望交给公共保存的那部分财产权利尽量少些,只要足以让国家保护自己就行了,这一份份最少量财产权利的结晶形成了国家征税权,如果征税超过了保护集存的公共利益这一需要,它本质上就是不公正的。一切额外的东西都是擅权,而不是公正。正如洛克所言:"人们联合成为国家和置身于政府之下的重大的和主要的目的,是保护他们的财产。'主权者'的权力绝不容许扩张到公众福利的需要之外,而是必须保障每个人的财产。""……凡享有保护的人都应当从他的产业中支出他的一份来维持政府,但是这仍须得到他自己的同意,即由他们自己或由他们所选出的代表所表示的大多数的同意。因为,如果凭着自己的权势,主张有权向人民征课赋税而无须取得人民的同意,他就侵犯了有关财产权的基本规定,破坏了政府的目的。"[2]德国官房学派的思想家尤斯蒂也曾就征税权作过精辟分析。他认为,从人的本性来看,人们很少能够勤俭经营好自己的财产。如果管理国家的人一度乞助于赋税,当尝到这种生财之道可以向别人有所需索,而无须以自己所需之限为限,且一无所费的甜头之后,税收权就会被滥用。如果对这种

---

① 孟德斯鸠.论法的精神(上册)[M].张雁深,译.上海:商务印书馆,1961:213.
② 洛克.政府论(下)[M].叶启芳,瞿菊农,译.上海:商务印书馆,1964:77,88.

情况不加约束,最后就会形成人民难以忍受的负担,造成人民和政府两败俱伤。所以,征税权既是一种保持生存的权力,也是一项极具破坏力的权力。对征税权既需要加以维护,也需要有公平、公正的理念加以引导,以及相应的法律原则和法律制度加以制约。税收公平主义原则的确立和运用正体现了这一要求。

二、税收公平主义原则的积极意义

税收公平主义原则来源于所有法律都应当具备的正义价值,是近代法的基本原理,即"法律面前人人平等"原则在税收法律制度中的具体体现。税收公平主义原则与税收法定主义原则一样,都是人民反对封建社会不合理税制模式的有力武器。封建社会普遍实行以原始直接税为主的税制模式,使广大贫苦人民背负了极为沉重的税收负担。而封建贵族等特权阶级则被排除于纳税主体之外,或承担很少的纳税义务,造成税收负担的极度不公平。新兴资产阶级为推翻封建税制,在平等思想的指引下,提出了税收公平的原则,并在革命成功后将其以法律的形式确立下来,这就是税收公平主义原则。1789 年法国大革命后的《人权宣言》就明确规定:"税收应在全体公民之间进行平均分摊。"现代国家也大都在其宪法或税法中规定了税收公平主义原则。

公平理念对法律有积极的评价和推动作用。"公平问题是一个人类价值问题,是人类的一个恒久追求,是政治社会中所有价值体系追求的一个最高目标。一切社会规范形式,诸如政治规范、经济规范、法律规范、道德规范、宗教规范,等等,都将公平作为重要的价值内容和价值目标,体现和渗透在自身的规范结构中。"[1]在民主法治国家,无论是在权力层面还是在社会层面,公平作为社会的道德价值都发挥着强有力的评价作用。公平被吸纳为法源的一部分,可以填补法律空白,可以作为纠正法律失误的力量,可以作为法律解释的标准。同时,公平只有通过良好的法律才能实现。实现社会物质财富和社会负担在国民之间公平地分配是人类一直追求的理想。"在任何一个时点上,都应当在社会的全体人民之间比较公平地分配社会的收入和财富。"[2]法律通过把指导分配的公平原则法律化、制度化,并具体化为权利、权力、义务和责任,实现对资源、社会合作的利益和负担进行权威性的、公正的分配。对纳税人税负的公平分配正体现了上述要求。之所以将税收公平主义原则作为税法的基本原则,是因为公平是一切法律追求的目标,也是税法追求的目标。

需要说明的是,税法所主张的公平与一般法律所指的公平是不同的。一般而言,法律的公平性是指法律主体之间权利和义务的对等性,因而是通过等价有偿、

① 邵诚,刘作翔. 法与公平论[M]. 西安:西北大学出版社,1995:2.
② 詹姆斯·E.米德. 效率、公平与产权[M]. 施仁,译. 北京:北京经济学院出版社,1992:12.

机会均等、权利义务对等等原则来保证的。而税法属于义务性规范，其公平性主要体现在以下两方面：一方面，在国家与国民之间公平合理地设置和确定双方之间的税收分配关系，例如，公平合理地设置和确定纳税主体、征税的范围和客体、适用的税率、计税的依据等；另一方面是体现在纳税主体之间纳税义务分配的公平上，主要通过普遍纳税、合理负担实现公平。

三、税收公平主义原则的含义

税收公平主义原则主要体现在以下三个方面。

首先是税收负担的公平。这是税收公平主义原则第一个层次的含义，也是对税收公平主义原则最直接的理解。从纳税主体的角度来看，即意味着纳税条件相同的人纳同样的税。纳税人纳税的多少与其实际负担能力相适应。从社会整体的角度来看，即意味着国家应将税款用于符合纳税人利益的方面，使其因纳税减少的价值与其因税款的使用而增加的价值相当。这就要求税法在对纳税和征税进行合理规定的同时，也要对用税进行合理的限制。

其次是税收的经济公平。这是税收公平主义原则第二个层次的含义。社会主义经济既然是市场经济，平等和自由竞争就应成为其核心。所谓的平等，就是竞争环境的平等，也就是机会的平等。税收公平作为平等竞争的必要前提，要求税法所确立的税收机制能缓解平等竞争的制度障碍，为参与竞争的主体创造良好的竞争环境。

最后是税收的社会公平。这是税收公平主义原则第三个层次的含义，也是最高层次的含义。税收作为"内在稳定器"，在解决公共物品的提供、市场失灵以及社会分配不公等方面能够发挥重要作用。税法必须确立这样一种税收机制，使税收发挥这种作用：国家通过税收参与社会收入的分配和再分配，既鼓励人们通过竞争获得收益，又注意缓和因此而产生的贫富差距；既调节过高收入，又保障低收入者的正常生活；通过税收，合理地配置资源，防止经济过热或过冷，熨平经济周期，平衡经济波动；通过税收，促进经济公平和社会公平，保障经济和社会的和谐稳定。

四、税收公平主义原则的内容

税收公平主义原则作为税法的基本原则，在有关税收的立法、执法、司法等各个环节都必须得到贯彻。按照纳税人经济状况或纳税能力的区别，税收公平主义原则又可具体理解为横向公平原则和纵向公平原则。横向公平原则也称为平等和普遍性原则，纵向公平原则也称为量能课税原则和负担能力原则。

（一）平等和普遍性原则

平等征税原则，即一切国民在税收法律上的地位一律平等。这一原则是"法律面前人人平等"原则在税法上最直接的体现。既然法律将纳税规定为一项法定的义务,那么依据"法律面前人人平等"原则,它就必须同时规定所有的纳税人在税法义务面前都是平等的,既不允许某些人凭借其身份地位上的优势而享有缺乏税法依据的税收优惠,也不允许某些人因其身份地位上的劣势而承担超过其依法应承担的税收负担。这样可以防止过多、过滥的优惠,使被减免税者在市场竞争中处于过分有利的地位;也可以防止身份地位处于劣势的纳税人遭受税收歧视。平等征税原则,即不得对任何人给予特别不利的税收待遇,以维护其合法权益,使其在市场竞争中获得平等竞争的机会。

普遍征税原则,即税法在设计税制、确定其构成要素时,应尽可能使其管辖权范围内的社会成员中的大多数成为纳税主体。除依国际关系准则和贯彻实施一定的政策目的外,所有的纳税主体都应当依税法的规定承担并履行纳税义务。凡在税制管辖权力涉及范围之内,纳税主体取得的应税收入、所得,拥有应税财产,交易应税商品,从事应税活动等都应作为课税的对象;凡取得应税收入、所得,拥有应税财产,交易应税商品,从事应税活动的人都应成为纳税主体,纳入税法体系,由税法加以调整。

平等和普遍性原则是从法律的角度来考察国民在税收中的相互关系,其实质是确立和保证法律形式上的平等。

(二)量能课税原则

量能课税原则,即对一切国民均须根据其经济能力确定其税收负担。除为实现一定的政策目的以外,负担能力强者多纳税,负担能力弱者少纳税,无负担能力者不纳税。

衡量税负公平的标准原有两个,即受益标准和能力标准。在18、19世纪,由于受自由经济主义的影响,衡量课税是否公平是以纳税人获得来自国家的利益的多少为标准的,即受益课税原则。该原则根据纳税人从国家提供的公共物品中受益的多少来判定其应纳税额的多少,受益多者多纳税,受益少者少纳税。这种标准理论上虽然能够保证纳税人实质上的公平,但其可操作性值得怀疑。因为,多数情况下,要具体测算受益者受益的数量是有难度的。进入20世纪后,由于市场这只"看不见的手"的失灵,国家这只"看得见的手"开始大规模地介入经济活动。人们逐渐认识到,税收不仅是国家取得财政收入的手段,还是国家矫正财产分配、实现社会政策的工具。由于受益课税原则将纳税当做市场交换原则,不考虑纳税主体的收入多少、财产多寡、能力高低,只能在某些特殊情况下衡量课税公平与否,而不能在所有情况下作为衡量标准,所以这一标准逐渐被能力标准,即量能课税原则所替代。

衡量负担能力的标准通常有三种:一是所得。所得为国民的纯收益或纯收入,能够直接、准确地表明国民的税负能力。在此基础上,所得课税可以通过设置累进税率制度、费用扣除制度、免税制度以及负所得税制度,最终达到公平合理分配税负的目的。二是财产。财产为国民所有(有时为占有)的社会财富,是测度国民税负能力的尺度。财产课税亦能采用累进税率制度,对公平税负较为有效。三是消费。对商品和劳务的消费行为仅能间接表明国民的税负能力,特别是对生活必需品所为的一般消费行为课税,还易发生税负累退现象,因而消费课税通常难以满足税负公平的要求。只有对奢侈品所为的特种消费行为课税才较为合理,但这种课税范围和作用有限。量能课税原则是从经济的角度来探究国民在税收中的相互关系,其宗旨是确立和保证经济实质上的平等。该原则是迄今公认的比较合理且具有较强操作性的原则。

第四节 税法的具体原则

关于税法的具体原则,我国学者在学理上有多种构建,概括起来主要包含以下三个方面:一是专门适用于税收实体法的税法实体原则;二是专门适用于税收程序法的税法程序原则;三是税收实体法与税收程序法共通适用的税法原则。本书限于篇幅,仅介绍下面四项原则,即诚信课税原则、实质课税原则、禁止类推适用原则、禁止溯及既往原则。

一、诚信课税原则

(一)诚信课税原则概述

诚信,乃诚实信用之简称,最早是作为道德准则而存在于人们的道德观念中。随着商品经济社会的发展以及商品生产的社会化,人们所面对的社会关系不仅越来越复杂,而且各种关系之间的联系也越来越紧密,仅靠内在的道德观念来调整这一社会关系已非常不易。从社会个体主观上而言的这种内在的诚实道德要求有以法律的形式体现自身的必要,而客观上外在的法律义务则希望获得一种可靠的道德依据。于是,在法治社会中,诚信原则从道德准则上升为法律原则,即道德准则法律化。诚实信用原则为现代市场经济国家普遍公认的法律原则。因此,诚信原则作为道德准则和法律原则,不仅是社会自身发展的客观要求,也是法治社会的必然选择,于当前社会有重要的意义。

诚信原则原来仅适用于私法领域,后来这一原则逐渐进入公法领域,以至公法、私法均言诚信,成为普遍遵循的原则,是公法与私法共通的一般法律原则,因而同样可以适用于税收法律关系。日本税法学家北野弘久认为,根据法的一般原理,应当允许在一定条件下在税收法律关系中运用信用法则的原理。[1] 这一原则包括了诚实、守信、公平、善意等道德要求,构成了社会经济生活中平衡利益和稳定秩序

① 北野弘久.税法学原理[M].4版.陈刚,杨建广,等,译.北京:中国检察出版社,2001:114.

的法理基础。诚信原则应用于税收法律关系时,就要求税收法律关系的征纳主体双方恪守信用,遵守规则,充分披露信息,及时履行给付,不得违背相对方基于合法权利的合理期待。

诚信课税原则亦称税收合作信赖主义。税收合作信赖原则是指在税收征纳的过程中要做到依法诚信征税和依法诚信纳税。征税机关在向纳税人征税时,必须首先假定纳税人是诚信纳税人;纳税人在依法履行纳税义务时,也应当信赖征税机关的决定是公正和准确的。税收诚信原则在很大程度上汲取了民法诚信原则的合理思想,是民法"诚信原则"在税法领域中的应用。随着税法的逐渐完善,世界上许多国家和地区,包括英国、德国、法国、加拿大、澳大利亚等,通过税收立法,将诚实信用原则上升为税法原则,从而使旨在协调平等主体之间利益关系的私法原则转变为调整国家与纳税人之间权利与义务,实现纳税人与社会公共利益之间的利益平衡的公法与私法相融合的原则。①

(二)诚信课税原则的适用

遵循诚信课税原则,对信赖利益予以保护,要求征税机关为了维护法律秩序的安定性和保护纳税主体的正当利益,当纳税主体对征税机关作出的行政行为已产生信赖利益,即纳税主体因信赖税务机关的特定行为而据以实施无法回复的财产上处置,并且这种信赖利益因其具有正当性而应当得到保护时,征税机关不得撤销或废止这种信赖利益,或者如果撤销或废止,必须补偿其信赖利益。当然,法律也并不完全禁止征税机关对税收行为进行撤销和废止,但这种权力要受到严格的限制。

诚信原则的适用有利于保护当事人的信赖利益,是对税收法定原则形式上的适用的补充。但是,该原则的适用亦须受到严格限制,且应满足下列条件:一是税收行政机关对纳税人提出了构成信赖对象的正式主张;二是纳税人的信赖值得保护;三是纳税人已信赖税收行政机关的表示并据此已为某种行为。②

(三)诚信课税原则的积极意义

人无信不立,商无信不兴,国无信则衰。在税收法律关系中倡导诚信课税原则,就必须结合社会现实,一方面要解决公民如何依法诚信纳税的问题;另一方面也要解决国家如何依法诚信征税的问题。诚信课税原则要求征纳双方在履行各自的义务时都讲信用,诚实地履行义务,而不得违背对方的合理期待和信赖,也不得以许诺错误为由而反悔。因此,这一大陆法系的重要原则在英美法系中也称"禁反言原则"或"禁止反悔原则"。③

---

① 张富强.税法学[M].北京:法律出版社,2007:149.
② 张守文.税法原理[M].2版.北京:北京大学出版社,2001:32.
③ 张守文.税法原理[M].2版.北京:北京大学出版社,2001:32.

一个纳税主体如果没有或欠缺诚实信用,这只是该个体问题,结果也只是社会中的一个偶然现象,但倘若社会管理者在税收立法、执法的过程中忽略公平或欠缺诚实信用,那就不仅是一个人的偶然问题,而是一个严肃的社会问题了。税收诚信是社会诚信的重要组成部分,税收立法、执法不规范,缺少可信赖性,则税法的执行成本就会大大提高,就会破坏税收的公平、公正和效率原则,成为阻碍经济、社会进一步发展的难题。所以,我们在呼唤诚信课税的同时,更要注意税收立法建设的完善性、执法的严肃性和管理的科学性,尤其是要注意税法的诚信、公平和稳定性。只有充分遵守与适用诚信课税原则,才可能形成惩恶扬善的良好税收环境。

二、实质课税原则

(一)实质课税原则概述

实质课税原则是指对纳税主体的纳税义务是否成立的认定,不能仅根据其行为、事实的外观和形式来确定,而应从其经济实质加以判断是否符合课税要素而予以课税的基本准则。实质课税原则的实质是对避税行为的否认,以求公平、合理、有效地在国民间分配税负。该原则强调在适用税法时,必须认定课税要素事实,如果课税要素事实的"外观和实体"或"形式与实质"不一致,则不能依照外观或形式,而只能依照其实体或实质加以判断。[①]

实质课税原则亦称经济观察法,最初起源于德国。第一次世界大战后,德国一些商人利用战争发国难财的不法行为因违反了法律禁止性的规定而在民法上被认定无效。在当时德国的法律体系中,税法属于民法的附随法,所以这些商人的不法行为在民法上被认定为无效后,对该不法行为所产生的经济利益由于没有法律依据而无法征税,这直接导致其在税法上的纳税义务的免除,因而这些不法商人无须为其非法所得缴纳税款,这引发了其他纳税人的强烈不满,且当时正值德国战后经济不景气,经济的恶化和税收的减少终于引发了财政危机。鉴于此,在德国税法学家贝克尔(Becker)等人的倡导下,德国于1919年制定了《税收通则法》,第一次提出了"税法的解释应考虑其经济意义"的主张。该主张被称为经济观察法,从而对当时德国盛行的租税规避行为进行了有效约束。

(二)实质课税原则的内涵

实质课税原则的内涵主要是:税务机关和司法机关在审查纳税主体的行为以及由该行为所获得的收入、所得和财产等是否应课税时,如果发现与认定各项课税要素相关的法律关系或事实关系在形式与实质上不一致,应根据真实的法律关系或事实关系对各项课税要素加以认定,而排斥虚假的法律关系和事实关系。例如,以合法形式掩盖非法目的的行为,以及由此获得的收入、所得和财产等,甚至可以

---

① 金子宏. 日本税法原理[M]. 刘多田,等,译. 北京:中国财政经济出版社,1989:87.

延伸到违法犯罪所得等情况。

对于实质课税原则，各国税法多有采纳。较为著名的有德国《租税调整法》，该法第6条规定："不得借民法上的形式及其形成可能性之滥用而减少纳税义务。如有滥用情形，应依相当于该经济事件、经济事实及经济关系的法律状态，课征相同的税收。"①德国《税收通则法》第41条第2项规定："虚伪表示以及其他的伪装行为对于课税不具有任何意义。以虚伪表示或其他的方法隐蔽法律行为的，以被隐蔽的法律行为作为课税的标准。"②日本在法人税法和所得税法中对实质课税原则作了相关规定，而我国台湾地区和韩国的税法也对实质课税原则作了相应规定。目前，我国税收立法缺乏对实质课税原则的总括性、原则性的规定，对实质课税原则的具体应用主要散见于各单行税法中，例如，《税收征管法》第35和36条；新颁布的《企业所得税法》第6章，其内容为特别纳税调整，涉及关联方交易、预约定价、避税地等几个方面；《增值税暂行条例》第7条和《消费税暂行条例》第10条等相关法律法规。

（三）实质课税原则的积极意义

实质课税原则的运用有助于弥补成文法中存在的法律漏洞，防止对法律机械的、形式上的理解而给国家造成损害；同时，也强化了征税机关的自由裁量权和执法效力，提高了执法效率。

实质课税原则的提出解决了两个主要问题：一是税收负担的公平分配问题，如果有纳税人以各种方式规避法律，逃避纳税义务，那么就会引起税收负担不均，从而造成对其他诚信纳税人的不公平；二是有效保障国家财政利益问题，实质课税原则可以有效地约束和制裁各种避税行为，防止偷逃税款，从而有效地保障国家财政利益，维护国库安全。

实质课税原则的产生体现了从单纯重视形式公平到逐渐重视实质公平这一法律理念的转变。从具体应用上来说，对各种虚假的避税行为的否定是通过征税机关行使一定的自由裁量权来实现的，而这种自由裁量权的行使，不论从范围上还是从程度上，在技术上都很难给予明确的限定。税收法定主义原则是通过法定的形式，排除和限制征税机关的自由裁量权，防止国家对国民财产无限度的侵犯；实质课税原则追求的是经济上的实质，而这又是通过征税机关自由裁量权的行使，以核定、确认、调整的方法和程序来实现的，同时，这种自由裁量权又很难加以限制，由此造成了实质课税原则与税收法定主义原则的冲突。这两个原则之间的冲突从理论上来说是一种价值观念上的冲突，是形式正义与实质正义、整体共性与个体特性的冲突。当然，由于税收法定主义原则贵为税法的基本原则，实质课税原则的适用

---

① 张守文. 税法原理[M]. 2版. 北京：北京大学出版社，2001：31.
② 金子宏. 日本税法原理[M]. 刘多田，等，译. 北京：中国财政经济出版社，1989：88.

必须在税收法定主义原则的框架内运行,必须以法律有明确规定为前提,只有这样,实质课税原则的积极作用才能得到充分的发挥,其负面影响才能得到有效的制约。

三、禁止类推适用原则

禁止类推适用原则是指依据税收法定主义原则中的课税要件确定原则,因对纳税人纳税义务的界限应由税法加以明确规定,故对税法无明文规定的事项,各征税机关、法院不得比附援引类似事项的规定来设定或加重纳税义务人的纳税负担;同时,对纳税义务人有利的恣意的税法的类推适用也要加以禁止。

凡税法皆有漏洞,是否可以适用类推以弥补漏洞,亦存不同见解。多数学者认为,依据税收法定主义原则,应禁止类推适用。税法作为侵权规范,必须保持其稳定性,因而应依文义解释,或参照立法目的进行解释,而不许作任意的扩张或类推解释;同时,类推也未必合于立法原意,立法的过失、缺欠应由立法机关加以完善,而不得以满足财政需要、税负公平或公共福利为理由,使类推适用正当化,否则有悖于税收法定主义原则。①

尽管如此,也有学者认为,类推适用可增进课税平等与正义,因而在税法上亦应适用,无须禁止,但应限制。在符合法律保留原则或课税要件法定原则的情形下,在法律允许的范围内可以进行法律内的补漏,但不得超越法律进行创制性的补充。

其实,上述两类不同观点在很大程度上是一致的,即都主张依据税收法定主义原则,坚持课税要件法定原则或法律保留原则,只不过多数学者认为类推适用应绝对禁止,少数学者则认为可以在法律允许的范围内作限制性的类推适用,实际上也是把税收法定主义原则视为基本原则,而把类推适用作为例外来看待的。但应当承认,无论在实践中抑或理论上,把禁止类推适用作为一项原则加以确立更符合法律的精神和主旨,更有助于保障税法的稳定性和可预测性,也有利于防止权力的滥用及其给纳税人造成的损害。我国目前尤其应严禁类推适用,这更有利于税收法定主义原则的确立和巩固。

四、禁止溯及既往原则

所谓溯及既往,即溯及既往的效力问题,是指新的法律颁布实施以后,对它生效之前所发生的事件和行为是否适用,如果适用则具有溯及力,不适用则不具有溯及力。在立法上,对于这个问题,其普遍和一般的原则是新法没有溯及力,世界上

---

① 张守文.税法原理[M].2版.北京:北京大学出版社,2001:32.

一些国家将其作为一项原则写进了宪法。① 因此,在通常情况下,新颁布实施的税法只适用于其生效之后所发生的税收关系,假若某一应税事项发生在新税法生效之前,而国家征收税款时是在新税法生效之后,则仍然应当适用该应税事项发生时有效的税法,而不应当适用该应税事项发生时尚不存在,或者虽公布但尚未生效或者征收时才公布实施的新税法。税法是为征税目的所制定并强制人们遵循的法律规范,这种规范在公布实施前,人们应否纳税及如何纳税都无从推测。因此,就税法的效力而言,仅及于其公布实施以后所发生的事项,而不得溯及税法公布实施前已发生的事项,以维护人们纳税义务的稳定。这是"禁止溯及既往原则"的要求。

随着改革开放的深入发展,我国相继制定实施了一系列单行税法,这是增加国家财政收入、调控经济、完善税收法律体系的一项重要工作,并已取得了明显的成绩。但是从立法的角度来看,却存在操之过急的问题,没有遵循和贯彻税法基本原则,由此使一些单行税法缺少国家法律所应有的公正性、客观性和合理性。众所周知,法律是一种特殊的社会规范,具有很强的规范性,它具体、明确地规定了人们可以、应当、禁止怎样行为的界限,从而为人们的行为提供了一种标准、模式和方向。也正因为法律具有规范性,其也就具有可预测性,人们可以预见到自己行为的法律后果,从而使人们对行为有所选择。然而,对有溯及既往效力的法律来说,如果没有相应的约束,法律的预测性和规范性等基本特性,或者是荡然无存、徒有其名,或者是大打折扣、形同虚设。具体到税法,我们经常强调其具有"三性",即强制性、固定性和无偿性,而其固定性的基本含义就是指国家用法律的形式事先规定好有关征税的事项,然后依法、依率计征。因此,具有溯及力的税法是有悖于税法法定主义原则的。这是一个应认真对待、慎重处理的问题。

虽然我国宪法目前没有对溯及既往问题作出明确规定,我国税法也没有这方面的特定条款,但从法的基本原理和世界多数国家的立法以及我国其他法律部门立法实践中的通行做法来考察,如在特殊情况下,需要制定带有溯及力的税法,应主要遵循"从旧兼从优"的原则。该原则的基本含义为:对新税法生效以前发生的应税事项,原则上适用当时的税法,只有在当时的税法规定应纳税而新税法规定不纳税或者规定税负较优时才适用新税法,也即新税法只有在对当时的应税事项处理得更优或对纳税人更有利时才能溯及既往,否则就不能溯及既往。2000 年 3 月 15 日,第九届全国人民代表大会第三次会议通过《立法法》肯定了该原则,《立法法》第 84 条规定:"法律、行政法规、地方性法规、自治条例和单行条例、规章不溯及既往,但为了更好地保护公民、法人和其他组织的权利和利益而作的特别规定除外。"采取"从旧兼从优"原则,一方面可以保持国家税法的连续性和稳定性,解决新旧税法前后衔接的时间效力问题,有利于维护税法的完整和尊严;另一方面又可

---

① 参见《美利坚合众国宪法》第 1 修正案第 1 条第 9 节。

以避免引起不必要的税收秩序混乱,增大税法实施的难度和阻力,防止历史上"无教而诛"这种有悖情理的情形出现,从而真正体现国家税收法律的公正、合理和客观。所以,这项原则也应当成为我国税收立法中的一项原则,而不仅仅只是采用简单的从新原则。而且从立法发展的趋势来看,该原则更应当成为我国税收法律溯及既往问题的唯一原则。①

但"禁止溯及既往的原则"是否仅为税法的具体原则而非基本原则,在学术界仍存在争论。在税法适用上,"禁止溯及既往"已得到普遍认同,但在立法上是否可以制定税法,适用上溯公布之前发生的事项则颇有争议。我们认为,对于过去的实事和交易所产生的纳税义务这一内容,对纳税人有利的变更,其溯及立法应被承认,而对纳税人不利的变更,其溯及立法原则上应不予允许。因为人们都依据现行的税法行事,即信赖现行法规所作的课税规定进行各种经济活动。如果因为财政收入上的原因而对纳税人作出不利的溯及既往的规定,就会导致纳税人丧失对现行税法的信赖。这对作为税收法定主义原则目标的可预测性和法的稳定性极为有害。

案例分析

甲房地产公司是 1992 年 6 月成立的,当时系外商投资企业。1999 年 5 月,该公司经批准,从外商投资企业改制为内资企业,并依法办理了工商变更登记。随后,甲房地产公司依法向主管税务机关提起变更税务登记申请,主管国税机关答复"必须先清算地税后,才能变更国税"。2003 年 6 月,主管地税机关批准了甲房地产公司的税务登记变更为内资企业,但是甲房地产公司多次向主管国税机关申请清税及变更登记事项,却一直未得到主管国税务机关的答复和批准,直到 2008 年初,均按外商投资企业进行年终汇算清缴和纳税申报。

2008 年 8 月,省国家税务局稽查局对该公司 1997 年 1 月 1 日至 2007 年 12 月 31 日的纳税情况进行了检查,省国家税务局稽查局作出的国稽处字第(2008)第 001 号《税务处理决定书》,对 98 项纳税事项进行了处理,并认定为偷税。其中,除发生于 1999 年 5 月以前的个别纳税事项适用《中华人民共和国外商投资企业和外国企业所得税法》及相关规定进行处理外,其余纳税事项均适用《中华人民共和国企业所得税暂行条例》、《中华人民共和国企业所得税暂行条例实施细则》及相关规定进行处理,认定偷税 3 000 余万元,并将该案移送省公安机关处理。

---

① 周序中. 加强税收立法的思考[J]. 法学杂志,1996(5):19.

问题：

你认为此案应如何认定？并阐释理由。

参考答案：

我们认为,本案存在以下问题：

1.纳税主体资格认定错误。在本案税收法律关系中,甲公司的纳税主体资格应当是外商投资企业和外国企业所得税法的纳税主体资格。纳税主体资格分为国税的纳税主体和地税的纳税主体,而且还可进一步分划为国税外商投资企业纳税主体和国税内资企业纳税主体；同样,地税纳税主体亦然。这是由不同的税收法律关系决定的。

虽然甲公司的民事主体资格基于工商登记事项的变更,依法从外商投资企业变更为内资企业,且甲公司的民事主体资格的变更是变更甲公司纳税主体资格的前提,但是甲公司的外商投资企业纳税主体资格并不当然随其民事主体资格的变更而自动变更。根据《税收征管法》及相关法律、法规的规定,纳税主体资格的变更必须经主管税务机关审批许可后才能有效确立。即使甲公司的纳税主体资格在"地税法律关系"中经地税主管税务机关审批许可后,已从外商投资企业的纳税主体资格变更为内资企业的纳税主体资格,也并不当然意味着甲公司的外商投资企业纳税主体资格在"国税法律关系"中发生了变更。因为,国家税务机关也是有权机关,其审批登记的纳税主体资格是有权、有效行政行为的行使结果,该行政行为,从法律性质上讲,是行政许可行为。行政许可行为只有经过法定程序变更或撤销后,该许可行为或许可的内容才能发生有效的变更或终止；在非经法定程序变更或撤销前,其许可行为的确定力、拘束力和执行力一直处于有效的延续状态。

在本案税收法律关系中,甲公司的外商投资企业纳税主体资格没有改变,其法律地位没有发生变化。因此,该《税务处理决定书》纳税主体资格认定错误。

2.适用程序错误。省国家税务局稽查局通过《税务处理决定书》的形式变更甲公司的纳税主体资格,显然违反法定程序。

省国家税务局稽查局未适用法定登记程序变更甲公司的外商投资企业纳税主体资格,却直接以《税务处理决定书》的形式将甲公司按内资企业纳税主体资格对待并进行处理,试图以处理程序代替登记程序解决问题,显然不符合法律规定的程序。违反了《行政许可法》第8条"公民、法人或者其他组织依法取得的行政许可受法律保护,行政机关不得擅自改变已经生效的行政许可"的相关规定,其错误理应给予纠正。

3.法律适用错误。省国家税务局稽查局直接适用内资企业所得税法对甲公司进行纳税检查并进行处理,法律适用错误。

在税收法律关系中,纳税主体的权利、义务基于税法及相关的程序规定设立、变更、终止。而内资企业与外商投资企业基于具体的税法规定及设立、变更、终止程序的差异,显然处于不同的税收法律关系中,应分别适用不同的税收法律规范。

在本案中,甲公司的税务登记记载为外商投资企业纳税人,且处于合法、有效的延续状态,理应适用《中华人民共和国外商投资企业和外国企业所得税法》及相关规定进行处理。而在省国家税务局稽查局作出的《税务处理决定书》中所认定的98项具体违法事实,除1997年、1998年以及1999年的个别事项系适用《中华人民共和国外商投资企业和外国企业所得税法》外,其余均根据《中华人民共和国企业所得税暂行条例》、《中华人民共和国企业所得税暂行条例实施细则》及相关文件进行纳税调整,且未对适用不同税法进行处理的理由作出任何解释和说明。该《税务处理决定书》显然法律适用错误。

思考题

1. 税收原则的特点有哪些?
2. 简述税收法定主义原则。
3. 简述实质课税原则。
4. 简述禁止类推适用原则和禁止溯及课税原则。

第四章　税收法律关系

要点提示

税收法律关系的理论和专业知识是税法学研究与学习的重点,也是我们解决税法实务问题的关键。因此,学习本章时,应重点掌握税收法律关系的概念、税收法律关系的特征和税收法律关系的性质;理解税收债务关系说的积极意义;了解税收法律关系的主体;辨析税收法律关系的客体;掌握税收法律关系的内容;熟悉税收法律关系的设立、变更和终止的法律事实。

第一节　税收法律关系概述

一、税法法律关系的概念

税收法律关系是指国家和纳税主体之间发生的符合税收法律规范、具有权利义务内容的社会关系。它是国家参与国民收入分配和再分配活动过程中产生的特定税收关系在法律上的表现。每一个独立的法律部门都对一定范围内的社会关系进行调整,税法是以分配领域内特定的税收关系作为自己的调整对象的。税收关系是税收法律关系的经济基础,税收法律关系是法律规范调整税收关系的结果。税收法律关系与税收关系在外延上应当是一致的,即所有税收关系都应当由税法进行调整和确认,经过税法调整和确认后的税收关系构成税收法律关系,但二者的内涵则有所不同:税收关系强调的是经济关系和社会关系;税收法律关系强调的则是法律上的权利与义务关系。

二、税收法律关系的特征

(一)税收法律关系主体权利义务的不对等性

税收法律关系主体的一方始终是国家,另一方则是单位和个人等。在税收征纳关系中,国家与公民之间的权利义务是不相同的,双方是征收与缴纳的关系。代表国家具体行使征税权的税收征收机关不是以一般的法人资格,而是以国家组织、领导、管理税收和执行税法的职能机关的资格,为实现国家税收任务,保证国家职能的需要参与税收关系的,单位或个人则是以被征收和被管理的身份参与税收关系的。所以,双方虽对应地相互既享有权利又承担义务,但各自的权利和义务是不对等的。

(二)税收法律关系的单方面性

依我国的现实情况来看,从某种程度上说,征税主体和纳税主体之间的税收权利与税收义务是由国家单方面设定的,而且就其内容来看具有单方面权利或单方面义务的性质,即以国家为权利主体一方,享有直接参与社会产品的分配,强制、无偿地征收税款等单方面的权力。以单位或个人为义务主体一方,负有依法缴纳税款,而不直接取得任何相应回报的单方面义务。

(三)征税主体权力的公共性

国家取得各种财政收入,所凭借的或者是财产权利,或者是政治(公共)权力。前者是凭借对生产资料和生产要素的占有而进行的分配,属于社会再生产中的一般分配;后者则是凭借政治(公共)权力进行的分配,是从社会再生产的一般分配中分离出来的一种特殊的分配。税收就是以国家政治(公共)权力为基础,而不以生产资料的占有为依托而进行的特殊分配。

(四)税收法律关系的稳固性

税收征纳主体之间的税收权利与税收义务关系一经形成则相对稳定。纳税主体发生了税法规定的行为或事实就产生了纳税义务,必须依法履行纳税义务。特别是纳税主体义务的履行不得依主观意志任意转让和拒绝。同时,代表国家的税收征收机关所享有的征税权力也不得随意转让和放弃,否则就是失职。

(五)权利(力)义务的融合性

在税收征管过程中,代表国家的税收征收机关享有的权利与承担的义务直接体现了其领导和组织征管工作的职权与职责。这种职权和职责双方有着十分紧密的联系,在许多情况下,二者往往相互结合,相互渗透,融为一体。

(六)税收法律关系具有财产所有权或支配权转移的性质

纳税主体履行了缴纳税款的义务,就意味着将其原来所拥有的一部分财产的所有权或支配权无偿地让渡给国家,归国家所有或支配。

三、税收法律关系的性质

税收法律关系的性质是税法的基本理论,在税法理论中占有重要的地位。税收法律关系本身具有复杂性和重要性,甚至有的学者认为:"税法学可称为以税收法律关系进行系统的理论研究为目的的法学学科。"[①]如何认识税收法律关系的性质是深刻理解税收法律关系的基础和前提。在这一问题上形成了税收法律关系性

---

① 金子宏.日本税法原理[M].刘多田,等,译.北京:中国财政经济出版社,1989:18.

质理论上的"权力关系说"与"债务关系说"两大学说。

（一）权力关系说

主张税收法律关系的性质是"权力关系"的最早代表是德国行政法学家奥托·梅耶（Otto Mayer）。他认为，税收法律关系就是国民对国家课税的服从关系，税法以课税处分为中心，与行政法并无本质差异，因此，税法不存在构成独立部门法的必要性。这种理论认为，国家为实现其必需的职能，借助强有力的国家机器和行政体系就产生了从国民手中强制征收税负的客观必然性。税收仅仅是国民个人对国家的一种绝对的义务，这项义务是被动的、强制的和无偿的。征税是国家天然的权力，国家单方面享有和行使这种权力。

权力关系说的理论来源可以追溯到 19 世纪末德国的社会政策学派。这一学派主张国家拥有与其职能相配合的各种特权，其中就包括税收的权力。马克思主义的国家利益优先学说在税收关系上与权力关系说没有本质区别，所以，社会主义国家税法学一般也把税收法律关系理解为国家权力在税收活动中的体现，强制性、无偿性、单方面的财富转移成了国家与纳税人之间税收法律关系的特征。应当说，权力关系说在特定的历史时期，对落后国家的发展是具有重要意义的。国家权力的至上性强化了国家的绝对权威，实现了税收的稳定，有利于国家的壮大。但是，国家权力的膨胀和权力关系说的主导位置很容易导致在税收法律关系中过分强调国家利益，使本来就处于优势地位的公权力被无限扩大，纳税人的义务也会愈发加重，以致侵害了纳税人的私权利，还会使税收法律关系中国家与纳税人之间的矛盾缺乏适当的解决途径，国家权力膨胀和纳税人私权利得不到切实保护与救济就成为一个迫切需要解决的社会问题。此外，因为缺乏对国家税收这种单方面的至上权力的监督与制约，行政部门就可能异化税收的职能，使国家通过税收占有巨额财富后并不能对其进行有效率的使用，导致国家运行低效率。

（二）债务关系说

税收债务关系说的代表人物是德国法学家阿尔巴特·亨塞尔（Albert Hensel），他几乎在权力关系说提出的同时，以 1919 年德国《税收通则法》的制定为契机，提出了税收法律关系的实质是国家对纳税人请求履行税收债务的关系，国家与纳税人之间是一种公法上的债权债务关系的理论。他主张税收法律关系可以分为税收实体关系和税收程序关系，税收实体关系是基本关系，他认为税收债务是一种法定债务，纳税义务不依课税处分成立，而以满足课税要素而成立，并主张国家与人民在税收法律关系中处于对等的地位。在税收法律关系中，国家作为债权人所具有的优越地位是税收所具有的公平性与公益性的要求，因此，国家的税收权力必须限定在法律规定的范围内。这一新的研究角度揭示了税收法律关系的经济属性，即一种公法上的债权债务关系，以国家与纳税人之间的债权债务关系学说重新构筑了税收法律关系理论体系。

基于这一学说,税收是区别于私法之债的公法上的债务关系,其特征包括以下几点:

其一,税收债务是法定之债,而不是私法上由当事人依意思自治原则所成合意之债,排除了当事人之间的意志。只要符合税法设定的课税要素,纳税主体就应当履行纳税义务,征税机关也应当依法征税,任一方或者双方都无权自行变更与终止。

其二,税收债务关系具有强制性,征纳双方发生的纠纷属于公法诉讼案件,而不属于私法诉讼案件,不适用和解。

其三,税收债务关系中作为一方当事人的国家享有私法之债中当事人没有的种种特权。这是因为税收债务包含了很强的公益性要求,国家作为公共产品的供给者,需要在适当的范围内享有一些特权。这种特权的享有为国家在提供公共产品时创设了便利的环境。日本著名法学家金子宏则认为,从法技术的观点来看税收实定法,把税收法律关系界定为单一的权利关系或债务关系是不妥当的,但其基本的中心关系仍为债务关系,是一种公法上的债务。[①]

债务关系说具有积极的意义:

第一,债务关系说来源于社会契约论的观点。根据契约的精神,主体只能通过契约建立彼此之间的债的关系,税收法律关系亦是如此。税收法律关系无外乎国家作为征税主体与国民作为纳税人之间的关于征收、缴纳、管理、使用税收财富等事项而依法通过现代民主政治程序形成的具有普遍性的合意。国家与国民之间明显不平等的"命令与服从"关系被以平等为特征的"服务与合作"关系所取代。当然,这种基于社会契约论的观点在税收乃至整个权力领域贯彻与扩大契约精神的做法只是一种理想化的学说,不能完全依此来构建政治框架。但是,基于社会合意达成社会契约的观念在描绘税收法律关系的本质时,避免了国家权力说所引起的国家与纳税人的根本对立,使国家征税与国民纳税被统一到一个基于共同合意的契约体系中,进而减少了国家税收征管的阻力,也推动了现代民主政治的发展。

第二,债务关系说体现了平等原则。平等是法的一般价值,也是法的价值追求序列中位阶较高的核心价值之一。税收法律关系自然也应当把平等作为其重要的价值追求。与大陆法系国家的传统不同,英美法系国家强调政府与公民之间也是平等的法律关系。英国法学家沃克(Pavid M. Walker)就认为,政府本身要服从法律制度而不能不顾法律或重新制定符合本身利益的法律。纳税人通过自己的代表决定税收的征收,而政府只能在征得人民同意后才能征税。税收征管机关是政府或国家的代表,纳税人个体与群体同这些行政机关之间的平等性正是国家与国民平等性在税收征管活动中的具体表现。这样的认识彻底改变了税务行政机关与纳税人之间不平等的法律地位,使在税收法律关系中公权力与私权利表现出了更多

---

① 金子宏.日本税法原理[M].刘多田,等,译.北京:中国财政经济出版社,1989:21.

的同一性,平等使权利与义务在这一特定的法律关系中得到了更接近于公正合理的配置,使纳税人更易于接受税收征管活动。

第三,债务关系说有利于保护公民的私有产权。权力关系说将纳税人看做绝对的义务主体,向国家缴纳税款是其基本的义务,税务行政机关代表国家行使单方面的权力。因此,纳税人的财产作为税收的标的,必须绝对地处于国家权力的下位,不能对抗公权力的扩张。在债务关系说中,由于首先确立了契约精神与平等原则,进而在制定税收法律的过程中贯彻平等性的要求,将国家与纳税人置于平等地位。在此基础上划分的权利义务体现了双方当事人在法律上的平等性,使公权力不再处于明显优势的地位,纳税人在认为公权力侵害其私人财产权利时,就可以在平等的环境中寻求法律救济,公正处理双方的纠纷。这对我国是有着深远意义的。

第二节 税收法律关系的构成要素

同其他法律关系一样,税收法律关系包括主体、客体和内容三项要素。它们是构成税收法律关系最基本的条件,缺一不可。

一、税收法律关系的主体

税收法律关系的主体是指参加某个具体税收关系的当事人,也就是税收关系中其权利的享有者和义务的承担者。该主体的资格是由国家税收法律直接规定的,而不是靠选择或通过协商来确定的。这种资格表明了该主体在税收法律上所属的地位,而这种地位又决定了其在特定情况下的税收权利和税收义务。由于人们在经济关系中所处的地位不同,法律上的权利义务也不相同,因而根据其在税收关系中所处地位的不同,我们可以把税收法律关系的主体划分为征税主体和纳税主体两类。

(一)征税主体

国家,一般是指在法律上组织起来的并且人格化的社会。荷兰法学家格劳秀斯(Hugo Grotius)认为,人们通过社会契约建立国家,国家是一群自由的人为着享受公共的权利和利益而结合起来的完整的联合体。国家作为统一整体,是税收法律关系的重要主体。当然,国家要实现其征税的权力,必须经过一定的媒介体——国家机关来完成。国家机关是国家的主要标志,是实现国家职能的工具之一,通过国家机关就可以把国家与社会成员相互联系起来,完成税款的征收与缴纳工作。在税收法律关系中,按照国家机关行使职权的性质的不同,发挥职能的作用的不同,我国的征税机构可以分为三类(见表4-1)。

表4-1 我国征税机关的类型

国家机关	机构组成
国家权力机关	全国人民代表大会及常委会、地方各级人民代表大会及常委会
国家司法机关	各级法院、检察院
国家行政机关	• 国务院 • 各级地方政府 • 税收征收机关:财政机关、海关税务机关

国家机关通过有关法律和法规的确定,在各自职权范围内制定、适用或者执行税收法律,代表国家行使征税权。其中,税务机关是征管国家税收的职能机关,同时也是国家税务行政管理机关,而且还具有行政执法、监督检查机关的性质,全面负责国家税收法律和政策的执行、监督、检查、宣传和解释,在代表国家行使征税权的过程中起着主要作用。

（二）纳税主体

纳税主体,即纳税义务人（简称纳税人）,是指税法规定的直接负有纳税义务的单位和个人。这是与征税主体相对的另一类税收法律关系的主体。在我国,纳税主体目前有以下几类:

1. 法人、企业法人、社会团体法人、行政事业单位法人。
2. 非法人组织、机构或经营场所。
3. 自然人:我国公民、外国人、无国籍人。

二、税收法律关系的客体

（一）税收法律关系客体的概念

税收法律关系的客体是指税收法律关系主体之间权利和义务共同指向的对象,它是税收法律关系内容的承担者。税收法律关系的客体是税收法律关系的重要组成部分,明确税收法律关系的客体对构筑科学的税收法律关系理论具有重要的意义。然而,目前在整个税法学界,对税收法律关系客体的认识众说纷纭,仍存在很大的争议。特别是关于税收法律关系客体与征税客体的界定与定位问题。

很长时间以来,较主流的观点认为,税收法律关系的客体与征税客体是相同的,税收法律关系的客体就是征税客体。[①] 较折中的观点认为,从物质实体来看,税收法律关系的客体与征税对象较为接近,在许多情况下还是重叠的,但是有时两

---

① 刘隆亨.中国税法概论[M].4版.北京:北京大学出版社,2003:74;中国注册会计师协会.税法[M].北京:中国财政经济出版社,2005:2;赵恒群.税法教程[M].北京:清华大学出版社,北京交通大学出版社,2007:3;吉文丽.税法[M].北京:清华大学出版社,2007:6.

者并不一致。税收法律关系的客体是一个法学范畴,侧重于其连接征税主体与纳税主体之间权利义务关系的作用,不注重其具体形态及数量关系,较为抽象;征税对象属于税收学范畴,侧重于表明国家与纳税人之间物质利益转移的形式、数量关系及其范围,较为具体。[①]

对此,我们认为,税收法律关系的客体与作为课税要素的征税客体是两个不同的概念,我们不能因为称谓或者表述上的类似,而将本质属性不同的两类事物混同。征税客体是指征税的直接对象或标的,作为课税要素的征税客体又简称为征税对象或者纳税客体、纳税对象等,这是从不同角度对同一事物所进行的表述。它是划分税种、区别税种在性质上差别的依据之一,解决的是国家以法律的形式确定对什么事物征税的问题。"征税客体在税法的构成要素中居于十分重要的地位。因为它是各税种间相互区别的主要标志,也是进行税收分类和税法分类的最重要的依据,同时,它还是确定征税范围的重要因素。"[②]例如,对纳税主体的商品、所得、财产或者某种行为征税等。当然,对征税客体的认识也是有两个层面的:一个是概括的,一个是具体的。上述征税客体的划分就是从其性质上所作的抽象意义上的概括,例如,对商品(流转额)征税、对所得额征税、对财产征税以及对行为征税等。而在具体的税法中,其征税客体还需要通过征税范围和税目来加以具体化,具体到是对何种商品、何种所得、何种财产或者何种行为征税,这样才能使税法得到有效的实施,而我们通常多是在具体层面上理解和运用征税客体的含义的。另外,在征税客体具体化的过程中,我们也不要将征税客体与计税依据相互混同,这也是我们经常遇到的问题,例如,将本为计税依据的增值额、销售额、营业额等"流转额"作为征税客体。[③]

同时,我们也认为,税收法律关系的客体与作为课税要素的征税客体均属于法学范畴,不应将二者简单地分开,分置于不同范畴以说明其不同;即使同属于法学范畴,二者亦属性质不同的两类事物,其外延内涵均不相同。征税客体的含义与税收法律关系客体的含义相比是特定和具体的;税收法律关系客体的含义则是从整体和抽象意义的角度来把握的。具体而言,征税客体与税收法律关系客体具有以下不同之处:

首先,主体的适用范围不同。税收法律关系的客体是从税收法律关系的整体上来研究征税主体和所有的、不特定的纳税主体之间的权利和义务指向的对象;征税客体则考虑征税主体和特定的纳税主体之间权利和义务指向的对象。

① 徐孟洲.税法学[M].北京:中国人民大学出版社,2005:52;张富强.税法学[M].北京:法律出版社,2007:185.

② 张守文.税法原理[M].2版.北京:北京大学出版社,2001:44.

③ 刘剑文,熊伟.税法基础理论[M].北京:北京大学出版社,2004:94;张怡,张新民,陈光宇.税法[M].北京:清华大学出版社,2007:34.

其次,客体的适用范围不同。税收法律关系的客体由于考虑的是征税主体和所有的、不特定的纳税主体之间的事物,所以其指向的对象须是能完成承载双方关系的事物,这样的事物必定是一般的、概括的和抽象的。而征税客体仅是从对什么事物征税的具体层次上来考虑的,考虑的是征税主体和特定的纳税主体之间指向的特定的、具体的对象。税种不同,其征税客体也不同,而税收法律关系的客体则不会随税种的不同而发生变化。很明显,税收法律关系的客体适用的范围抽象而广泛,征税客体的适用范围特定而具体。

税收法律关系的客体包含但是又不限于征税客体的内容;征税客体经整体上的抽象概括后,可以成为税收法律关系客体的一部分内容,但不是全部内容。

(二)税收法律关系客体的种类

税收法律关系的客体包括物、行为和税权三类。

1. 物作为税收法律关系客体,有两种表现形式:

(1)货币。货币是在生产流通过程中以价值形态表现的资金。这一类是税收法律关系中最常见、最大量的客体,是我国税收的主要价值形式。

(2)实物。我国部分税收曾经是以缴纳实物来实现的,现在已取消实物形式的纳税。

2. 行为作为税收法律关系客体,是指税收法律关系主体为了实现一定的目的而从事的活动,体现在税法实施的全过程,包括税收立法、税收执法、税收司法和税收守法活动四个方面,但其主要体现在税收执法和税收守法的征收与缴纳活动中。一是税收征收机关征收管理行为;二是完成一定的工作,如金库对税款的报解等行为;三是纳税主体从事的应税行为;四是纳税主体的税款申报与缴纳行为等。

在这里我们要注意,应将作为税收法律关系客体的行为与作为课税要素征税客体的应税行为相区别,同时也要注意与历史上曾经存在过的以行为形式的纳税(如徭役)相区别。

3. 税权在税法学界是一个有着多重含义的概念,通常所理解的税权是指国家或政府的征税权或称税收管辖权。作为一种公权力,它是专属于国家或政府的权力,是国家主权的一部分。把税权理解为"国家的征税权"是人们通常的理解,其具体内容包括税收立法权、税收征管权和税收收益权(或称税收入库权)。其中,税收立法权是基本的、原创性的权力;税收征管权是最大量、最经常行使的税权;税收收益权是税收征管权的一项附随性的权力。①

国家是一个抽象的政治实体,它由一系列行使国家各项权能的职能机关组成,

---

① 张守文.税法原理[M].2 版.北京:北京大学出版社,2001:60.

它的权力也要由这些具体的职能机关来行使,这样就会出现如何在国家的各职能机关分配国家的某项权力的问题。在这种分配国家某项权力的过程中所发生的社会关系就是体制关系,用法律的形式来规范和调整这种关系,就产生了体制法律关系。具体到税收法律关系,税收体制法律关系是整个税收法律关系的重要组成部分,是税收法律关系中的基础性关系。在这一法律关系中,其主要内容是相关国家机关在税收方面权力的划分,即国家税权的分配。

国家税权的分配包括纵向分配和横向分配两个方面:税权的横向分配是指税权在相同级次的不同国家机关之间的分割与配置,例如,在中央级次,税权至少要在议会与中央政府之间进行分配;税权的纵向分配是指不同级次的同类国家机关之间在税权方面的分割与配置,例如,税收立法权可能会在中央立法机关和地方立法机关之间进行分配。① 因此,税收体制法律关系中的各相关主体,例如,在相同级次的不同国家机关的主体之间,以及在不同级次的同类国家机关的主体之间,其权利义务所共同指向的对象是税权,税权充当了其权利义务的载体,是其权利义务作用的对象。因此,税收体制法律关系的客体是税权。

三、税收法律关系的内容

税收法律关系的内容是指征纳主体双方所享有的权利和应履行的义务。为了使国家制定的税收法律规范在社会生活中得以全面运行和顺利实现,保证以国家为主体的分配切实完成,国家通过立法形式规定了征税主体和纳税主体的权利和义务,明确了征纳双方的法律责任。可以说,税收法律关系的内容是税收法律关系中最基本的要素,决定着税收法律关系的实质。根据我国现行税法的规定,我国税收法律关系主体的权利和义务主要有以下各项。

(一)征税主体的权利和义务

国家作为征税主体,其税收权利和义务的享有和承担在具体的征管过程中是由代表国家的行政机关,特别是其中的税务机关来实现的。前面讲过,税务机关既是我国征管国家税收的职能机关,也是国家税务行政管理机关。因此,在讲述征税主体的权利和与义务时,主要是以税务机关的权利和义务为对象的。税务机关享有的权利与义务具体如下:

1. 税务机关享有的权利有:制定税收法律法规的建议权、拟定权;税务行政规章的制定权和解释权;税收管理权,包括税务登记管理权、发票管理权、账本凭证管理权、纳税申报鉴定权等;税收征收权,包括减免税等税收优惠措施的决定权、核定征收及调整权、撤销权、代位权、未缴税款的追征权、阻止纳税主体出境的建议权、税务保全措施权(责令提供担保权、银行及其他金融机构账户查询权、银行及其他

---

① 张守文.税法原理[M].2 版.北京:北京大学出版社,2001:62.

金融机构存款冻结权、查封权、扣押权等)、税务强制执行措施权(如银行存款扣划权、拍卖权、变卖权)等;税务检查、稽查权;税务行政处理与处罚权;税务行政复议权;移送司法机关追究刑事责任的建议权等。

2. 税务机关承担的义务有:对税收法律进行宣传、解释和辅导的义务;依法为纳税主体办理减免税等税收优惠的义务;严格依法征收税款的义务;税款及时上缴国库的义务;为纳税主体的生产经营状况和财务状况保密的义务;及时受理复议申请的义务;多征税款的退还义务;税务行政处理与处罚的告知义务。

(二)纳税主体的权利和义务

1. 纳税主体享有的权利有:纳税主体享有国家税法规定的税收减免等优惠权、申请延期缴纳税款的请求权;超缴税款的退还请求权;要求税务机关保守其商业秘密的权利;委托税务代理人的权利;在接受税务行政处理与处罚时享有知情权、陈述权和申辩权;要求税务机关承担赔偿责任的请求权;申请复议或提起诉讼的权利;对违法行为的检举、揭发和控告权。

2. 纳税主体承担的义务有:依法办理税务登记的义务;依法设置账簿、正确使用、保管发票和有关凭证的义务;依法办理纳税申报的义务;依法正确、及时、足额缴纳税款的义务;接受税务机关监督、检查的义务。

第三节　税收法律关系的设立、变更和终止

一、引起税收法律关系的税收法律事实

税收法律关系和其他社会现象一样,由于种种原因,总是处于不断发展变化的状态中。在现实生活中,经常大量地产生新的税收法律关系,而原有的一些税收法律关系则在不断地变更和终止。税收法律关系的设立、变更和终止都是由于法律事实的出现或变化引起的。所谓法律事实,就是能够引起税收法律关系设立、变更或终止的客观情况。这种客观情况之所以能够引起税收法律关系的设立、变更或终止,就是因为它被赋予了法律的内容,即法律确定的事实。具体的税收法律关系往往是由一个或者几个法律事实形成的。

法律事实一般可以划分为行为和事件两大类:行为是以人们的意志为转移而引起的税收法律关系的设立、变更和终止的客观情况;事件则是不以当事人意志为转移而引起税收法律关系的设立、变更和终止的客观情况,它是基于客观上一种不可抗拒的因素而引起税收法律关系变化的事实,如自然灾害。

二、税收法律关系的设立

税收法律关系的设立是指由于某种客观情况的出现而使税收法律关系主体之

间形成一定的税收权利与税收义务。

税收法律关系因下列客观情况的出现而设立。

1. 单位和个人发生了税法规定的应纳税行为，如从事经营、进行建筑施工、车船的使用等行为。

2. 单位和个人发生了税法规定的应纳税事实，如取得应税收入、应税所得、取得或使用应税财产等事实。

三、税收法律关系的变更

税收法律关系的变更是指由于某种客观情况的出现而使已经形成的税收法律关系发生部分变化，形成双方主体之间新的税收权利义务关系。具体包括税收法律关系主体、客体和内容的变更三种情况。

税收法律关系因下列客观情况的出现而变更。

1. 纳税主体发生了分立、合并等情况。

2. 纳税主体的性质发生了变化等（例如，小规模纳税人与一般纳税人的变动，内外资企业的变动，公司与企业的变动，生产型企业、商业与服务业企业的变动等）。

3. 纳税主体的应税事实或者应税行为发生了变化。

4. 税收法律规范或税收政策的修改和调整。

5. 征税程序的变动。

6. 因不可抗力，如自然灾害或其他特殊情况造成纳税人生产、经营发生困难，或造成纳税人财产重大损失，申请减免税并获得批准。

四、税收法律关系的终止

税收法律关系的终止是指由于某种客观情况的出现使税收法律关系主体之间的税收权利义务关系消失。

税收法律关系因下列客观情况的出现而终止。

1. 纳税主体履行了纳税义务。

2. 某些税收法律规范的废止。

3. 征税对象范围、征税环节的变更。

4. 纳税义务超过了法定的追征期限。

5. 纳税主体具备了符合免税的条件。

6. 纳税主体的终止，例如，因企业的解散、撤销、破产而终止（注意：企业被吊销营业执照并不意味着终止）；自然人的死亡。

第四节　税收法律关系的保护

一、税收法律关系保护的含义

税收法律关系的保护也就是对税收主体的税收权利的保护,其实质是严格监督税收关系的参与者正确地行使权力,切实履行其承担的各项义务,制裁其违反税法的行为,以维护税收法律规范所规定的征税主体与纳税主体法律地位不受侵犯,保障双方各自的权益。

税收法律关系是我国整个法律关系中的一个重要组成部分,因此,加强税收法律关系的保护,对增进我国税收方面的法律建设具有十分重要的意义。

二、税收法律关系的保护方法

税收法律关系的保护方法,从广义上讲,就是国家通过税收立法活动和税收司法活动来保护税收法律关系主体权利义务的实现;从狭义上说,税收法律关系的保护则是对正常的税收关系破坏行为依法追究税收法律责任的问题,对违反税收法律责任的追究,也就是对正确的税收关系的维护。按照我国法律的规定,国家采取两种方法保护税收法律关系:一是依法追究行政责任;二是依法追究刑事责任。

三、税收法律关系的保护方式

税收法律关系的保护方式主要包括以下几种。

(一)税务行政处分和税务行政处理与处罚

1.税务行政处分,是指税务机关或监察机关对税务工作人员违反税法的行为所施行的政纪惩罚措施。这是一种内部行政惩戒方式,故又称为内部税务行政法律责任的承担方式,包括警告、记过、降级、撤职、留用察看、开除等具体方式。

2.税务行政处理,是指税务机关依法对违反税法的行为人所给予的处置措施,例如,责令限期申报、责令限期纳税、责令补交税款、加收滞纳金等。

3.税务行政处罚,是指税务机关依法对违反税法的行为人所给予的惩罚措施,例如,精神罚、财产罚和行为罚等。目前我国税务行政处罚主要有如下一些形式:罚款、没收非法所得、停止出口退税权等。

(二)税务强制执行

税务强制执行,是指由国家司法机关或者征税机关依法作出决定,强制税收法律关系的主体履行其税收义务的活动。

(三)税务行政复议

税务行政复议,是指纳税主体和其他税务当事人认为税务机关的具体行政行为侵犯其合法权益时（包括认为对该具体行政行为所依据的规定不合法时），依法向税务行政复议机关提出异议并申请裁决的一种行政申诉制度。税务行政复议是我国行政复议制度的一个重要组成部分。

（四）税务司法审判

税务司法审判，是国家审判机关依法审理税务纠纷案件和税务犯罪案件，解决税收法律关系主体之间的税务纠纷，整治税务违法犯罪行为的活动，包括税务行政诉讼和税务刑事诉讼。

1. 税务行政诉讼，是指公民、法人或者其他组织认为税务机关及其工作人员的具体行政行为侵犯其合法权益，依法向法院提起的诉讼。

2. 税务刑事诉讼，是指由国家司法机关依法追究和惩罚违反税法、构成犯罪的行为人的活动。

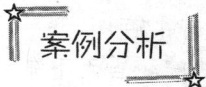

★ 案例分析 ★

一名普通纳税人的公益诉讼①

一、超出预算购买两辆小轿车，让财政局成了被告

2006 年 4 月 3 日上午，湖南常宁的一位村主任蒋石林，以一名普通纳税人的身份将常宁市（县级市，隶属于湖南省衡阳市）财政局告上法庭，要求法院认定该市财政局超出年度财政预算购买两辆小轿车的行为违法，并将违法购置的轿车收归国库，以维护纳税人的合法权益。

二、超标车引发奇特诉讼

2006 年 4 月 3 日上午，蒋石林快步走进常宁市法院，将手中的起诉状递进了立案庭。蒋石林是常宁市荫田镇爷塘村村委会主任，被他推上被告席的是常宁市财政局。他起诉的理由是：市财政局在 2005 年度违反常宁市的财政预算，违规购买了两辆小轿车。他以一个纳税人的名义起诉，要求法院认定财政局的这一行为违法，并且将两辆轿车收归国库，以维护纳税人的合法权益。

一个村主任为何将市里的财政"管家"推上法庭呢？蒋称，他经常到县里办事。2005 年年初，他在市财政局发现多了两辆小轿车，听说是单位购买的。而此前，他知道该局已有 3 辆小轿车。"一个单位可以买多少车？什么标准？"和别人聊天时，蒋常问及此事，但都没有答案。一次偶然的机会，他从一位人大代表处看到了常宁市 2005 年度的市本级预算，发现 2005 年度的预算中，财政局根本没有购车

---

① 资料来源：中国青年报，2006.04.05。

的指标。经向人问询,他心中的疑问得到了解答。有人告诉他,按照规定,"政府采购应当严格按照批准的预算执行"。因为,除了购车款,两辆轿车司机的费用和养车的费用都是不小的开支。他查证财政局买的两辆轿车,一辆是别克SMG7200型,一辆是长安福特汽车公司生产的蒙迪欧CAF7200A型,均价格不菲。"他们为什么敢这样乱花钱?"蒋说,他一直想搞个明白,但朋友都说他是"狗拿耗子多管闲事",因此犹豫不决。

2006年2月28日,蒋给常宁市财政局寄了一封《关于要求常宁市财政局对违法购车进行答复的申请》。信中称,根据《宪法》规定的权利,他有权利要求财政局将对此事的处理情况及其他相关事宜给予答复。但此信石沉大海,未有回音。

没有得到正式答复的蒋被激怒了,他聘请了衡阳市天戈律师事务所罗秋林律师,准备对此事起诉。律师的调查结论是:常宁市财政局2005年购买的两辆车价值近40万元,而且这两辆车超出了科级干部的配车标准。并且,他从衡阳市车辆管理所得知,常宁市财政局一共有5辆车,而财政局的车辆编制只有4辆。

在经过一段时间的准备后,2006年4月3日,蒋石林来到了法院。当天下午,常宁市法院立案庭签收了诉状。法官告诉他,根据《行政诉讼法》的规定,他们会在收到诉状后的7个工作日内作出受理或者不受理的决定。

三、财政局长的疑问:农民是纳税人吗?

常宁市财政局是否在2005年违规购买了这两辆小轿车呢?记者在财政局和法院的大院里看到了两辆被控违规购买的别克和蒙迪欧小轿车。颇新的车身证实其"服役"期确实不长。

常宁市人大常委会财经工委副主任邓桂平介绍说,在2005年常宁市人大常委会通过的市本级财政预算中,市财政局的预算经费是62万元,其中包括2万元的教育经费,其中没有购买车辆的项目。

"要是有安排,应当会细化到具体项目的。"他补充说,市财政局如果添置了车辆,也有可能是通过其他渠道添置的,比如,上一级财政部门或其他部门拨下来的车辆。"市财政局目前核定的车辆编制是4辆。"邓桂平说,如果超过编制购买是不允许的,但是具体情况他不太清楚。

在常宁市财政局办公室,记者见到该局局长周年贵。他承认添置了两辆小轿车,但没有违规,理由是此事得到了常宁市委的同意,其中的一辆是上级部门给予他们的奖励。

关于车辆超出核定编制的问题,周局长解释说,局里有一辆桑塔纳车已经老化,上个月卖给了下属的乡镇。记者问是否已过户时,他说,因乡政府不愿意过户,所以还没有办理手续。

而据律师提供的证据,常宁市财政局有5辆小轿车,分别是一辆蒙迪欧、一辆别克、一辆猎豹、两辆桑塔纳。蒙迪欧、别克的初次登记日期分别是2005年7月和

5月。这两辆车中,一辆是通过政府采购购买的,一辆未经过政府采购。

常宁市财政局局长周年贵认为,蒋的这种起诉应当是没有道理的,因为该局没有违规购车。他反问,如果每个人都起诉,那岂不是给购车的单位带来很多的麻烦?

周年贵局长同时质疑,原告蒋石林是一个农民,现在已经取消农业税,他是否具有纳税人的资格呢?

当记者告诉周年贵局长,蒋石林在取消农业税之前每年都缴农业税,去年和今年也缴过劳务税等其他税之后,周年贵局长再次提出疑问:"他缴的税到底够不够买一辆车,够不够发工资呢?"

四、纳税人意识与制度缺失

蒋石林此次破天荒的诉讼,成了当地干部群众饭后的谈资。

一位常宁市政府的干部说,蒋时林的做法纯属"多管闲事",因为这些事情有人大监督,有党委、政府部门管理,有纪检、司法部门查处,还需要一个普通公民来直接"叫板"吗?

也有人认为,这种较真虽然比较突兀,但政府部门应有面对来自纳税人个体监督的正确心态。"这些钱,难道就没有纳税人的血汗在里面吗?所以多对他们监督是有必要的"。

常宁市人大常委会一些干部的态度则颇为开明。"这说明纳税人的权利意识提高了,是社会的一种进步",常宁市人大常委会财经工委副主任邓桂平说。他说,纳税人对税款的使用应当有知情权,这些钱用到哪里去了,用去干什么了,应当有个了解。他认为起诉也是一种合理的要求。

问题:

1. 蒋石林以起诉的方式要求法院认定该市财政局超出年度财政预算购买两辆小轿车的行为违法,并将违法购置的轿车收归国库,以维护纳税人合法权益的请求,能否得到法律的支持?

2. 蒋石林起诉的法律意义是什么?

参考答案:

本案例是典型的纳税人诉讼案件。纳税人诉讼是近代产生的一种新型行政公益诉讼制度,是实现纳税人权利的一种有效的司法保护机制,更是对防治国家公共资金流失具有重要实用价值的制度。承认纳税人诉讼的根据在于:公共资金的违法支出意味着纳税人本可以不被课以相应部分的税金,在每一纳税人被多课税的意义上,纳税人有诉之利益。纳税人诉讼是公益诉讼的重要组成部分。而所谓公益诉讼,是指特定的国家机关和相关的组织、个人,根据法律的授权,对违反法律法规侵犯国家利益、社会利益或不特定多数人利益的行为,向法院提起诉讼,由法院依法追究其法律责任的活动。公益诉讼是源自古罗马的法律制度,是相对私益诉讼而言的,公益诉讼是以保护社会公共利益为目的的诉讼。在古罗马法中,公益诉讼的实质含义是:"原告代表社会集体利益而非个人利益而起诉。"我国现在还没有设立公益诉讼制度,《中华人民共和国行政诉讼法》(修改建议稿)曾拟定了行政公益诉讼制度,试图将公益诉讼制度写进立法,这在我国尚属首次,引起了社会各界的热切关注和讨论。

本案例被誉为"中国纳税人诉讼第一案"。蒋石林作为一个公民,一个纳税人,具有强烈的社会责任感。他想知道政府在怎样花大家缴纳的血汗钱,他想知道政府部门有没有按照"规矩"办事以及一旦发现政府部门违规是否可以理直气壮地要求其整改。他自觉地"多管闲事",打探财政局买车是否违反人大通过的预算,是否超过规定的标准,并以主人的姿态要求财政局给予答复。在无人答复的情况下,他毅然拿起法律的武器,提起诉讼,期望通过司法权审查、监督、制约行政权。但是,这样一种公民个人监督政府,维护社会公共权益的行为目前尚没有具体的司法程序来支持,公民无法通过行政诉讼的途径来实现,只能依靠人大、政府以及党委、纪委和监察机关的监督、内部督查和查处等公权力来监管,这是一种制度的缺失。在这一案件中,我们的预算执行制度、预算监督制度、行政答复制度、人大监督制度似乎都失灵了,最后竟要靠普通纳税人通过不可能获得现行法律支持的公益诉讼的途径,才能间接行使监督权。此案例说明,公民对行使国家当家做主权利的要求已越来越高,它使现行的行政诉讼立案制度、司法审判权的审查范围受到了挑战。防止制约机制的空置、监督机制的虚位、建立行政公益诉讼制度的要求日益迫切。这对及时纠正行政机关的违法行为,促进行政机关依法行政具有现实的意义。

思 考 题

1. 税收法律关系的特征有哪些?
2. 简述税收法律关系的性质。
3. 简述税收债务关系说的积极意义。
4. 解析税收法律关系的主体。
5. 解析税收法律关系的客体。
6. 阐述征税主体的权利义务。
7. 阐述纳税主体的权利义务。

第二篇 税收实体法律制度

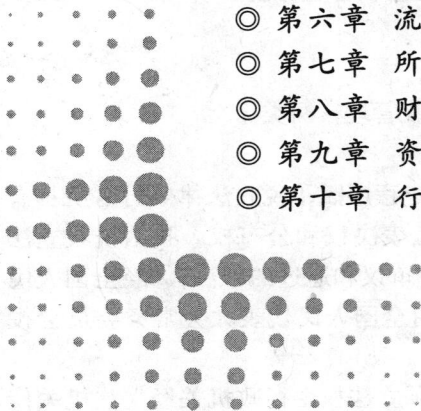

第五章　税收管理体制

要点提示

　　一个国家的税收管理体制是与财政管理体制息息相关的。税收管理体制是财政管理体制的组成部分,它要受财政管理体制的制约,而财政管理体制又与一个国家的政体密不可分。不同的政体孕育不同的财政管理体制,相应的税收管理体制也各有不同。税收管理体制是税法中的体制问题,具有重要的研究价值。本章应重点掌握税收管理体制的含义,税收管理权限,税收管理体制与财政管理体制的关系,以及税收管理体制的内容。

第一节　税收管理体制概述

一、税收管理体制的含义

　　税收管理体制是划分中央与地方政府以及地方政府之间税收收入和税收管理权限的制度,是国家经济管理体制和财政管理体制的重要组成部分。

　　税收是国家取得财政收入的主要形式,由于国家政权是按行政区划建立起来的,因而客观上就存在国家政权内部各级政府之间划分税收收入和税收管理权限的问题。针对这些问题所作的制度性规范,就是税收管理体制。

二、税收管理的权限

　　税收管理权限可以划分为税收立法权和税收管理权两类。

(一)税收立法权

　　税收立法权是指国家最高权力机关依据法定程序赋予税收法律效力时所具有的权力。税收立法权包括:税法制定权、审议权、表决权和公布权。我国税收立法权可分为以下几种情况:①经全国人民代表大会审议和通过的税法;②经全国人民代表大会常务委员会审议和通过的税法;③经由全国人民代表大会常务委员会授权国务院制定和发布的税收条例。

　　其中,前两项立法权由立法机构行使,第三项立法权由行政机关经立法机关授权行使。

（二）税收管理权

税收管理权是指贯彻执行税法所拥有的权限，它实质上是一种行政权力，属于政府及其职能部门的职权范围。税收管理权具体划分为：税种的开征与停征权、税法的解释权、税目的增减与税率的调整权和减免税的审批权。

1. 税种的开征与停征权。税种的开征与停征权是指对已经制定税法的税种，规定其付诸实施日期的权力；或者对已经开征的税种，因政治或经济诸方面的原因，规定其停止执行的权力。一般来说，税种的开征与停征权同税法的制定颁布权是一致的。但对一些小税种而言，其开征与停征权也可交给地方政府。

2. 税法的解释权。税法的解释权是指对已经制定并颁布的税收基本法规作出具体说明和解释的权力。税收基本法规颁布后，为便于贯彻执行，一般还要发布实施细则对其进行解释和说明。此外，在执行税收基本法规和实施细则的过程中，还会出现一些新情况和新问题，对这些新情况和新问题是否征税以及如何征税，也需要根据税收基本法规和变化了的新情况作出解释和说明。税法的解释权一般集中在财政部和国家税务总局，地方税法的解释权也可由省、自治区和直辖市税务机关负责。

3. 税目的增减与税率的调整权。税目的增减与税率的调整权是指增加或减少课税品目的权力，以及对课税对象或课税科目的税率调高或调低的权力。虽然税法对各种税的征税科目及其适用税率都有明确规定，但随着客观情况的变化，有时需要扩大征税范围、增加税目，有时则需要缩小征税范围、减少税目。此外，有时还需要对原有税负进行调整，这就需要提高或降低税率。由于税目的增减与税率的调整涉及国家的财政收入和纳税人的税收负担，因此，这方面的权限应高度集中。

4. 减免税的审批权。减免税的审批权是指对纳税人实施税收优惠政策的权力。减税和免税体现了国家的税收政策，并且直接影响着国家的财政收入和纳税人的税收负担。因此，有必要在各级政府，特别是在中央政府和地方政府之间明确划分减税和免税的审批权限，以保证征纳双方以及各级政府的利益不受侵犯。1994 年税制改革后，减免税除税法（条例）规定者外，其他减免税权一律归于中央。

三、税收管理体制与财政管理体制的关系

税收管理体制是财政管理体制的组成部分，它要受财政管理体制的制约。财政是适应国家政权执行政治、经济以及社会公共服务职能的需要而产生的。由于政权是分级的，所以财政也必须是分级的。按照我国政权结构，我国财政分为中央财政和地方财政，地方财政又分为省（自治区、直辖市）、地级市（盟）、县（市、旗）、乡四级。在我国，中央财政与地方财政的根本目的与其经济利益是基本一致的，但由于它们所承担的责任、拥有的财力和经济利益有所不同，必然存在整体与局部的

矛盾,也就需要在国家政权内部各级政府之间划分税收收入和管理权限。财政管理体制就是正确处理这些矛盾而划分中央与地方政府以及地方各级政府之间财政责任、财政权力和财政利益的一项制度。税收管理体制是财政管理体制中的一项重要内容。财政管理体制与税收管理体制之间是整体与局部的包含关系,前者包含并制约后者,后者属于并服从前者。也就是说,税收管理体制必须与财政管理体制相适应。

税收管理体制作为一项独立的管理制度,并不单纯、消极、被动地反映财政管理体制,它对财政管理体制起着积极的影响作用。根据税收分配的特点和政治经济条件的变化情况,对税收管理体制进行某些改革必然影响财政管理体制。在税收管理体制高度集中的情况下,实行财政分级管理体制是困难的,如果税收实行分级管理体制,就会促使财政管理体制向分级管理体制方向发展。

第二节　新中国成立后我国的税收管理体制

我国税收管理体制发展至今,由新中国成立初期高度集中的税收管理体制逐步演化为以集中为主、适当分权的税收管理体制格局。

一、1950～1976 年的税收管理体制

这一阶段我国经济管理体制正处于计划经济体制占统治地位的时期,集权是这一阶段的主要特征。

(一)1950～1957 年高度集中的税收管理体制

1950～1957 年,我国财政状况处于困难时期。连年战火使我国经济处于崩溃边缘,百废待兴,财政工作薄弱并且不统一。为了渡过难关,尽早恢复国民经济,平衡财政收支,争取国家财政经济状况的根本好转,实现国民经济第一个五年计划,我国实行了高度集中的财政管理体制。与此相适应,1950 年政务院公布了《全国税收实施要则》,统一了税收法规的制定权限,即将税收的法律、条例的制定权,税种的开征权和停征权,税目的增减和税率的调整权以及减免税权由中央统一集中控制。

(二)1958 年税收管理体制的改革

1950 年开始的国民经济三年调整以及"一五"时期国民经济计划的顺利实施,使我国经济步入正轨,出现了前所未有的新局面。但是,此前实行的为应付经济暂时困难和混乱局面而采取的高度集权型经济管理体制开始呈现出与经济快速发展不相协调的矛盾和问题。经济体制改革提上政府工作的日程。1958 年,我国实行了经济管理体制的重大改革,相继下放了生产、物资、财政等管理权限,同时也下放了部分税收管理权限,如将印花税、利息所得税、车船使用牌照税、屠宰税、城市房

地产税等税种的税收管理权下放给省、自治区、直辖市,并允许地方对某些税种进行必要的调整,自行制定征收办法。

(三)1961年中央适当收回税收管理权限

1958年经济高速增长的大好局面由于决策性的失误和经济发展上的急躁而丧失。到1961年,国家不得不进行国民经济的调整,以克服当时的经济困难局面。这一时期,为集中有限的财力,国家重申了有关集权的规定,并将一部分已下放地方的税收管理权限重新集中于中央,其中包括工商统一税项目的增减和税率的调整权等。

(四)1970年再次下放税收管理权限

随着经济结构和经济形势的发展变化,1970年,国家针对当时大批中央企业下放给地方的新形势,对税收管理体制也作了相应的调整,即将部分减免税权以及对农村征税办法的制定权下放给了省、自治区、直辖市一级政府。1973年推行的工商税制全面改革进一步扩大了放权的范围,一定程度上调动了地方税收管理的积极性。

二、1977～1993年的税收管理体制

1977年以后的十几年间,我国经历了由计划经济体制向市场经济体制过渡的伟大变革。这一时期的税收管理体制主要是以《关于税收管理体制的规定》[①]为基础,并根据经济体制改革的需要加以调整而形成。

(一)《关于税收管理体制的规定》的主要内容

《关于税收管理体制的规定》规定了各级的管理权限,主要是将税收管理权限集中于国务院、财政部、省、自治区、直辖市,具体包括:

1.属于国务院的管理权限:国家税收政策的改变;税法的颁布实施;税种的开征停征;税目的增减和税率的调整等。

2.属于财政部的管理权限:在全省、自治区、直辖市范围内停征、免征或开征某一种税;在全省、自治区、直辖市范围内对某种应税产品或某个行业进行减税、免税;对工商税中的卷烟、酒、糖、手表四种产品的减税、免税;盐税税额的调整及非生产用盐的减税、免税;有关涉及外交关系和对外商征税的问题。

3.属于省、自治区、直辖市的管理权限:对个别纳税单位生产的产品或经营的业务,因生产、经营、价格等客观条件发生较大变化,按照税法规定纳税有困难的,可给予定期的减免税照顾;工业企业利用废渣、废液、废气和其他废旧物品为主要原料生产的产品,按照税法规定纳税有困难的,可给予定期的减免税照顾;乡镇企业生产直接为农业生产服务的产品,可以根据本地区的实际情况,列举具体产品和

---

① 该规定于1977年11月由国务院批转财政部实施。

服务项目,免征工商税,所得利润需要给予照顾的,可列举免征所得税;对灾区乡镇从事自救性生产的,可给予一定期限的减征或免征工商税和所得税的照顾;为保证国家统一税法的实施,可以制定具体征税办法;民族自治区对少数民族聚居区,可以根据全国税法制定的原则制定税收办法,并报国务院备案。

以上省、自治区、直辖市的税收管理权限一般不能层层下放。

由于上述规定是在"文化大革命"刚刚结束之后制定实施的。鉴于当时我国的政治体制和经济体制改革还没有开始,所以这个规定是有局限性的。规定没有明确划分行使税收立法权和行使税收管理权的机构;规定的内容与以后的税收立法体制和管理体制有很多矛盾的地方,关系上没有理顺。

(二)对《关于税收管理体制的规定》的调整

党的十一届三中全会以后,随着国家政治、经济的发展以及经济管理体制和财政管理体制改革的深化和推进,国家在税收管理权限方面又进行了调整,主要包括以下内容:

1.1981年1月,国务院颁布了《关于平衡财政收支 严格财政管理的决定》。决定明确规定,坚持维护国家税收制度,不许随意改变税种、税率和减免税收,各部门自行下达有关税收的规定一律无效。

2.1981年3月,财政部又就税收管理权限问题作了明确规定,凡属国务院和财政部的税收管理权限,不论其收入归属中央财政或地方财政,各地都无权作出任何减免税或更改税率的决定;省、自治区、直辖市掌握的管理权限不能层层下放,过去下放给地、市、县的减免权限,除个别情况外,均应收回。

3.1984年9月,六届全国人大常委会第七次会议通过了《关于授权国务院改革工商税制和发布试行有关税收条例(草案)的决定》。该决定的主要内容是为了适应经济体制改革的形势需要,在推行工商税制改革的过程中,经全国人民代表大会常务委员会的授权,由国务院拟订有关税收条例,并以草案形式颁布试行,再根据试行经验加以修订,报请全国人民代表大会常务委员会审议。

4.1984年10月,我国对工商税制进行改革。原工商税一分为四,即开征产品税、增值税、营业税和盐税。此外,税收管理体制中有关工商税的内容还对陆续开征的一些新税种的税收管理权限分别作了不同规定。例如,国有建筑安装企业营业税的减免审批权限在中央,其他建筑安装企业营业税的减免审批权限在地方;国有企业所得税和集体企业所得税,根据企业级次和减免税范围的大小确定不同的管理权限。

5.1988年5月,国务院决定将财政部税务总局改为国家税务局,由财政部归口管理。国家税务局的职能是主管国家税收工作,有关税收具体事宜的决定和处理均由其承担。原税收管理体制中属于财政部管理权限的大部分权力由国家税务局行使。

6. 1989 年 1 月,国务院批准并转发了国家税务局《关于清理整顿和严格控制减税免税的意见》,对烟酒、鞭炮、焰火、钟表、自行车等三十种国家需要限制生产的产品以及小毛纺厂、小棉纺厂、小丝织厂、小油漆厂、小炼油厂、小轧材厂、小烟厂、小酒厂等八类需要限制发展的小型企业,地方一律不得减免产品税、增值税和所得税;确实需要减免税的,必须报国家税务局批准;除税法统一规定的减免税外,各地区、各部门一律不得擅自减免建筑安装企业营业税。

此外,1980 ～ 1984 年我国实行了"划分收支,分级包干"的财政管理体制;1985 ～ 1987 年实行了"划分税种,核定收支,分级包干"的财政管理体制;1988 ～ 1993 年实行了包干财政体制。① "包干"体制改革是在特定的历史条件下实行的,这一改革对原有税收管理体制和财政管理体制的完善、保证改革开放的顺利进行以及促进国民经济的持续稳定发展都发挥了重要的作用。但是,其弊端也是日益突出,诸如体制形式不统一、事权划分交叉重叠等,使税收管理的改革日益成为形势的需要。

在税收管理体制上,西藏自治区一直实行特殊的政策。1959 年后,西藏的全部税收由西藏自治区筹委会统一管理。1960 年,西藏的税收制度统一。按照当时的规定,除个别单位和产品需要减免税的,由行署(市)批准,报自治区人民政府备案外,税法的制定和颁布、税法的解释、实施细则的制定、税种的开征停征、全自治区范围的减免税、税目的增减和税率的调整,均由自治区人民政府决定。

我国经济特区和沿海 14 个港口城市要求既按照全国统一的税收管理体制的要求和规定执行,又允许经济特区政府在对部分税种税目的增减、税率的调整和减免等方面具有比内地更大的管理权限。

我国税收管理体制中的关税管理体制和农业税管理体制部分,分别是由海关总署和财政部制定实施的。

(三)1977 ～ 1993 年税收管理体制的特点和存在的问题

1. 1977 ～ 1993 年税收管理体制的特点。具体而言,主要有如下特点:①税收立法权全部集中在中央;②税收管理权主要集中在中央和省、自治区、直辖市两级;③行业性的减免权以及较大范围内对某种产品的减免税的决定权集中在中央;④对个别企业和个别企业生产的产品,地方拥有一定减免税的审批权。

2. 1977 ～ 1993 年税收管理体制存在的问题。改革前的税收管理体制是在1977 年制定的税收管理体制的基础上建立的,是一种高度集权型的体制。这种体制是与计划经济体制和集权型的财政管理体制相适应的,当时对促进我国经济发展和人民生活的改善起了积极的作用,但也存在以下问题:

(1)经济体制改革的深化和市场经济的发展要求税收分层次地进行宏观调

---

① 参见项怀诚. 中国财政管理[M]. 中国财政经济出版社,2001:47 ～ 50.

控,需要地方政府有一定的税收管理权。同时,由于我国地域辽阔,经济发展很不平衡,经济效益及税收负担承受能力存在很大差异,高度集中的税收管理权和税收立法权不利于地方积极地开辟财源,因地制宜地解决本地区的特殊问题。

(2)原有税收管理体制违法责任不明确,其主要表现是对违反税收管理体制规定的单位或部门没有制定相应的处罚条令和明确其应负的法律责任。1993年开始实施的《税收征管法》也只就征纳双方的权利、义务及应承担的责任作了明确规定,对地方和部门擅自违反《税收征管法》所应承担的法律责任也没有予以明确。以权代法、以言代法的现象仍大量存在,影响了税收作用的发挥,造成国家财政收入不应有的损失。

(3)原有税收管理体制与财政体制不协调,造成一些地方对企业减免税口子开得过宽,导致地区之间税负不平衡,不利于在平等条件下开展竞争。

(4)原有税收管理体制只规定了部分税种的管理权限,而对十一届三中全会后新设置的税种,在体制上并未作出统一规定,不利于实际的执行。

(5)原有税收管理体制下,地方缺乏必要的灵活性。如有的地方对某些企业发生的临时困难需要给予照顾,但受当地财政承受能力的限制,该减免的没有减免,而有些财政收入多的地方,对企业不该减免的却减免了,导致不同地区企业之间苦乐不均,影响了某些企业发展生产的积极性。

以上分析说明,改革前税收管理体制是一种集权型的体制,这种体制不能适应市场经济体制的要求,存在着许多亟须解决的问题。①

三、1994年分税制后的税收管理体制

分税制是财政管理体制改革的目标模式,也是税收管理体制改革的重要内容。国务院《关于实行分税制财政管理体制的决定》②是我国全面推行分税制改革的法律依据。在本章第三节,我们将对分税制进行全面的论述。

第三节 我国现行税收管理体制的内容

税收管理体制是随着经济管理体制和财政管理体制的发展而变化的。从这个意义上说,税收管理体制的内容是一个历史范畴。本节仅就我国现行分税制的内容进行阐述。

一、分税制的含义

分税制是分级财政管理体制的一种形式,也是税收管理体制的一种形式。它

---

① 张艳纯.税收管理学[M].长沙:湖南大学出版社,2003:23~30.
② 该决定由国务院1993年12月作出,1994年1月1日起在我国全面实施。

是在划分中央与地方政府以及地方的各级政府之间事权的基础上按照税种划分中央与地方财政收入的一种财政管理体制。

二、分税制税收管理体制的主要内容

1993 年 12 月国务院作出了《关于实行分税制财政管理体制的决定》，从而改革了原有财政包干体制，对各省、自治区、直辖市以及计划单列市实行分税制财政管理体制。

（一）中央与地方事权和支出的划分

根据现在中央政府和地方政府事权的划分，中央财政主要承担国家安全、外交和中央国家机关运转所需经费，调整国民经济结构，协调地区发展，实施宏观调控所必需的支出以及由中央直接管理的事业发展支出。具体包括：国防费，武警经费，外交和援外支出，中央级行政管理费，中央统管的基本建设投资，中央直属企业的技术改造和新产品试制费，地质勘探费，由中央财政安排的支农支出，由中央负担的国内外债务的还本付息支出以及由中央本级负担的公检法支出和文化、教育、卫生、科学等各项事业费支出。地方财政主要承担本地区政权机关运转所需支出以及本地区经济、事业发展所需支出。具体包括：地方行政管理费，公检法支出，部分武警经费，征兵事业费，地方统筹的基本建设投资，地方企业的技术改造和新产品试制经费，支农支出，城市维护和建设经费，地方文化、教育、卫生等各项事业费，价格补贴支出以及其他支出。

（二）中央与地方收入的划分

根据事权与财权相结合的原则，按税种划分中央与地方的收入，将维护国家权益、实施宏观调控所必需的税种划为中央税；将同经济发展直接相关的主要税种划为中央与地方共享税；将适合地方征管的税种划为地方税，并充实地方税税种，增加地方税收入。中央与地方收入的具体划分如下：

中央固定收入包括：关税，海关代征消费税和增值税，消费税，中央企业所得税，非银行金融企业所得税，铁道、各银行总行、各保险总公司等部门集中交纳的收入（包括营业税、所得税、利润和城市维护建设税），中央企业上缴的利润等收入。外贸企业出口退税，除 1993 年地方已经负担的 20% 部分列入地方财政上交中央基数外，以后发生的出口退税全部由中央财政负担。

地方固定收入包括：营业税（不含铁道、各银行总行、各保险总公司集中交纳的营业税）、地方企业所得税（不含上述地方银行和外资银行及非银行金融企业所得税）、地方企业上缴利润、个人所得税、城镇土地使用税、固定资产投资方向调节税、城市维护建设税（不含铁道、各银行总行、各保险总公司集中交纳的部分）、房产税、车船使用税、印花税、屠宰税、农牧业税、农业特产税、耕地占用税、契税、遗产税和赠与税、土地增值税、国有土地有偿使用收入等。

中央与地方共享收入包括:增值税、资源税、证券交易税。增值税中央分享75%,地方分享25%。资源税按不同的资源品种划分,海洋石油资源税作为中央收入,其他资源税作为地方收入。证券交易税,中央与地方各分享50%。

(三)中央财政对地方税收返还数额的确定

为了保持现有地方既得利益格局,逐步达到改革的目标,中央财政对地方税收返还数额以1993年为基期年核定,按照1993年地方实际收入以及税制改革和中央与地方收入划分情况,核定1993年中央从地方上划的收入数额(消费税+75%的增值税-中央下划收入)。1993年中央净上划收入全额返还地方,保证现有地方既得利益,并以此作为以后中央对地方税收返还的基数。1994年以后税收返还额在1993年基数上逐年递增,递增率按全国增值税和消费税平均增长率的1:0.3系数确定,即本地区上述两税每增长1%,中央财政对地方的税收返还增长0.3%。如果1994年以后上划中央收入达不到1993年的基数,则相应扣减税收返还数额。①

(四)原体制中的中央补助、地方上解及有关结算事项的处理

为顺利推进分税制改革,1994年实行分税制以后,原体制的分配格局暂时不变,过渡一段时间再逐步规范化。原体制中中央对地方的拨款该下拨的继续按规定下拨。原体制地方上解仍按不同体制类型执行:实行递增上解的地区,按原规定继续递增上解;实行定额上解的地区,按原确定的上解额,继续定额上解;实行总额分成的地区和原分税制试点地区,暂按递增上解办法,即按1993年实际上解数,并核定一个递增率,每年递增上解。地方1993年承担的20%部分出口退税以及其他年度结算的上解和补助项目相抵后,确定一个数额,作为一般上解或补助处理,以后年度按此定额结算。

(五)设置中央和地方两套税务机构

为了保证分税制财政管理体制的顺利推进,确保中央财政和地方财政的收入,国家决定设立国家税务局和地方税务局两套机构,对中央和地方的税收分别征收。这是我国税收管理体制的一项重大改革。设立两套机构后,国家税务局负责中央税和共享税的征收,实行国家税务总局垂直领导的管理体制。地方税务局负责地方税的征收,省级地方税务局实行地方政府和国家税务总局双重领导、以地方政府领导为主的管理体制,省以下的地方税务局则由省级地方税务局垂直领导。

(六)确立了新的预算编制和资金调度规则

实行分税制财政体制后,中央和地方都要按照新的口径编报财政预算。由于中央对地方的税收返还支出数额较大,为避免资金的往返划拨,保证地方财政正常

① 参见国务院.关于实行分税制财政管理体制的决定[S].1999年12月15日.

用款,将中央税收返还数和地方的原上解数抵扣,按抵顶后的净额占当年预计中央消费税和增值税收数的比重,核定一个"资金调度比例",由金库按此比例划拨消费税和中央分享的增值税给地方。

以上是分税制财政管理体制的主要内容,实践证明,1994 年推行的分税制财政管理体制是我国税收管理体制的制度创新,是与改革开放的国家形势和社会主义市场经济发展相适应的,是有积极成效的。但是,任何一种税收管理体制,由于现实的发展和需要,都会成为一个历史概念。因此,现实中,常常会根据分税的制运行情况和宏观调控的需要,相应地对分税制的财政管理体制也作出一些必要的调整。

☆ 案例分析 ☆

某公司是一家生产销售食品的企业,2000 年 2 月在当地工商行政管理部门办理了营业执照,并按规定办理了国税、地税登记,企业所得税由地税局管辖。随着业务的拓展和效益的增长,公司的经营规模也日益扩大。2004 年 8 月,该公司分立出一个独立的企业,该新企业在工商行政管理部门办理了开业登记,但新企业对企业所得税向国税部门征管申报还是向地税部门征管申报产生疑问。同时,国税、地税主管部门对该新企业所得税征管问题也产生分歧。国税局认为该新设立的企业所得税应由国税部门征收管理。其理由是,根据国家现行税法规定,自 2002 年 1 月 1 日起,新办企业应纳的企业所得税应由国税部门征收管理。但地税局认为在原有企业基础上分立出来的企业,其所得税由原所属级别的税务机关负责征收管理,理由是,根据现行税法规定,如果企业是变更登记,以前由哪个部门管理的,仍由哪个部门管理。

问题:

由该食品企业分立出来的新的企业其所得税的税收管辖权如何归属?

参考答案:

该新设立企业的企业所得税应由地税部门征管。

我国实行分税制财政管理体制,在国务院设立国务院税务主管部门(国家税务总局),省及省以下税务机关分为国家税务局和地方税务局两个系统的复合制结构。国家对国税局和地税局的管辖范围作了明确的分工。国家税务总局《关于所得税收入分享体制改革后税收征管范围的通知》(国税发〔2002〕8 号)规定,自2002 年 1 月 1 日起,按国家工商行政管理总局的有关规定,在各级工商行政管理部门办理设立(开业)登记的企业,其企业所得税由国家税务局负责征收管理。但因分立而新设立的企业,原企业由地方税务局负责征收管理,其办理的设立(开业)

登记的企业仍由地方税务局负责征收管理。因此,该新分立出来的企业尽管在 2004 年 8 月办理开业登记,其所得税应由地税机关征管,不应当属于国税局的管辖范围。

思考题

1. 税收管理体制的定义是什么?
2. 税收管理的权限有哪些?
3. 税收管理体制和财政管理体制的关系是什么?
4. 分税制的具体内容有哪些?

第六章 流转税法律制度

要点提示

本章介绍了流转税法律制度,流转税主要包括增值税、消费税、营业税、关税四个主要税种。每一个税种都从概述和我国的具体法律制度两个方面进行了介绍。其中,概述部分主要介绍了各税种的概念、特征、产生和发展;关于我国的具体法律制度方面则主要从纳税主体、征税范围、税率税目、计算、纳税环节等几个方面着手,旨在使读者对流转税的法律制度有基本的了解。

第一节 流转税法概述

一、流转税和流转税法的概念

流转税又称流转课税、流通税,是指以纳税人商品生产、流通环节的流转额或者数量以及非商品交易的营业额为征税对象的一类税收。流转税是商品生产和商品交换的产物,各种流转税(如增值税、消费税、营业税、关税等)是政府财政收入的重要来源。

流转税法是指调整以流转额为征税对象的税收关系的法律规范的总称。所谓流转额,是指在商品流转中商品销售收入额和经营活动所取得的劳务或业务收入额。以流转额作为征税对象的税收称为流转税,如增值税、消费税、营业税、关税等。凡为规范流转税而制定的法律法规,均属于流转税法。① 在我国,流转税法主要由各单行的流转税种法构成,如《增值税暂行条例》、《营业税暂行条例》、《中华人民共和国消费税暂行条例》(以下简称《消费税暂行条例》)等。流转税法对保障商品税的征收、发挥流转税在税制结构和国民经济生活中的作用具有重大意义。

---

① 徐孟洲.税法学[M].北京:中国人民大学出版社,2005:46.

二、流转税法的特征

（一）流转税以流转额为计税依据，税源广泛

流转税法的征纳涉及商品流通的各个环节，只要有商品的流转，就可能产生流转税，因此，流转税的税源比较广泛，有助于保证财政收入的均衡、及时、足额入库。[①]

（二）流转税的征税对象是商品

流转税的征税对象是商品（包括劳务），而不是所得和财产，流转税以商品交换和有偿提供劳务为前提，不考虑纳税人的盈亏情况。

（三）流转税是典型的间接税

流转税是典型的间接税，只要商品能够销售、流转，税负即可转嫁，因此，流转税的税负往往是由消费者或最终的购买者来承担的。

（四）流转税的征收具有累退性

流转税的征收具有累退性。所谓累退性，是指一种税收的缴纳使纳税人所缴纳的税款占其收入的比例。流转税主要采用比例税率，不具体考虑纳税人的纳税能力，不论纳税能力强弱，均统一运用相同的税率，从而使纳税能力较弱者税负相对较重，产生累退效应。

三、流转税法的立法意义

流转税法以商品的流转额为计税依据，只要有商品生产、交换以及劳务服务活动的存在与发展，国家就可以从市场主体的交易中分享其流转收益，从而稳定国家的财政收入。同时，由于流转税直接涉及经济运行的各个环节，因而征收流转税可以充分发挥税收的经济杠杆作用。通过设计合理的税率，配合价格，可以起到调节生产和消费，调整经济结构，优化资源配置的作用。正因为流转税具有上述重要作用，许多国家都将其作为本国税收体系中的主体税种，我国亦然。

四、流转税法的历史沿革与完善

一般认为，流转税制度是与商品经济的产生和发展联系在一起的，是社会生产力发展到具有商品交换条件时才产生的。历史上最早出现的流转税是关卡税和商市税。我国周代就有了"关市之征"和"山泽之赋"，这是我国流转税的萌芽。到封建社会，流通经营活动兴起并日渐发达，开始对商人课征商税、市税、交易税等，这些都是对商品流转额的课税。古希腊和古罗马于公元前6世纪前后率先开征关卡税；埃及、印度等有对盐税的课征；其后，罗马帝国将消费税普及到北非和

---

① 刘剑文.财税法法学[M].北京:高等教育出版社,2004:410.

欧洲国家。

近代以来,资本主义经济的空前发展,使流转税的征收不仅范围广,而且数量大,成为许多国家的主体税种,流转税制度随之逐步建立起来,流转税法也从无到有,不断改革,逐步完善起来。

我国现行流转税法主要有:《增值税暂行条例》及其实施细则、《消费税暂行条例》及其实施细则、《营业税暂行条例》及其实施细则、《海关法》、《进出口关税条例》和《海关进出口税则》等基本法律法规及其他规范性文件。

五、流转税内各税种之间的关系

流转税内各税种都是在流通领域征收,从不同的角度覆盖了商品的生产、交换、分配和消费各个环节,它们共同编织成流转税的"税网",从而使国家通过商品税的征收,获得大量、稳定的税收收入。而在税制设计上,各个税种的联系也甚为密切。

(一)增值税与营业税之间存在互补关系

增值税和营业税都是对商品征税,而商品在广义上可分为货物和劳务,也可分为有形资产和无形资产、动产和不动产。在现行制度中,增值税侧重于以销货、有形动产为征税对象,而营业税则侧重于以劳务、无形资产、不动产为征税对象。这样,两种税的征收不重复,形成了一种互补关系。

(二)增值税与消费税之间存在递进关系

增值税对销售货物实行普遍征税,消费税是选择其中一部分货物在征增值税的基础上加征一道消费税。即消费税是在征收了增值税的基础上又加征的一种税。凡是征收消费税的商品,必定是征收增值税的,反之则不尽然。

(三)增值税、消费税与关税之间存在配合关系

一般说来,出口商品大都免征关税,与此同时,出口商品也大都免征增值税或消费税,或者将已征收的增值税和消费税予以退还。反之,进口商品则根据国际惯例,普遍征收关税、增值税和消费税,其中,征收关税是解决内外货物成本价差异问题,征收增值税和消费税则是解决内外税负平衡问题。[1]

第二节　增值税法律制度

一、增值税法概述

(一)增值税与增值税法的概念

增值税是以商品生产、流通或劳务服务各环节的增值额为征税对象征收的一

---

[1] 张怡,张新民,陈光宇.税法[M].北京:清华大学出版社,2007:99.

种流转税。所谓增值额,是指生产者或经营者在一定期间的生产经营过程中新创造的价值。就一个生产经营单位而言,增值额是商品的某一生产经营者在商品生产和经营过程中新增加的价值。就商品流通全过程而言,增值额是商品在生产流通全过程中新增加的价值,它等于商品各个生产者和经营者新增加价值的总和,同时等于该商品进入最终消费时的销售价格。

增值税法是调整增值税征纳关系的法律规范的总称。

(二)增值税法的特征

增值税法作为主体税法,与其他流转税法相比,具有以下特点:

1. 保持税收中性。增值税法规定以商品流转的增值额为计税依据,可以有效地避免税负累积现象,对同一商品而言,无论流转环节多少,只要增值额相同,其税负就相等。这有利于企业按照市场规律自主经营,有利于市场对资源的有效配置,使税收效率原则得到充分体现。

2. 征税对象的普遍性。增值税法实行多环节普遍征收,征税范围涉及国民经济各部门和生产流通各环节,税源广泛。这有利于保证税收收入与国民经济发展水平相适应,从而保证国家财政收入的稳定增长。

3. 征税环节的独特性。增值税法采取"道道课征"的方式,经济链条清晰,内在的制约机制严密,既能体现经济链条各个环节的内在联系,以利于加强相互监督,又有利于保障征税过程的普遍性、连续性和合理性,从而有利于保证财政收入的稳定增长,也能在一定程度上减少征管成本。

(三)增值税法的类型

从世界各国的立法来看,增值税法的类型有三种:生产型增值税法、收入型增值税法和消费型增值税法。[①]

1. 生产型增值税法。生产型增值税法不允许抵扣固定资产中所含已征增值税进项税额。生产型增值税法所规定的税基价值构成中包括固定资产,即在计算应纳增值税额时,只允许从当期销项税额中扣除原材料等劳动对象的已纳税款,而不允许扣除固定资产所含税款的增值税。就整个社会而言,其征税对象大体上相当于国民生产总值,故称之为生产型增值税。

2. 收入型增值税法。收入型增值税法允许随同折旧分期抵扣固定资产中所含已征增值税进项税额,即在计算应纳增值税额时,只扣除固定资产折旧部分所含的税款,不扣除未提折旧部分。这样,从全社会来看,实际上是对国民收入征税,故称之为收入型增值税。

3. 消费型增值税法。消费型增值税法允许一次性抵扣固定资产中所含已征增值税进项税额,即在计算应纳增值税额时,将固定资产价值中所含的税款全部扣

---

① 刘剑文. 财税法学[M]. 北京:高等教育出版社,2004:415.

除,从而使纳税人用于生产应税产品的全部外购生产资料都不负担税款。就整个社会而言,该类型增值税的征税对象大体上相当于社会消费资料的价值,故称为消费型增值税。

在上述三种类型的增值税法中,生产型增值税法规定的税基最大,有利于稳定经济和保障财政收入,但由于对固定资产进行重复征税,不利于鼓励投资和促进经济增长。消费型增值税法规定的税基最小,避免了对生产资料的重复征税。一般来说,发达国家大都实行消费型增值税。我国在 1994 年税制改革以后,实行的是生产型增值税法。但因其弊病较多,2003 年,我国将"增值税由生产型改为消费型,将设备投资纳入增值税抵扣范围"写入党的文件。增值税转型改革开始启动。自 2004 年 7 月 1 日起,在东北地区实行增值税转型试点。2007 年 5 月,为了促进中部地区崛起,国家又将试点范围扩大到了中部 6 省的 26 个老工业基地城市的电力业、采掘业等八大行业。依据规定,自 2009 年 1 月 1 日起,我国全面实行消费型增值税,这意味着历经 24 年的生产型增值税即将退出历史舞台,主宰税收重心的将是更为完善、对经济的贡献必将发挥更大作用的消费型增值税。

(四)增值税法的立法意义

增值税法以商品流转的增值额为计税依据,在商品价格不变的条件下,其增值额是不变的,相应地,增值税收入也不会变化。因此,实行增值税既可以适应生产结构和组织结构的调整,稳定财政收入,也可以有效地避免重复征税,促进企业公平竞争,使税收效率原则得到充分体现。同时,增值税法规定对增值税实行道道课征,既能体现经济链条各个环节的内在联系,以利于加强相互监督,又有利于保障征税过程的普遍性、连续性和合理性,从而有利于保证财政收入的稳定增长。正是由于上述原因,增值税法受到了各国的普遍青睐。

(五)增值税法的历史沿革与完善

1917 年,美国学者亚当斯(T. Adams)首先提出了增值税的雏形;1921 年,德国学者西蒙士(C. F. V. Siemens)正式提出了"增值税"的名称;1954 年,法国将生产阶段的营业税改为增值税,首开增值税立法之先河。目前,世界上已经有 100 多个国家和地区实行了增值税法律制度。

我国实行增值税的历史较短。1979 年,我国在部分地区、行业进行增值税的试点;1982 年,财政部制定了《增值税试行办法》,并自 1983 年 1 月 1 日起在全国试行;1984 年 10 月,国务院发布施行《增值税条例条例(草案)》,这标志着增值税作为一个独立的税种在我国正式建立。为适应新形势发展的需要,在其后的几年中《增值税条例(草案)》又作了一系列的修改,并于 1993 年底颁布《中华人民共和国增值税暂行条例》。至此,我国真正有了一部与国际接轨的增值税法,增值税成为我国税制中一个重要的税种。

我国现行的增值税制度是经由 1994 年的税制改革确立下来的。为了建立和完善我国的增值税制度,国务院和有关部委制定了一系列的法规和规章,主要有:《增值税暂行条例》、《增值税暂行条例实施细则》、《关于增值税会计处理的规定》、《增值税专用发票使用规定》、《增值税一般纳税人申请认定办法》等。

二、我国增值税法的主要内容

(一)增值税的纳税主体

1.纳税主体的一般规定。增值税的纳税义务人是指在我国境内销售货物或者提供加工、修理修配劳务以及进口货物的单位和个人。其中,"单位"是指国有企业、集体企业、私营企业、股份制企业、外商投资企业和外国企业、其他企业和行政单位、事业单位、军事单位、社会团体及其他单位;"个人"是指个体经营者及其他个人。增值税纳税人的构成必须具备两个条件:一是有销售货物或者提供加工、修理修配劳务以及进口货物的商业行为;二是其商业行为发生在我国境内。我国采取属地管辖权原则确定增值税的纳税义务人。无论何种企业,无论企业是否在中国境内设立经营机构,也无论是中国居民还是外国居民,只要其销售货物或者提供加工、修理修配劳务以及进口货物的商业行为发生在我国境内,就是增值税的纳税义务人。

企业租赁或承包给他人经营的,以承租人或承包人为纳税人。报关进口的货物,以其收货人或办理报关手续的单位和个人为纳税人。境外的单位或个人在境内销售应税劳务而在境内未设有经营机构的,其应纳税款以其代理人为扣缴义务人;没有代理人的,以购买者为扣缴义务人。货物期货交易增值税的纳税环节为期货的实物交割环节。交割时采取由期货交易所开具发票的,以期货交易所为纳税人;交割时采取由供货的会员单位直接将发票开给购货会员单位的,以供货的会员单位为纳税人。

2.纳税主体的分类。增值税的纳税主体从税法地位和税款计算的角度可以分为两大类:小规模纳税人和一般纳税人。

(1)小规模纳税人的认定及管理。小规模纳税人是指年销售额在规定标准以下,并且会计核算不健全,不能按规定报送有关税务资料的增值税纳税人。所称会计核算不健全,是指不能正确核算增值税的销项税额、进项税额和应纳税额。

按照《增值税暂行条例实施细则》的规定,小规模纳税人的认定标准有以下三条:

①从事货物生产或提供货物应税劳务的纳税人,以及以从事货物生产或提供货物应税劳务为主,并兼营货物批发或零售的纳税人,年应税销售额在100万元以下的。

②从事货物批发或零售的纳税人,年应税销售额在180万元以下。

③年应税销售额超过小规模纳税人标准的个人、非企业性单位、不经常发生应

税行为的企业,视同小规模纳税人。

小规模纳税人一般不使用增值税专用发票,实行简易计税办法,但仍然需要完善对小规模纳税人的管理。根据《增值税小规模纳税人征收管理办法》的有关规定,基层税务机关要加强对小规模生产企业财会人员的培训;对没有条件设置专职会计人员的小规模企业,税务机关可以提供一定的帮助;小规模企业可以单独或多家联合聘请会计人员。

(2)一般纳税人的认定及管理。一般纳税人是指年应征增值税销售额超过小规模纳税人标准,会计核算健全,并且必须是向其企业所在地主管税务机关申请办理了认定手续,取得法定资格的企业和企业性单位。

下列纳税人不属于一般纳税人:年应征增值税销售额未超过小规模纳税人标准的企业、个体经营者以外的个人、非企业性单位、不经常发生增值税应税行为的企业。

增值税一般纳税人须主动向其企业所在地主管税务机关办理认定手续,以取得增值税一般纳税人资格。一般纳税人总分支机构不在同一县(市)的,应分别向其机构所在地主管税务机关申请办理一般纳税人认定手续。增值税一般纳税人由县以上国家税务机关在接到符合要求的申请后 30 日内审批认定,对符合一般纳税人条件的,在其《税务登记证》副本首页上方加盖"增值税一般纳税人"确认专章,作为领购增值税专用发票的证件。

(二)增值税的征税客体

增值税法的征税客体是应税商品和劳务。理论上,增值税的征税客体应当包括所有的商品和劳务,对生产、流通领域中全部产品和商品及服务业中的劳务全部课征增值税。但在实践中,由于国情不同,各国增值税征税对象范围的确定存在较大差异。

我国《增值税暂行条例》第 1 条规定:"在中华人民共和国境内销售货物或者提供加工、修理修配劳务以及进口货物的单位和个人,为增值税的纳税义务人,应当依照本条例缴纳增值税。"《增值税暂行条例》是通过对纳税人的限定来体现增值税法的征税客体的。

(三)增值税的征税范围

1.一般的征税范围。我国法律规定增值税的征税范围是,在中华人民共和国境内销售货物或者提供加工、修理修配劳务以及进口的货物。

销售货物,是指有偿转让货物的所有权。"货物"是指有形动产,包括电力、热力和气体等;所谓有偿,包括从购买方取得货币、货物或其他经济利益。境内销售货物是指货物的起运地或所在地在中国境内。

加工,是指受托加工货物,即委托方提供原料及主要材料,受托方按照委托方的要求制造货物并收取加工费的业务。修理修配,是指受托对损伤和丧失功能的货物进行修复,使其恢复原状和功能的业务。提供加工、修理修配劳务只有在有偿的情况下才负有增值税的缴纳义务。但是,单位或个体经营者聘用的员工为本单位或雇主提供加工、修理修配劳务不包括在增值税的征税范围之内。

进口货物,是指从国外进口的有形动产,包括电力、热力和气体在内。进口货物应在报关进口时征收进口环节增值税。进口货物无论是否转移货物的所有权,也无论是否有偿,只要是从国外进入我国关境内,就应当缴纳增值税。

2. 特殊的征税范围。

(1)属于增值税征收范围的特殊项目。主要包括:①货物期货,包括商品期货和贵金属期货,纳税环节为期货的实物交割环节;②银行销售金银的业务;③基本建设单位和从事建筑安装业务的企业附设的工厂、车间生产的水泥预制构件、其他构件或建筑材料,用于本单位或本企业的建筑工程的,应在移送使用时征收增值税;④典当业的死当物品销售业务和寄售业代委托人销售寄售物品的业务;⑤缝纫业务应当征收增值税;⑥集邮商品的生产、调拨征收增值税,邮政部门以外的其他单位与个人销售集邮商品,征收增值税;邮政部门以外的其他单位和个人发行报刊征收增值税。

(2)视同销售货物行为。单位或个体经营者的下列行为视同销售货物,应依现行税法缴纳增值税:①将货物交付他人代销;②销售代销货物;③设有两个以上机构并实行统一核算的纳税人,将货物从一个机构移送其他机构用于销售,但相关机构设在同一县(市)的除外;④将自产或委托加工的货物用于非应税项目;⑤将自产、委托加工或购买的货物作为投资,提供给其他单位或个体经营者;⑥将自产、委托加工或购买的货物分配给股东或投资者;⑦将自产、委托加工的货物用于集体福利或个人消费;⑧将自产、委托加工或购买的货物无偿赠送他人。

(3)混合销售行为。一项销售行为如果既涉及货物又涉及非应税劳务,为混合销售行为。这里所称非应税劳务,是指属于应征营业税的交通运输业、建筑业、金融保险业、邮电通信业、文化体育业、娱乐业、服务业税目征收范围的劳务。也就是说,一项销售行为如果既涉及应征增值税的业务,又涉及应征营业税的业务,这项销售行为即为混合销售行为。

对从事货物的生产、批发或零售的企业、企业性单位及个体经营者的混合销售行为,视为销售货物,应当征收增值税;其他单位和个人的混合销售行为视为销售非应税劳务,不征收增值税。纳税人的销售行为是否属于混合销售行为,由国家税务总局所属征收机关确定。

混合销售行为涉及的货物与非应税劳务是针对一项销售行为而言的,即提供非应税劳务是直接为了销售一批货物而作出的,二者之间有紧密的从属关系。

(4)兼营非应税劳务。兼营非应税劳务是指纳税人既经营货物销售和增值税应税劳务的行为,又经营非增值税应税劳务的行为。与混合销售行为不同的是,货物销售和增值税应税劳务之间没有直接的联系和从属关系。

纳税人兼营非应税劳务的,应分别核算货物或应税劳务和非应税劳务的销售额,分别按照规定的税率缴纳增值税和营业税。不分别核算或者不能准确核算的,其非应税劳务应与货物或应税劳务一并征收增值税,且非应税劳务适用税率从高。

纳税人兼营的非应税劳务是否应当一并征收增值税,由国家税务总局所属征收机关确定。

(四)增值税的税率与征收率

1. 增值税的税率。税率是应纳税数额与计税依据之间的法定比例。税率的具体形式一般有三种:①比例税率;②定额税率(固定税额);③累进税率。税率通常是国家事先规定好的。增值税的税率为比例税率。有的国家规定单一比例税率,有的国家实行多档税率。实行多档税率的国家一般将增值税的税率分为三档:基本税率、特别税率和零税率。

我国立法和国际通常做法相似,规定了基本税率、优惠税率和零税率。根据我国法律的规定,纳税人销售或者进口下列货物,适用13%的税率:①粮食、食用植物油;②自来水、暖气、冷气、热水、煤气、石油液化气、天然气、沼气、居民用煤炭制品;③图书、报纸、杂志;④饲料、化肥、农药、农机、农膜;⑤国务院规定的其他货物。增值税一般纳税人出口货物,税率为零。增值税一般纳税人销售或者进口货物,提供加工、修理修配劳务,除适用低税率、零税率和征收率的货物外,适用17%的税率。

2. 征收率。征收率是指在纳税人因财务会计核算制度不健全,不能提供税法规定的课税对象和计税依据等资料的条件下,由税务机关经调查核定,按与课税对象和计税依据相关的其他数据计算应纳税额的比例。由于增值额和所得额的核定比较复杂,通常多采用按销售收入额或营业收入额乘征收率直接计税征收的办法。小规模纳税人销售货物或者应税劳务的征收率为6%;一般纳税人销售自来水可比照对县以下水力发电征税的规定,按照6%的征收率征收增值税。

从1998年7月1日起,将商业企业小规模纳税人的增值税征收率由6%调减为4%。

对一些特定货物的销售行为,无论其从事者是一般纳税人还是小规模纳税人,一律按简易办法计算缴纳应纳税额。自1998年8月1日起,下列特定货物销售行为的征收率由6%调减为4%:①寄售商店代销寄售物品(包括居民个人寄售的物品在内);②典当业销售死当物品;③经国务院或国务院授权机关批准的免税商店零售免税货物。

(五)增值税应纳税额的确定

1. 一般纳税人应纳税额的确定。一般纳税人销售货物或提供应税劳务,实行凭发票注明税款进行税款抵扣的办法,其应纳税额的计算公式为:

当期应纳税额 = 当期销项税额 - 当期进项税额

可见,要确定应纳增值税额,必须先分别确定当期销项税额和当期进项税额。

(1)当期销项税额的确定。销项税额是指一般纳税人销售货物或者提供应税劳务,按照销售额和规定的税率计算并向购买方收取的增值税额。销项税额的计算公式为:

当期销项税额 = 当期销售额 × 税率

一般情况下,销售额是纳税人销售货物或者应税劳务向购买方收取的全部价款和价外费用。确定销售额时应注意以下四点:

第一,一般纳税人销售货物或者提供应税劳务采用销售额和销项税额合并定价的,按以下公式计算销售额:

销售额 = 含税销售额 ÷ (1 + 税率)

第二,纳税人销售货物或者提供应税劳务的价格明显偏低而无正当理由的,或者视同销售行为而无销售额的,由主管税务机关按下列顺序核定其销售额:

①按纳税人当月同类货物的平均销售价格确定;

②按纳税人最近时期同类货物的平均销售价格确定;

③按组成计税价格确定,其计算公式为:

组成计税价格 = 成本 × (1 + 成本利润率)

如该货物属于应征消费税的范围,其组成计税价格还应加上消费税税额。即:

组成计税价格 = 成本 × (1 + 成本利润率) + 消费税税额

或   组成计税价格 = [成本 × (1 + 成本利润)] ÷ (1 - 消费税税率)

上述公式中的成本是指销售自产货物的实际生产成本或销售外购货物的实际采购成本;成本利润率为10%,但属于从价定率征收消费税的货物,其组成计税价格中的成本利润率为消费税法规中规定的成本利润率。

第三,纳税人进口货物,以组成计税价格为计算其应纳增值税的计税依据,其计算公式为:

组成计税价格 = 关税完税价格 + 关税

如进口属于应征消费税的货物范围的,其组成计税价格还应包括消费税税额在内,其计算公式为:

组成计税价格 = 关税完税价格 + 关税 + 消费税

第四,混合销售行为和兼营的非应税劳务,按规定应当征收增值税的,其销售额分别为货物与非应税劳务的销售额的合计,货物或者应税劳务与非应税劳务的销售额的合计。

(2)当期进项税额的确定。当期进项税额是指纳税人当期购进货物或者应税劳务已缴纳的增值税税额。它主要体现在从销售方取得的增值税专用发票上或海关的完税凭证上。

依据税法规定,准许从销项税额中抵扣进项税额的情况主要包括以下几类:

①从销售方取得的增值税专用发票上注明的增值税税额;②从海关取得的完税凭证上注明的增值税税额;③购进免税农产品准予抵扣的进项税额,目前按买价和10%的扣除率计算;④外购货物所支付的运输费用准予抵扣的进项税额,目前按运费金额和7%的扣除率计算。

但是,下列项目的进项税额不得从销项税额中抵扣:①纳税人未按规定取得并保存增值税扣税凭证,或者未按规定在增值税扣税凭证上注明增值税税额及其他有关事项的;②购进固定资产所支付的增值税税额;③用于非应税项目或免税项目的购进货物或应税劳务所支付的增值税税额;④用于集体福利或个人消费的购进货物或应税劳务所包含的增值税税额;⑤非正常损失的购进货物所包含的增值税税款,以及非正常损失的在产品、产成品所耗用的购进货物或应税劳务所包含的增值税税额。

2. 小规模纳税人应纳税额的确定。小规模纳税人销售货物或者提供应税劳务,实行简易征收办法,按照销售额和增值税法规定的6%或4%征收率计算应纳税额,不得抵扣进项税额。应纳税额的计算公式为:

$$应纳税额 = 销售额 \times 征收率$$

这里的销售额为不含税销售额,对销售货物或提供应税劳务采取销售额和税额合并定价方法的,要换算出不含税的销售额,其计算公式为:

$$不含税销售额 = 含税销售额 \div (1 + 征收率)$$

3. 进口货物应纳税额的确定。纳税人进口货物,按照组成计税价格和规定的税率计算应纳税额,不得抵扣任何税额。组成计税价格和应纳税额的计算公式为:

$$组成计税价格 = 关税完税价格 + 关税 + 消费税$$

$$应纳税额 = 组成计税价格 \times 税率$$

(六)增值税的税收优惠措施

1. 免税。免税是指对纳税人销售货物或劳务的应纳增值税款不予征收,同时也不容许抵扣该项货物已负担的进项增值税款。

根据《增值税暂行条例》的规定,下列项目免征增值税:①农业生产者销售的自产农业产品;②避孕药品和用具;③古旧图书(指向社会收购的古书和旧书);④直接用于科学研究、科学试验和教学的进口仪器、设备;⑤外国政府、国际组织无偿援助的进口物资和设备;⑥来料加工、来件装配和补偿贸易所需进口的设备(此项自1996年4月1日起已取消进口免税);⑦个人销售自己使用过的物品(不包括游艇、汽车、摩托车);⑧由残疾人组织直接进口供残疾人专用的物品;⑨国务院确定的其他免税项目。

2. 起征点。根据《增值税暂行条例》及其实施细则的规定,个人销售额未达到起征点的,免征增值税;达到或超过起征点的,就其全额征收增值税。起征点的规定为:①销售货物的起征点为月销售额2 000～5 000元;②销售应税劳务的起征点为月销售额 1 500～3 000 元;③按次纳税的起征点为每次(日)150～200 元。

国家税务总局直属分局应在规定的幅度内,根据实际情况确定本地区适用的起征点,并报国家税务总局备案。

3. 出口货物的增值税优惠。《增值税暂行条例》规定:"纳税人出口货物,税率为零;但是国务院另有规定的除外。"出口货物主要包括两类:一是报关出境货物;二是输往海关管理的保税区、保税工厂和保税仓库的货物。出口货物增值税政策有三种情况:适用零税率、免税和征税。出口货物适用零税率,不仅免征出口环节增值税,而且退还该货物出口环节以前环节已纳增值税。退税办法有"先征后退"和"免、抵、退"两种。

(七)增值税的程序规定

1. 纳税义务的发生时间包括以下两种情况:

(1)纳税人销售货物或者应税劳务,其增值税纳税义务发生时间为收讫销售款或者取得索取销售款凭据的当天。具体规定如下:①采取直接收款方式销售货物的,不论货物是否发出,均为收到销售额或者取得索取销售额的凭据,并将提货单交给买方的当天;②采取托收承付和银行收款方式销售货物的,为发出货物并办妥托收手续的当天;③采取赊销和分期收款方式销售货物的,为合同约定的收款日期的当天;④采取预收货款方式销售货物的,为货物发出的当天;⑤委托他人代销货物的,为收到代销单位销售的代销清单的当天;⑥销售应税劳务的,为提供劳务同时收讫销售款或者取得索取销售额凭据的当天;⑦纳税人发生按规定视同销售货物的行为(委托他人代销、销售代销货物除外)的,为货物移送的当天。

(2)纳税人进口货物,其增值税纳税义务发生时间为报关进口的当天。

2. 纳税义务发生地点包括下列三种情况:

(1)固定业户的纳税地点。固定业户应向其机构所在地主管税务机关申报纳税。总机构和分支机构不在同一县(市)的,应当分别向各自所在地主管税务机关申报纳税;经国家税务总局或其授权的税务机关批准,可以由总机构汇总向总机构所在地主管税务机关申报纳税。

固定业户到外县(市)销售货物的,应当向其机构所在地主管税务机关申请开具外出经营活动税收管理证明,向其机构所在地主管税务机关申报纳税。若未持有上述证明,则应当向销售地主管税务机关申报纳税,否则,由其机构所在地主管税务机关补征税款。

(2)非固定业户的纳税地点。非固定业户销售货物或者应税劳务,应当向销售地主管税务机关申报纳税。非固定业户到外县(市)销售货物或者应税劳务,未向销售地主管税务机关申报纳税的,则由其机构所在地或者居住地主管税务机关补征税款。

（3）进口货物的纳税地点。进口货物应纳的增值税应当由进口人或其代理人向报关地海关申报缴纳。

3.纳税义务发生的期限。增值税的纳税期限由主管税务机关根据纳税人应纳税额的大小，分别核定为1日、3日、5日、10日、15日或者1个月。纳税人不能按照固定期限纳税的，可以按照每次取得的销售收入计算纳税。

纳税人以1个月为一期缴纳增值税的，应当自期满之日起10日之内申报纳税；以1日、3日、5日、10日或者15日为一期纳税的，应当自期满之日起5日之内预缴税款，于次月1日起10日之内申报纳税，并结清上月应纳税款。

纳税人进口货物，应当从海关填发税款缴纳凭证的次日起7日之内向指定银行缴纳税款。

（八）增值税的违法处理与处罚

根据《税收征管法》第60条的规定，纳税人有下列行为之一的，由税务机关责令限期改正，可以处2 000元以下的罚款；情节严重的，处2 000元以上10 000元以下的罚款：

1.未按照规定的期限申报办理税务登记、变更或者注销登记的。

2.未按照规定设置、保管账簿或者保管记账凭证和有关资料的。

3.未按照规定将财务、会计制度或者财务、会计处理办法和会计核算软件报送税务机关备查的。

4.未按照规定将其全部银行账号向税务机关报告的。

5.未按照规定安装、使用税控装置，或者损毁或者擅自改动税控装置的。

纳税人不办理税务登记的，由税务机关责令限期改正；逾期不改正的，经税务机关提请，由工商行政管理机关吊销其营业执照。

纳税人未按照规定使用税务登记证件，或者转借、涂改、损毁、买卖、伪造税务登记证件的，处2 000元以上10 000元以下的罚款；情节严重的，处10 000元以上50 000元以下的罚款。

根据《税收征管法》第63条的规定，纳税人伪造、变造、隐匿、擅自销毁账簿、记账凭证，或者在账簿上多列支出或者不列、少列收入，或者经税务机关通知申报而拒不申报或者进行虚假的纳税申报，不缴或者少缴应纳税款的，是偷税。对纳税人偷税的，由税务机关追缴其不缴或少缴的税款、滞纳金，并处不缴或者少缴的税款50%以上5倍以下的罚款；构成犯罪的，依法追究刑事责任。

扣缴义务人采取前款所列手段，不缴或者少缴已扣、已收税款，由税务机关追缴其不缴或者少缴的税款、滞纳金，并处不缴或者少缴的税款50%以上5倍以下的罚款；构成犯罪的，依法追究刑事责任。

第三节　消费税法律制度

一、消费税法概述

(一)消费税和消费税法的概念

消费税也称货物税,是以特定的消费品的流转额为计税依据而征收的一种流转税。根据纳税环节、计税依据的不同,消费税可以分为直接消费税和间接消费税。直接消费税也称消费支出税,是以消费者的实际消费金额为计税依据,直接向消费者课税。间接消费税是以消费品的流转额为计税依据而向消费品的生产经营者征收的一种间接税。我国及世界上大多数国家开征的消费税均为间接消费税。

消费税法是国家制定的用以调整消费税征纳关系的法律规范的总称。目前,我国调整消费税征纳关系的法律规范主要包括:1993 年 12 月 13 日国务院颁布的《消费税暂行条例》,1993 年 12 月 25 日财政部发布的《消费税暂行条例实施细则》。

(二)消费税法的特征

1. 征税范围的选择性。消费税法的立法目的主要是限制消费,节约资源,调节目的和政策导向性明显。因此,消费税并非对全部消费品和消费行为课税,各国都是有选择地对部分消费品或消费行为征收消费税。

2. 征收环节的单一性。与增值税的多环节征收不同,我国现行消费税属于单环节征收的商品税,其课征一般选择在生产销售环节、委托加工环节、进口环节。出于节省征收成本、提高征收效率、防止税源流失的考虑,各国对多数产品一般都选择在生产环节征税。

3. 税收负担的转嫁性。消费税是间接税,无论采取价内税形式还是价外税形式,也无论在哪个环节征收,消费品中所含的消费税款最终都要通过销售价格的调整转嫁到消费者身上,从而达到调节消费的目的。[①]

(三)消费税法的立法意义

消费税法具有调节和引导作用,消费税法通过选择课税范围、设计高低不同的税率、确定征收环节,可以对社会认为应当加以限制的消费品或消费行为征收高额的税收,从而发挥其调整产业结构、消费结构,调节收入分配,实现社会公平的作用。同时,消费税法通过选择税源集中、收入比较稳定的高档消费品作为征税对象,以及设计较高的税率等,可以为政府筹措稳定的财政收入。基于上述分析,我们认为,消费税的立法有其特定的、不可替代的财政意义、经济意义和社会意义。

---

① 徐孟洲. 税法学[M]. 北京:中国人民大学出版社,2005:133.

(四)消费税法的历史沿革与完善

消费税开征的历史较为悠久,在许多国家的税收史上都曾占有重要地位。古希腊雅典时期的内陆关税、罗马时期的盐税实质上都是对货物征收的消费税。

在我国,对消费品课税的历史也非常久远。周代开征了"山泽之赋",春秋时期开征了渔税、齿角等税。其后,各朝代又较为普遍地征收过盐税、酒税和茶税等税种。

新中国成立后,我国也经过了开征和废止消费税的反复。1994 年,我国进行了大规模的税制改革,当时为了配合增值税的开征,国家决定开征消费税,同时废止彩色电视机特别消费税和小汽车特别消费税。1993 年 12 月 13 日,国务院发布了《消费税暂行条例》,自 1994 年 1 月 1 日起实施。由此,消费税作为独立税种的地位在我国得以正式确立。

目前,我国调整消费税征纳关系的法律依据主要包括:国务院颁布的《消费税暂行条例》、财政部发布的《增值税暂行条例实施细则》以及国家税务总局发布的《消费税征收范围注释》、《消费税若干具体问题的规定》,等等。

二、我国消费税法的主要内容

(一)消费税的纳税主体

根据《消费税暂行条例》的规定,在中国境内生产、委托加工和进口应税消费品的单位和个人,为消费税的纳税人。这里的"单位",是指国有企业、集体企业、私营企业、股份制企业、其他企业和行政单位事业单位、社会团体及其他单位,外商投资企业和外国企业也是消费税的纳税人。这里的"个人",是指个体经营者及其他个人,包括中国公民和外国公民。这里的中华人民共和国境内,是指生产、委托加工和进口属于应当征收消费税的消费品的起运地或所在地在中国境内。

根据《消费税暂行条例》的规定,委托加工应税消费品的,由受托方向委托方交货时代收代缴税款。但对委托个体经营者加工应税消费品的,一律于委托方收回应税消费品后在委托方所在地缴纳消费税。

(二)消费税的征税客体

消费税法的征税客体是消费品,我国现行消费税法的征税客体是特定消费品。我国现行消费税法是对在我国境内从事生产、委托加工和进口应税消费品的单位和个人,就其销售额或销售量征收的一种税,是在原产品税、增值税、工商统一税的基础上形成的。它是在普遍征收增值税的基础上,根据消费政策、产业政策的要求,有选择地对部分消费品征税,从而在商品流转领域使消费税的特殊调节和增值税的普遍调节相配合,形成我国流转税的双层调节机制。

(三)消费税的征税范围

消费税的征税范围是指消费税法规定的征收消费税的消费品及消费行为的种

类。我国消费税法规定的征税范围是"在中华人民共和国境内生产、委托加工和进口"法定的应税消费品。我国实行的是有选择性有限型消费税。具体而言,我国消费税的征税范围包括五大类十一个税目:

1. 过度消费会对人类健康、社会秩序和生态环境等造成危害的消费品。此类消费品包括三个税目:烟、酒及酒精、鞭炮与焰火。

2. 奢侈品和非生活必需品。此类消费品包括两个税目:贵重首饰及珠宝玉石、化妆品。

3. 高能耗的高档消费品。此类消费品包括两个税目:小汽车和摩托车。

4. 石油类消费品。此类消费品包括两个税目:汽油和柴油。

5. 具有特定财政意义的消费品。此类消费品包括两个税目:汽车轮胎和护肤护发品。

消费税的征税范围之所以分为十一个税目,并且在某些税目中还分设若干子目,不仅是为了将征税范围具体化,而且也是为了针对不同的税目和子目适用不同的税率,以求通过差别税率来体现国家的相关经济和社会政策。消费税的征税范围可以根据国家经济发展变化和消费结构的变化情况作适当调整。

(四)消费税的税目和税率

消费税的税率有三种形式:比例税率、定额税率和复合税率。根据不同的税目或子税目确定相应的税率或单位税额。黄酒、啤酒和汽油、柴油采取定额税率,按单位重量或单位体积确定单位税额;卷烟、粮食白酒和薯类白酒为复合税率。其他均为比例税率。

根据《消费税暂行条例》的规定,实行比例税率的应税消费品的税率为:①烟:甲类卷烟税率为45%,乙类卷烟和雪茄烟税率为40%,烟丝税率为30%;②酒及酒精:粮食白酒税率为25%,薯类白酒税率为15%,其他酒税率为10%,酒精税率为5%;③化妆品税率为30%;④护肤护发品税率为17%;⑤贵重首饰及珠宝玉石税率为10%;⑥鞭炮、焰火税率为15%;⑦汽车轮胎和摩托车税率为10%;⑧小汽车根据气缸容量的不同,税率分别为3%、5%或8%,越野车和小客车根据气缸容量的不同,税率分别为3%或5%。

实行定额税率的应税消费品的税率为:①黄酒税率为每吨240元,啤酒税率为每吨220元;②汽油税率为每升0.2元,柴油税率为每升0.1元;③卷烟每标准箱税率为150元,与比例税率同时计征。

纳税人兼营不同税率的应税消费品,应当分别核算不同税率应税消费品的销售额和销售数量。未分别核算销售额、销售数量,或者将不同税率的应税消费品组成成套消费品销售的,从高适用税率。

(五)消费税应纳税额的确定

1. 消费税应纳税额的一般计税方法。按照现行消费税法的基本规定,消费税应纳税额的计算分为从量定额、从价定率和从量定额混合计算三种计算方法。

（1）从量定额计征法。适用定额税率的消费品，其计税依据为销售数量，应纳税额的计算公式为：

$$应纳税额 ＝应税消费品的销售数量×单位税额$$

销售数量按以下办法确定：销售应税消费品的，为应税消费品的销售数量；自产自用应税消费品的，为应税消费品的移送使用数量；委托加工应税消费品的，为纳税人收回的应税消费品数量；进口应税消费品的，为海关核定的应税消费品进口征税数量。

（2）从价定率计征法。消费税法规定，实行从价定率计征消费税的，消费税应纳税额的计算公式为：

$$应纳税额 ＝应税消费品的销售额×适用税率$$

上述公式中的销售额是纳税人销售应税消费品向购买方收取的全部价款和价外费用。价外费用是指在价外向购买方收取的基金、集资费、返还利润、补贴、违约金（延期付款利息）和手续费、包装费、储备费、优质费、运输装卸费、代收款项、代垫款项以及其他各种性质的价外收费。但价外费用不包括向购买方收取的增值税税款、承运部门的运费发票开具给购货方和纳税人将该项发票转交给购货方的款项。其他价外费用，无论是否属于纳税人的收入，均应并入销售额计算征税。

在确定消费税计税依据时，应注意以下几个方面的情况：

①纳税人通过自设非独立核算门市部销售的自产应税消费品，应以门市部对外销售额或销售数量为计税依据计算纳税。

②纳税人以自产的应税消费品换取生产资料或消费资料、投资入股和抵偿债务的，应以同类应税消费品的最高销售价格为计税依据。

③如果纳税人应税消费品的销售额中未扣除增值税税款或者因不得开具增值税专用发票而发生价款和增值税税款合并收取的，在计算消费税时，应将含增值税的销售额换算为不含增值税税款的销售额，其计算公式为：

$$应税消费品的销售额 ＝含增值税的销售额÷（1 ＋增值税税率或征收率）$$

④实行从价定率方法计算应纳税额的应税消费品连同包装销售的，无论包装是否单独计价，也无论在会计上如何核算，均应并入应税消费品的销售额中征收消费税。如果包装物不作价随同产品销售，而是收取押金（收取酒类产品的包装物押金除外），且单独核算又未过期的，此项押金则不应并入应税消费品的销售额中征税。但对因逾期未收回的包装物不再退还的和已收取一年以上的押金，应并入应税消费品的销售额，按照应税消费品的适用税率征收消费税。对既作价随同应税消费品销售，又另外收取的包装物押金，凡纳税人在规定的期限内不予退还的，均应并入应税消费品的销售额，按照应税消费品的适用税率征收消费税。

对用于外购或委托加工的已税烟丝、已税香烟及酒精等八种应税消费品连续生产应税消费品,在计税时按当期生产领用数量准予扣除外购的应税消费品已纳的消费税税款。

(3)从价定率和从量定额混合计征法。现行消费税的征收范围中,只有卷烟、粮食白酒、薯类白酒采用混合计算方法,其基本计算公式为:

$$应纳税额 = 应税销售数量 \times 定额税率 + 应税销售额 \times 比例税率$$

生产销售卷烟、粮食白酒、薯类白酒从量计征的依据为实际销售数量。进口、委托加工、自产自用卷烟、粮食白酒、薯类白酒从量计税的依据分别为海关核定的进口征税数量、委托方收回数量和移送使用数量。

2.消费税应纳税额的特殊计算方法有以下四种:

(1)自产自用应税消费品应纳税额的计算方法。纳税人自产自用的应税消费品,用于连续生产应税消费品的,不纳消费税。也就是说,纳税人将自产的应税消费品作为生产最终应税消费品的直接材料并构成最终产品实体的,不计算缴纳消费税。用于其他方面的,于移送使用时纳税,其计税价格按照纳税人生产的同类消费品的销售价格计算纳税。没有同类消费品销售价格的,按组成计税价格计算纳税。组成计税价格的计算公式为:

$$组成计税价格 = (成本 + 利润) \div (1 - 消费税税率)$$

公式中的成本是指应税消费品的生产成本;利润是指根据应税消费品的全国平均成本利润率计算的利润。

(2)委托加工应税消费品应纳税额的计算方法。委托加工的应税消费品是指由委托方提供原料和主要材料,受托方只收取加工费和代垫部分辅助材料加工的应税消费品。对于委托加工的应税消费品,以受托方同类消费品的销售价格为计税依据计算纳税。没有同类消费品销售价格的,按组成计税价格计算纳税。组成计税价格的计算公式为:

$$组成计税价格 = (材料成本 + 加工费) \div (1 - 消费税税率)$$

公式中的材料成本是指委托方提供的加工材料的实际成本;加工费是指受托方加工应税消费品向委托方收取的全部费用(包括代垫辅助材料的实际成本,但不包括收取的增值税税额)。

(3)进口应税消费品应纳税额的计算方法。进口的应税消费品,按照从价定率的方法计算应纳税额的,以组成计税价格计算纳税。组成计税价格的计算公式为:

$$组成计税价格 = (关税完税价格 + 关税税额) \div (1 - 消费税税率)$$

(4)其他特殊情况下应纳税额的计算。纳税人应税消费品的计税价格明显偏低又无正当理由的,由主管征税机关核定其计税价格。其中,国内销售的消费品价格由税务机关核定,进口应税消费品的价格由海关核定。

应注意的是,纳税人销售的应税消费品以外汇结算销售额的,其销售额的人民币折合率可以选择结算的当天或者当月1日的国家外汇牌价(原则上为中间价)。纳税人应在事先确定采取何种折合率,确定后一年内不得变更。

(六)消费税的出口退免税政策

1. 出口应税消费品的退免税政策①。出口应税消费品的退免税政策包括出口免税并退税、出口免税但不退税、出口不免税也不退税三种。

(1)出口免税并退税。适用这项政策的是:有出口经营权的外贸企业购进应税消费品直接出口,以及外贸企业受其他外贸企业委托代理出口应税消费品。

(2)出口免税但不退税。适用这项政策的是:有出口经营权的生产性企业自营出口或生产企业委托外贸企业代理出口自产的应税消费品,依据其实际出口数量免征消费税,不予办理退还消费税。

(3)出口不免税也不退税。适用这项政策的是:除生产企业、外贸企业外的其他企业,具体是指一般商贸企业,这类企业委托外贸企业代理出口应税消费品一律不予退(免)税。

有出口经营权的生产企业自营出口的应税消费品,依据实际出口数量免征消费税。

对有进出口经营权的生产企业委托外贸企业代理出口的应税消费品,一律免征消费税;对其他生产企业委托出口的应税消费品,实行"先征后退"的办法。

外贸企业自营出口和代理出口的应税消费品,予以退还消费税。委托外贸企业代理出口的货物,一律在委托方退(免)税。

出口企业出口不予退(免)增值税的货物若为应税消费品,则不予退(免)消费税,即生产企业须按现行有关税收政策规定计算缴纳消费税,对外贸企业不予退还消费税。

除生产企业、外贸企业外,其他企业委托外贸企业代理出口的应税消费品,不予退(免)税。

2. 出口应税消费品退税的计算。外贸企业从生产企业购进货物直接出口或受其他外贸企业委托代理出口应税消费品的应退消费税税款,分以下两种情况处理:

(1)实行从价定率计征消费税的应税消费品,依照外贸企业从工厂购进货物时征收消费税的价格计算应退消费税款。其计算公式为:

应退消费税税款=出口应税消费品的工厂销售额×适用的消费税征税率

(2)实行从量定额计征消费税的应税消费品,将外贸企业报关出口数量作为退税依据。其计算公式为:

应退消费税税款=出口应税消费品的工厂销售额×适用的消费税单位税额

有出口经营权的生产企业自营出口应税消费品,依据其实际出口数量

---

① 刘少军,庞淑萍.税法案例教程[M].北京:知识产权出版社,2005:83.

予以免征。

（七）消费税的程序规定

1. 消费税的纳税环节。虽然消费税最终由消费者负担，但其纳税环节除特殊情况外，一般都确定在生产环节。我国现行法规关于消费税纳税环节的具体规定如下：

（1）纳税人生产的应税消费品，于销售时纳税。

（2）纳税人自产自用的应税消费品，除用于连续生产外，用于其他方面的，于移送使用时纳税。

（3）委托加工的应税消费品，由受托方在向委托方交货时代收代缴税款（但受托人为个体经营者时，则应由委托方收回应税消费品后在委托方所在地缴纳消费税）。

（4）进口的应税消费品，于报关进口时纳税。

（5）纳税人零售的金银首饰（含以旧换新），于零售时纳税；用于馈赠、赞助、集资、广告、样品、职工福利、奖励等方面的金银首饰，于移送时纳税；带料加工、翻新改制的金银首饰，于受托方交货时纳税。

（6）钻石饰品的纳税环节自 2002 年 1 月 1 日起由生产环节、进口环节改为零售环节纳税。

2. 消费税纳税义务发生时间和纳税期限包括以下四种情况：

（1）纳税人销售的应税消费品，其纳税义务发生时间分为以下情形：①纳税人采取赊销和分期付款结算方式的，为销售合同规定的收款日期的当天。②纳税人采取预收货款结算方式的，为发出应税消费品的当天。③纳税人采取托收承付和委托银行收款结算方式的，为发出应税消费品并办妥托收手续的当天。④纳税人采取其他结算方式的，为收讫销售款或者取得索取销售款的凭据的当天。⑤纳税人零售金银首饰，为收讫销售款或者取得索取销售款凭据的当天；用于馈赠、赞助、集资、广告、样品、职工福利、奖励等方面的金银首饰，为移送的当天；带料加工、翻新改制的金银首饰，为受托方交货的当天。

（2）纳税人自产自用的应税消费品，其纳税义务发生时间为移送使用的当天。

（3）纳税人委托加工的应税消费品，其纳税义务发生时间为纳税人提货的当天。

（4）纳税人进口的货物（含个人携带、邮寄金银首饰入境），其纳税义务发生时间为报关进口的当天，但经营单位进口金银首饰于零售环节征收。

消费税的纳税期限与前述增值税的纳税期限完全一致。

3. 消费税的纳税地点。纳税人销售的应税消费品及自产自用的应税消费品，除国家另有规定外，应当向纳税人核算地主管税务机关申报纳税。

纳税人的总机构与分支机构不在同一县（市）的，应在生产应税消费品的分支机构所在地缴纳消费税。但经国家税务总局及所属税务分局批准,纳税人分支机构应纳消费税税款也可由总机构汇总向总机构所在地主管税务机关缴纳。

纳税人到外县(市)销售或委托外县(市)代销自产应税消费品的,于应税消费品销售后,回纳税人核算地或所在地缴纳消费税。

委托加工的应税消费品,由受托方向所在地主管税务机关解缴消费税税款。对纳税人委托个体经营者加工的应税消费品,一律于委托方收回后在委托方所在地缴纳消费税。

进口的应税消费品,由进口人或其代理人向报送海关申报纳税。

(八)消费税的违法处理与处罚

消费税的违法处理与处罚与第二节中增值税的违法处理与处罚相同,适用《税收征管法》第 60 条和第 63 条的规定,此不赘述。

第四节　营业税法律制度

一、营业税法概述

(一)营业税和营业税法的概念

营业税也称销售税,是以应税商品或劳务的销售收入额(或称营业收入额)为计税依据而征收的一种商品税,是世界各国普遍开征的一个税种。在征收过程中,营业税一般不区分商品或劳务,而着眼于营业行为,只要纳税人发生了营业行为,就要对其营业额全额征税。根据我国现行的《营业税暂行条例》的规定,营业税是对我国境内提供应税劳务、转让无形资产或销售不动产的单位和个人就其营业额征收的一种流转税。[①]

营业税法是指国家制定的用以调整政府及其征收机关与纳税人之间在征收和缴纳营业税过程中形成的征纳分配关系和征收管理关系的法律规范的总称。

(二)营业税法的特征[②]

营业税法的特征有以下三个:

1.税源普遍,征收范围较广泛。营业税对法定范围内的应税商品和劳务征收,以应税商品或劳务的销售额或营业额为计税依据,不管纳税人的经济性质和经营方式如何,只要符合营业税的课税要件就一律征税。由于适合于征收营业税的商品和劳务很多,因而营业税的税源甚为丰富、普遍,征收范围较广泛,有利于及时、稳定地取得财政收入。

① 徐孟洲.税法学[M].北京:中国人民大学出版社,2005:155.
② 张怡,张新民,陈光宇.税法[M].北京:清华大学出版社,2007:132~133.

2. 税负较轻,纳税人负担不重。营业税一般实行较低的比例税率,同所得税、增值税等主要税种相比,营业税是税负相对较轻的税种。

3. 征收成本较低。营业税大多以纳税人取得的全额营业收入为计税依据,计算简便,税负又轻,因而纳税人易于遵守,征税机关征管较易,从而使营业税的征收成本较低。与增值税等其他商品税税种和所得税相比,营业税的这一特点尤为突出。

(三)营业税法的立法意义

营业税法的立法意义主要体现在以下三个方面:

1. 有利于保障财政收入的稳定增长。由于营业税税负较轻,纳税人较易遵守,税收逃避问题相对不严重,加之营业税征收范围较广,不论是在城市还是农村,不论主体法律性质和法律地位如何,只要发生应税行为并取得营业额,就要纳税,因而可以使国家获得稳定的税收收入;同时,由于较低的税负有利于涵养税源,因而它有利于保障财政收入的稳定增长。[①]

2. 有利于促进产业结构的合理调整。营业税按不同行业的经营业务及其赢利水平设计差别税率,确定征免界限,从而能够在一定程度上对相关产业的发展起到一定的调控作用,有利于促进产业结构的合理调整。

3. 有利于促进第三产业的稳定发展。与促进产业结构的合理调整相联系,营业税也有利于促进第三产业的稳定发展。由于第三产业在各国的经济发展中占有越来越重要的地位,因而各国都很注重对第三产业采取一些优惠、扶植政策,其中也包括实行合理的税收政策。由于征收营业税的领域主要是第三产业,并且其税负相对较轻,因而对第三产业的稳定发展是非常有利的。

(四)营业税法的历史沿革与完善

营业税的征收由来已久,正式以营业税命名的立法始于1791年的法国,此后,各国有关营业税的立法陆续问世。我国营业税的起源最早可追溯到周代的"关市之赋"。1928年,国民政府颁布《营业税办法大纲》,正式开征营业税。中华人民共和国成立之初,营业税被作为工商业税的组成部分进行征收,但在1958年9月以后,营业税与其他税种合并为工商统一税、工商税,营业税的独立税种的地位被取消了。1984年9月,国务院颁布了《营业税条例(草案)》,营业税恢复了其独立税种的地位。1994年,为适应建立社会主义市场经济体制的要求,我国建立了以增值税为主体,消费税、营业税相配套的新流转税体系。[②]

我国现行的营业税法规范主要有:《营业税暂行条例》(1993年12月13日国务院发布,自1994年1月1日起施行),《营业税暂行条例实施细则》(1993年12

---

① 张怡,张新民,陈光宇.税法[M].北京:清华大学出版社,2007:133.
② 张守文.税法原理[M].2版.北京:北京大学出版社,2001:210.

月 25 日财政部发布,自 1994 年 1 月 1 日起施行)及国家税务总局发布的《营业税税目注释(试行稿)》(1993 年 12 月 27 日发布)、《关于营业税若干征税问题的通知》(1994 年 7 月 18 日国税发〔1994〕159 号),财政部、国家税务总局发布的《关于营业税几个政策问题的通知》(1995 年 6 月 2 日财税字〔1995〕45 号)、《关于降低金融保险业营业税税率的通知》(2001 年 3 月 7 日财税〔2001〕21 号)、《关于调整部分娱乐业营业税税率的通知》(2001 年 4 月 19 日财税〔2001〕73 号)、《关于营业税若干政策问题的通知》(2003 年 1 月 15 日财税〔2003〕16 号)等。

二、我国营业税法的主要内容

(一)营业税的纳税主体

1. 一般规定。营业税的纳税人是指在我国境内提供应税劳务、转让无形资产或者销售不动产的单位和个人。这里的"单位"是指国有企业、集体企业、私营企业、外商投资企业、外国企业、股份制企业、其他企业和行政单位、事业单位、军事单位、社会团体及其他单位。这里的"个人"是指个体工商业户和其他有经营行为的个人,包括在中国境内有经济行为的外籍人员。

进一步而言,营业税的纳税人必须具备四个条件:①提供应税劳务、转让无形资产或销售不动产的行为;②必须发生在中华人民共和国境内;③必须属于营业税征税范围;④必须是有偿或视同有偿提供应税劳务、转让无形资产的所有权或使用权、转让不动产的所有权。否则,就不能成为营业税的纳税人。

2. 特殊规定。具体包括以下四项:

(1)运输业以从事运输业务并计算盈亏的单位为纳税人。一般包括两个方面:①铁路运输的纳税人:中央铁路运营业务的纳税人为铁道部;合资铁路运营业务的纳税人为合资铁路公司;地方铁路运营业务的纳税人为地方铁路管理机构;铁路专用线运营业务的纳税人为企业或其指定的管理机构;基建临管线铁路运营业务的纳税人为基建临管线管理机构。②从事水路运输、航空运输、管道运输或其他陆路运输业务并负有营业税纳税义务的单位为从事运输业务并计算盈亏的单位。

(2)金融保险业的具体规定有三项:①银行金融机构:银行金融机构有中国人民银行、中国工商银行、中国农业银行、中国银行、中国建设银行等,以及中国进出口银行、国家开发银行、农业发展银行等政策性银行和地区性银行;②非银行金融机构以外的金融机构:包括信托投资公司、农村信用合作社、企业财务公司、金融租赁公司等;③非金融机构:是指银行和非银行金融机构以外的发生金融业务的单位和个人,如企业、事业单位及发生金融业务的个人等。

(3)企业租赁或承包给他人经营的,以承租人或承包人为纳税人。

(4)单位和个体户的员工、雇工在为本单位或雇主提供劳务时不是纳税人。

3. 扣缴义务人。在现实生活中,有些具体情况难以确定纳税人,因此,税法规

定了扣缴义务人。营业税的扣缴义务人主要有以下几种情况:

(1)委托金融机构发放贷款,以受托发放贷款的金融机构为扣缴义务人。

(2)建筑安装业务实行分包或者转包的,以总承包人为扣缴义务人。

(3)境外单位或者个人在境内发生应税行为而在境内未设立机构的,其应纳税款以代理人为扣缴义务人;没有代理人的,以受让者或者购买者为扣缴义务人。

(4)单位或者个人举行演出,由他人售票的,其应纳税款以售票者为扣缴义务人;演出经纪人为个人的,其办理演出业务的应纳税款以售票者为扣缴义务人。

(5)分保险业务,以初保人为扣缴义务人。

(6)个人转让除土地使用权以外的其他无形资产,如专利、非专利技术、商标权、著作权、商誉的,以受让者为扣缴义务人。

(7)财政部规定的其他扣缴义务人。

(二)营业税的征税客体

营业税的征税客体是纳税人的应税行为。我国现行的营业税是对在我国境内提供营业税应税劳务、转让无形资产和销售不动产的单位或个人就其取得营业额征收的一种税;营业额是纳税人提供应税劳务、转让无形资产或者销售不动产向对方收取的全部价款和价外费用。我国现行营业税的征收范围可以概括为三个方面:在境内提供应税劳务、转让无形资产和销售不动产的行为。

(三)营业税的征税范围

1. 一般规定。根据《营业税暂行条例》的规定,营业税的征税范围是指在中国境内有偿提供应税劳务、转让无形资产和销售不动产的行为。

"中国境内",是指中国税收行政管辖权以内的区域。具体包括以下几种情形:①境内纳税人之间互相提供应税劳务,境外单位和个人提供应税劳务在境内使用的;②在境内载运旅客或货物出境:将旅客或货物由境内载运出境的劳务,不包括将旅客或货物从境外载运境内;③在境内组织旅客出境旅游:不包括境外组织游客入境旅游;④转让的无形资产在境内使用:不论无形资产在何处转让,也不论转让人或受让人是谁,只要该项无形资产在境内使用,即将该项无形资产应用于生产经营活动,或者将该项无形资产再行转让或者受让人将其用于其他用途,属于营业税所确定的中国境内就属于其征税范围;⑤所销售的不动产在境内;⑥境内保险机构提供的除出口货物险、出口信用险外的保险劳务;⑦境外保险机构以境内的物品为标的提供的保险劳务。

"有偿",是指通过提供应税劳务、转让无形资产、销售不动产取得货币、货物或其他经济利益。另外,营业税法规定了两种视同有偿销售的情形:一是单位或个人自建建筑物后销售,其自建行为视同提供应税劳务;二是转让不动产有限产权或永久使用权,以及单位将不动产无偿赠与他人,视同销售不动产。

"应税劳务",是指属于交通运输、建筑业、金融保险业、邮电通信业、文化体育业、娱乐业、服务业税目征收范围的劳务,但不包括单位或个体经营者聘用的员工为本单位或雇主提供的应税劳务,也不包括加工、修理修配等属于增值税范围的劳务。

2. 特别规定。具体包括以下两条:

(1)混合销售行为。一项销售行为如果既涉及应税劳务又涉及货物,为混合销售行为。从事货物的生产、批发或零售的企业、企业性单位及个体经营者的混合销售行为,视为销售货物,不征收营业税;其他单位和个人的混合销售行为,视为提供应税劳务,应当征收营业税。这里的"货物"是指有形动产,包括电力、热力、气体在内。从事货物的生产、批发或零售的企业、企业性单位及个体经营者,包括以从事货物的生产、批发或零售为主,并兼营应税劳务的企业、企业性单位及个体经营者在内。

(2)兼营行为。纳税人兼营应税劳务与货物或非应税劳务的,应分别核算应税劳务的营业额和货物,或者非应税劳务的销售额。不分别核算或者不能准确核算的,其应税劳务与货物或非应税劳务一并征收增值税,不征收营业税。

(四)营业税的税率

营业税的税目有九个,其中,提供应税劳务方面的七个税目覆盖面广且甚为重要,转让无形资产和销售不动产这两个税目也有着特殊的意义。针对这些税目,现行营业税制度规定了四档不同的差别比例税率:

1. 交通运输业、建筑业、邮电通信业、文化体育业四个税目适用的税率为3%,这是营业税中最低的税率。这四个税目之所以适用最低档的税率,与上述行业的性质及其与国计民生的关系、赢利水平、国家的产业政策等均密切相关。而这些因素也是在确定其他税目所适用税率时需要予以考虑的。

2. 服务业、转让无形资产、销售不动产三个税目适用的税率为5%。

3. 金融保险业适用的税率由原来的5%调高为8%。其中,5%的营业税收入属地税收入,3%属国税收入。

4. 娱乐业税目适用5%~20%的幅度比例税率,其具体适用的税率由各省、自治区、直辖市政府在规定的幅度内确定。

(五)营业税的计税依据和应纳税额的计算

1. 营业税的计税依据。营业税的计税依据是纳税人提供应税劳务的营业额、转让无形资产的转让额和销售不动产的销售额,三者统一简称为营业额。营业税的计税方法较为简单,在确定了营业额以后,即可依照相应的法定税率计算出应纳税额。其计算公式为:

$$应纳营业税额 = 营业额 × 税率$$

由公式可知,营业额的确定是计算应纳税额的关键,为此,应了解确定营业额的方法。

（1）确定营业额的一般原则。营业税的计税依据为纳税人提供应税劳务、转让无形资产或销售不动产的营业额。营业额为纳税人向对方收取的全部价款和价外费用。其中，价外费用包括向对方收入的手续费、基金、集资费、代收款项、代垫款项及其他各种性质的价外收费。凡价外费用，无论财务上如何核算，均应并入营业额计算应纳税款。

（2）确定营业额的特殊情况。营业税是对纳税人的全部营业额课税，但该营业额应是纳税人的实际营业收入额，这样征税才符合实质课税原则。为此，税法在以下几个方面有特别规定：

①运输企业从事联运业务的营业额为其实际取得的营业额。但运输企业自我国境内运输旅客或货物出境，在境外改由其他企业承运的，以全程运费减去付给该承运企业的运费后的余额为营业额。

②建筑业的总承包人将工程分包或转包给他人的，以工程的全部承包额减去付给分包人或者转包人的价款后的余额为营业额。

③旅游业务以全部收费减去为旅游者支付给其他单位的食宿、交通等费用后的余额为营业额。若组团到境外旅游，在境外改由其他旅游企业接团，则以全程旅游费减去付给该接团企业的旅游费后的余额为营业额。

④转贷业务以贷款利息减去借款利息后的余额为营业额；外汇、有价证券、期货买卖业务，以卖出价减去买入价后的余额为营业额。

⑤保险业实行分保险的，初保业务以全部保费收入减去付给分保险人的保费后的余额为营业额。

⑥单位或个人进行演出，以全部票价收入或者包场收入减去付给提供演出场所的单位、演出公司或者经纪人的费用后的余额为营业额。

⑦娱乐业的营业额为经营娱乐业向顾客收取的各项费用，包括门票收费、台位费、点歌费、烟酒和饮料收费及经营娱乐业的其他各项收费。

2. 营业税应纳税额的计算。纳税人提供应税劳务、转让无形资产或销售不动产，按照营业额和规定的税率计算应纳税额。其计算公式为：

$$应纳税额 = 营业额 \times 税率$$

（六）营业税的优惠措施

1. 营业税起征点。同增值税一样，现行营业税制度中也设置了起征点。凡纳税人的营业额未达到起征点的，一律免征营业税；达到或超过起征点的，就其营业全额征税。自 2003 年 1 月 1 日起，有关营业税的起征点的具体规定为：按期纳税的起征点为月营业额 1 000 ~ 5 000 元；按次纳税的起征点为每次（日）营业额 100元。纳税人营业额达到起征点的，应按营业额全额计算应纳税额。营业税起征点的适用范围限于个人。

2. 法定减免。根据《营业税暂行条例》和国家有关政策的规定，下列项目可以免征营业税：

（1）托儿所、幼儿园、养老院、残疾人福利机构提供的养育服务、婚姻介绍、殡葬服务。

（2）残疾人员个人为社会提供的劳务。

（3）医院、诊所和其他医疗机构提供的医疗服务。

（4）普通学校以及经地、市以上人民政府的教育行政部门批准成立，国家承认其学历的各类学校提供的教育劳务和学生勤工俭学提供的劳务。

（5）农业机耕、排灌、病虫害防治、植物保护、农牧业保险以及相关的技术培训业务，家禽、牲畜、水生动物的配种和疾病防治。

（6）纪念馆、博物馆、文化馆、美术馆、展览馆、书画院、图书馆、文物保护单位举办文化活动的门票收入，宗教场所举办文化、宗教活动的门票收入。

（7）经中央和省级财政部门批准，纳入财政预算管理或者财政专户管理的行政事业性收费和基金。

（8）保险公司开展的一年期以上返还性人身保险业务的保费收入。

（9）个人转让著作权收入。

（10）中国人民保险公司办理的出口信用保险业务。

（11）将土地使用权转让给农业生产者用于农业生产的。

（12）科研单位取得的技术转让收入。

（13）金融企业联行、金融企业与人民银行及同业之间的资金来往，暂不征收营业税。

（14）在中国境内经过国家社团主管部门批准成立的非营利性的社会团体，按照财政部门或民政部门规定标准收取的会费。各党派、工会、共青团、妇联等组织收取的党费、会费、团费等可以比照上述规定，免征营业税。

（15）学校举办的企业为本校教学、科研提供的应税劳务（不包括旅店业、饮食业、娱乐业），可以免征营业税。

（16）从事服务业（不包括广告业）的民政福利企业，安置残疾人员占企业生产人员35%以上的，可以免征营业税。

（17）立法机关、司法机关、行政机关的收费，同时具备两个条件的，免征营业税：一是国务院、省级人民政府或其所属财政、物价部门以正式文件允许收费，而且收费标准符合规定的；二是所收费用由立法机关、司法机关、行政机关自己直接收取的。

（七）营业税的程序规定

1. 营业税的纳税义务发生时间。营业税的纳税义务发生时间为纳税人收讫营业收入款项或者取得索取收入款项凭据的当天。具体规定为如下各项：

（1）纳税人转让土地使用权或者销售不动产，采用预收款方式的，其纳税义务发生时间为收到预收款的当天。

(2)纳税人自建建筑物销售,其纳税义务发生时间为其销售自建建筑物并收讫营业额或者取得索取营业额的凭据的当天。

(3)纳税人将不动产无偿赠与他人,其纳税义务发生时间为不动产所有权转移的当天。

(4)营业税扣缴义务发生时间,为扣缴义务人代纳税人收讫营业收入款项或者取得索取营业收入款项凭据的当天。

(5)会员费、席位费、资格保证金纳税义务发生时间为会员组织收讫会员费、席位费、资格保证金和其他类似费用款项或者取得索取这些款项凭据的当天。

2.营业税的纳税期限。营业税的纳税期限分别为5日、10日、15日或者1个月。纳税人的具体纳税期限由主管税务机关根据纳税人应纳税额的大小分别核定;不能按照固定期限纳税的,可以按次纳税。金融业(不含典当业)和保险业的纳税期限分别为1个季度、1个月。

纳税人以1个月为一期纳税的,自期满之日起10日内申报纳税;以5日、10日或者15日为一期纳税的,自期满之日起5日内预缴税款,于次月1日内申报纳税并结清上月应纳税款。扣缴义务人的解缴税款期限比照上述规定执行。

3.营业税纳税申报和纳税地点的确定有以下三种情形:

(1)纳税人提供应税劳务,应当向应税劳务发生地主管税务机关申报纳税。纳税人从事运输业务,应当向其机构所在地主管税务机关申报纳税。

(2)纳税人转让土地使用权,应当向土地所在地主管税务机关申报纳税。纳税人转让其他无形资产,应当向其机构所在地主管税务机关申报纳税。

(3)纳税人销售不动产,应当向不动产所在地主管税务机关申报纳税。

此外,纳税人提供的应税劳务发生在外县(市),应向劳务发生地主管税务机关申报纳税而未申报纳税的,由其机构所在地或者居住地主管税务机关补征税款。另外,纳税人承包的工程跨省、自治区、直辖市的,向其机构所在地主管税务机关申报纳税。

(八)营业税的违法处理与处罚

营业税的违法处理与处罚与第二节中的"增值税的违法处理与处罚"相同,适用《税收征管法》第60条和第63条的规定,此不赘述。

第五节　关税法律制度

一、关税法概述

(一)关税和关税法的概念

关税是以进出关境的货物或物品的流转额为计税依据而征收的一种流转税。

根据不同的标准,关税可分为不同的种类。根据征税对象的流向,关税可分为进口税、出口税和过境税;依据征税目的的不同,关税可以分为财政关税和保护关税;以征收关税的计征依据为标准,关税可分为从价关税、从量关税、复合关税、选择关税和滑动关税。我国目前征收的关税以从价关税为主,少量采用从量关税、复合关税和滑动关税。

关税法是指国家制定的用以调整关税的征税机关与纳税人之间在征纳关税过程中形成的征纳分配关系和征收管理关系的法律规范的总称。

(二)关税法的特征[①]

关税法一般具有以下几个特征:

1. 关税以进出国境或关境的货物和物品为征税对象。关税的征税对象是进出国或关境的货物和物品。属于贸易性进出口的商品称为货物;属于入境旅客携带、个人邮递、运输工具服务人员携带以及用其他方式进口个人自用的非贸易性商品称为物品。关税不同于因商品交换或提供劳务取得收入而课征的流转税,也不同于因取得所得或拥有财产而课征的所得税或财产税,而是对特定货物和物品途径海关通道进出口征税。

2. 关税法以货物进出口统一的国境或关境为征税环节。关税是主权国家对进出国境或关境的货物和物品统一征收的税种。在封建社会,由于封建割据,导致国内关卡林立,重复征税,那时的关税主要为国内关税或内地关税,它严重地阻碍了商品经济的发展。资本主义生产方式取代封建生产方式之后,新兴资产阶级建立了统一的国家,主张国内自由贸易和商品自由流通,因而纷纷废除旧的内陆关税,实行统一的国境关税。进口货物征收关税之后可以行销全国,不再征收进口关税。

3. 关税法实行复式税则。关税的税则是关税课税范围及其税率的法则。复式税则又称多栏税则,是指一个税目设有两个或两个以上的税率,根据进口货物原产国的不同,分别适用高低不同的税率。复式税则是一个国家对外贸易政策的体现。目前,在国际上除极个别国家外,各国关税普遍实行复式税则。

4. 关税具有涉外统一性,执行统一的对外经济政策。关税是一个国家的重要税种。国家征收关税不单是为了满足政府财政上的需要,更重要的是利用关税来贯彻执行统一的对外经济政策,实现国家的政治经济目的。在我国现阶段,关税被用来争取实现平等互利的对外贸易,保护并促进国内工农业生产发展,为社会主义市场经济服务。

5. 关税由海关机构代表国家征收。关税由海关总署及其所属机构具体管理和征收,征收关税是海关工作的一个重要组成部分。《海关法》规定:"中华人民共和国海关是国家的进出关境监督管理机关,海关依照本法和其他有关法律、法规,监

---

① 　http://iask. sina. com. cb/b/9539083. html? from = related.

督进出境的运输工具、货物、行李物品,征收关税和其他税费,查缉走私,并编制海关统计和其他海关业务。"监督管理、征收关税和查缉走私是当前我国海关的三项基本任务。

(三)关税法的立法意义

关税法的立法意义有以下几个:

1. 为国家取得财政收入。

2. 保护国家产业发展。政府可以运用进口关税提高进口商品的销售价格,影响其在本国市场的竞争能力;提高或维持本国同类商品的市场价格,从而对扶植本国生产起到保护作用。

3. 调节国家经济活动。国家可以通过关税的征免,调节进出口商品的数量和结构,维持国际收支的平衡;通过关税对进出口商品流通的调节,保证国内市场的供求平衡。

4. 贯彻平等互利和对等原则,促进对外贸易的发展。关税是维护国家主权和经济利益的重要手段。各国普遍通过关税手段争取贸易友好往来。关税税则的制定与运用有利于在对外贸易中贯彻平等互利和对等原则,促进对外贸易的健康发展。[1]

(四)关税法的历史沿革与完善

我国关税的历史非常久远,《周礼》中就有"关市之征"的说法;秦、汉时期的关税是我国有较详细文字记载的最早的关税;唐玄宗时,曾在广州设置市舶使,这是我国海关设置的最早形式,也是对外部征收关税的开端;宋朝曾经订立商税条例,规定只对商人征收关税,他人一律不征;元朝时,除广州、杭州等地的市舶使外,又先后在上海、庆元等地设置了市舶使;明朝和清朝前期基本沿用前人的方法,在各通商口岸设置市舶使。鸦片战争以后,我国丧失了关税自主权,直至 1930 年 5 月我国才恢复关税自主权,制定了国定税率。新中国成立后,我国取消了列强在我国的一切特权,收回了海关的管理权,实行独立自主的关税政策。[2]

我国现行的关税法主要有:《海关法》(1987 年 1 月 22 日第六届全国人民代表大会常务委员会第 19 次会议通过,2000 年 7 月 8 日第九届全国人民代表大会常务委员会第 16 次会议修正)、《进出口关税条例》(2003 年 11 月 23 日国务院发布,自 2004 年 1 月 1 日起施行)、《海关进出口税则》(2006 年 2 月 30 日海关总署发布,自 2007 年 1 月 1 日起施行)、《海关关于入境旅客行李物品和个人邮递物品征收进口税办法》(1994 年 5 月 27 日国务院发布,自 1994 年 7 月 1 日起施行)等。

---

① 王春雷.税法[M].北京:经济科学出版社,2006:96.

② 刘剑文.财税法学[M].北京:高等教育出版社,2004:466.

二、我国关税法的主要内容

(一)关税的纳税主体

关税的纳税人是依法负有缴纳关税义务的单位或个人。我国关税的征税范围包括准许进出我国国境的各类货物和物品。其中,货物是指贸易性的进出口商品;物品是非贸易性物品。

就贸易性商品来说,其纳税主体是:①进口货物的收货人;②出口货物的发货人;③接受委托办理有关货物进出口手续的代理人。

就非贸易性物品而言,其纳税主体是:①入境旅客随身携带的行李、物品的持有人;②各种运输工具上的服务人员入境时携带自用物品的持有人;③馈赠物品以及以其他方式入境物品的所有人;④进口个人邮件的收货人。

(二)关税的征税客体

关税的征税客体是进出关境或国境的有形货物和物品。这里有两层含义:其一是关税法的征税客体仅限于进出关境的货物或物品,凡未进出关境的货物或物品则不能征收关税;其二是进出境的货物和物品通常是有形的实物、商品,而作为国际交易对象之一的无形商品,如科学技术、文艺美术、专利发明、专有技术、商标等虽然有很高的价值,但海关无法对这些无形商品单独征收关税。

(三)关税的征税范围

我国关税法的征税范围包括准许进出我国国境的各类货物和物品。其中,货物是指贸易性的进出口商品;物品则包括非贸易性的下列物品:①入境旅客随身携带的行李和物品;②个人邮递物品;③各种运输工具上的服务人员携带进口的自用物品;④馈赠物品以及以其他方式入境的个人物品。

(四)关税的税率

1.进口关税税率。进口关税设普通税率和优惠税率。对原产于与我国订有关税互惠协议的国家或地区的进口货物,适用优惠税率征税。对原产于与我国未订有关税互惠协议的国家或地区的进口货物,按照普通税率征税,但经国务院关税税则委员会特别批准,也可以按照优惠税率征税。

任何国家或地区对其进口的原产于我国的货物征收歧视性关税或者给予其他歧视性待遇的,我国海关对原产于该国家或地区的进口货物,可以征收特别关税。征收特别关税的货物品种、税率和起征、停征时间,由国务院关税税则委员会决定和公布施行。

关税税则委员会是国务院所设的一个重要机构,其职责是提出制定或者修订《进出口关税条例》、《海关进出口税则》的方针、政策和原则,审议税则修订草案,制定暂定税率,审定局部调整税率。

此外,上述税率的适用与货物的原产地密切相关。进口货物原产地的确定规则为:①货物完全在一个国家或地区生产或制造的,该国家或地区即为原产地;②经过几个国家或地区加工、制造的,原产地为最后一个对货物进行经济上可视为实质性加工的国家或地区;③石油产品以购自国为原产地;④机器、仪器、器材或车辆所需的零部件、配备件及工具,如与主机同时进口,且数量合理,其原产地按主机的原产地确定;如分别进口,则应按其各自的原产地确定。

2. 出口关税税率。我国对出口货物一般免征关税,只是对少数利润较高或需要限制其大量出口的商品才征收一定数量的关税。出口关税的税率分设若干档次,但不分为普通税率和优惠税率,这与进口关税的税率是不同的。

在货物的出口方面,原产地的确定也甚为重要。根据国务院1992年3月发布的《出口货物原产地规则》的规定,符合下列标准之一的出口货物,其原产地为我国:①全部在我国境内生产或者制造的产品;②部分或全部使用进口原料、零部件,在我国境内进行主要的及最后的制造、加工工序,使其外形、性质、形态或者用途产生实质性改变的产品。

3. 税率的具体适用。依据海关总署2005年1月通过的《海关进出口货物征税管理办法》,海关应当按照《进出口关税条例》有关适用最惠国税率、协定税率、特惠税率、普通税率、出口税率、关税配额税率或者暂定税率,以及实施反倾销措施、反补贴措施、保障措施或者征收报复性关税等适用税率的规定,确定进出口货物适用的税率。具体规则如下:

(1)进出口货物,应当适用海关接受该货物申报进口或者出口之日实施的税率。

(2)进口货物到达前,经海关核准先行申报的,应当适用装载该货物的运输工具申报进境之日实施的税率。

(3)进口转关运输货物,应当适用指运地海关接受该货物申报进口之日实施的税率;货物运抵指运地前,经海关核准先行申报的,应当适用装载该货物的运输工具抵达指运地之日实施的税率。

(4)出口转关运输货物,应当适用起运地海关接受该货物申报出口之日实施的税率。

(5)经海关批准,实行集中申报的进出口货物,应当适用每次货物进出口时海关接受该货物申报之日实施的税率。

(6)因超过规定期限未申报而由海关依法变卖的进口货物,其税款计征应当适用装载该货物的运输工具申报进境之日实施的税率。

(7)因纳税义务人违反规定需要追征税款的进出口货物,应当适用违反规定的行为发生之日实施的税率;行为发生之日不能确定的,适用海关发现该行为之日实施的税率。

(8)已申报进境并放行的保税货物、减免税货物、租赁货物或者已申报进出境并放行的暂时进出境货物,有下列情形之一需缴纳税款的,应当适用海关接受纳税义务人再次填写报关单申报办理纳税及有关手续之日实施的税率:①保税货物经批准不复运出境的;②保税仓储货物转入国内市场销售的;③减免税货物经批准转让或者移做他用的;④可暂不缴纳税款的暂时进出境货物,经批准不复运出境或者进境的;⑤租赁进口货物,分期缴纳税款的。

(9)补征或者退还进出口货物税款,应当按照《海关进出口货物征税管理办法》第13条和第14条的规定确定适用的税率。

(10)进出口货物的价格及有关费用以外币计价的,海关按照该货物适用税率之日所适用的计征汇率折合为人民币计算完税价格。完税价格采用四舍五入法计算。

(五)关税的计税依据

1. 关税的计算依据为完税价格,具体可分为以下三种情况:

(1)进口货物的完税价格。进口货物以海关审定的成交价格为基础的到岸价格作为完税价格。到岸价格(CIF)包括货价,加上货物运抵我国境内输入地点起卸前的包装费、运费、保险费和其他劳务费等费用。

进口货物的到岸价格经海关审查未能确定的,海关应当依次以下列价格为基础估定完税价格:①从该货物同一出口国或者地区购进的相同或类似货物的成交价格;②与该货物相同或类似的货物在国际市场上的成交价格;③与该货物相同或类似的货物在国内市场上的批发价格,减去进口关税、进口环节其他税收以及进口后的运输、储存、营业费用及利润后的价格;④海关用其他合理方法估定的价格。

此外,在完税价格的确定方面还应注意以下几种特殊情况:

第一,运往境外修理的机械器具、运输工具或者其他货物,出境时已向海关报明并在海关规定期限内复运进境的,应当以海关审定的修理费和料件费作为完税价格。

第二,运往境外加工的货物,出境时已向海关报明并在海关规定期限内复运进境的,应当以加工后的货物进境时的到岸价格与原出境货物或者相同、类似货物在进境时的到岸价格之间的差额作为完税价格。

第三,以租赁(包括租借)方式进口的货物,应当以海关审定的货物的租金作为完税价格。

另外,上述进口货物的完税价格应当包括为了在境内制造、使用、出版或者发行的目的而向境外支付的与该进口货物有关的专利、商标、著作权以及专有技术、计算机软件和资料等费用。

(2)出口货物的完税价格。出口货物应当以海关审定的货物售予境外的离岸价格,扣除出口关税后作为完税价格。其计算公式为:

$$出口货物完税价格 = 离岸价格 \div (1 + 出口税率)$$

离岸价格不能确定时,完税价格由海关估定。

此外,出口货物在成交价格以外支付给国外的佣金应予扣除;未单独列明的则不予扣除。在成交价格以外由买方另行支付的货物包装费应当计入成交价格。

在上述进出口货物完税价格确定或估定以后,即可计算应纳税额,其计算公式为:

$$应纳税额 = 关税完税价格 \times 税率$$

(3)进口物品的完税价格。准许进口的旅客行李物品、个人邮递物品以及其他个人自用物品的完税价格,由海关总署根据市场情况合理确定,并统一制定价目表后发给各地海关执行。现在执行的是海关总署1999年6月1日修订发布的《入境旅客行李物品和个人邮递物品完税价目表》。进出境物品的完税价格由海关依法确定。

2.关税应纳税额的计算。贸易关税的应纳税税额以进出口货物的完税或应税数量为计税依据,对从价关税和从量关税而言,其应纳税额的计算如下:

(1)从价关税应纳税额的计算公式为:

$$关税税额 = 应税进(出)口货物数量 \times 单位完税价格 \times 适用税率$$

(2)从量关税应纳税额的计算公式为:

$$关税税额 = 应税进(出)口货物数量 \times 单位货物税额$$

实行复合关税的进出口货物,如进口录(放)像机、摄像机等,其应纳关税税额的计算方法是从价关税与从量关税应纳税额计算方法的结合,其具体计算公式为:

$$应纳税额 = 应税进口或出口货物数量 \times 单位货物税额 + 应税$$
$$进口或出口货物数量 \times 单位完税价格 \times 适用税率$$

此外,滑准关税和选择关税应纳税额的计算,或者适用从价关税应纳税额的计算方法,或者适用从量关税应纳税额的计算方法。

(六)关税的优惠措施

1.法定减免税。关税的法定减免是指依据税法规定可以直接实施的减免。根据《海关法》和《进出口关税条例》的规定,下列进出口货物免征关税:

(1)关税税额在人民币50元以下的一票货物。

(2)无商业价值的广告品和货样。

(3)外国政府、国际组织无偿赠送的物资。

(4)在海关放行前损失的货物。

(5)进出境运输工具转载的途中必需的燃料、物料和饮食用品。

2.特定减免税。特定减免税也称政策性减免税,是指国家在法定免税以外,为了实现特定的目的而对某些进出口货物特准给予的关税减免。

目前,我国的特定减免税主要包括以下几种:

(1)保税仓库、保税工厂和保税区的关税减免。

（2）国家鼓励、支持发展的外商投资项目和国内投资项目在投资总额之内进口的自用设备,免征关税。

（3）利用外国政府贷款、国际金融机构贷款项目进口的设备,免征关税。

（4）符合国家规定的进口科学研究和教学用品,免征关税。

（5）符合国家规定的进口残疾人专用物品,免征关税。

（6）边境地区居民互市贸易和小额贸易的关税减免。

此外,海关需要对特定减免税的货物进行监管,其监管年限为:船舶、飞机:8年;机动汽车:6年;其他货物:5年。

3.临时减免税。临时减免税是在法定减免税和特定减免税之外,对某个具体纳税人的某次进出口货物和物品临时给予的减免。临时减免实行"一案一批",不具有普遍的减免效力。临时减征或免征关税,由国务院决定。

（七）关税的程序规定

1.关税的纳税环节包括以下两个:

（1）进出口货物的纳税环节:①进出口货物的纳税义务人应当在规定的报关期限内向货物进出境地海关申报。②海关根据税则归类和完税价格计算应缴纳的关税和进口环节代征税,并填发税款缴纳书。③纳税人应当自海关填发税款缴款书之日起15日内向指定银行缴纳税款;逾期缴纳的,除依法追缴外,还应由海关征收滞纳金。

（2）非贸易性物品的纳税环节。应税个人自用物品由海关按照填发税款缴纳后当日有效的税率和完税价格计算进口税。纳税义务人应当在海关放行应税个人自用物品之前缴纳税款。

2.关税的缴纳方式包括集中缴纳和分散缴纳两种。

（1）集中缴纳是指某些应纳关税税款统一由北京海关计征,并由中国银行营业部集中入中央金库。

（2）分散缴纳又称口岸缴纳,是指应纳的关税税款在货物进出口地由当地海关就地征收,并由中国银行在当地的分支机构将税款划入中央金库。

3.关税税款的退还。关税的退还是纳税义务人按海关核定的税额缴纳关税后,因某种原因的出现,海关将实际征收多于应当征收的税额退还给原纳税义务人的一种行政行为。

根据《海关法》的规定,有下列情形之一的,纳税主体可以自缴纳税款之日起一年内书面声明理由,连同原纳税依据向海关申请退税,逾期则不予受理:

（1）因海关误征,多纳税款的。

（2）海关核准免检进口的货物,在完税后发现有短卸情形,经海关审查认可的。

（3）已征出口关税的货物,因故未装运出口,申报退关,经海关查验属实的。

（八）关税的违法处理与处罚

进出口货物的纳税义务人应当自海关填发税款缴款书之日起 15 日内缴纳税款;逾期缴纳的,由海关征收滞纳金。纳税义务人、担保人超过 3 个月仍未缴纳税款的,经直属海关关长或者其授权的隶属海关关长批准,海关可以采取强制措施。

纳税主体对海关确定的进出口货物的征税、减税、补税或者退税等有异议时,应当先按照海关核定的税额缴纳税款,然后自海关填发税款缴纳证之日起 30 日内向海关书面申请复议。逾期申请的,海关不予受理。

海关应当自收到复议申请之日起 15 日内作出复议决定。纳税义务人对复议决定不服的,可以自收到复议决定书之日起 15 日内,向海关总署申请复议。海关总署收到复议申请后,应当在 30 日内作出复议决定,并制成决定书交海关送达申请人。

纳税主体对海关总署的复议决定仍然不服的,可以自收到复议决定书之日起 15 日内向法院起诉。

案例分析

（一）某商业企业在某月份销售电视机收取价款 30 万元,又销售粮食收取价款 20 万元。该企业没有分别核算这两个项目的销售额,申报税款时,按照销售粮食 13% 的税率计算,税务机关进行检查时发现,指出应按照高税率 17% 纳税,双方发生争议。

问题:

本案例中,对企业兼营不同税率的货物应当怎样计算增值税?

参考答案:

应对商业企业的全部收入,即销售电视机收取价款 30 万元和销售粮食收取价款 20 万元,共计 50 万元(不含税)征收 17% 的增值税,即 7.5 万元。

对兼营行为的处理原则是:如果纳税人分别核算这两个项目的销售额,则分别按照每个项目对应的税率计算增值税,如上述商业企业的电视机销售额 30 万元按照 17% 的税率征税,而粮食销售额 20 万元按照 13% 的税率征税;如果纳税人没有分别核算这两个项目的销售额,则均从高适用税率,即对两个项目的全部销售额按照两个项目所对应的税率中较高的税率征税,如上述商业企业的全部销售额 50 万元均按 17% 的税率计算征收增值税。因此,税务机关作出的按高税率纳税的决定是正确的。

（二）某国营卷烟厂向一知名国企销售甲级卷烟,考虑到该国企将此批卷烟作为福利发放,不存在进项税额抵扣的问题,卷烟厂遂与该国企领导商议,将原价为15 000元/箱的卷烟以10 000元/箱的价格销售100箱给该国企。国企支付金额包括销售价款100万元,增值税销项税额17(100×17%)万元,共计人民币117万元。作为回报,该国企对卷烟厂提供其他经济利益50万元,同时,卷烟厂缴纳消费税46.5万元。第二年初,税务机关对该卷烟厂进行例行检查,发现该厂销售收入有较多下降,于是怀疑其存在转让定价,故意降低产品价格以逃避纳税义务的嫌疑。经过进一步查证,终于发现了上述问题,责令其限期更正,补缴税款并对其罚款。

问题:

本案例中,该国营卷烟厂存在什么样的纳税问题?

参考答案:

该国营卷烟厂由于减少了销售价款,所以少缴纳了增值税和消费税。

根据有关税法的规定,卷烟厂应缴纳增值税销项税额25.5(1 500 000×17%)万元,已经缴纳了17万元,所以还应补缴8.5万元增值税(注:由于进项税额抵扣与转让定价无关,故少计算的销项税额即为应补缴的增值税款)。

$$应当补缴消费税 = 5\ 000 \times 100 \times 45\% = 22.5(万元)$$

同时还应当补缴相关的所得税税款并对纳税人的偷税行为予以处罚。

(三)某商店零售经营副食品、烟,并出租房屋,年租金3 400元。税务机关在对该商店的检查过程中发现,该企业2006年收取房屋租金3 400元,未缴纳营业税、城建税和教育费附加。

问题:

该商店收取租金是否应当纳税? 应当纳何种税?

参考答案:

该商店收取租金应当依法缴纳营业税。

该商店虽然主要经营的是零售业务,但是兼营房屋出租。《营业税暂行条例》第4条规定:"纳税人提供应税劳务,转让无形资产或者销售不动产,按照营业额和规定的税率计算应纳税额。"

《营业税暂行条例实施细则》第6条规定,纳税人兼营应税劳务与货物或非应税劳务的,应分别核算应税劳务的营业额和货物或者非应税劳务的销售额。不分别核算或者不能准确核算的,其应税劳务与货物或者非应税劳务一并征收增值税,不征收营业税。

根据《国家税务总局关于印发〈营业税税目注释(试行稿)〉的通知》的规定,租赁业是指在约定的时间内将场地、房屋、物品、设备或设施等转让他人使用的业务,属于服务业税目范围。

基于以上规定,就本案而言,该商店的销售收入与租金收入应单独核算,因此,该商店应补缴营业税170元(3 400×5% =170),根据《税收征管法》第32条的规定,纳税人未按照前款规定期限缴纳税款的,税务机关除责令限期缴纳外,从滞纳之日起,按日加收滞纳税款5‰的滞纳金。

(四)有进出口经营权的某外贸公司2007年8月经有关部门批准从境外进口小轿车30辆,每辆小轿车货价15万元,运抵我国海关前发生的运输费用、保险费用无法确定。经海关查实,其他运输公司相同业务的运输费用占货价的比例为2%。

问题:
该公司应缴纳多少关税?

参考答案:
进口小轿车的货价 =15×30 =450(万元)
进口小轿车的运输费 =450×2% =9(万元)
进口小轿车的保险费 =(450 +9)×0.3% =1.38(万元)
进口小轿车应缴纳的关税:
关税的完税价格 =450 +9 +1.38 =460.38(万元)
应缴纳关税 =460.38×60% =276.23(万元)

思考题

1. 简述流转税内各税种之间的关系。
2. 如何区分增值税的混合销售行为和兼营行为?
3. 增值税视同销售行为包括哪些情形?
4. 消费税具有哪些特点?
5. 自产自用应税消费品如何计算消费税?
6. 简述开征营业税的意义和作用。
7. 试述关税的特征和分类。

第七章　所得税法律制度

要点提示

本章主要介绍了所得税的概念和特征;所得税法的历史沿革及其完善;企业所得税法的主要内容,包括纳税主体、征税对象、应税额、税率、税收优惠政策及征收管理;个人所得税的概念和特征;个人所得税法的历史沿革及其完善;个人所得税法的主要内容,包括纳税主体、征税对象、应税额、税率、税收优惠政策及征收管理等。

第一节　所得税法概述

一、所得税和所得税法的概念

所得税是指以纳税主体的所得为征税对象而征收的一类税的总称。所得税是一种非常广泛的税种,尽管还有极少数国家没有开征,但是国际货币基金组织(IMF)的 183 个成员国几乎都有某种形式的所得税法。① 在我国,所得税主要包括个人所得税和企业所得税两种。所得税法就是调整国家和纳税主体之间所得税税收关系的法律规范体系。

二、所得税法的特征

我国所得税法具有如下特征:

第一,所得税法规定的征税对象是所得,计税依据是纯所得额,包括经营所得、劳务所得、投资所得和资本所得。

第二,所得税法规定的计税依据确定起来较为复杂,主要是应税所得额中有关法定扣除项目的规定较为复杂。

第三,所得税法中规定的税率包括比例税率与累进税率,其中,个人所得税主要适用累进税率。

---

① 维克多·瑟仁伊. 比较税法[M].丁一,译.北京:北京大学出版社,2006:231.

第四,所得税法中对税款缴纳实行总分结合,即先分歧预缴,到年终再清算,以满足国家财政收入的需要。

三、所得税法的立法意义

所得税的征收可以调节社会收入,体现社会公平,对个人所得税的法律调整增强了公民的纳税意识,促进了税收法制建设,进而增加了国家财政收入。企业所得税法可以将国家与企业及其他组织的分配关系以法律的形式固定下来,使之规范、合理,保证国家财政收入的稳定,促进公平竞争,通过有关所得税政策实现政府对经济的宏观调控作用。

四、所得税法的历史沿革和完善

我国所得税制度的确立较晚,直到 1936 年"中华民国"政府颁布施行《所得税暂行条例》,所得税才首次在我国正式开征。

中华人民共和国成立后,旧的所得税制度被废除,所得税在 l950 年被并入工商业税。而到了 1958 年,所得税又从工商业税中独立出来,定名为"工商所得税"。改革开放以来,我国的所得税制度发展迅速。1980 年开始,先后开征了个人所得税、中外合资经营企业所得税、外资企业所得税、国有企业所得税等 10 余个税种,但所得税制度不统一、不简明等弊端也日渐显现。在 1994 年的税制改革过程中,我国的所得税制度在很大程度上得以完善。通过相关税种的简化和归并,相关立法也已出台,所得税制度更加规范、健全、合理。2007 年,我国所得税法发生了很大的变革,新的《中华人民共和国企业所得税法》正式实施,"两税合一"的税收制度成为现实,即新的企业所得税法打破了内外资税率的不平等,把内外资企业的所得税税率统一为 25%,从而构建起内外资企业公平竞争的平台。

我国现行的所得税法主要有:《企业所得税法》和《企业所得税法实施条例》,《个人所得税法》和《个人所得税法实施条件》。

第二节 企业所得税法

一、企业所得税法概述

(一)企业所得税及企业所得税法的概念

企业所得税是指国家对企业(独资企业、合伙企业除外)通过生产、经营获取的所得以及其他所得开征的一种税。企业所得税是一种直接税,是调整企业和国家之间分配关系的税种,是国家获取财政收入的重要手段之一。

企业所得税法是指调整国家与企业之间所得税税收关系的法律规范体系。企业所得税将国家与企业之间的分配关系法律化,保证国家财政收入的稳定,另外,企业所得税直接影响着企业的税后利润及其分配,维护不同企业间的公平竞争及企业经营机制的形成,最终影响整个社会经济的稳定和发展。因此,企业所得税法历来受到我国政府的高度重视,是调节国家经济的重要手段之一。2007 年之前我国一直存在内资企业所得税和涉外企业所得税两税并存的局面,2007 年颁布的《中华人民共和国企业所得税法》将内资企业所得税和涉外企业所得税合并,这在我国企业所得税法方面是一项重大改革,对我国税收法制化建设起着举足轻重的作用,使税法更好地发挥其在我国经济宏观调控方面的作用。

(二)企业所得税法的特征

企业所得税法具有如下特征:

1.统一的内外资企业所得税法减少了税收歧视,实现了税收公平。我国《企业所得税法》对内外资企业采用统一的税收待遇,即统一的税率(25%)、扣除办法和标准、税收优惠政策、规范征管办法,真正实现税收公平,减少了税收歧视性政策。

2.结合国家产业政策,真正实现税收调节作用。我国的《企业所得税法》制定了一系列的税收优惠政策,鼓励环保节能,扩大就业,保障社会弱势群体,如对环保、节能节水、安全生产等专用设备给予一定比例的投资抵免,对企业安置残疾人员的工资加计扣除,对技术开发费用的加计扣除等税收政策。

3.实行法人所得税制,普遍适用汇总纳税制度。实行法人所得税制,以法人为独立纳税人,结合企业工商注册登记,十分清晰明了。

4.国内企业税收负担较轻。我国《企业所得税法》规定,企业所得税率为25%,小型微利企业为20%,高新技术企业为15%,预提所得税率为10%。

5.实行收入项目优惠,消除了地区税收歧视,减少了税疏漏洞。我国的《企业所得税法》对企业取得收入项目进行税收优惠,如对技术转让的税收优惠,即税收优惠政策只是对企业的技术转让进行优惠,对企业取得的其他收入项目不享受优惠。

6.准予扣除企业就取得收入而产生的合理性支出。当企业对其产生的支出能作出合理解释,税务机关会准予该项支出扣除。对处于市场竞争中纷繁复杂情况下的企业而言,这是一项合理、宽容的政策规定。

7.企业所得税可以分月预缴。税务机关对缴纳大量税款的企业可以要求其分月预缴,以使税款均衡入库。

(三)企业所得税法的立法意义

企业所得税法的立法意义主要体现为它在社会经济生活中所发挥的作用。企业所得税法可以将国家与企业及其他组织的分配关系以法律的形式固定下来,使之规范、合理,保证国家财政收入的稳定;通过统一税率、统一税前列支范围等公平税负,促进公平竞争;通过税收优惠等规定引导企业的经营行为和投资方向,使之适应社会主义市场经济发展的要求,促进企业经营机制的转换和完善;通过有关所得税政策,可以发挥税法对经济的宏观调控作用。

(四)我国企业所得税法的沿革与完善

我国最早对企业所得税作出规定的法规是在 1950 年新中国成立后原政务院公布的《工商业税暂行条例》,它的征收对象是私营企业和城乡个体工商业户,不包括国有企业(即当时的国营企业)。随着社会主义改造的基本完成,私营企业和城乡个体工商户基本消失,1958 年,我国的工商税制进行了重大改革,当时的所得税被称为"工商税",成为一个独立税种,主要对集体企业征收。对国有企业,国家实行"统收统支"的制度,规定国有企业的利润统一上缴,不征收所得税。改革开放后,1983 年和 1984 年国务院先后转批了财政部《关于国营企业利改税试行办法》和《国营企业第二步利改税试行办法》,在全国范围内实行对国有企业利改税。随后,国务院又分别在 1984 年 9 月 18 日发布了《中华人民共和国国营企业所得税条例(草案)》,1985 年 4 月 11 日发布了《中华人民共和国集体企业所得税暂行条例》,1988 年 6 月 25 日颁布了《中华人民共和国私营企业所得税暂行条例》,开始征收私营企业所得税。这样,国家对国有企业、集体企业和私营企业均予征收所得税,致使我国企业所得税形成了三足鼎立的局面。然而,内资企业所得税三税鼎立的格局给我国内资企业所得税制带来了一系列问题和矛盾,因此,国务院对企业所得税实行了税制改革,并于 1993 年 11 月 26 日发布了《中华人民共和国企业所得税暂行条例》,于 1994 年 1 月 1 日起实施,同时废止原国务院发布的《国营企业所得税条例(草案)》、《国营企业调节税征收办法》、《集体企业所得税暂行条例》和《私营企业所得税暂行条例》。至此,我国各种类型的内资企业开始适用统一的所得税法,我国的企业所得税法取得了进一步发展。

在涉外企业所得税法方面,随着 1979 年改革开放政策的施行,1980 年 9 月,全国人民代表大会通过了我国第一部涉外税法——《中华人民共和国中外合资经营企业所得税法》,之后,全国人民代表大会又于 1981 年 12 月颁布了《中华人民共和国外国企业所得税法》,至此,我国涉外企业所得税已覆盖各类涉外企业,涉外所得税制度初具规模。随着我国对外开放向纵深发展,通过总结之前两部涉外税法的问题和经验,根据税负从轻、优惠从宽、手续从简的原则,1991 年经第七届全国人民代表大会第 4 次会议通过并颁布了《中华人民共和国外商投资企业和外国企业所得税法》,代替了原有涉外企业所得税法,并于同年 7 月 1 日开始实施。

我国的企业所得税两税并存的局面(适用于内资企业的《企业所得税暂行条例》与适用于外商投资企业和外国企业的《外商投资企业和外国企业所得税法》并存)延续到 2007 年新的《企业所得税法》及其实施细则颁布,至此,我国顺利完成了两税合并。

我国现行的企业所得税法主要有:《企业所得税法》和《企业所得税法实施条例》。

二、企业所得税法的主要内容

(一)企业所得税的纳税主体

依据我国《企业所得税法》的规定,企业和其他取得收入的组织(以下统称为企业)为企业所得税的纳税人,依法缴纳企业所得税。个人独资企业、合伙企业不适用企业所得税法的规定。

在我国,企业分为居民企业和非居民企业。

居民企业是指依法在中国境内成立,或者依照外国(地区)法律成立但实际管理机构在中国境内的企业。居民企业应当就其来源于中国境内、境外的所得缴纳企业所得税,即承担无限纳税义务。

非居民企业是指依照外国(地区)法律成立且实际管理机构不在中国境内,但在中国境内设立机构、场所的,或者在中国境内未设立机构、场所,但有来源于中国境内所得的企业。非居民企业具有有限纳税义务,仅就来源于中国境内的所得缴纳企业所得税。非居民企业在中国境内设立机构、场所的,应当就其所设机构、场所取得的来源于中国境内的所得以及发生在中国境外但与其所设机构、场所有实际联系的所得缴纳企业所得税。非居民企业在中国境内未设立机构、场所的,或者虽设立机构、场所,但取得的所得与其所设机构、场所没有实际联系的,应当就其来源于中国境内的所得缴纳企业所得税。

(二)企业所得税的征税客体

企业所得税的征税对象为企业的生产经营所得,包括居民企业来源于中国境内和境外的生产经营所得以及非居民企业来源于中国境内的生产经营所得。

(三)企业所得税的征税范围

1.一般规定。依据我国《企业所得税法》的规定,企业每一纳税年度的收入总额减除不征税收入、免税收入、各项扣除以及允许弥补的以前年度亏损后的余额,为应纳税所得额。这里的亏损,是指企业依照《企业所得税法》及实施条例的规定,将每一纳税年度的收入总额减除不征税收入、免税收入、各项扣除后的余额小于零的数额。若企业在年度中间终止经营活动,应当在办理注销登记前,将其全部资产可变现价值或者交易价格减除资产净值、清算费用及相关税费等后的清算所得作为企业所得税的应纳税所得额。

企业应纳所得税所得额的计算以权责发生制为原则,属于当期的收入和费用,无论款项是否收付,均作为当期的收入和费用;不属于当期的收入和费用,即使款项已经在当期收付,也不能作为当期的收入和费用。

2.收入总额。企业以货币形式和非货币形式从各种来源取得的收入为收入总额。具体包括：

（1）销售货物收入，即企业销售商品、产品、原材料、包装物、低值易耗品以及其他存货取得的收入。

（2）提供劳务收入，即企业从事建筑安装、修理维修、交通运输、仓储租赁、金融保险、邮电通信、咨询经纪、文化体育、科学研究、技术服务、教育培训、餐饮住宿、中介代理、卫生保健、社区服务、旅游、娱乐、加工以及其他服务活动取得的收入。

（3）转让财产收入，即企业转让固定资产、生物资产、无形资产、股权、债权等财产取得的收入。

（4）股息、红利等权益性投资收益，即企业因权益性投资从投资方取得的收入。

（5）利息收入，即企业将资金提供他人使用但不构成权益性投资，或者因他人占用本企业资金取得的收入，包括存款利息、贷款利息、债务利息、欠款利息等收入。

（6）租金收入，即企业提供固定资产、包装或者其他有形资产的使用权取得的收入。

（7）特许权使用费收入，即企业提供专利权、非专利技术、商标权、著作权以及其他特许权的使用权取得的收入。

（8）接受捐赠收入，即企业接受的来自其他企业、组织或者个人无偿给予的货币性资产和非货币性资产。

（9）其他收入，即除以上收入之外的其他收入，包括企业资产溢余收入、逾期未退包装物押金收入、确实无法偿付的应付款项、已作坏账处理后又收回的应收款项、债务重组收入、补贴收入、违约金收入、汇兑收益等。

企业取得收入的货币形式包括现金、存款、应收账款、应收票据、准备持有至到期的债权投资以及债务的豁免。企业取得收入的非货币形式，包括固定资产、生物资产、无形资产、股权投资、存货、不准备持有至到期的债券投资、劳务以及相关权益等。

3. 不征税收入。在计算企业所得税的纳税所得时，收入总额减除的不征税收入包括财政拨款，依法收取并纳入财政管理的行政事业性收费、政府性基金以及国务院财政、税务主管部门规定专项用途并经国务院批准的财政性资金。其中，财政拨款是指各级人民政府对纳入预算管理的事业单位、社会团体等组织拨付的财政资金。行政事业性收费是指依照法律法规等有关规定，按照国务院规定的程序批准，在实施社会公共管理以及向公民、法人或其他组织提供特定公共服务过程中，向特定对象收取并纳入财政管理的费用。财政性基金是指企业依照法律、行政法规等有关规定，代政府收取的具有专项用途的财政收入。

4. 法定扣除项目，包括准予扣除的项目和不得扣除的项目。

（1）准予扣除的项目。依照我国《企业所得税法》的规定，计算应纳税所得额时的扣除项目是指企业实际发生的与取得收入有关的合理的支出,包括成本、费用、税金、损失和其他支出。

成本是指企业在生产经营活动中发生的销售成本、销货成本、业务支出以及其他损耗。

费用是指企业在生产经营活动中发生的销售费用、管理费用和财务费用,已经计入成本的有关费用除外。

税金是指企业发生的除企业所得税和允许扣除的增值税以外的各项税金及其附加。

损失是指企业在生产经营活动中发生的固定资产和存货的盘亏、毁损、报废损失,转让财产损失,呆账、坏账损失,自然灾害等不可抗力造成的损失以及其他损失。

其他支出是指除成本、费用、税金、损失外,企业在生产经营活动中发生的与生产经营活动有关的合理的支出。

(2)不得扣除的项目。依照《企业所得税法》的规定,在计算应纳税所得额时,下列支出不得扣除:①向投资者支付的股息、红利等权益性投资收益款项;②企业所得税税款;③税收滞纳金;④罚金、罚款和被没收财物的损失;⑤企业发生的公益性捐赠支出,在年度利润总额12%以外的部分;⑥赞助支出;⑦未经核定的准备金支出;⑧与取得收入无关的其他支出。

5. 资产的税务处理。资产的税务处理与企业应纳税所得额的确定密切相关。企业的资产是企业从事生产经营所需的各种财产,包括固定资产、生物资产、无形资产、长期待摊费用、投资资产、存货等。以企业取得该项资产时实际发生的支出为计税基础。例如,资产的耗费、损失等消耗的费用,只要是与取得收入相关的就可以扣除,以确定企业的应纳税所得额。由于企业各项资产的使用或耗费形式不同,其取得时实际发生的费用支出也不同。因此,每一纳税年度中,不同资产的价值有多少已转化成费用应依据不同情况作不同的处理,这就是资产的税务处理。

(1)固定资产的计价与折旧。企业的固定资产是指企业为生产产品、提供劳务、出租或者经营管理而持有的、使用时间超过12个月的非货币性资产,包括房屋、建筑物、机器、机械、运输工具以及其他与生产经营活动有关的设备、器具、工具等。不属于生产、经营主要设备的物品,单位价值在2 000元以上,并且使用期限超过两年的,也可作为固定资产。

固定资产的计税基础一般按以下方法计算:

①外购的固定资产以购买价款和支付的相关税费以及直接归属于使该资产达到预定用途发生的其他支出为计税基础。

②自行建造的固定资产以竣工结算前发生的支出为计税基础。

③融资租入的固定资产以租赁合同约定的付款总额和承租人在签订租赁合同过程中发生的相关费用为计税基础,租赁合同未约定付款总额的,以该资产的公允价值和承租人在签订合同过程中发生的相关费用为计税基础。

④盘盈的固定资产以同类固定资产的重置完全价值为计税基础。

⑤通过捐赠、投资、非货币性资产交换、债务重组等方式取得的固定资产以该资产的公允价值和支付的相关税费为计税基础。

⑥改建的固定资产以足额提取折旧的固定资产的改建支出和租入固定资产的改建支出加上改建过程中发生的改建支出作为计税基础。

对房屋、建筑物以外未投入使用的固定资产;以经营租赁方式租入的固定资产;以融资租赁方式租出的固定资产;已足额提取折旧仍继续使用的固定资产;与经营活动无关的固定资产;单独估价作为固定资产入账的土地;财政部规定的其他不得计算折旧扣除的固定资产不得在计算纳税所得额时计算折旧扣除。

有形资产的折旧采取直线法,其计算公式为:

$$年折旧额 = (固定资产的原值 - 残值) \div 预计使用年限$$

企业自固定资产投入使用月份的次月起计算折旧,停止使用的固定资产自停止使用月份的次月起停止计算折旧。

固定资产计算折旧的最低年限为:房屋、建筑物 20 年;飞机、轮船、火车、机器、机械和其他生产设备 10 年;与生产有关的器具、工具、家具等 5 年;飞机、火车、轮船以外的运输工具 4 年;电子设备 3 年。

(2)生物性资产的计价与折旧。生产性生物资产是指企业为生产农产品、提供劳务或出租等而持有的生物资产,包括经济林、薪炭林、产畜和役畜等。

生产性生物资产的计税基础按以下方法计算:

①外购的固定资产以购买价款和支付的相关税费以及直接归属于使该资产达到预定用途发生的其他支出为计税基础。

②通过捐赠、投资、非货币性资产交换、债务重组等方式取得的固定资产以该资产的公允价值和支付的相关税费为计税基础。

生产性生物资产的折旧采取直线法,其计算公式为:

$$年折旧额 = (固定资产的原值 - 残值) \div 预计使用年限$$

企业自生产性生物资产投入使用月份的次月起计算折旧,停止使用生产性生物资产自停止使用月份的次份起停止计算折旧。

生产性生物资产计算折旧的最低年限为:林木类 10 年,畜类 3 年。

(3)无形资产的计价和摊销。无形资产是指企业为生产产品、提供服务、出租或者经营管理而持有的、没有实物形态的非货币性长期资产,包括专利权、商标权、著作权、土地使用权、非专利技术、商誉等。

无形资产的计税基础一般按以下方法计算:

①外购的无形资产以购买价款和支付的相关税费以及直接归属于使该资产达到预定用途发生的其他支出为计税基础。

②自行开发的无形资产以开发过程中该资产符合资本化条件后至达到预定用途前发生的支出为计税依据。

③通过捐赠、投资、非货币性资产交换、债务重组等方式取得的固定资产以该资产的公允价值和支付的相关税费为计税基础。

企业自行开发的支出已在计算应纳税所得额时扣除的无形资产；自创商誉；与经营活动无关的无形资产；其他不得计算摊销费用扣除的无形资产不得在计算纳税所得额时计算摊销费用扣除。

无形资产的摊销采取直线法，即将其价值平均分摊到各个纳税年度。其计算公式为：

摊销额 = 无形资产的原值 ÷ 摊销年限

企业计算无形资产的摊销年限最低为 10 年。

（4）长期待摊费用。企业已足额提取折旧的固定资产的改建支出、租入固定资产的改建支出、固定资产的大修理支出、其他应当作为长期待摊费用的支出，在计算企业应纳税所得额时作为长期待摊费用扣除。长期待摊费用平均计入到每年的扣除费用中，其计算公式为：

年摊销额 = 长期待摊费用 ÷ 摊销年限

6.亏损弥补。企业在生产经营过程中由于各种原因会出现亏损状况，在有些年度可能利益颇丰，而在有些年度则可能出现严重亏损。企业所得税仅仅是针对企业的净增值征税的，也就是说赢利缴税，不赢利则不缴税，出现亏损时则进行亏损的弥补。所谓纳税人可以弥补的亏损额，是指税务机关依税法规定核实、调整后的金额，而不是企业财务报表上的账面金额。我国《企业所得税法》规定，纳税人发生年度亏损的可以进行亏损结转，即把本年度的经营亏损转到今后几年的利润中弥补，可以逐年延续弥补，但是延续期最长不得超过 5 年。纳税人 5 年内不论赢利还是亏损，都可以作为弥补年限计算。

7.关联企业应纳税所得额的调整。所谓关联企业，依照我国《企业所得税法实施条例》的规定，是指存在下列关系之一的公司、企业和其他经济组织：①在资金、经营、购销等方面存在直接或者间接的拥有或者控制关系；②直接或者间接地同为第三者所拥有或者控制；③其他在利益上具有相关联的关系。为了防止纳税人通过关联企业以及其他关联关系，利用转移利润等方式逃税，我国《企业所得税法》中特别制定了关联企业制度。其中明确规定，企业与其关联方之间的业务往来不符合独立交易原则而减少企业或者其关联方应纳税收入或者所得额的，税务机关有权按照合理的方法调整。具体方法有：可比非受控价格法、再销售价格法、成本加成法、交易净利润法和利润分割法等。

企业与其关联方共同开发、受让无形资产,或者共同提供、接受劳务发生的成本,在计算应纳税所得额时应当按照独立交易原则进行分摊。企业可以向税务机关提出与其关联方之间业务往来的定价原则和计算方法,税务机关与企业协商、确认后,达成预约定价安排。

企业向税务机关报送年度企业所得税纳税申报表时,应当就其与关联方之间的业务往来附送年度关联业务往来报告表。

税务机关在进行关联业务调查时,企业及其关联方以及与关联业务调查有关的其他企业应当按照规定提供相关资料。企业不提供与其关联方之间业务往来资料,或者提供虚假、不完整资料,未能真实反映其关联业务往来情况的,税务机关有权依法核定其应纳税所得额。

企业从其关联方接受的债权性投资与权益性投资的比例超过规定标准发生的利息支出不得在计算应纳税所得额时扣除。企业实施其他不具有合理商业目的的安排而减少其应纳税收入或者所得额的,税务机关有权按照合理的方法调整。税务机关依照规定作出纳税调整,需要补征税款的,应当补征税款,并按照国务院的规定加收利息。

8. 特别规定。对有些非居民企业,其在中国境内未设立机构、场所,或者虽设立机构、场所但取得的所得与其所设机构、场所没有实际联系,就其来源于中国境内的所得,在计算应纳税所得额时可采取下述方法:股息、红利等权益性投资收益和利息、租金、特许权使用费所得以收入全额为应纳税所得额;转让财产所得以收入全额减除财产净值后的余额为应纳税所得额。

(四)企业所得税的税率

我国企业所得税的税率根据企业所得税的纳税人是居民纳税人还是非居民纳税人,在法律规定上存在区别。居民企业的税率统一规定为25%,但也存在例外,对小型微利企业,国家为了扶持其发展,适用20%的税率。非居民企业则承担有限纳税义务,其税率为20%,但是如果中外双方订立税收协定的,依照协定中规定的税率标准纳税。

由于新的《企业所得税法》将内资企业所得税和涉外企业所得税两税合并,我国税法新规定的企业所得税的税率在设计上较以前的税率发生了较大的变化。第一,在新的《企业所得税法》中降低了税率的幅度,将原来33%的税率下调为25%;第二,对微利企业,改革前有两档照顾性税率,分别规定如下:年应纳税额在3万元以下的为18%,年应纳税额在10万元以下的为27%。在新的《企业所得税法》中,将微利企业的所得税税率统一规定为20%。20世纪80年代开始,全世界无论发达国家还是发展中国家,都出现了税制改革的浪潮,其中,最显著的特征是个人所得税和公司所得税税率的降低。[①] 因此,我国在税收立法上的这种变化与世界企业所得税的改革是一致的。据统计,目前世界上大多数国家企业所得税的税率都在25%左右。由此可见,我国新的《企业所得税法》中规定的税率水平比较接近国际普遍水平。

过去,我国对内资企业维持较高税率的水平,为了适应改革开放的发展,吸引外资和人才,政府采取了诸多税收优惠方式,主要是对内外资企业分别制定企业所得税法,但是经过几来的实践,事实证明,这种方式存在诸多问题和矛盾。因此,我国采取了内外资企业统一税率的做法,进而完善和统一了企业所得税法律制度,同时也降低了税率,并大大减少了以前较混乱的税收优惠办法。

(五)企业所得税的计税依据

我国《企业所得税法》规定,企业的应纳税所得额乘以适用税率,减除依照本法关于税收优惠的规定减免和抵免的税额后的余额,为应纳税额。即:

$$应纳企业所得税额 = 应税所得额 \times 税率 - 减免税额 - 抵免税额$$

对应纳税所得额以及税率的规定,在前面已经作了具体叙述,而税收抵免问题根据《企业所得税法》的规定,居民企业来源于中国境外的应税所得及非居民企业在中国境内设立机构、场所,取得发生在中国境外但与该机构、场所有实际联系的应税所得,就其已在境外缴纳的所得税税额,可以从其当期应纳税额中抵免。另外,居民企业因直接或者间接持有外国企业20%以上的股份而分得的来源于中国境外的股息、红利等权益性投资收益,由该外国企业在境外实际缴纳的所得税税额中属于该项所得负担的部分,可以作为该居民企业的可抵免境外所得税税额。抵免限额为该项所得依照企业所得税法规定计算的应纳税额;超过抵免限额的部分可以在以后5个年度内,用每年度抵免限额抵免当年应抵税额后的余额进行抵补。用于抵补的必须是企业取得来源于中国境外的所得,已经在中国境外缴纳的企业所得税性质的税额超过抵免限额的当年的次年起连续5个纳税年度。

(六)企业所得税的税收优惠措施

我国《企业所得税法》规定,国家对重点扶持和鼓励发展的产业和项目给予企业所得税优惠。根据企业不同性质以及从事的生产经营项目的不同,具体优惠政策规定如下。

1. 将企业的下列收入作为免税收入。企业的下列收入可作为免税收入,具体包括:国债利息收入;符合条件的居民企业之间的股息、红利等权益性投资收益;在中国境内设立机构、场所的非居民企业从居民企业取得与该机构、场所有实际联系的股息、红利等权益性投资收益;符合条件的非营利组织的收入。

2. 对企业的下列所得,可以免征、减征企业所得税。

---

① 刘溶沧,赵志耘.税制改革的国际比较研究[M].北京:中国财政经济出版社,2002:165.

（1）从事农、林、牧、渔业项目的所得。企业从事蔬菜、谷物、薯类、油料、豆类、棉花、麻类、糖料、水果、坚果的种植；农作物新品种的选育；中药材的种植；林木的培育和种植；牲畜、家禽的饲养；林产品的采集；灌溉、农产品初加工、收益、农技推广、农机作业和维修等农、林、牧、渔服务业项目的，企业获取的所得免征企业所得税。

企业从事花卉、茶以及其他饮料作物和香料作物的种植，海水养殖、内陆养殖的，企业获取的所得减半征收企业所得税。

（2）从事国家投资经营的所得。企业从事港口码头、机场、铁路、公路、城市交通、电力、水利等属于国家重点扶持的公共基础设施项目，其获取的投资经营所得自项目取得第一笔生产经营收入所属纳税年度起，第一年至第三年免征企业所得税，第四年至第六年减半征收企业所得税。

（3）从事符合条件的环境保护、节能节水项目的所得。企业从事公共污水处理、公共垃圾处理、沼气综合开发利用、节能减排技术改造、海水淡化等有关环境保护、节能节水项目获取的所得，自项目取得第一笔生产经营收入所属纳税年度起，第一年至第三年免征企业所得税，第四年至第六年减半征收企业所得税。

（4）技术转让所得。居民企业在一个纳税年度内技术转让所得不超过500万元的部分，免征企业所得税；超过500万元的部分，减半征收企业所得税。

（5）非居民企业在中国境内未设立机构、场所的，或者虽设立机构、场所但取得的所得与其所设机构、场所没有实际联系的来源于中国境内的所得。非居民企业的此项所得，减按10%的税率征收企业所得税。对外国政府向中国政府提供贷款取得的利息所得及国际金融组织向中国政府和居民企业提供优惠贷款取得的利息所得，免征企业所得税。

3. 税率的优惠。通常情况下，我国《企业所得税法》规定的企业所得税税率统一为25%。但是，对小型微利企业，国家为了扶持鼓励其发展，使用较低的税率，减按20%的税率征收企业所得税。另外，对国家需要重点扶持的高新技术企业，减按15%的税率征收企业所得税。

4. 民族自治地方的企业。民族自治地方的自治机关对本民族自治地方的企业应缴纳的企业所得税中属于地方分享的部分，可以决定减征或者免征。自治州、自治县决定减征或者免征的，须报省、自治区、直辖市人民政府批准。

5. 企业应税所得额。在计算企业应税所得额时，企业的固定资产由于技术进步等原因确需加速折旧的，可以缩短折旧年限或者采取加速折旧的方法。

为了体现税收优惠，企业为开发新技术、新产品、新工艺发生的研究开发费用以及企业安置残疾人员及其他鼓励安置的就业人员所支付的工资，在计算应纳税所得额时加计扣除。

针对企业的一些特殊收入，如企业综合利用资源、生产符合国家产业政策规定的产品所取得的收入,可以在计算应纳税所得额时减计收入。

创业投资企业从事国家需要重点扶持和鼓励的创业投资,可以按投资额的一定比例抵扣应纳税所得额。企业购置用于环境保护、节能节水、安全生产等专用设备的投资额,可以按一定比例实行税额抵免。通过采用投资税收抵扣的措施,可以降低纳税人的税收负担,促进环保工程的建设及对重点行业的投资。

(七)企业所得税法的程序规定

1.纳税地点。依照我国《企业所得税法》的规定,居民企业以企业登记注册地为纳税地点,但登记注册地在境外的,以实际管理机构所在地为纳税地点。居民企业在中国境内设立不具有法人资格的营业机构的,应当汇总计算并缴纳企业所得税。

非居民企业取得《企业所得税法》第3条第2款规定的所得,以机构、场所所在地为纳税地点。非居民企业取得《企业所得税法》第3条第3款规定的所得,以扣缴义务人所在地为纳税地点。非居民企业在中国境内设立两个或者两个以上机构、场所的,经税务机关审核批准,可以选择由其主要机构、场所汇总缴纳企业所得税。

2.税款缴纳。依照我国《企业所得税法》的规定,对非居民企业取得的所得应缴纳的所得税实行源泉扣缴,以支付人为扣缴义务人。税款由扣缴义务人在每次支付或者到期应支付时,从支付或者到期应支付的款项中扣缴。对非居民企业在中国境内取得工程作业和劳务所得应缴纳的所得税,税务机关可以指定工程价款或者劳务费的支付人为扣缴义务人。若应当扣缴的所得税,扣缴义务人未依法扣缴或者无法履行扣缴义务的,由纳税人在所得发生地缴纳。纳税人未依法缴纳的,税务机关可以从该纳税人在中国境内其他收入项目的支付人应付的款项中追缴该纳税人的应纳税款。扣缴义务人每次代扣的税款应当自代扣之日起7日内缴入国库,并向所在地的税务机关报送扣缴企业所得税报告表。

企业所得税按纳税年度计算。纳税年度自公历1月1日起至12月31日止。企业在一个纳税年度中间开业,或者终止经营活动,使该纳税年度的实际经营期不足12个月的,应当以其实际经营期为一个纳税年度。企业依法清算时,应当以清算期间作为一个纳税年度。

企业所得税分月或者分季预缴。企业应当自月份或者季度终了之日起15日内向税务机关报送预缴企业所得税纳税申报表,预缴税款。企业应当自年度终了之日起5个月内,向税务机关报送年度企业所得税纳税申报表,并汇算清缴,结清应缴应退税款。企业在报送企业所得税纳税申报表时,应当按照规定附送财务会计报告和其他有关资料。

企业在年度中间终止经营活动的,应当自实际经营终止之日起60日内向税务机关办理当期企业所得税汇算清缴。企业应当在办理注销登记前就其清算所得向税务机关申报并依法缴纳企业所得税。

依照《企业所得税法》缴纳的企业所得税以人民币计算。所得以人民币以外的货币计算的,应当折合成人民币计算并缴纳税款。

(八)企业所得税的违法处理与处罚

对违反《企业所得税法》的,依法追究其法律责任。根据违反《企业所得税法》行为的情节、性质和危害程度的不同,其承担的法律责任不同,国家机关实施的法律制裁方式也不同。根据我国法律规定,违反税法的行为人一般应承担行政责任,我国主要采取的行政制裁措施包括行政处罚和行政处分两种;如果违法行为人的行为触犯刑法,则应承担相应的刑事责任。

第三节　个人所得税法

一、个人所得税法概述

(一)个人所得税的概念

个人所得税是以个人(自然人)所得为征税对象,由取得所得的个人依法缴纳的一种税。个人所得税是世界各国开征较为普遍的一种税,特别是发达国家,个人所得税的收入在国家税收收入中所占比重较高,从而在税制中居于很高的地位。

税收是国家财政收入的重要来源,可以促进资源的有效配置,促进社会公平目标的实现,因此,一个国家的经济和社会越发展,征收个人所得税就越重要。

个人所得税作为一种直接税,因其由获取所得的个人直接承担,所以对人们的生活影响较大,征收较难。我国2007年十七大通过的《关于中华人民共和国个人所得税法修正草案》中,将我国个人所得税起征点提高到2 000元,这无疑是我国税制尤其是所得税方面的一大进步,是对我国低收入人群的一种优惠政策,是实现社会公平目标的重要体现,有助于加强我国税制建设。

(二)个人所得税法的特征

我国的个人所得税法具有如下特征:

1. 实行分类所得制。我国《个人所得税法》采用分项列举的方式,将个人所得税的应税所得分为十项具体税目和一项概括所得,各项所得(除偶然所得外)均依照各自的法定标准在分别作相应扣除后,按照不同的税率纳税。但是在征税方法上,实行以源泉扣缴为主,纳税人自行申报纳税的方式为辅的征收方式,而非完全采用分类所得税制下的课源法。

2. 征税面小,税负从轻,扣除从宽。我国《个人所得税法》对工资、薪金所得规定了较高的扣除额——2 000元,相对减小了个人所得达到纳税起征点的人员范围;同时采取的9级额累进税率,使大部分纳税人适用较低的税率档次,使他们实际的税负很轻。

3.计税方法方便。在计税方法上,我国个人所得税费用扣除采用总额扣除法,避免了个人实际生活费用支出逐项计算的烦琐。在分类征收的制度下,各项应税所得分别按照各自的税率和计征方法,便于掌握,有利于税务部门提高工作效率。

4.采取源泉扣缴制和自行申报制两种征纳模式。这是我国现行个人所得追征管采用的两种模式,由扣缴义务人代扣代缴可以由单位从源泉扣缴的应税所得,而对没有扣缴义务人的,由纳税人自行申报。

(三)个人所得税法的立法意义

个人所得税的功能主要体现在财政功能和调节功能两个方面,即通过征收个人所得税,可以为国家提供可靠的财政收入来源,又可以通过个人所得税结构的合理设计和安排贯彻国家的经济政策和社会政策。个人所得税中的累进税率被认为是能够对不公平的初次分配作出普遍矫正的有效手段。因此,个人所得税的征收可以调节收入分配,体现社会公平,对个人所得的法律调整可以增强公民的纳税意识,增强税收法制建设,进而增加国家财政收入。在调控个人收入差距的税收法律体系中,个人所得税法是最为核心的。

(四)我国个人所得税法的沿革与完善

我国第一部较为完整的个人所得税法是1980年9月10日由全国人民代表大会通过的《中华人民共和国个人所得税法》,同年12月,经国务院批准,财政部公布了《中华人民共和国个人所得税法实施细则》,开始对我国公民及我国境内的外籍工作人员征收个人所得税,这对我国建立健全个人所得税制度具有重要意义。随着我国个体经济的迅速发展,1986年1月,国务院颁布了《中华人民共和国个体工商户所得税暂行条例》,并自该年度开始施行。这既稳定了国家与个体工商户之间的分配关系,也调整了个体工商户与其他居民的收入差距。此后不久,因改革开放之后公民收入差距增大,国务院又于1986年9月颁布了《中华人民共和国个人收入调节税暂行条例》,规定了应纳税标准,对达到该标准的我国公民征收个人收入调节税,且缴纳此税后不再缴纳个人所得税,此条例自1987年1月1日起实施。自此,我国形成了三部个人所得税法律法规并存的局面。这些法律法规在调节社会收入分配方面起到了积极作用,但同时也带来许多问题,例如,税制税法不统一,加大了不同税种的纳税主体之间的税负差距,在个人所得税、个人调节税的课税要素方面存在不合理、不科学的问题等。为此,为了更好地适应社会主义市场经济的发展,在个人所得税领域统一税法,简化税制,公平税负,1993年10月31日全国人民代表大会常务委员会通过了《关于修改〈中华人民共和国个人所得税法〉的决定》,并于1994年1月1日起实施修改后的个人所得税法,将上述个人所得税领域中开征的三个税种统一为个人所得税一种,并废止了《个体工商户所得税暂行条例》和《个人收入调节税暂行条例》,这使我国的个人所得税制度较过去大为改善。此后,在1999年和2005年又作了一些适度的修改,直到2007年12月29日第十届全国人民代表大会常务委员会第31次会议,通过了《关于修改〈中华人民共和国个人所得税法〉的决定》(第五次修正),又一次修改了个人所得税法。

我国现行的个人所得税法主要有《个人所得税法》和《中华人民共和国个人所得税法实施条例》(以下简称《个人所得税法实施条例》)。

二、个人所得税法的主要内容

(一)个人所得税的纳税主体

我国个人所得税的纳税人分为居民纳税人和非居民纳税人,这两类纳税人的划分标准是住所标准和时间标准。

居民纳税人是在中国境内有住所,或者无住所而在中国境内居住满一年的个人,通常情况下,其具有无限纳税义务,即从中国境内和境外取得的所得都应缴纳个人所得税。在《个人所得税法》中,在中国境内有住所的个人是指因户籍、家庭、经济利益关系而在中国境内习惯性居住的个人。在境内居住满一年则是指在一个纳税年度内在中国境内居住了365日。临时离境是指在一个纳税年度内一次不超过30日或者多次累计不超过90日离境的,不扣减在华居住日数。对于临时离境的,其来源于中国境内的所得由境外雇主支付并且不由该雇主在中国境内的机构、场所负担的部分,免予缴纳个人所得税。对在中国境内无住所,但是居住一年以上5年以下的个人,其来源于中国境外的所得,经主管税务机关批准,可以只就由中国境内公司、企业以及其他经济组织或者个人支付的部分缴纳个人所得税;居住超过5年的个人,从第6年起,应当就其来源于中国境外的全部所得缴纳个人所得税。非居民纳税人是在中国境内无住所又不居住或者无住所而在境内居住不满一年的个人,从中国境内取得的所得依照《个人所得税法》的规定缴纳个人所得税。

(二)个人所得税的征税客体

《个人所得税法》所称的所得,即为个人应税所得,是指个人在一定期限内凭借资产或劳动所取得并应依法缴纳个人所得税的合法收入。[①] 个人所得税的征税对象是自然人的各项所得,包括居民纳税人从中国境内和境外取得的所得以及非居民纳税人在中国境内取得的所得。

对以下个人所得,不论支付地点是否在中国境内,均为来源于中国境内的所得:①因任职、受雇、履约等在中国境内提供劳务取得的所得;②将财产出租给承租人在中国境内使用取得的所得;③转让中国境内的建筑物、土地使用权等财产或者

---

① 刘剑文.所得税法[M].北京:北京大学出版社,1999:193.

在中国境内转让其他财产取得的所得；④许可各种特许权在中国境内使用而取得的所得；⑤中国境内的公司、企业以及其他经济组织或者个人支付的利息、股息和红利所得。需要指出的是，这里的中国境内仅指中国内地，不包括我国香港特别行政区、澳门特别行政区及台湾地区。

（三）个人所得税的征税范围

由于取得个人所得途径和方式的多样性，我国《个人所得税法》共列举了十一个应税项目，并在《个人所得税法实施条例》中具体规定了征税范围。

具体而言，下列各项个人所得应缴纳个人所得税：

1. 工资、薪金所得，即个人因任职或者受雇而取得的工资、薪金、奖金、年终加薪、劳动分红、津贴、补贴以及与任职或者受雇有关的其他所得。

2. 个体工商户的生产、经营所得。包括：

（1）个体工商户从事工业、手工业、建筑业、交通运输业、商业、饮食业、服务业、修理业以及其他行业生产、经营取得的所得；

（2）个人经政府有关部门批准取得执照，从事办学、医疗、咨询以及其他有偿服务活动取得的所得；

（3）其他个人从事个体工商业生产、经营取得的所得；

（4）上述个体工商户和个人取得的与生产、经营有关的各项应纳税所得。

3. 对企事业单位的承包经营、承租经营所得，即个人承包经营、承租经营以及转包、转租取得的所得，包括个人按月或者按次取得的工资、薪金性质的所得。

4. 劳务报酬所得，即个人从事设计、装潢、安装、制图、化验、测试、医疗、法律、会计、咨询、讲学、新闻、广播、翻译、审稿、书画、雕刻、影视、录音、录像、演出、表演、广告、展览、技术服务、介绍服务、经纪服务、代办服务以及其他劳务取得的所得。

5. 稿酬所得，即个人因其作品以图书、报刊形式出版、发表而取得的所得。

6. 特许权使用费所得，即个人提供专利权、商标权、著作权、非专利技术以及其他特许权的使用权而取得的所得；提供著作权的使用权而取得的所得，不包括稿酬所得。

7. 利息、股息、红利所得，即个人拥有债权、股权而取得的利息、股息、红利所得。

8. 财产租赁所得，即个人出租建筑物、土地使用权、机器设备、车船以及其他财产取得的所得。

9. 财产转让所得，即个人转让有价证券、股权、建筑物、土地使用权、机器设备、车船以及其他财产取得的所得。

10. 偶然所得，即个人得奖、中奖、中彩以及其他偶然性质的所得。个人取得的

所得难以界定应纳税所得项目的,由主管税务机关确定

11.经国务院财政部门确定征税的其他所得。

(四)个人所得税法的税率

我国由于采用分类所得税的立法模式,在税率形式上既有超额累进税率,也有比例税率。具体规定如下:

1.工资、薪金所得适用超额累进税率,税率为5%~45%,税率表见表7-1。

表7-1　工资、薪金所得适用税率表

级　数	全月应纳税所得额	税　率(%)
1	不超过500元的	5
2	超过500元至2 000元的部分	10
3	超过2 000元至5 000元的部分	15
4	超过5 000元至20 000元的部分	20
5	超过20 000元至40 000元的部分	25
6	超过40 000元至60 000元的部分	30
7	超过60 000元至80 000元的部分	35
8	超过80 000元至100 000元的部分	40
9	超过100 000元的部分	45

注:本表所称全月应纳税所得额,是指以每月收入额减除法定费用后的余额。

2.个体工商户的生产、经营所得和对企事业单位的承包经营、承租经营所得适用5%~35%的超额累进税率(税率表见表7-2)。

表7-2　个体工商户的生产、经营所得和对企事业单位的承包经营、承租经营所得适用税率表

级　数	全年应纳税所得额	税　率(%)
1	不超过5 000元的	5
2	超过5 000元至10 000元的部分	10
3	超过10 000元至30 000元的部分	20
4	超过30 000元至50 000元的部分	30
5	超过50 000元的部分	35

注:本表所称全年应纳税所得额,是指以每一纳税年度的收入总额减除法定扣除项目的余额。

3.稿酬所得,劳务报酬所得,特许权使用费所得,利息、股息、红利所得,财产租赁所得,财产转让所得,偶然所得和其他所得适用比例税率,税率为20%。稿酬所得另有规定,按应纳税额减征30%;对劳务报酬所得一次收入畸高的,即个人一次

取得劳务报酬应税所得额超过 20 000 元的,可以实行加成征收。其中,对应纳税所得额超过 20 000 元至 50 000 元的部分,依照《个人所得税法》的规定计算应纳税额后再按照应纳税额加征五成;对超过 50 000 元的部分加征十成。

(五)个人所得税的计税依据

税法上所称的所得即为个人应税所得,是指个人在一定期限内凭借资产或劳动取得并应依法缴纳个人所得税的合法收入。纳税人取得的应纳税所得额是个人所得税的计税依据,是指在某一纳税期限内个人取得每项收入减去税法规定的各项费用后的余额。个人取得的应纳税所得包括现金、实物和有价证券。所得为实物的,应当按照取得的凭证上所注明的价格计算应纳税所得额;无凭证的实物或者凭证上所注明的价格明显偏低的,由主管税务机关参照当地的市场价格核定应纳税所得额。所得为有价证券的,由主管税务机关根据票面价格和市场价格核定应纳税所得额。

我国个人所得税采取分类所得税制,税法对个人取得每项收入的费用扣除范围和扣除标准分别作了不同的规定。因此,不同性质的个人所得的应纳税所得额采用不同的计算方法。

1.工资、薪金所得以每月收入额减除费用 2 000 元后的余额,为应纳税所得额。

2.个体工商户的生产、经营所得以每一纳税年度的收入总额减除成本、费用以及损失后的余额,为应纳税所得额。

3.对企事业单位的承包经营、承租经营所得以每一纳税年度的收入总额减除必要费用后的余额,为应纳税所得额。

4.劳务报酬所得、稿酬所得、特许权使用费所得、财产租赁所得,每次收入不超过 4 000 元的,减除费用 800 元;4 000 元以上的,减除 20% 的费用,其余额为应纳税所得额。

5.财产转让所得以转让财产的收入额减除财产原值和合理费用后的余额,为应纳税所得额。

6.利息、股息、红利所得,偶然所得和其他所得,以每次收入额为应纳税所得额。

根据上述有关个人所得税应纳税所得额的计算方法,运用计算公式(应纳所得税额 = 应纳税所得额 × 税率)即可计算出个人所得税的应纳税额。

另外,除了上述不同来源的个人所得应纳个人所得税所得额的计算方法外,在计算过程中,还需注意以下一些特殊问题。

第一,关于捐赠问题,即纳税人将其个人所得通过境内的社会团体、国家机关捐赠给教育和其他社会公益事业以及遭受严重自然灾害地区、贫困地区的部分。对捐赠额未超过纳税义务人申报的应纳税所得额 30% 的部分,从其应纳税所得额中扣除。

第二,关于税收抵免问题。这是为了避免对同一所得双重征税而采取的一项措施。纳税义务人从境外取得的收入,准予其在应纳税额中扣除已在境外缴纳的个人所得税税额,纳税义务人可凭纳税凭证申请应纳税额的抵免,但是扣除额不得超过其境外所得依我国《个人所得税法》计算的应纳税额。如果纳税义务人在国外缴纳的所得税额超过其可抵免限额,不得在本纳税年度的应纳税额中扣除,但可以在以后纳税年度的余额中进行补扣,补扣期限最长不得超过 5 年;如果纳税义务人在国外缴纳的所得税额低于其可抵免限额,应当在中国境内缴纳差额部分的税款。

另外,在中国境内无住所而在中国境内取得工资、薪金所得的纳税义务人和在中国境内有住所而在中国境外取得工资、薪金所得的纳税义务人,可以根据其平均收入水平、生活水平以及汇率变化情况确定附加减除费用。附加减除费用适用的范围和标准由国务院规定。

(六)个人所得税的税收优惠措施

1. 免征个人所得税的个人所得。下列收入可免征个人所得税:

(1)省级人民政府、国务院部委和中国人民解放军军以上单位以及外国组织、国际组织颁发的科学、教育、技术、文化、卫生、体育、环境保护等方面的奖金。

(2)国债和国家发行的金融债券利息。

(3)按照国家统一规定发给的补贴、津贴。

(4)福利费、抚恤金、救济金。

(5)保险赔款。

(6)军人的转业费、复员费。

(7)按照国家统一规定发给干部、职工的安家费、退职费、退休工资、离休工资、离休生活补助费。

(8)依照我国有关法律规定应予免税的各国驻华使馆、领事馆的外交代表、领事官员和其他人员的所得。

(9)中国政府参加的国际公约、签订的协议中规定免税的所得。

(10)经国务院财政部门批准免税的所得。

2. 经批准可以减征个人所得税的个人所得。下列收入可减征个人所得税:

(1)残疾、孤老人员和烈属的所得。

(2)因严重自然灾害造成重大损失的。

(3)其他经国务院财政部门批准减税的。

(七)个人所得税的程序规定

个人所得税以所得人为纳税义务人,以支付所得的单位或者个人为扣缴义务人。对扣缴义务人按照所扣缴的税款付给2%的手续费。个人年所得 12 万元以上的;从中国境内两处或者两处以上取得工资、薪金所得的;从中国境外取得所得的;取得应纳税所得,没有扣缴义务人的;以及具有国务院规定的其他情形的,纳税义务人,应当按照国家规定办理纳税申报。扣缴义务人应当按照国家规定办理全员全额扣缴申报,在代扣税款的次月内向主管税务机关报送其支付所得个人的基本信息、支付所得数额、扣缴税款的具体数额和总额以及其他相关涉税信息。对扣缴义务人按照所扣缴的税款付给2%的手续费。

扣缴义务人每月所扣的税款,自行申报纳税人每月应纳的税款,都应当在次月7日内缴入国库,并向税务机关报送纳税申报表。工资、薪金所得应纳的税款按月计征,由扣缴义务人或者纳税义务人在次月7日内缴入国库,并向税务机关报送纳税申报表。采掘业、远洋运输业、远洋捕捞业以及财政部确定的其他特定行业的工资、薪金所得应纳的税款可以实行按年计算、分月预缴的方式计征,即按月预缴,自年度终了之日起30日内,合计其全年工资、薪金所得,再按12个月平均并计算实际应纳的税款,多退少补。个体工商户的生产、经营所得应纳的税款按年计算,分月预缴,由纳税义务人在次月7日内预缴,年度终了后3个月内汇算清缴,多退少补。对企事业单位的承包经营、承租经营所得应纳的税款,按年计算,由纳税义务人在年度终了取得收入之日起30日内将应纳的税款缴入国库,并向税务机关报送纳税申报表。纳税义务人在一年内分次取得承包经营、承租经营所得的,应当在取得每次所得后的7日内预缴,年度终了后3个月内汇算清缴,多退少补。从中国境外取得所得的纳税义务人,应当在年度终了后30日内将应纳的税款缴入国库,并向税务机关报送纳税申报表。

个人所得税的纳税地点依征税方式的不同而不同:①以代扣代缴方式纳税的,以扣缴义务人所在地为纳税地点;②采用自行申报纳税的,一般以收入来源地的主管税务机关为纳税申报地;③如果纳税义务人在两处或两处以上取得所得,可以选择并固定其中一个税务机关作为申报纳税地,其从境外取得的所得则需向境内户籍所在地或者经常居住地的税务机关申报纳税。

我国个人所得税中的各项所得均以人民币为单位计算,税款缴纳人民币。若所得为外国货币的,按照国家外汇管理机关规定的外汇牌价折合成人民币缴纳税款。

(八)企业个人所得税的违法处理与处罚

对违反个人所得税法的人,必须追究其法律责任。根据违反《个人所得税法》行为的情节、性质和危害程度的不同,其所承担的法律责任也不同,国家机关实施的法律制裁方式也就不同。根据我国法律的规定,违反税法的行为人一般应承担行政责任,我国主极权取的行政制裁措施包括行政处罚和行政处分两种;如果违法行为人的行为触犯刑法的,则应承担相应的刑事责任。

☆ 案例分析 ☆

（一）某国有企业 1999 年至 2006 年经税务机关审定的应纳税所得额情况如下表：

年　度	1999 年	2000 年	2001 年	2002 年	2003 年	2004 年	2005 年	2006 年
应纳税所得额情况	−180	−120	20	60	80	80	118	100

问题：

该企业根据亏损弥补的规定，2006 年底计算出了 8 年间弥补亏损后的应纳税所得额应为多少？应税额又是多少？

参考答案：

本案例中的亏损弥补计算过程如下：

1999 年的亏损，自 2000 年至 2004 年度连续弥补 5 年，5 年的应纳税所得额为 240（20 + 60 + 80 + 80）万元，可以全部弥补 1999 年的亏损，还余下 40 万元的应税所得可弥补 2000 年的亏损。

2000 年没有应税所得不需要缴纳所得税，该年度的亏损可延续至 2005 年弥补。2005 年的应税所得为 118 万元，加上 2004 年所余 40 万元总计为 158 万元，可弥补 2000 年度的亏损。故 2005 年的应税所得为 38（158 − 120）万元，应缴纳企业所得税为 12.54（38 × 33%）万元。

2001 年至 2004 年具有应税所得，但因为全部弥补了 1999 年的亏损，故不用缴纳所得税。

2006 年度的应税所得为 100 万元，向前追溯 5 年至 2001 年均未发生亏损，因此，2006 年以其全部所得计算应纳税额为 33（100 × 33%）万元。

该企业 1999 年至 2006 年的应纳税额为 45.54（12.54 + 33）万元。

（注：因该案例发生在 2007 年之前，故其所得税税率仍采用当年实施的 33% 的税率。）

（二）某厂是一般纳税人，主要从事各种工业和车辆液压件的生产制造。在检查该厂销售往来账时发现，该厂和大连高新园区某开发中心业务往来频繁，在审查该厂为该开发中心开具的销售发票时，稽查人员注意到，销售给该中心的产品价格不正常，与该厂销售给其他企业的同类产品相比价格过低。询问其原因，财务人员答：由于该开发中心帮助该厂设计产品并联系货源，所以向他们销售产品时予以让利优惠。稽查人员于是将该厂 2006 年销售给该开发中心的六大类产品的价格与销售给其他企业的产品价格作比较,发现让利幅度达70.26%,不应属于普通企业之间的让利幅度。该开发中心的法人代表就是该厂法人代表,而且该开发中心主要业务不是产品设计而是产品销售。大连高新园区高新技术企业所得税率为15%,较该厂所在地企业所得税率(33%)低。

问题:

本案中的大连高新园区高新技术企业所得税率是否应予以调整?

参考答案:

该案例属于关联企业之间业务往来涉税的典型案件。

本案中,某厂与大连高新园区某开发中心属于有业务往来的关联企业,因该厂销售给开发中心的产品价格过低而导致应税所得减少,违反了企业所得税法的规定,故税务机关应予以相应的调整。

(三)丛某高中毕业后在A市自己经营个体餐馆,由于餐馆地处黄金地段,再加上其灵活经营,该餐馆多年来一直处于赢利状态,2008年全年取得以下收入:

1. 餐馆营业收入20万元。

2. 出租房屋,全年租金收入3万元。

3. 丛某与A市一蔬菜加工厂联营,当年分得利润3.8万元。

4. 每月工资收入0.3万元。

丛某每年的费用共计14万元,上缴各种税费1.5万元。

问题:

丛某需要就哪些收入缴纳个人所得税?

参考答案:

本案例是关于我国个人所得税征税范围的问题。

本案例中,丛某经营餐馆的收入为其作为个体工商经营户的所得,依照个体工商经营户的生产经营所得缴纳个人所得税;出租房屋收入依照财产租赁所得缴纳个人所得税;联营收入应依照利息、股息、红利所得纳税;工资收入则依照工资、薪金所得缴纳个人所得税。

思考题

1. 企业所得税的纳税人有哪些?

2. 企业来自境外所得已纳的税款,在汇总纳税时应如何扣除?

3. 如何缴纳企业所得税?

4. 如何判定居民纳税人和非居民纳税人?

5. 所得来源地与支付地有何关系?如何确定所得来源地?

6. 个人所得税的应税所得项目包括哪些？它们的税率是如何规定的？

7. 个人所得税各应税项目的应纳税所得额如何确定？

8. 工资、薪金所得与劳务报酬所得的应纳税额如何计算？有何异同？

9. 个人所得税法规定了哪些减免税优惠措施？

10. 个人所得税应如何缴纳？

第八章 财产税法律制度

要点提示

　　本章主要介绍了财产税法律制度,房产税与契税的概念、纳税主体、征税客体、征税范围、计税依据、税率、税收优惠以及税收征收管理程序与违法处罚措施。

第一节　财产税法

一、财产税法概述

(一)财产税和财产税法的概念

　　财产税是指以纳税人拥有或支配的某些财产为征税对象的一类税。财产税法是指调整财产税征纳关系的法律规范的总称。

　　财产税作为世界上许多国家普遍开征的一个税种,有着悠久的历史,但随着经济的发展,在商品经济社会,世界各国多以商品税、所得税为主体税种,因此,财产税在各国税制体系中多为辅助性税种,被划为地方税,是地方财政收入的主要来源。

(二)财产税法的特征

　　1.财产税的征税对象是财产,这是财产税与商品税和所得税最根本的区别。

　　2.财产税属于直接税,税负不易转嫁。财产税由对财产进行占有、使用或收益的主体直接承担,而且由于财产税主要是对使用、消费过程中的财产征收,而不是对生产、流通领域的财产征收,因而其税负很难转嫁。

　　3.财产税的计税依据是占有、使用和收益的财产额。财产税的计税依据不是商品流转额或所得额,而是纳税人占有、使用和收益的财产额,即应税财产的数量或价值。

　　4.财产税是辅助性税种。财产税是最古老的税收形式,它曾是各国财政收入的主要来源。随着社会经济的发展,财产税的主体地位已被所得税和商品税所取代,在全部财政收入中所占的比重较小。

(三)财产税法的立法意义

1. 财产税可以补充所得税和商品税的不足。随着时代的发展,虽然曾经是国家税收最重要组成部分的财产税的主体地位已被所得税和商品税所取代,但从长远来看,由于财产税在保证地方财政收入、财富的公平分配、调节人们收入水平等方面仍具有所得税和商品税所不具备的功能和特点,如商品税不能对不动产、继承财产进行课征,所得税对不使用的资产和未实现的资产增益无法课税等,因此,财产税仍是现代税法体系的重要组成部分之一,它可以补充所得税和商品税的不足。

2. 财产税是地方政府收入的主要来源。由于财产税具有税源广泛、区域性强等特点,易于地方政府对本地区的税源实施严格监控。因此,许多实行分税制的国家将大多数财产税归为地方税,财产税是地方财政收入的主要来源。

(四)财产税法的历史沿革与完善

财产税是一个比商品税和所得税都要古老的税种。在古代社会,许多国家征收的"古老的直接税"主要是财产税。据考证,早在古希腊、古罗马时期即已开征了一般财产税。随着经济和社会的发展,财产税制度也越来越发达,财产税收入逐渐成为古代社会各国财政收入的重要来源。现代意义的财产税源于1892年的荷兰,其后,德国、丹麦等欧洲国家亦相继开征财产税。随着财产税在各国的普遍开征,财产税制度也得到了很大的发展,财产税的税种也随之作出调整。随着经济的不断发展,社会上不仅存在大量的有形财产,也有诸多的无形财产,而且无形财产税源隐蔽,征管难度大。因此,对纳税人的全部财产征税已不现实。许多国家开始以个别财产税代替一般财产税,并且在个别财产税中更侧重于对不动产征税,同时亦注重征收遗产税和赠与税等动态财产税。

我国的财产税制度历史也很悠久。早在秦汉时期,我国已征收车船税、牲畜税等个别财产税。我国作为传统的农业国家,源于土地等不动产的土地税、田赋等税收收入曾是各朝代财政收入的重要来源。

中华人民共和国成立以后,1950年曾开征房产税、地产税、盐税、契税等财产税,之后财产税制度几经变革,目前我国仍开征的财产税税种主要有房产税、城市房地产税、契税等。

第二节　房产税法

一、房产税法概述

(一)房产税和房产税法的概念

房产税是以房屋为征税客体,以房屋的计税余值或租金收入为计税依据,对房屋所有人或房屋使用权人征收的一种财产税。房产税法是指调整房产税征纳关系的法律规范的总称。

（二）房产税法的特征

1. 房产税属于财产税。房产税以房屋为征税客体，具有财产税的课税属性。

2. 房产税的征税范围仅限于城镇的经营性房屋，对个人非经营性的房屋及位于农村的房屋不征收房产税。此外，对某些拥有房屋但自身没有纳税能力的单位，如国家机关、事业单位等，予以免税。

3. 房产税在计税依据上根据房屋使用方法的不同规定了不同的征税依据。房屋的所有人既可以把房屋对外出租，也可以经营自用。房产税根据纳税人对房产使用形式的不同，实行不同的征税办法，有利于平衡税收负担和加强征收管理。

（三）房产税法的立法意义

1. 房产税有利于增加地方财政收入。我国的房产税属于地方税，征收房产税可以为地方财政筹集资金，缓解地方财力不足问题，进而促进当地基础设施建设的完善。

2. 房产税可以调节财富分配。房屋是纳税人拥有的一项主要财产，通过房产税的征收，可以调节有房者与无房者之间的收入差距，进而平衡财富分配，体现税收公平的原则。

3. 房产税有利于加强房产管理。由于对个人非经营用房免征房产税，因此，各级地方政府可以通过房产税的申报，结合房屋产权登记等信息，了解当地房地产市场的租赁情况，进而有针对性地出台各项调控措施，尽量避免一方面房屋大量空置，另一方面低收入家庭住房困难现象的发生。

（四）房产税法的沿革与发展

房产税的起源由来已久。古希腊时期国家就开始了对房屋征税，之后各国都对房屋开征了各种各样的房产税。最早的房产税大都采用从量计量的方法征收，后来改为从价征收。随着社会经济的发展，房产税在财产税法律体系中的主导地位已经被遗产税等其他财产税所取代。

就我国而言，我国从周代起就开始对房产征税，以后各个朝代也在不同程度上对房屋征税，如唐代的间架税、明代的塌房税和清朝末年的房捐等。新中国成立后，1951 年 8 月政务院颁布了《中华人民共和国城市房地产税暂行条例》（以下简称《城市房地产税暂行条例》），其后，1986 年，国务院颁布了《中华人民共和国房产税暂行条例》（以下简称《房产税暂行条例》），规定对房产征收房产税，但对外商投资企业、外籍人员与外国企业的房产，依然沿用《城市房地产税暂行条例》征收城市房地产税。因此，我国目前的房产税收领域存在内外有别的两套税收体制，对国内的单位及具有我国国籍的自然人，我国依据《房产税暂行条例》对其征收房产税，而对外商投资企业、外国企业及非中国国籍的自然人，我国依据 1951 年颁布的《城市房地产税暂行条例》对其征收城市房地产税。由于城市房地产税的内容与房产税大致相同,本章主要介绍房产税法律制度,并对城市房地产税法律制度进行概括性介绍。

二、房产税法的主要内容

(一)房产税的纳税主体

房产税以在征收范围内拥有房屋产权的单位和个人为纳税人。产权属国家所有的,由经营管理单位纳税;产权属集体和个人所有的,由集体单位和个人纳税;产权出典的,承典人是纳税人;产权所有人、承典人不在房产所在地的,房产代管人或者使用人为纳税人;产权未确定及租典纠纷未解决的,亦由房产代管人或者使用人纳税。

纳税单位和个人无租用房产管理部门、免税单位及纳税单位的房产的,应由使用人代为缴纳房产税。承租人使用房产,以支付修理费抵交房产租金的,仍应由房产的产权所有人依照规定缴纳房产税。①

(二)房产税的征税客体

房产税以在我国境内用于生产经营的房屋为征税客体。所谓房产,是指以房屋形态表现的财产。房屋是指有屋面和围护结构(有墙或两边有柱),能够遮风避雨,可供人们在其中生产、学习、工作、娱乐、居住或储藏物资的场所。独立于房屋之外的建筑物,如围墙、烟囱、水塔、变电塔、油池油柜、酒窖菜窖、酒精池、糖蜜池、室外游泳池、玻璃暖房、砖瓦石灰窑及各种油气罐等,不属于房产。②

对房地产开发企业建造的商品房,在售出前不征收房产税,但对售出前房地产开发企业已使用或出租、出借的商品房,应按规定征收房产税。③

(三)房产税的征税范围

房产税的征收范围为城市、县城、建制镇和工矿区。

1. 关于城市、县城、建制镇、工矿区的界定。城市是指国务院批准设立的市;县城是指县人民政府所在地;建制镇是指经省、自治区、直辖市人民政府批准设立的建制镇;工矿区是指工商业比较发达、人口比较集中、符合国务院规定的建制镇标准而尚未设立建制镇的大中型工矿企业所在地。开征房产税的工矿区须经省、自

---

① 财政部,税务总局.关于房产税若干具体问题的解释和暂行规定[S].财税地[1986]8号,1986年9月25日.

② 财政部,国家税务总局.关于房产税和车船使用税几个业务问题的解释与规定[S].财税地[1987]3号,1987年3月23日.

③ 国家税务总局.关于房产税城镇土地使用税有关政策规定的通知[S].国税发[2003]89号,2003年7月15日.

治区、直辖市人民政府批准。①

2.关于城市、建制镇的征收范围。房产税在城市的征收范围为市区、郊区和市辖县县城,不包括农村;建制镇的征收范围为镇人民政府所在地,不包括所辖的行政村。建制镇具体征收范围由各省、自治区、直辖市地方税务局提出方案,经省、自治区、直辖市人民政府确定批准后执行,并报国家税务总局备案。对农、林、牧、渔业用地和农民居住用房屋及土地,不征收房产税和土地使用税。②

（四）房产税的计税依据

房产税以房产的计税价值或房产的租金收入为计税依据。按照房产的计税价值征税的,称为从价计征;按照房产的租金收入计征的,称为从租计征。

1.从价计征。从价计征房产税是指房产税依照房产原值一次减去10%～30%后的余值计算缴纳,具体扣除比例由当地省、自治区、直辖市人民政府确定。具体计算公式如下:

$$年纳税额 = 房产账面原值 \times (1 - 扣除比例) \times 1.2\%$$

没有房产原值作为依据的,由房产所在地税务机关参考同类房产核定。在确定房产原值时应注意以下问题:

（1）房产原值是指纳税人按照会计制度规定,在账簿"固定资产"科目中记载的房屋原价。房产原值应包括与房屋不可分割的各种附属设备或配套设施。对房产原值明显不合理的,应重新予以评估。③凡按会计制度规定在账簿中记载有房屋原价的,即应以房屋原价按规定减去一定比例后作为房产余值计征房产税;没有记载房屋原价的,按照上述原则并参照同类房屋确定房产原价,计征房产税。④

（2）房产原值应包括与房屋不可分割的各种附属设备或一般不单独计算价值的配套设施。主要有暖气、卫生、通风、照明、煤气等设备;各种管线,如蒸气、压缩空气、石油、给水排水等管道及电力、电信、电缆导线;电梯、升降机、过道、晒台等。属于房屋附属设备的水管、下水道、暖气管、煤气管等应从最近的探视井或三通管算起计算原值;电灯网、照明线从进线盒连接管算起计算原值。

（3）国家税务总局颁发文件规定,自2006年1月1日起,为了维持和增加房屋的使用功能或使房屋满足设计要求,凡以房屋为载体,不可随意移动的附属设备和配套设施,如给排水、采暖、消防、中央空调、电气及智能化楼宇设备等,无论在会计

---

① 财政部,国家税务总局.关于房产税若干具体问题的解释和暂行规定[S].财税地〔1986〕8号,1986年9月25日.

② 国家税务总局.关于调整房产税和土地使用税具体征税范围解释规定的通知[S].国税发〔1999〕44号,1999年3月12日.

③ 财政部,国家税务总局.关于房产税若干具体问题的解释和暂行规定[S].财税地〔1986〕8号,1986年9月25日.

④ 财政部,国家税务总局.关于房产税和车船使用税几个业务问题的解释与规定[S].财税地〔1987〕3号,1987年3月23日.

核算中是否单独记账与核算,都应计入房产原值,计征房产税。对更换房屋附属设备和配套设施的,在将其价值计入房产原值时,可扣减原来相应设备和设施的价值;对附属设备和配套设施中易损坏、需要经常更换的零配件,更新后不再计入房产原值。①

2. 从租计征。房产出租的,以房产租金收入为房产税的计税依据。所谓房产的租金收入,是指房屋的所有权人出租房屋所得的报酬,包括货币收入和实物收入等。对以劳务或其他形式为报酬抵付租金的,应按照当地房产的租金标准核定一个当地标准租金额计征。"个人出租房屋,应按房屋租金收入征税。对纳税人不申报或者不如实申报租金收入的,应按照税收征管法及其实施细则的有关规定实行核定征收。对房屋出租人不申报租金收入或申报的租金收入低于计税租金标准又无正当理由的,可按计税租金标准计算征税。"②其计算公式如下:

年纳税额 = 应纳房地产税的房屋年租金 × 12%

在确定计税方式时,应注意以下四种特殊情况。

(1)对投资联营的房产,在计征房产税时应予以区别对待。对以房产投资联营,投资者参与投资利润分红,共担风险的,以房产余值作为计税依据,计征房产税;对以房产投资,收取固定收入,不承担联营风险的,实际上是以联营名义取得房产租金,应由出租方按租金收入计缴房产税。

(2)对融资租赁房屋,由于租赁费包括了房屋的价款、手续费、购房利息等,与一般房屋出租租金的内涵不同,且租赁期满后,当承租方偿还最后一笔租赁费时,房屋所有权一般都转移到承租方名下,因此其实际上是一种分期付款购买固定资产的形式,所以在计征房产税时应以房产余值计算征收;租赁期内房产税的纳税人由当地税务机关根据实际情况确定。

(3)对居民住宅区内业主共有的经营性房产,由实际经营(包括自营和出租)的代管人或使用人缴纳房产税。其中,自营的依照房产原值减除 10% ~30% 后的余值计征,没有房产原值或不能将业主共有房产与其他房产的原值准确划分开的,由房产所在地地方税务机关参照同类房产核定房产原值;出租的则依照租金收入计征。③

(五)房产税的税率

我国现行房产税采用的是比例税率。由于房产税的计税依据有从价计征和从租计征两种方式,因此,房产税的税率也有两种形式。

---

① 国家税务总局. 关于进一步明确房屋附属设备和配套设施计征房产税有关问题的通知[S]. 国税发〔2005〕173 号,2005 年 10 月 21 日。

② 国家税务总局. 关于加强出租房屋税收征管的通知[S]. 国税发〔2005〕159 号,2005 年 8 月 3 日。

③ 财政部,国家税务总局. 关于房产税、城镇土地使用税有关政策的通知[S]. 财税〔2006〕186 号,2006 年 12 月 25 日。

依照房产余值计算征税的,税率为1.2%;依照房产租金收入计算纳税的,税率为12%。

此外,从2001年1月1日起,对个人按市场价格出租的居民用房,房产税暂减按4%的税率征收。

(六)房产税的优惠措施

1.房产税的免税规定。房产税的免税规定有如下四项:

(1)国家机关、人民团体、军队自用的房产,免税。人民团体是指经国务院授权的政府部门批准设立或登记备案并由国家拨付行政事业费的各种社会团体。国家机关、人民团体、军队自用的房产,是指这些单位的办公用房和公务用房。

(2)由国家财政部门拨付事业经费的单位自用的房产,免税。事业单位包括学校、公立的医疗卫生单位、托儿所、幼儿园、敬老院等全额预算管理的单位。事业单位自用的房产是指这些单位的业务用房。实行差额预算管理的事业单位也属于由国家财政部门拨付事业经费的单位,对其自用的房产免征房产税。由国家财政部门拨付事业经费的单位,其经费来源实行自收自支后应征收房产税,但为了鼓励事业单位经济自立,由国家财政部门拨付事业经费的单位,其经费来源实行自收自支后,从事业单位经费实行自收自支的年度起,免征房产税3年。

(3)宗教寺庙、公园、名胜古迹自用的房产,免税。宗教寺庙自用的房产是指举行宗教仪式等的房屋和宗教人员的生活用房。公园、名胜古迹自用的房产是指供公众参观游览的房屋及其管理单位的办公用房。公园、名胜古迹中附设的营业单位,如影剧院、饮食部、茶社、照相馆等所使用的房产及出租的房产,应征收房产税。上述免税单位出租的房产及非本身业务的生产、营业用房产不属于免税范围,应征收房产税。

(4)个人所有非营业用的房产,免税。对个人所有的居住用房,不论面积多少,均免征房产税。

2.经财政部批准免税的其他房产。

经财政部批准免税的其他房产有如下各项:

(1)纳税单位与免税单位共同使用的房屋,按各自使用的部分划分,分别征收或免征房产税。

(2)企业办的各类学校、医院、托儿所、幼儿园自用的房产,可以比照由国家财政部门拨付事业经费的单位自用的房产,免征房产税。

(3)经有关部门鉴定,对毁损不堪居住的房屋和危险房屋,在停止使用后,可免征房产税。

(4)凡是在基建工地内为基建工地服务的各种工棚、材料棚、休息棚和办公室、食堂、茶炉房、汽车房等临时性房屋,无论是施工企业自行建造还是由基建单位出资建造交施工企业使用的,在施工期间一律免征房产税。但是,如果基建工程结束以后,施工企业将这种临时性房屋交还或者估价转让给基建单位的,应当从基建单位接收的次月起,按规定征收房产税。

(5)自2004年7月1日起,纳税人因房屋大修导致连续停用半年以上的,在房屋大修期间免征房产税,免征税额由纳税人在申报缴纳房产税时自行计算扣除,并在申报表附表或备注栏中作相应说明。

(6)集贸市场用房,按规定应征收房产税。但为了促进集贸市场的发展,省、自治区、直辖市可根据具体情况暂给予减税或免税照顾。

(7)对国有企业固定资产重估后的新增价值,应按照有关税收法规规定征收房产税和印花税。

(8)自2001年1月1日起,对按政府规定价格出租的公有住房和廉租住房,包括企业和自收自支事业单位向职工出租的单位自有住房、房管部门向居民出租的公有住房、落实私房政策中带户发还产权并以政府规定租金标准向居民出租的私有住房等,暂免征收房产税。①

(9)自2004年8月1日起,对军队空余房产租赁收入暂免征收房产税;此前已征税款不予退还,未征税款不再补征。暂免征收房产税的军队空余房产,在出租时必须悬挂《军队房地产租赁许可证》,以备查验。②

(10)对微利企业和亏损企业的房产,按照规定应征收房产税,以促进企业改善经营管理,提高经济效益。但考虑企业的实际负担能力,可由地方根据实际情况在一定期限内暂免征收房产税。

(11)企业停产、撤销后,对它们原有的房产闲置不用的,经省、自治区、直辖市税务局批准可暂不征收房产税;如果这些房产转给其他征税单位使用或者企业恢复生产时,应按照规定征收房产税。

(12)房屋大修停用在半年以上的,经纳税人申请,税务机关审核,在大修期间可免征房产税。

(13)纳税人自建的房屋,建成前及建成当月免征房产税,自建成的次月起征收房产税。纳税人委托施工企业建设的房屋,验收前及验收当月免征房产税,从办理验收手续的次月起征收房产税。纳税人在办理验收手续前已使用或出租、出借的新建房屋,应按规定征收房产税。

除上述免税房产外,纳税人纳税确有困难的,可由省、自治区、直辖市人民政府确定,定期减征或者免征房产税。

---

① 财政部,国家税务总局.关于调整住房租赁市场税收政策的通知[S].财税〔2000〕125号,2000年12月7日.

② 财政部,国家税务总局.关于暂免征收军队空余房产租赁收入营业税房产税的通知[S].财税〔2004〕123号,2004年7月1日.

（七）房产税的程序规定

1. 纳税义务发生时间。

（1）纳税人自建的房屋，自建成的次月起征收房产税。

（2）纳税人委托施工企业建设的房屋，从办理验收手续的次月起征收房产税。纳税人在办理验收手续前已使用或出租、出借的新建房屋，应按规定征收房产税。

（3）购置新建商品房，自房屋交付使用的次月起计征房产税。

（4）购置存量房，自办理房屋权属转移、变更登记手续，房地产权属登记机关签发房屋权属证书的次月起计征房产税。

（5）出租、出借房产，自交付出租、出借房产的次月起计征房产税。

（6）房地产开发企业自用、出租、出借本企业建造的商品房，自房屋使用或交付的次月起计征房产税。

2. 纳税期限。房产税按年征收，分期缴纳，具体纳税期限由省、自治区、直辖市人民政府决定，既可以按季缴纳，也可以按年缴纳。

3. 纳税地点。房产税由房产所在地的税务机关征收。房产不在一地的纳税人，应按房产的坐落地点，分别向房产所在地的税务机关缴纳房产税。

（八）房产税的违法处理与处罚

纳税人不按规定期限缴纳房产税的，将被加收滞纳金，并依据《税收征管法》作出处罚，追究责任。

三、城市房地产税法律制度

城市房地产税是国家在城市、县城、建制镇和工矿区范围内，对属于外商投资企业、外国企业的房屋、土地按照房价、地价或租价向房地产所有人或使用人征收的一种税。依据目前的有关规定，城市房地产税的具体开征地区由省级人民政府确定。

（一）城市房地产税的纳税主体

对外商投资企业、外国企业及外籍自然人和华侨、港、澳、台同胞在内地拥有的房产，应按照原政务院1951年8月8日公布的《城市房地产税暂行条例》的规定征收城市房产税。在我国境内拥有房产的外商投资企业、外国企业及外籍自然人和在内地拥有房产的华侨、港、澳、台同胞，如果不在我国境内或内地居住，可由其代管人或使用人代为报缴城市房产税；如果其房产所有权已转让给国内亲友或有关企事业单位，则应按《房产税暂行条例》的规定缴纳房产税。① 产权出典者由承典人缴纳。产权所有人、承典人不在当地或产权未确定及租典纠纷未解决的，均由代

---

① 财政部，国家税务总局. 关于对外籍人员、华侨、港、澳、台同胞拥有的房产如何征收房产税问题的批复[S].财税外〔1987〕230号，1987年8月11日。

管人或使用人代为缴纳,对涉外企业和个人暂不征收城市房地产税中的地产税,改为征收土地使用费。土地使用费的征收标准由省、自治区、直辖市人民政府根据本地区的具体情况自行规定。

(二)城市房地产税的征税客体

城市房地产税以在我国境内用于生产经营的房屋为征税客体。

(三)城市房地产税的征税范围

城市房地产税的征收范围是在城市、县城、建制镇和工矿区的房地产。

城市、县城、建制镇和工矿区的范围和征收范围与房产、土地使用税含义一致。

(四)城市房地产税的计税依据和税率

1. 城市房地产税依标准房价按年计征,税率为 1.2%。

2. 城市房地产税依标准房地租价按年计征的,税率为 18%。

(五)城市房地产税应纳税额的计算方法

1. 按照计税余值缴纳房地产税税额的计算公式为:

$$房地产税的应纳税额 = 房产账面原值 \times (1 - 扣除比例) \times 1.2\%$$

2. 按照房地租价缴纳房地产税税额的计算公式为:

$$房地产税的应纳税额 = 应纳房地产税的房地产租价 \times 18\%$$

(六)城市房地产税的优惠措施

下列房地产减征、免征城市房地产税:

1. 新建房屋自落成之月起,免征 3 年城市房地产税。

2. 翻修房屋超过新建费用 1/2 的,自竣工月份起,免征 2 年城市房地产税。

3. 外国人,港、澳、台同胞和华侨购置的非营业用房产,可以暂免征收城市房地产税。

4. 华侨、侨眷用侨汇购买或者建造的房屋,可以从发给产权证之日起免征 5 年城市房地产税。

5. 按照政府规定价格出租的廉租住房暂免征收城市房地产税,个人按照市场价格出租的居民住房暂减按 4% 的税率征收城市房地产税。

6. 为鼓励利用地下人防设施,对外商投资企业利用人防工程中的房屋进行经营活动的,可暂不征收房产税。

7. 其他经批准减税的房地产。

上述第 1,2 款规定只适用于一般居民(包括华侨、侨眷及港、澳、台同胞)。

(七)城市房地产税的程序规定

城市房地产税按季或按半年分期交,由当地税务机关确定。纳税应在房地产评价公告后 1 个月内将房地坐落、房屋建筑情况及间数、面积等向当地税务机关申报。如产权人住址变更、产权转移或房屋添建、改装,因而变更房地价格者,在变更、转移或竣工后 10 日内申报。免税的房地产也要办理申报。

（八）城市房地产税的违法处理与处罚

纳税人不按规定期限申报的应处以罚金。纳税人隐匿房地产不报或申报不实，企图偷漏税款的，除责令补交外，还应处以应纳税额5倍以下的罚金。不按期缴纳税款的，除限期追缴外，还要按日处以应纳税额1%的滞纳金；逾期30日以上不缴税款，税务机关认为无正当理由的，应移送人民法院处理。

四、有关房地产税的补充规定

面对我国目前房地产市场快速发展的现状，国家税务总局与包括建设部、财政部在内的相关部门不断制定各种通知和规定，旨在对房地产发展的规模、房屋价格等问题进行宏观调控。其中，最主要的规定包括2005年5月20日，国办转发《建设部等七部门关于做好稳定住房价格的工作意见的通知》[国发办〔2005〕26号，简称"国八条"]；2005年5月27日，《财政部、国家税务总局、建设部关于加强房地产税收管理的通知》（国办法〔2005〕89号，简称"国十条"）；2005年10月20日，《国家税务总局关于房地产税收政策执行中几个具体问题的通知》（国税法〔2005〕第172号）；2006年5月20日，《国务院办公厅转发建设部等九部门关于调整住房供应结构稳定住房价格的通知》[国办发（2006）37号，简称"国六条"]；国家税务总局为了落实"国六条"，又于2006年5月30日颁发了《关于个人住房转让所得征收个人所得税的通知》，该通知对关于房地产转让收入的认定、费用的扣除、核定的方式、征收管理等问题都作了明确的规定；2006年5月30日国税总局又发出了《关于加强住房营业税征收管理有关问题的通知》；2007年1月25日国税总局发出了《关于房地产开发企业土地增值税清算管理有关问题的通知》。2008年12月30日，国家税务总局发出了《关于个人住房营业税政策的通知》（财税〔2008〕174号）。总之，在2009年1月1日后房地产交易中，买方购买普通住房需缴纳1.5%的契税，购买非普通住房需缴纳3%的契税，如购买二手房，还需交纳0.05%的印花税，而卖方则需要承担如下税费：①营业税及附加税费：5.55%（其中，包括营业税5%，营业税附加0.55%），个人将所购买不足两年的非普通住房对外转让的金额征收营业税，个人将购买超过两年（含两年）的非普通性房或者不足两年的普通住房对外销售的，按照其销售收入减去购买房屋的价款后的差额征收营业税；个人将购买超过两年（含两年）的普通住房对外销售的，免征营业税。②个人所得税：按其房屋销售收入减去之前购房价款后所得差额的20%征收，但个人转让自用5年以上并且是家庭唯一生活用房取得的所得，免征个人所得税，如未提供完整、准确的房屋原值凭证，不能正确计算房屋原值和应纳税额的，按转让价格的1%计征个税。③土地增值税：根据增值额的不同，实行从30%到60%的四级超率累进税率。卖房人也可以选择核定征收的方式，按转让二手房交易价格全额的1%征收率缴纳土地增值税。居民个人转让普通住房以及个人互换自有居住用房地产免征土地增值税。④印花税:按其房屋销售收入的 0.05% 征收。⑤城市建设维护税:城市建设维护税随营业税征收,计税金额为营业税的实际缴纳税额,税率为 7%。⑥教育费附加:教育费附加随营业税征收,计税金额为营业税的实际缴纳税额,税率为 3%。

第三节　契税法

一、契税法概述

(一)契税和契税法的概念

契税在我国历史悠久,最早起源于东晋的"古税",至今已有 1 600 多年的历史。历史上的契税是指当土地、房屋等不动产的所有权发生转移时,依照契约上载明的不动产的交易价格,由国家对受让方征收的一种税。我国现行的契税是指以我国境内发生所有权变动的不动产为征税对象,向所有权承受方征收的一种财产税。契税法是指调整契税征纳关系的法律规范的总称。新中国成立后颁布的第一个税收法规就是《契税暂行条例》。1954 年,财政部对《契税暂行条例》进行了修改。1997 年 7 月 7 日,国务院重新颁布了《中华人民共和国契税暂行条例》(以下简称 1997 年《契税暂行条例》),并于当年 10 月 1 日起实施。

(二)契税法的特征

1. 契税属于财产税。契税以所有权发生转移的不动产为征税对象,具有财产税的课税属性。

2. 契税由不动产的受让人承担。契税属于在不动产交易过程中产生的财产税,由不动产的受让人纳税,即买方纳税。

3. 契税采取了幅度比例税率。我国幅员广大,地域经济水平差异也大,为了充分照顾各地经济和房地产发展不平衡的现状,根据中央统一税政的要求,适当下放税收管理权限,以充分发挥和调动地方管理税收的积极性,规定税率为 3% ~5%,省、自治区,直辖市人民政府在规定的税率幅度内,确定统一的适用税率,采取幅度比例税率,有利于地方政府从本地经济和房地产市场发展内实际出发,通过税收手段调控房地产市场的发展。

(三)契税法的立法意义

1. 有利于增加财政收入。契税依照不动产转让的价值征收,是财政收入的重要来源之一。契税的征收有利于国家积累资金,增加地方的财政收入,特别是随着我国房地产市场交易的不断活跃,契税增加财政收入的作用将更加明显。

2. 有利于确定产权关系,规范房地产交易。契税由于是在房地产交易环节中征收,由不动产受让人承担,可以作为确定产权关系的依据之一。

3. 有利于调节收入分配,体现社会公平。随着经济的发展与房地产市场的不断繁荣,房地产交易也在急剧增加,契税的征收有利于调节收入分配,体现社会公平。

(四)契税法的历史沿革与完善

我国早在东晋时期就已开始对田宅买卖等征收契税,当时名为"估税"。其后,各朝代均对房屋等不动产的买卖、典当课税,元代开始称为契税。新中国成立后,当时的政务院曾于 1950 年 4 月发布了《契税暂行条例》,该条例沿用了 40 多年,已不适应经济发展的需要。为此,国务院于 1997 年 7 月发布了《中华人民共和国契税暂行条例》,该条例自 1997 年 10 月 1 日起施行。此后,财政部又于同年 10 月发布了《中华人民共和国契税暂行条例实施细则》(以下简称《契税暂行条例实施条例》),从而确立了我国新的契税制度。

二、契税法的主要内容

(一)契税的纳税主体

契税的纳税主体是指在我国境内发生转移土地、房屋权属行为并承受土地、房屋权属的单位和个人。这里所说的"承受",是指以受让、购买、受赠、交换等方式取得土地、房屋权属的行为。"单位"包括企业单位、事业单位、国家机关、军事单位和社会团体及其他组织。"个人"是指个体经营者及其他个人,包括外籍人士。

(二)契税的征税客体

契税的征税客体是在我国境内转移土地、房屋权属的行为。具体包括以下行为:

1. 国有土地使用权出让。国有土地使用权出让是指土地使用者向国家交付土地使用权出让费用,国家将国有土地使用权在一定年限内让予土地使用者的行为。

2. 土地使用权的转让。土地使用权转让是指土地使用者以出售、赠与、交换或者其他方式将土地使用权转移给其他单位和个人的行为,但不包括农村集体土地承包经营权的转移。土地使用权的出售是指土地使用者通过土地使用权的出售取得货币、实物、无形资产或者其他经济利益的行为。土地使用权的赠与是指土地使用者将其土地使用权无偿转让给受赠者的行为。土地使用权的交换是指土地使用者之间相互交换土地使用权的行为。

3. 房屋买卖。房屋买卖是指房屋所有权人将其房屋出售,由买受者交付货币、实物、无形资产或者其他经济利益的行为。

4. 房屋赠与。房屋赠与是指房屋所有权人将其所有的房屋无偿转让给他人的行为。

5. 房屋交换。房屋交换是指房屋所有权人之间相互交换房屋所有权的行为。

6. 其他可以视同土地使用权转让、房屋买卖或者房屋赠与的行为。土地、房屋

权属以下列方式转移的,视同土地使用权转让、房屋买卖或者房屋赠与征税:

(1)以土地、房屋权属作价投资、入股。

(2)土地、房屋权属抵债。

(3)以获奖方式承受土地、房屋权属。

(4)以预购方式或者预付集资建房款方式承受土地、房屋权属。

(5)以无形资产方式承受土地、房屋权属。

(6)财政部依据1997年《契税暂行条例》确定的其他转移土地、房屋权属方式。

此外,在契税的征收中,还需要注意如下问题:

第一,纳税人通过与房屋开发商签订"双包代建"合同,由开发商承办规划许可证、准建证、土地使用证等手续,并由委托方按地价与房价之和向开发商付款的方式取得房屋所有权,实质上是一种以预付款方式购买商品房的行为,应照章征收契税。[①]

第二,依据《中华人民共和国婚姻法》的规定,夫妻共有房屋属共有财产。因夫妻财产分割而将原共有房屋产权归属一方,是房产共有权的变动而不是现行契税政策规定征税的房屋产权转移行为,因此,对离婚后原共有房屋产权的归属人不征收契税。[②]

第三,房屋使用权的转移行为不属于契税征收范围,不应征收契税。[③]

第四,对于《中华人民共和国继承法》规定的法定继承人(包括配偶、子女、父母、兄弟姐妹、祖父母、外祖父母)继承土地、房屋权属,不征契税;非法定继承人根据遗嘱承受死者生前的土地、房屋权属,属于赠与行为,应征收契税。[④]

(三)契税的税率

1.契税税率。契税采用幅度比例税率,税率为3%至5%,具体执行税率由各省、自治区、直辖市人民政府在上述幅度内确定,并报财政部和国家税务总局备案。自1999年8月1日起,为了减轻个人买卖普通住宅的税收负担,国家对个人购买自用普通住宅暂减半征收契税。

2.契税应纳税额的计算。依据不同的计税依据与适用税率,契税应纳税额的计算公式如下:

---

① 国家税务总局.关于城镇居民委托代建房屋契税征免问题的批复[S].国税函〔1998〕829号,1998年12月28日。

② 国家税务总局.关于离婚后房屋权属变化是否征收契税的批复[S].国税函〔1999〕391号,1999年6月3日。

③ 国家税务总局.关于出售或租赁房屋使用权是否征收契税问题的批复[S].国税函〔1999〕465号,1999年7月8日。

④ 国家税务总局.关于继承土地、房屋权属有关契税问题的批复[S].国税函〔2004〕1036号,2004年9月2日。

$$应纳税额 = 计税依据 \times 税率$$

具体来说又可以分为以下几种情况。

（1）土地使用权出让、出售的：

$$应纳税额 = 成交价格 \div 土地出让金额 \times 税率$$

（2）土地使用权赠与的：

$$应纳税额 = 该土地使用权的市场价格 \times 税率$$

（3）土地使用权交换的：

$$应纳税额 = 成交价格 \times 税率$$

（4）房屋买卖的：

$$应纳税额 = 成交价格 \times 税率$$

（5）房屋赠与的：

$$应纳税额 = 该房屋的市场价格 \times 税率$$

（6）房屋交换的：

$$应纳税额 = 所交换房屋的市场价格差额 \times 税率$$

（四）契税的计税依据

契税的计税依据是根据不同情况可能是成交价格、核定价格或是价格差额，具体情况如下：

1. 国有土地使用权出让、土地使用权出售、房屋买卖，以成交价格为计税依据。

成交价格是指土地、房屋权属转移合同确定的价格，包括承受者应交付的货币、实物、无形资产或者其他经济利益。土地、房屋权属转移合同确定的成交价格中包含的所有价款都属于计税依据范围。土地使用权出让、土地使用权转让、房屋买卖的成交价格中所包含的行政事业性收费，属于成交价格的组成部分，不应从中剔除，纳税人应按合同确定的成交价格全额计算缴纳契税。

其中，①以协议方式出让的，其契税计税价格为成交价格。成交价格包括土地出让金、土地补偿费、安置补助费、地上附着物和青苗补偿费、拆迁补偿费、市政建设配套费等承受者应支付的货币、实物、无形资产及其他经济利益。没有成交价格或者成交价格明显偏低的，征收机关可依次按下列两种方式确定：第一，评估价格是由政府批准设立的房地产评估机构根据相同地段、同类房地产进行综合评定，并经当地税务机关确认的价格；第二，土地基准地价是由县以上人民政府公示的土地基准地价。②以竞价方式出让的，其契税计税价格一般应确定为竞价的成交价格，土地出让金、市政建设配套费及各种补偿费用应包括在内。

2. 土地使用权赠与和房屋赠与由征收机关参照土地使用权出售、房屋买卖的市场价格核定。

3. 土地使用权交换、房屋交换、土地使用权与房屋所有权之间相互交换，以所交换的土地使用权、房屋的价格差额为计税依据。交换价格不相等的，由多交付货币、实物、无形资产或者其他经济利益的一方缴纳税款；交换价格相等的，免征契税。

4. 以划拨方式取得土地使用权的，经批准转让房地产时，应由房地产转让者补缴契税，其计税依据为补缴的土地使用权出让费用或者土地收益。

5. 对承受与房屋相关的附属设施(包括停车位、汽车库、自行车库、顶层阁楼及储藏室)所有权或土地使用权的行为，应按规定征收契税；对不涉及土地使用权和房屋所有权转移变动的，不征收契税。采取分期付款方式购买房屋附属设施土地使用权和房屋所有权的，应按合同规定的总价款计征契税。①

6. 对拆迁居民因拆迁重新购置住房的，对购房成交价格中相当于拆迁补偿款的部分免征契税；成交价格超过拆迁补偿款的，对超过部分征收契税。②

7. 对个人无偿赠与不动产行为，应对受赠人全额征收契税。个人向他人无偿赠与不动产，包括继承、遗产处分及其他无偿赠与不动产等三种情况。③

值得注意的是，成交价格明显低于市场价格且无正当理由的，或者所交换土地使用权、房屋的价格差额明显不合理且无正当理由的，征收机关可以参照市场价格核定计税依据。

(五)契税的优惠措施

1. 契税减免的一般规定。

(1)国家机关、事业单位、社会团体、军事单位承受土地、房屋用于办公、教学、医疗、科研和军事设施的，免征契税。

事业单位承受土地、房屋免征契税应同时符合两个条件：一是纳税人必须是按《事业单位财务规则》进行财务核算的事业单位；二是所承受的土地、房屋必须用于办公、教学、医疗、科研项目。凡不符合上述两个条件的，一律照章征收契税。④

对县级以上人民政府教育行政主管部门或劳动行政主管部门批准并核发《社会力量办学许可证》，由企事业组织、社会团体及其他社会组织和公民个人利用非国家财政性教育经费面向社会举办的教育机构，其承受的土地、房屋权属用于教学的，免征契税。⑤

(2)城镇职工按规定第一次购买公有住房，免征契税。城镇职工按规定第一次购买公有住房是指经县以上人民政府批准，在国家规定标准面积以内购买的公

---

① 财政部，国家税务总局.关于房屋附属设施有关契税政策的批复[S].财税〔2004〕126号,2004年7月23日.

② 财政部，国家税务总局.关于城镇房屋拆迁有关税收政策的通知[S].财税〔2005〕45号,2005年3月22日.

③ 国家税务总局.关于加强房地产交易个人无偿赠与不动产税收管理有关问题的通知[S].国税发〔2006〕144号,2006年9月14日.

④ 财政部，国家税务总局.关于契税征收中几个问题的批复[S].财税〔1998〕96号,1998年5月29日.

⑤ 财政部，国家税务总局.关于社会力量办学契税政策问题的通知[S].财税〔2001〕156号,2001年9月8日;关于教育税收政策的通知[S].财税〔2004〕39号,2004年2月5日.

有住房,城镇职工享受免征契税。城镇职工按规定购买公有住房仅限于第一次购买的公有住房,超过国家规定标准面积的部分,仍应按照规定缴纳契税。

对各类公有制单位为解决职工住房而采取集资建房方式建成的普通住房或由单位购买的普通商品住房,经当地县以上人民政府房改部门批准,按照国家房改政策出售给本单位职工的,如属职工首次购买住房,均比照"城镇职工按规定第一次购买公有住房的,免征契税"的规定,免征契税。①

(3)纳税人承受荒山、荒沟、荒丘、荒滩土地使用权,用于农、林、牧、渔业生产的,免征契税。

(4)土地、房屋被县级以上人民政府征用、占用后,重新承受土地、房屋权属的,是否减征或者免征契税,由省、自治区、直辖市人民政府确定。

(5)因不可抗力灭失住房而重新购买住房的,酌情减免契税。不可抗力是指自然灾害、战争等不能预见、不能避免且不能克服的客观情况。

(6)依照我国有关法律规定及我国缔结或参加的双边和多边条约或协定的规定应当予以免税的外国驻华使馆、领事馆、联合国驻华机构及其外交代表、领事官员和其他外交人员承受土地、房屋权属的,经外交部确认,可以免征契税。

纳税人符合减征或者免征契税规定的,应当在签订土地、房屋权属转移合同后10日内向当地征收机关书面提出减税、免税申请,并提供有关证明材料。减税、免税的审批程序和办法由省、自治区、直辖市征收机关具体规定。

2.企业改制重组的契税政策。② 2003年8月23日,财政部和国家税务总局发布了《关于企业改制重组若干契税政策的通知》,通知中规定,不征收企业改制重组中企业公司制改造、股权重组、合并、分立、出售、关闭、破产及其他过程中的契税,免征时间为2003年10月1日起至2005年12月31日止。其后,为了支持企业改革,加快建立现代企业制度的进程,国家决定继续执行企业改制重组涉及的契税政策,执行期限为2006年1月1日至2008年12月31日,其具体政策如下:

(1)企业公司制改造。非公司制企业按照《中华人民共和国公司法》的规定,整体改建为有限责任公司(含国有独资公司)或股份有限公司,或者有限责任公司整体改建为股份有限公司的,对改建后的公司承受原企业土地、房屋权属,免征契税。

非公司制国有独资企业或国有独资有限责任公司,以其部分资产与他人组建

---

① 财政部,国家税务总局.关于公有制单位职工首次购买住房免征契税的通知[S].财税〔2000〕130号,2000年11月29日.

② 关于企业改制过程中契税的减免问题,目前主要的规定有:财政部、国家税务总局:《关于企业改制重组若干契税政策的通知》(财税〔2003〕184号),2003年8月20日;财政部、国家税务总局:《关于延长企业改制重组若干契税政策执行期限的通知》(财税〔2006〕41号),2006年3月29日;国家税务总局:《关于企业改制重组契税政策有关问题解释的通知》(国税函〔2006〕844号),2006年8月28日.

新公司,且该国有独资企业(公司)在新设公司中所占股份超过50%的,对新设公司承受该国有独资企业(公司)的土地、房屋权属,免征契税。

整体改建是指改建后的企业承继原企业全部权利和义务的改制行为。

(2)企业股权重组。在股权转让中,单位、个人承受企业股权,企业土地、房屋权属不发生转移,不征收契税。

国有、集体企业实施"企业股份合作制改造",由职工买断企业产权或向其职工转让部分产权或者通过职工投资增资扩股;将原企业改造为股份合作制企业的,对改造后的股份合作制企业承受原企业的土地、房屋权属,免征契税。

股权转让,是指包括单位、个人承受企业股权,同时变更该企业法人代表、投资人、经营范围等法人要素的情况。在执行中,可以根据工商管理部门进行的企业登记认定,即企业办理变更登记的,适用于该规定;企业办理新设登记的,不适用于该规定。对新设企业承受原企业的土地、房屋权属,应征收契税。

(3)企业合并。两个或两个以上的企业,依据法律规定或合同约定,合并改建为一个企业,对其合并后。

(4)企业分立。企业依照法律规定或合同约定分设为两个或两个以上投资主体相同的企业,对派生方、新设方承受原企业土地、房屋权属,不征收契税。

企业分立,仅指新设企业、派生企业与被分立企业投资主体完全相同的行为。

(5)企业出售。国有、集体企业出售,被出售企业法人予以注销,并且买受人妥善安置原企业30%以上职工的,对其承受所购企业的土地、房屋权属,减半征收契税;全部安置原企业职工的,免征契税。

(6)企业关闭、破产。企业依照有关法律法规的规定实施关闭、破产后,债权人(包括关闭、破产企业、承受关闭、破产企业土地、房屋权属以抵偿债务的)免征契税;对非债权人承受关闭、破产企业土地、房屋权属,凡妥善安置原企业30%以上职工的,减半征收契税;全部安置原企业职工的,免征契税。

妥善安置原企业职工,是指国有、集体企业买受人或关闭、破产企业的土地、房屋权属承受人,按照国家有关规定对原企业职工进行合理补偿,并与被安置职工签订服务年限不少于3年的劳动用工合同,以及按照《中华人民共和国劳动法》落实相关政策。

(7)其他规定。经国务院批准实施债权转股权的企业,对债权转股权后新设立的公司承受原企业的土地、房屋权属,免征契税。

政府主管部门对国有资产进行行政性调整和划转过程中发生的土地、房屋权属转移,不征收契税。企业改制重组过程中,同一投资主体内部所属企业之间土地、房屋权属的无偿划转,不征收契税。

同一投资主体内部所属企业之间,是指母公司与其全资子公司之间、母公司所属的各个全资子公司之间的关系,以及同一自然人设立的个人独资企业之间、同一自然人设立的个人独资企业与一人有限责任公司之间的关系。

以出让方式承受原改制企业划拨用地的,对承受人应征收契税。

3. 国有控股公司投资组建新公司的契税政策。①对国有控股公司以部分资产投资组建新公司,且该国有控股公司占新公司股份85%以上的,对新公司承受该国有控股公司土地、房屋权属,免征契税,该政策自2006年9月29日起施行。

国有控股公司,是指国家出资额占有限责任公司资本总额50%以上或国有股份占股份有限公司股本总额50%以上的公司。

(六)契税的程序规定

1. 纳税义务发生时间。契税的纳税义务发生时间是纳税人签订土地、房屋权属转移合同的当天,或者纳税人取得其他具有土地、房屋权属转移合同性质凭证的当天。其他具有土地、房屋权属转移合同性质的凭证,是指具有合同效力的契约、协议、合约、单据、确认书,以及由省、自治区、直辖市人民政府确定的其他凭证。

纳税人因改变土地、房屋用途应补缴契税的,其纳税义务发生时间为改变土地、房屋用途的当天。

2. 纳税期限。纳税人应当自纳税义务发生之日起10日内,向土地、房屋所在地的契税征收机关办理纳税申报,并在契税征收机关核定的期限内缴纳税款。

此外,对交易双方已签订房屋买卖合同,但由于各种原因最终未能完成交易的,如购房者已按规定缴纳契税,在办理期房退房手续后,对其已纳契税款应予以退还。②

3. 纳税地点。契税的纳税地点为土地、房屋所在地。契税的征收机关为土地、房屋所在地的财政机关或者地方税务机关,具体征收机关由省、自治区、直辖市人民政府确定。

(七)契税的违法处理与处罚

1. 根据《税收征管法》第20条及其实施细则第30条和《契税暂行条例》第9条规定,契税纳税人(以下简称纳税人)应在主管契税征收管理工作的财政机关或者地方税务机关(以下简称征收机关)核定的期限内缴纳税款。纳税人因有特殊困难,不能按期缴纳税款的,经县以上征收机关批准,可以延期缴纳税款,但最长不得超过3个月,且同一纳税人在一个纳税年度内只能申请延期缴纳一次。在征收机关批准的期限内不加收滞纳金。纳税人未按规定期限缴纳税款的,征收机关除责令限期缴纳外,从滞纳税款之日起,按日加收滞纳税款2‰的滞纳金。

2. 根据《税收征管法》第27条和第46条的规定,从事生产、经营的纳税人未按

---

① 财政部,国家税务总局.关于国有控股公司投资组建新公司有关契税政策的通知[S].财税〔2006〕142号,2006年9月29日.

② 国家税务总局.关于办理期房退房手续后应退还已征契税的批复[S].国税函〔2002〕622号,2002年7月10日.

照规定的期限缴纳税款,由征收机关责令限期缴纳,逾期仍未缴纳的,经县以上征收机关负责人(财政局或者地方税务局局长)批准,征收机关可以采取下列强制执行措施:

(1)书面通知其开户银行或者其他金融机构从其存款中扣缴税款。

(2)扣押、查封、拍卖其价值相当于应纳税款的商品、货物或者其他财产,以拍卖所得抵缴税款。

征收机关采取强制执行措施时,对前款所列纳税人,征收机关除追缴其不缴或者少缴的税款外,还可以处以不缴或者少缴税款 5 倍以下的罚款。对前款所列纳税人未缴纳的滞纳金同时强制执行。

3. 根据《税收征管法》第 31 条及其实施细则第 54 条和第 55 条的规定,因征收机关的责任,致使纳税人未缴或者少缴税款的,征收机关在 3 年内可以要求纳税人补缴税款,但不得加收滞纳金。

因纳税人计算错误等未缴或者少缴税款的,征收机关在 3 年内可以追征;未缴或者少缴数额在 10 万元以上的,追征期可以延长到 10 年。纳税人和其他当事人因偷税未缴或者少缴的税款,征收机关可以无限期追征。

4. 根据《税收征管法》第 39 条的规定,纳税人未按照规定的期限办理纳税申报的,由征收机关责令限期改正,可处以 2 000 元以下的罚款;逾期不改正的,可处以 2 000 元以上 1 万元以下的罚款。

5. 根据《税收征管法》第 40 条的规定,纳税人采取伪造、变造、隐匿、擅自销毁合同、契约、协议、合约、单据、确认书、评估证明等凭证或者进行虚假的纳税申报手段,不缴或者少缴应纳税款的,以偷税论处。偷税数额不满 1 万元或者偷税数额占应纳税数额不足 10%的,由征收机关追缴其偷税款,处以偷税额 5 倍以下的罚款。

6. 根据《税收征管法》第 41 条的规定,纳税人欠缴应纳税款,采取转移或者隐匿财产的手段,致使征收机关无法追缴的税款,数额不满 1 万元的,由征收机关追缴其欠缴税款,处以欠缴税款 5 倍以下的罚款。

7. 根据《税收征管法》第 45 条的规定,以暴力、威胁方法拒不缴纳税款的,是抗税,情节轻微未构成犯罪的,由征收机关追缴其拒缴的税款,处以拒缴税款 5 倍以下的罚款。

8. 根据《税收征管法》第 56 条的规定,纳税人同征收机关在纳税上发生争议时,必须先依照契税条例及其他有关规定缴纳税款及滞纳金,然后可以在收到征收机关填发的缴款凭证之日起 60 日内向上一级征收机关申请复议。上一级征收机关应当自收到复议申请之日起 60 日内作出复议决定。对复议决定不服的,可以在接到复议决定书之日起 15 日内向人民法院起诉。当事人对征收机关的处罚决定、强制执行措施不服的,可以在接到处罚通知之日起或者征收机关采取强制执行措施之日起 15 日内向作出处罚决定或者采取强制执行措施的征收机关的上一级机关申请复议;对复议决定不服的,可以在接到复议决定书之日起 15 日内向人民法院起诉。当事人也可以在接到处罚通知之日起或者征收机关采取强制执行措施之日起 15 日内直接向人民法院起诉。复议和诉讼期间,强制执行措施不停止执行。

当事人对征收机关的处罚决定逾期不申请复议也不向人民法院起诉、又不履行,作出处罚决定的征收机关可以申请人民法院强制执行。

9.根据《中华人民共和国行政处罚法》(以下简称《行政处罚法》)第 20 条的规定,契税违法行为发生地的县级以上(含县级)征收机关具有行政处罚权。

10.纳税人因偷税、抗税或欠缴税款构成犯罪的,交由司法机关依照《刑法》第 201 条、第 202 条和第 203 条进行处理。

案例分析

(一)某企业坐落在某市郊区,厂房、办公用房原值为 8 000 万元。其中,出租给某公司使用的房屋原值 1 500 万元,年租金 100 万元。该企业在郊区外的农村建有一个仓库,原值为 80 万元,当地规定的计算房产余值的扣除比例为 20%。

问题:

请计算该公司全年应缴纳的房产税额。

参考答案:

对自用的房产,按房产余值计税;对出租的房产,按租金收入计税;对建在农村的仓库,不征收房产税。因此,该公司全年应缴纳的房产税额计算如下:

(1)自用房应纳税额 = (8 000 - 1 500) × (1 - 20%) × 1.2% = 62.4(万元)

(2)出租用房应纳税额 = 1 500 × 18% = 27(万元)

(3)全年应缴纳房地产税额 = 62.4 + 27 = 89.4(万元)

(二)甲公司有原价值为 3 000 万元的房产。其中,在城市的房产价值为 2 800 万元,在农村有一厂房原值为 200 万元。2004 年 2 月 1 日,甲公司将在城市的房产中的 20% 用于对外联营投资,投资期限为 15 年,每年固定的利润分红为 30 万元,不承担投资风险。当地规定的计算房产余值的扣除比例为 30%。

问题:

请计算甲公司全年应缴纳的房产税额。

参考答案:

甲公司以房产投资收取固定收入,不承担联营风险,实际上是以联营名义取得房产租金,应由甲公司按租金收入计缴房产税。对投资的房产则仍按房产余值缴纳房产税。对在农村的厂房不征收房产税。因此,甲公司全年应缴纳的房产税额计算如下：

  （1）投资房产应纳税额 $= 30 \times 18\% = 5.4$（万元）

  （2）为投资房产应纳税额 $= 3\,000 \times 80\% \times (1-30\%) \times 1.2\% = 20.16$（万元）

  （3）全年应缴纳房地产税额 $= 5.4 + 20.16 = 25.56$（万元）

  （三）某人在某区沿街出租的一处两层住宅，出租合同上约定承租方的用途为居住，但是随后承租方就把楼下一层改成小商品零售的门面房，而出租人仍然按居住房缴纳相关税款，为此，税务机关要求其补缴少缴的税款，为此双方发生争议。

  问题：

个人出租商住两用房如何缴纳房产税？

  参考答案：

  对个人出租商住两用房的，根据出租后房屋的实际用途确定相应的房产税、营业税税率计征房产税、营业税。

  就本案而言，该房屋出租后用于生产经营，对此行为，财政部、税务总局联合下发的《关于调整住房租赁市场税收政策的通知》第 2 条规定："对个人按市场价格出租的居民住房，其应缴纳的营业税暂按 3% 的税率征收，房产税暂按 4% 的税率征收。"即对个人按市场价格出租的居民住房，用于居住的，其应缴纳的房产税暂按 4% 的税率征收。用于生产经营的，其缴纳的房产税应按 12% 的税率征收。

  （四）2008 年 1 月，甲公司与乙公司签订合同，约定分别将其各自名下所有的一栋房屋交换到对方公司的名下，甲公司房屋价格为 200 万元，乙公司房屋价格为 220 万元。2008 年 2 月，甲公司向乙公司支付了 20 万元的房屋差价款，同年 3 月，两公司均办理了房屋所有权变更登记手续。现在已知该省人民政府规定的契税税率为 5%。

  问题：

  1. 谁是契税纳税人？

  2. 纳税人应纳多少契税款？

  参考答案：

  1. 因甲公司向乙公司支付了房屋差价款，故甲公司是契税纳税人。甲公司应以差价款为计税依据计算缴纳契税。

  2. 甲公司应纳税额 $= 20 \times 5\% = 1$（万元）

  （五）A 公司将自有的房地产转让给 B 公司，房屋出售价格为人民币 5 000 万元。随同房屋一并转让的土地使用权是政府无偿划拨给 S 厂使用的，因其房地产已转让，

S厂向政府补缴了土地出让金600万元。现在已知该省规定契税税率为3%。

问题：

1. 谁是契税纳税人？

2. 应纳多少契税款？

参考答案：

1. 由于A公司的土地使用权是由政府无偿划拨取得的，因此依据有关规定，在转让时应向政府补缴土地出让金，承受该土地的使用权。因此，A公司应以补缴的土地使用权出让金为计税依据补缴契税。B公司承受了A公司的房产，应以成交价格为计税依据计算缴纳契税。综上所述，A公司和B公司都是契税纳税人。

2. 各厂应纳契税计算如下：

A公司应纳契税 $=600 \times 3\% =18$（万元）

B公司应纳契税 $=5\,000 \times 3\% =150$（万元）

（六）甲公司于2008年1月以9 000万元的价款购得一幢楼房，并用价值500万元的房屋换得他人价值600万元的房屋；当月，该公司还接受他人赠送的价值500万元的房屋。为了保证收支平衡，该公司当月出售了一幢楼，收入8 000万元。甲公司所在地省级人民政府确定的契税税率为5%。

问题：

请计算甲公司应缴纳的契税。

参考答案：

契税由产权的承受人缴纳，因此，甲公司对出售房屋不需要缴纳契税，对购买房屋、交换房屋与受赠房屋，则需要分别按照不同的计税依据缴纳契税。

购买房屋的应纳税额 $=9\,000 \times 5\% =450$（万元）

房屋交换的应纳税额 $=(600-500) \times 5\% =5$（万元）

受赠房屋的应纳税额 $=500 \times 5\% =25$（万元）

甲公司应纳契税 $=450+5+25=480$（万元）

思考题

1. 房产税的纳税人有哪些？

2. 房产税的纳税依据如何确定？

3. 房产税法的税率有哪几种？

4. 什么是契税？

5. 契税的征税范围如何确定？

6. 契税的计税依据如何确定？

第九章 资源税与土地税法律制度

要点提示

本章主要介绍了我国资源税与土地税的法律制度,具体包括资源税法、土地使用税法、土地增值税法和耕地占用税法四个部分。学习本章时,应重点掌握每个税种的概念和意义,具体税法的主要内容、税收计算以及税收管理方面的规定。

第一节 资源税法

一、资源税法概述

(一)资源税和资源税法的概念

资源税是指课税对象为自然资源的各种税种的统称。资源税在我国有广义和狭义之分,广义的资源税范围较大,包括资源税、城镇土地使用税、耕地占用税、土地增值税等。而狭义的资源税是指对在我国境内开采矿产品或者生产盐的单位或个人,按照其开采数量或者自用数量征收税款的一种税收。

资源税法是国家制定的调整资源税征纳关系的法律规范的总称。

(二)资源税法的立法意义

资源是一个国家长久发展必不可少的重要物质,通过资源税的征收,可以保护和合理利用自然资源,资源税的立法意义主要有以下几个方面:

1. 保护国家自然资源,促进资源的合理开发和节约使用。资源是一个国家经济可持续发展的重要物质基础,由于大多数资源都是不可再生的,如果资源得不到很好的开发,不但国家当前的经济发展受到制约,还会影响子孙后代的发展。因此,开征资源税,根据资源本身的情况和开发条件的差异确定不同的税率,将资源与开采者的经济利益紧密联系在一起,可以促使开采者保护国家宝贵的资源,促使其合理开发并且节约使用资源,以减少资源的浪费和遭到破坏的现象。

2. 调节开采者的资源级差收入,促进企业公平竞争。开征资源税的一个重要意义就是调节级差收入,促进企业公平竞争。由于各个地区的资源结构和开发条件存在不同程度的差别,开采者必然会因为这些不同而导致利润水平相差悬殊,从而造成不公平竞争。在我国当前市场经济条件下,公平竞争是基本的原则,因此,设立资源税,国家通过税收手段参与调整开采资源中存在的差异,在一定程度上可以缓解开采者之间利益分配上的矛盾,为其创造一个公平的竞争环境。

3. 保证国家的财政收入。开征资源税的另一个意义在于保证国家的财政收入。资源是国家的宝贵财富,如果任由其开发而不对其进行管理,任由开发者从中获得巨额利润而国家不能获利,那么,资源就不能给国家带来收益。因此,国家对资源的开采者开征资源税可以获得一部分财政收入,而将这些取之于民的收入用之于民,再投入于对资源的勘探、开发、保护等工作中去,显然是一个有利的循环。

4. 与其他税种相配合,形成全面的税制体系。我国 1984 年 10 月 1 日之前虽有对资源的征税,但没有正式以资源税命名。1984 年 10 月 1 日,我国正式以资源税命名并在全国范围内予以征收,但是其征收范围非常小,只是将原油、天然气、煤炭三种资源作为征收对象,而且与其他税种之间的配套性比较差。针对这种情况,我国对资源税进行了与产品税、增值税、企业所得税等税种的配套改革,建立了资源税与其他税种的密切联系,使税收有效地穿穿于资源的开采、产品的生产和商品的流通各个环节之中,使我国的税收体制不断完善。

(三)资源税法的历史沿革与完善

我国的资源税可谓源远流长,最早可以追溯到周朝。新中国成立后,我国在《全国税政实施要则》中规定对盐的生产、运销征收盐税。1973 年,盐税并入工商税的范围。1984 年 9 月 18 日,国务院颁布了《中华人民共和国资源税条例(草案)》和《中华人民共和国盐税条例(草案)》,但是鉴于 1984 年的资源税法律法规征收的范围过于狭小,仅仅将原油、天然气和煤炭三种资源列入征收范围,而将金属矿产品等其他资源排除在外,并且计税办法不是很科学,为此,1993 年我国颁布了《中华人民共和国资源税暂行条例》,并于 1994 年 1 月 1 日开始施行,1984 年颁布的《中华人民共和国资源税条例(草案)》和《中华人民共和国盐税条例(草案)》同时废止。现行资源税即为 1994 年开始实施的《中华人民共和国资源税暂行条例》(以下简称《资源税暂行条例》)。①

二、资源税法的主要内容

我国目前关于资源征税的规定主要是国务院 1993 年第 139 号令发布、于 1994 年 1 月 1 日开始实行的《中华人民共和国资源税暂行条例》(以下简称《资源税暂行条例》)以及财法字〔1993〕第 43 号《中华人民共和国资源税暂行条例实施细则》(以下简称《资源税暂行条例实施细则》)。具体而言,资源税法的主要内容如下:

---

① 徐孟州. 税法学[M]. 中国人民大学出版社,2005:348.

（一）资源税的纳税主体

根据《资源税暂行条例》第 1 条的规定,在中华人民共和国境内开采本条例规定的矿产品或者生产盐的单位和个人,为资源税的纳税义务人。根据《资源税暂行条例实施细则》第 3 条的规定,纳税义务人中所称单位,是指国有企业、集体企业、私营企业、股份制企业、其他企业和行政单位、事业单位、军事单位、社会团体及其他单位;所称个人,是指个体经营者及其他个人。

其中,进口矿产品或盐以及经营已税矿产品和盐的单位和个人不属于资源税的纳税人。中外合作开采石油、天然气,按照现行规定征收矿区使用费,暂时不征收资源税,因此,中外合作开采石油、天然气的企业不是资源税的纳税人①。

根据《资源税暂行条例》第 11 条的规定,收购未税矿产品的单位为资源税的扣缴义务人。根据《资源税暂行条例实施细则》第 7 条的规定,所谓扣缴义务人,是指独立矿山、联合企业及其他收购未税产品的单位。

其中,独立矿山是指采矿或只有采矿和选矿,独立核算、自负盈亏的单位,其生产的原矿和精矿主要用于对外销售。联合企业是指采矿、选矿、冶炼(或加工)连续生产的企业,或者是采矿、冶炼(或加工)连续生产的企业,其采矿单位一般是该企业的二级或二级以下核算单位。②

（二）资源税的征税客体

资源税的征税客体为应税自然资源,包括矿产品和盐两大类。

（三）资源税的征税范围

根据《资源税暂行条例实施细则》第 2 条的规定,资源税的征收范围限定为以下五种:

1. 原油:是指开采的天然原油,不包括人造油。

2. 天然气:是指专门开采或与原油同时开采的天然气,暂不包括煤矿生产的天然气。

3. 煤炭:是指原煤,不包括洗煤、选煤及其他煤炭制品。

4. 其他非金属矿原矿:是指上列产品和井矿盐以外的非金属矿原矿。

5. 固体盐:是指海洋原盐、湖盐原盐和井矿盐;液体盐:是指卤水。

（四）资源税的税目和单位税额

根据《资源税暂行条例》第 2 条的规定,资源税的税目、单位税额依照该条例所附的资源税税目税额幅度表以及财政部的有关规定执行,税目税额幅度的调整由国务院决定。

---

① 国务院.关于外商投资企业和外国企业适用增值税、消费税、营业税等税收暂行条例有关问题的通知[S].国发〔1994〕10 号,1994 年 2 月 22 日。

② 国家税务总局.关于印发《资源税若干问题的规定》[S].国税发〔1994〕15 号,1994 年 1 月 18 日。

同时,《资源税暂行条例》第3条规定,纳税人具体适用的税额由财政部商国务院有关部门,根据纳税人所开采或者生产应税产品的资源状况,在规定的税额幅度内确定。《资源税暂行条例实施细则》第11条还规定,纳税人具体适用的单位税额,由财政部根据其资源和开采条件等因素的变化情况适当进行定期调整。在《资源税暂行条例实施细则》第4条中规定,资源税应税产品的具体适用税额,按照该细则所附的《资源税税目税额明细表》(略)执行。

《资源税暂行条例实施细则》第4条规定,未列举名称的其他非金属矿原矿和其他有色金属矿原矿,由省、自治区、直辖市人民政府决定征收或暂缓征收资源税,并报财政部和国家税务总局备案。对矿产品等级的划分按照该细则所附的《几个主要品种的矿山资源等级表》(略)执行。对在《几个主要品种的矿山资源等级表》中未列举名称的,纳税人适用的税额由省、自治区、直辖市人民政府根据纳税人的资源状况,参照《资源税税目税额明细表》和《几个主要品种的矿山资源等级表》中确定的邻近矿山的税额标准,在浮动30%的幅度内核定。具体税目和单位税额表见表9-1:

表9-1 资源税税目税额幅度表

一、原油		8~30元/吨
二、天然气		2~15元/吨
三、煤炭		0.3~5元/吨
四、其他非金属矿原矿		0.5~20元/吨或者立方米
五、黑色金属矿原矿		2~30元/吨
六、有色金属矿原矿		0.4~30元/吨
七、盐	固体盐	10~60元/吨
	液体盐	2~10元/吨

(五)资源税应纳税额的确定

根据资源税法的规定,我国现行资源税的征收采取从量计征的方法。《资源税暂行条例》第5条规定,资源税的应纳税额按照应税产品的课税数量和规定的单位税额计算,应纳税额的计算公式为:

$$应纳税额 = 课税数量 × 单位税额$$

其中,资源税的课税数量根据《资源税暂行条例》第6条、《资源税暂行条例实施细则》第5条以及其他相关法律[1]规定如下:

---

① 国家税务总局.关于印发《资源税若干问题的规定》的通知[S].国税发[1994]15号,1994年1月18日。

1. 纳税人开采或者生产应税产品销售的,以销售数量为课税数量。

2. 纳税人开采或者生产应税产品自用的,以自用数量为课税数量。

3. 纳税人不能准确提供应税产品销售数量或移送使用数量的,以应税产品的产量或主管税务机关确定的折算比换算成的数量为课税数量。

4. 原油中的稠油、高凝油与稀油划分不清或不易划分的,一律按原有的数量课税。

5. 煤炭,对连续加工前无法正确计算原煤移送数量的,可按加工产品的综合回收率将加工产品实际销售和自用量折算成原煤数量作为课税数量。

6. 金属和非金属矿产品原矿,因无法准确掌握纳税人移送适用原矿数量的,可将其精矿按选矿比折算成原矿数量作为课税数量。

7. 纳税人以自产的液体盐加工固体盐,按固体盐税额征税,以加工的固体盐数量为课税数量。纳税人以外购的液体盐加工固体盐,其加工固体盐所耗用的液体盐的已纳税额准予折扣。

8. 扣缴义务人代扣代缴资源税,以收购未税产品的数量为计税依据。

同时,根据《资源税暂行条例》第4条的规定,纳税人开采或者生产不同税目应税产品的,应当分别核算不同税目应税产品的课税数量;未分别核算或者不能准确提供不同税目应税产品的课税数量的,从高适用税额。

(六)资源税的优惠措施

根据《资源税暂行条例》第7条的规定,有下列情形之一的,可以减征或者免征资源税:

1. 开采原油过程中用于加热、修井的原油,免税。

2. 纳税人在开采或者生产应税产品过程中,因意外事故或者自然灾害等原因遭受重大损失的,由省、自治区、直辖市人民政府酌情决定减税或者免税。

3. 国务院规定的其他减税、免税项目。具体包括:

(1)从2002年4月1日开始,对冶金联合企业矿山(含1993年12月31日后从联合企业矿山中独立出来的铁矿山企业)铁矿石资源税,按规定税额的40%征收[①]。

(2)从2004年7月1日起,东北三省对低丰度油田和衰竭期矿山可在不超过30%的幅度内降低资源税适用税额标准,报省人民政府批准后实施,并报财政部、国家税务总局备案。对因降低资源税税额标准而减少的收入,由地方自行消化解决。[②]

---

① 财政部,国家税务总局.关于调整冶金联合企业矿山铁矿石资源税适用税额的通知[S].财税〔2002〕17号,2002年2月9日.

② 财政部,国家税务总局.关于调整东北老工业基地部分矿山油田企业资源税税额的通知[S].财税〔2004〕146号,2004年9月13日.

（3）从2006年1月1日起,对冶金矿山铁矿石资源税,暂按规定税额标准的60%征收。①

同时,《资源税暂行条例》第8条规定,纳税人的减税、免税项目应当单独核算课税数量,未单独核算或者不能提供准确课税数量的,不予减税或者免税。

（七）资源税的程序规定

1. 征管依据和征收机关。根据《资源税暂行条例》第14条的规定,资源税的征收管理依照《中华人民共和国税收征收管理法》及《中华人民共和国资源税暂行条例》的有关规定执行。根据《资源税暂行条例》第10条的规定,资源税的征收机关为税务机关。

2. 纳税义务发生时间、纳税期限和申报期限。

（1）纳税义务发生时间。资源税的纳税义务发生时间根据《资源税暂行条例》第9条的规定,纳税人销售应税产品,纳税义务发生时间为收讫销售款或者取得索取销售款凭证的当天;自产自用的应税产品,纳税义务发生时间为产品移送使用的当天。《资源税暂行条例实施细则》对其进行了更加详细的规定,《资源税暂行条例实施细则》第6条规定,纳税义务发生时间具体如下:

①纳税人销售应税产品的,其纳税义务发生时间是:纳税人采取分期收款结算方式的,其纳税义务发生时间为销售合同规定的收款日期当天;纳税人采取预收货款结算方式的,其纳税义务发生时间为发出应税产品的当天。

②纳税人自产自用应税产品的纳税义务发生时间为移送使用应税产品的当天。

③扣缴义务人代扣代缴税款的纳税义务发生时间为支付货款的当天。

（2）纳税期限和申报期限。根据《资源税暂行条例》第13条的规定,纳税人的纳税期限为1日、3日、5日、10日、15日或者1个月,由主管税务机关根据实际情况具体核定。不能按固定期限计算纳税的,可以按次计算缴纳。

纳税人以1个月为一期纳税的,自期满之日起10日内申报纳税;以1日、3日、5日、10日或者15日为一期纳税的,自期满之日起5日内预缴税款,于次月1日起10日内申报纳税并结清上月税款。

扣缴义务人的解缴税款期限比照前两款的规定执行。

3. 纳税地点。根据《资源税暂行条例》第12条的规定,纳税人应纳的资源税应当向应税产品的开采或者生产所在地主管税务机关缴纳。纳税人在本省、自治区、直辖市范围内开采或者生产应税产品,其纳税地点需要调整的,由省、自治区、直辖市税务机关决定。

---

① 财政部,国家税务总局.关于调整钼矿石等品目资源税政策的通知[S].财税〔2005〕168号,2005年12月12日.

同时,《资源税暂行条例实施细则》第 10 条对其进行了进一步解释,即纳税人应纳的资源税应当向应税产品的开采或生产所在地主管税务机关缴纳。具体实施时,跨省开采资源税应税产品的单位,其下属生产单位与核算单位不在同一省、自治区、直辖市的,对其开采的矿产品一律在开采地纳税,其应纳税款由独立核算、自负盈亏的单位按照开采地的实际销售量(或者自用量)及适用的单位税额计算划拨。

《资源税暂行条例实施细则》第 9 条规定,扣缴义务人代扣代缴的资源税,应当向收购地主管税务机关缴纳。

三、资源税的改革

我国现行资源税法颁布于 1993 年,经过十几年的发展,已经不太适合当今我国经济发展和对资源的保护,不能有效地发挥作用,因此,资源税的改革也逐步提上日程。在 2008 年 1 月 10 日国家税务总局召开的新闻发布会上,地方税务司副司长表示,资源税费的调整已经有了一个初步的方案,目前正在按照国务院的要求,配合财政部等有关部门开展广泛的调研,争取加快出台资源税的改革方案。根据新闻发布会上的消息,资源税将在两个方面进行调整:一是将"从量计征"改为"从价计征";二是适度提高资源税的税率。[①]

之所以针对这两方面进行改革,主要是基于以下考虑:

第一,我国资源税征收税目有原油、天然气、煤炭、其他非金属矿原矿、黑色矿原矿、有色金属矿原矿和盐等,现在实行的从量计征方法,对课税对象分别以吨或者立方米为单位征收固定的税额。当前国际市场资源价格普遍上涨,而现行的从量征收不受价格变动的影响,很显然,这种过低的资源税水平已经不符合国家产业调整的宏观趋势,无法有效地利用和保护资源。而改为从价征收,就是以产品金额为单位乘以一定额的税率来计算税额,此举可以将税收与资源市场价格直接挂钩,这样有利于通过税收调节资源利用,也有利于增加政府税收。

第二,我国资源使用成本低,经济的发展过度依赖资源,导致资源大量开采,实际利用效率却不高,因此,国家通过提高资源税税率,可以遏制掠夺性的资源开发,改变这种经济发展过于依赖资源的粗放型经济模式,进一步建设资源节约型和环境友好型社会。

尽管目前新资源税的出台日期尚未明确,但是在燃油税改革之后,资源税的改革已是大势所趋,新的资源税也必将对我国的资源保护、环境治理和经济发展产生巨大的影响。

---

① 东方网[OL]. http://finance.jrj.com.cn/news/2008-01-11/000003164431.html.

第二节　土地使用税法

一、土地使用税法概述

（一）土地使用税和土地使用税法的概念

土地使用税是城镇土地使用税的简称，是指以城镇土地为征税对象，对拥有土地使用权的单位和个人征收的一种税。

土地使用税法是国家制定的关于调整土地使用方面税收的法律规范的总和。

（二）土地使用税法的立法意义

我国土地使用税的立法意义主要有以下几个方面：

1. 促进合理利用土地，提高土地使用效益，调解土地级差收入，加强土地管理。开征土地使用税，有利于提高土地使用效益，加强土地管理，配合城市住房制度的改革。

2. 完善地方税收体系，增加地方收入，保证城市建设资金来源。开征土地使用税，有利于地方财政筹集资金，从而增加地方收入，使得城市建设资金来源充足，促进城市建设。

（三）土地使用税法的沿革与完善

1950 年，我国曾经对城市土地单独征收过地产税，后调整税制时将地产税与当时的房产税合并成为城市房地产税。1984 年税制改革时，国家决定将城市房地产税分为房产税和地产税两个税种，于 1986 年 10 月 1 日开始征收。土地使用税则从 1988 年制定《中华人民共和国城镇土地使用税暂行条例》（以下简称《城镇土地使用税暂行条例》）后，于 1988 年 11 月 1 日开始征收。

二、土地使用税法的主要内容

我国现行的关于土地使用税方面的法律法规是 1988 年 9 月 27 日中华人民共和国国务院令第 17 号发布，根据 2006 年 12 月 31 日《国务院关于修改〈中华人民共和国城镇土地使用税暂行条例〉的决定》修订的《城镇土地使用税暂行条例》。

（一）土地使用税的纳税主体

根据《城镇土地使用税暂行条例》第 2 条的规定，在城市、县城、建制镇、工矿区范围内使用土地的单位和个人，为城镇土地使用税的纳税人。

其中所称单位，包括国有企业、集体企业、私营企业、股份制企业、外商投资企业、外国企业以及其他企业和事业单位、社会团体、国家机关、军队以及其他单位；所称个人，包括个体工商户及其他个人。

一般来说，拥有土地使用权的单位和个人是纳税人；拥有土地使用权的单位和个人不在土地所在地的,其土地的实际使用人和代管人为纳税人;土地使用权未确定的或权属纠纷未解决的,其实际使用人为纳税人;土地使用权共有的,共有各方都是纳税人,按照各自占用的土地面积纳税。土地使用权共有的各方应按其实际使用的土地面积占总面积的比例,分别计算缴纳土地使用税。①

土地使用者不论以何种方式取得土地使用权、是否缴纳土地使用金,只要在城镇土地使用税的开征范围内,都应依照规定缴纳城镇土地使用税。②

自 2006 年 5 月 1 日起,在征收范围内实际使用应税集体所有建设用地,但未办理土地使用权流转手续的,由实际使用集体土地的单位和个人按照规定缴纳城镇土地使用税。③

(二)土地使用税的征税客体

根据《城镇土地使用税暂行条例》第 2 条的规定,土地使用税的征收对象是城市、县城、建制镇和工矿区内属于国家所有和集体所有的土地。

关于城市、县城、建制镇、工矿区的解释如下:城市、县城、建制镇、工矿区范围内的土地,是指在这些区域范围内属于国家所有和集体所有的土地。城市是指经国务院批准设立的市;县城是指县人民政府所在地;建制镇是指经省、自治区、直辖市人民政府批准设立的建制镇;工矿区是指工商业比较发达,人口比较集中,符合国务院规定的建制镇标准,但尚未设立镇建制的大中型工矿企业所在地,工矿区须经省、自治区、直辖市人民政府批准。

(三)土地使用税的征税范围

根据《城镇土地使用税暂行条例》第 2 条的规定,土地使用税的征收范围如下:城市的征税范围为市区和郊区;县城的征税范围为县人民政府所在的城镇;建制镇的征税范围为镇人民政府所在地;城市、县城、建制镇、工矿区的具体征收范围由各省、自治区、直辖市人民政府划定。

(四)土地使用税的税目和单位税额

我国城镇土地使用税根据各地经济发展情况实行等级幅度税额标准,以平方米为计税单位,按照大、中、小城市和县城、建制镇、工矿区及农村分别确定幅度差别税额。根据《城镇土地使用税暂行规定》第 4 条的规定,土地使用税每平方米年税额为:大城市 1.5 元~30 元;中等城市 1.2 元~24 元;小城市 0.9 元~18 元;县城、建制镇、工矿区 0.6 元~12 元。

关于大、中、小城市的定义为:大、中、小城市以公安部门登记在册的非农业正

---

① 关于土地使用税若干具体问题的解释和暂行规定[S].国税地字〔1988〕第 015 号,1988 年 10 月 24 日.

② 关于对已缴纳土地使用金的土地使用者应征收城镇土地使用税的批复[S].国税函〔1998〕669 号,1998 年 1 月 12 日.

③ 关于集体土地城镇土地使用税有关政策的通知[S].财税〔2006〕56 号,2006 年 4 月 30 日.

式户口人数为依据,按照国务院颁布的《城市规划条例》中规定的标准划分。现行的划分标准是:市区及郊区非农业人口总计在 50 万以上的,为大城市;市区及郊区非农业人口总计在 20 万至 50 万的,为中等城市;市区及郊区非农业人口总计在 20 万以下的,为小城市。

根据《城镇土地使用税暂行条例》第 5 条的规定,土地使用税的实际适用税额由省、自治区、直辖市人民政府,在第 4 条规定的税额幅度内,根据市政建设状况、经济繁荣程度等条件确定。市、县人民政府应当根据实际情况,将本地区土地划分为若干等级,在省、自治区、直辖市人民政府确定的税额幅度内制定相应的适用税额标准,报省、自治区、直辖市人民政府批准执行。

经省、自治区、直辖市人民政府批准,经济落后地区土地使用税的适用税额标准可以适当降低,但降低额不得超过本条例第 4 条规定的最低税额的 30%。经济发达地区土地使用税的适用税额标准可以适当提高,但须报经财政部批准。

(五)土地使用税应纳税额的确定

城镇土地使用税以纳税人实际占用的土地面积并按照规定的单位数额计算应纳税额。其计算公式如下:

全年应纳税额 = 纳税人实际占用的土地面积(平方米)× 适用税额

其中,根据《城镇土地使用税暂行规定》第 3 条的规定,土地使用税的课税数量以纳税人实际占用的土地面积为计税依据,依照规定的税额计算征收。土地占用面积的组织测量工作由省、自治区、直辖市人民政府根据实际情况确定。

纳税人实际占用的土地面积是指由省、自治区、直辖市人民政府确定的单位组织测定的土地面积。尚未组织测量,但纳税人持有政府部门核发的土地使用证书的,以证书确认的土地面积为准;尚未核发土地使用证书的,应由纳税人据实申报土地面积。①

(六)土地使用税的优惠措施

根据《城镇土地使用税暂行规定》第 6 条的规定,以下土地可以免缴土地使用税:

1. 国家机关、人民团体、军队自用的土地。
2. 由国家财政部门拨付事业经费的单位自用的土地。
3. 宗教寺庙、公园、名胜古迹自用的土地。
4. 市政街道、广场、绿化地带等公共用地。
5. 直接用于农、林、牧、渔业的生产用地。
6. 经批准开山填海整治的土地和改造的废弃土地,从使用的月份起免缴土地

---

① 关于土地使用税若干具体问题的解释和暂行规定[S].国税地字[1988]第 015 号,1988 年 10 月 24 日.

使用税 5 至 10 年。

7.由财政部另行规定免税的能源、交通、水利设施用地和其他用地。

其中,国家机关、人民团体、军队自用的土地,是指这些单位本身的办公用地和公务用地;事业单位自用的土地,是指这些单位本身的业务用地;宗教寺庙自用的土地,是指举行宗教仪式等的用地和寺庙内宗教人员的生活用地;公园、名胜古迹自用的土地,是指供公共参观游览的用地及管理单位的办公用地。以上单位的生产、营业用地和其他用地不属于免税范围,应按规定缴纳土地使用税。直接用于农、林、牧、渔业的生产用地,是指直接从事种植、养殖、饲养的专业用地,不包括农副产品加工场地和生活、办公用地。开山填海整治的土地和改造的废弃土地,以土地管理机关出具的证明文件为依据确定。具体免税期限由各省、自治区、直辖市税务局在《城镇土地使用税暂行条例》规定的期限内自行确定。

另外,企业办的学校、医院、托儿所、幼儿园,其用地能与企业其他用地明确区分的,可以比照由国家财政部门拨付事业经费的单位自用的土地,免征土地使用税。个人所有的居住房屋及院落用地;房产管理部门在房租调整改革前经租的居民住房用地;免税单位职工家属的宿舍用地;民政部门举办的安置残疾人占一定比例的福利工厂用地;集体和个人开办的各类学校、医院、托儿所、幼儿园用地的免税,由省、自治区、直辖市税务局确定。

除上述规定外,纳税人缴纳城镇土地使用税确有困难,需要定期免税、减税的,由省、自治区、直辖市税务机关审核后报国家税务总局批准。

(七)土地使用税的程序规定

1.征管依据和征收机关。根据《城镇土地使用税暂行条例》第 11 条的规定,土地使用税的征收管理依照《中华人民共和国税收征收管理法》以及《中华人民共和国城镇土地使用税暂行条例》的规定执行。

根据《城镇土地使用税暂行条例》第 10 条的规定,土地使用税由土地所在地的税务机关征收。土地管理机关应当向土地所在地的税务机关提供土地使用权属资料。

2.纳税期限。根据《城镇土地使用税暂行条例》第 8 条的规定,土地使用税按年计算,分期缴纳。具体缴纳期限由省、自治区、直辖市人民政府确定。

对于新征用的土地,按照《城镇土地使用税暂行条例》第 9 条的规定,征用的耕地自批准征用之日起满一年时开始缴纳土地使用税;征用的非耕地自批准征用次月起缴纳土地使用税。其中,征用的耕地与非耕地以土地管理机关批准征地的文件为依据确定。

3.纳税地点。城镇土地使用税一般应当向土地所在地的主管税务机关缴纳。

纳税人使用的土地属于不同省(自治区、直辖市)管辖范围的,应由纳税人分别向土地所在地的主管税务机关纳税;在同一省(自治区、直辖市)管辖范围的,纳税人跨地区使用的土地,纳税地点由各省、自治区、直辖市税务局确定。①

第三节 土地增值税法

一、土地增值税法概述

(一)土地增值税和土地增值税法的概念

土地增值税是对转让国有土地使用权、地上建筑物及其附着物并取得收入的单位和个人,就其转让房地产所取得的增值额征收的一种税。

土地增值税法是指国家制定的用以调整土地增值税征收与缴纳之间权利义务关系的法律规范的总称。

(二)土地增值税法的立法意义

土地增值税法的立法意义主要体现在以下三个方面:

1. 规范土地、房地产市场交易秩序,增强国家对房地产开发和房地产市场宏观调控的力度。房地产是一个关系国计民生的行业,关系到社会稳定问题,征收土地增值税是通过经济的方式对房地产市场进行管理,对房地产交易秩序进行调控的一种方法,目的在于抑制炒买炒卖土地投机获取暴利的行为,规范国家参与土地增值收益的分配方式。

2. 合理调节土地增值收益,保证国家财政税收。土地是一种不可再生的宝贵资源,是国家的宝贵财富,因此,国家对土地征收土地增值税作为一部分财政收入,再用这些收入投入到土地保护等事业中去,能够形成一个有利的循环。

3. 完善房地产交易市场的税收体系。土地增值税的立法有利于在房地产交易市场形成一个完善合理的税收征收体制,使房地产市场的税收征收有法可依,有章可循。

二、土地增值税法的主要内容

我国现行的土地增值税法为 1993 年 12 月 13 日颁布并于 1994 年 1 月 1 日起实施的《中华人民共和国土地增值税暂行条例》(以下简称《土地增值税暂行条例》),以及 1995 年 1 月 27 日开始实施的《中华人民共和国土地增值税暂行条例实施细则》(以下简称《土地增值税暂行条例实施细则》)。

(一)土地增值税的纳税主体

根据《土地增值税暂行条例》第 2 条的规定,转让国有土地使用权、地上建筑物

---

① 关于土地使用税若干具体问题的解释和暂行规定[S]. 国税地字〔1988〕第 015 号,1988 年 10 月 24 日.

及其附着物(以下简称转让房地产)并取得收入的单位和个人,为土地增值税的纳税义务人。

《土地增值税暂行条例实施细则》第2至第6条对其进行了解释:

所谓转让国有土地使用权、地上建筑物及其附着物并取得收入,是指以出售或者其他方式有偿转让房地产的行为,不包括以继承、赠与方式无偿转让房地产的行为。

所谓国有土地,是指按国家法律规定属于国家所有的土地。

所谓地上建筑物,是指建于土地上的一切建筑物,包括地上地下的各种附属设施。

所谓附着物,是指附着于土地上的,不能移动,一经移动即遭损坏的物品。

所谓收入,包括转让房地产的全部价款及有关的经济收益。

所谓单位,是指各类企业单位、事业单位、国家机关和社会团体及其他组织。

所谓个人,包括个体经营者。

(二)土地增值税的征税客体

土地增值税的征税客体是指有偿转让国有土地使用权、地上建筑物及其附着物的行为。

(三)土地增值税的征税范围

纳入土地增值税范围需要满足以下三个条件:转让的土地必须是国有土地;必须发生土地使用权和房地产权的转让行为;转让房地产取得收入。具体标准如下:

1. 以出售方式转让国有土地使用权、地上建筑物及附着物,包括出售国有土地使用权、房地产的买卖等,属于土地增值税的征税范围。

2. 以继承、赠与方式转让房地产,属于无偿转让房地产的行为,不纳入土地增值税的征税范围。这里的赠与是指房产所有人、土地使用权所有人将房屋产权、土地使用权赠与直系亲属或承担直接赡养义务人的;房产所有人、土地使用权所有人通过中国境内非营利的社会团体、国家机关将房屋产权、土地使用权赠与教育、民政和其他社会福利、公益事业的。

3. 房地产的出租,不属于土地增值税的征税范围。

4. 房地产的抵押,在抵押期间,不属于土地增值税的征税范围;在抵押期满后,对房地产抵债而发生房地产权转让的,应纳入土地增值税的征税范围。

5. 房地产的交换,属于土地增值税的征税范围。但对个人之间互换居住用房地产的,经当地税务机关核实,可以免征土地增值税。

6. 以房地产进行投资、联营,属于土地增值税的征税范围,但暂免征收土地增值税。投资、联营企业将上述房地产再转让的,应征收土地增值税。自2006年3月2日起,对于以土地(房地产)作价入股进行投资或联营的,凡所投资、联营的企业从事房地产开发的或者房地产开发企业以其建造的商品房进行投资和联营的,均不适用上述暂免征收土地增值税的规定。①

7. 对于一方出地,一方出资金,双方合作建房,建成后按比例分房自用的,暂免征收土地增值税,建成后转让的,应征收土地增值税。

8. 在企业兼并中,对被兼并企业将房地产转让到兼并企业中的,暂免征收土地增值税。

9. 房地产的代建房行为,房地产开发公司代表客户进行房地产开发,开发完成后向客户收取代建收入的行为,不属于土地增值税的征收范围。

10. 房地产的重新评估发生增值,不属于土地增值税的征收范围。

(四)土地增值税的税率

根据《土地增值税暂行条例》第 7 条的规定,土地增值税实行四级超率累进税率:

增值额未超过扣除项目金额 50% 的部分,税率为 30%。

增值额超过扣除项目金额 50%,未超过扣除项目金额 100% 的部分,税率为 40%。

增值额超过扣除项目金额 100%,未超过扣除项目金额 200% 的部分,税率为 50%。

增值额超过扣除项目金额 200% 的部分,税率为 60%。

(五)土地增值税应纳税额的确定

土地增值税的应纳税额有两种计算方法:

1. 分档计算法。先计算出增值额所属规定级别税率的不同部分,对不同部分适用相应税率,依次计算各部分增值税额的应纳税额,各部分应纳税额之和即为纳税人的全部应纳税额,其计算公式如下:

$$应纳税额 = \sum (增值额 \times 适用税率)$$

2. 速算扣除法。先计算出增值额与扣除项目金额之间的比例,以确定相应的税率,然后用增值额乘以适用税率减去扣除额乘以速算扣除率的方法,其计算公式如下:

$$应纳税额 = 增值税 \times 适用税率 - 扣除项目金额 \times 速算扣除率$$

《土地增值税暂行条例实施细则》第 10 条规定的税额计算公式如下:

(1)增值额未超过扣除项目金额 50% 的:

$$土地增值税税额 = 增值额 \times 30\%$$

(2)增值额超过扣除项目金额 50%,未超过 100% 的:

$$土地增值税税额 = 增值额 \times 40\% - 扣除项目金额 \times 5\%$$

(3)增值额超过扣除项目金额 100%,未超过 200% 的:

① 财政部,国家税务总局. 关于土地增值税若干问题的通知[S]. 财税〔2006〕21 号,2006 年 5 月 15 日.

土地增值税税额 = 增值额×50% − 扣除项目金额×15%

（4）增值额超过扣除项目金额200%的：

土地增值税税额 = 增值额×60% − 扣除项目金额×35%

计算公式中的5%，15%，35%为速算扣除系数。

其中，土地增值税的课税数量为纳税人转让房地产所取得的增值额。根据《土地增值税暂行条例》第3条的规定，土地增值税按照纳税人转让房地产所取得的增值额和该条例第7条规定的税率计算征收。

所谓增值额，根据《土地增值税暂行条例》第4条、第5条、第6条的规定，纳税人转让房地产所取得的收入减除扣除项目金额后的余额为增值额。

纳税人转让房地产所取得的收入包括货币收入、实物收入和其他收入。

计算增值额的扣除项目包括取得土地使用权所支付的金额；开发土地的成本、费用；新建房及配套设施的成本、费用，或者旧房及建筑物的评估价格；与转让房地产有关的税金以及财政部规定的其他扣除项目。

《土地增值税暂行条例实施细则》第7条对增值额的扣除项目作了具体的解释：

（1）取得土地使用权所支付的金额，是指纳税人为取得土地使用权所支付的地价款和按国家统一规定交纳的有关费用。

（2）开发土地和新建房及配套设施（以下简称房增开发）的成本，是指纳税人房地产开发项目实际发生的成本（以下简称房增开发成本），包括土地征用及拆迁补偿费、前期工程费、建筑安装工程费、基础设施费、公共配套设施费、开发间接费用。

土地征用及拆迁补偿费包括土地征用费、耕地占用税、劳动力安置费及有关地上、地下附着物拆迁补偿的净支出、安置动迁用房支出等。

前期工程费包括规划、设计、项目可行性研究和水文、地质、勘察、测绘、"三通一平"等支出。

建筑安装工程费是指以出包方式支付给承包单位的建筑安装工程费，以自营方式发生的建筑安装工程费。

基础设施费包括开发小区内道路、供水、供电、供气、排污、排洪、通信、照明、环卫、绿化等工程发生的支出。

公共配套设施费包括不能有偿转让的开发小区内公共配套设施发生的支出。

开发间接费用是指直接组织、管理开发项目发生的费用，包括工资、职工福利费、折旧费、修理费、办公费、水电费、劳动保护费和周转房摊销等。

（3）开发土地和新建房及配套设施的费用（以下简称房地产开发费用），是指与房地产开发项目有关的销售费用、管理费用和财务费用。

财务费用中的利息支出，凡能够按转让房地产项目计算分摊并提供金融机构证明的，允许据实扣除，但最高不能超过按商业银行同类同期贷款利率计算的金额。其他房地产开发费用在按本条第一、第二项规定计算的金额之和的 5% 以内计算扣除。

凡不能按转让房地产项目计算分摊利息支出或不能提供金融机构证明的,房地产开发费用在按本条第一、第二项规定计算的金额之和的 10% 以内计算扣除。

上述计算扣除的具体比例由各省、自治区、直辖市人民政府规定。

(4)旧房及建筑物的评估价格,是指在转让已使用的房屋及建筑物时,由政府批准设立的房地产评估机构评定的重置成本价乘以成新度折扣率后的价格。评估价格须经当地税务机关确认。

(5)与转让房地产有关的税金,是指在转让房地产时缴纳的营业税、城市维护建设税和印花税。因转让房地产缴纳的教育费附加也可视同税金予以扣除。

(6)对从事房地产开发的纳税人可按本条第一、第二项规定计算的金额之和加计 20% 扣除。

(六)土地增值税的优惠措施

根据《土地增值税暂行条例》第 8 条的规定,有下列情形之一的,可以免征土地增值税:

1. 纳税人建造普通标准住宅出售,增值额未超过扣除项目金额 20% 的。

2. 因国家建设需要依法征用、收回的房地产。

《土地增值税暂行条例实施细则》第 11 条对税收优惠的解释如下:

1. 上述所称的普通标准住宅,是指按所在地一般民用住宅标准建造的居住用住宅。高级公寓、别墅、度假村等不属于普通标准住宅。普通标准住宅与其他住宅的具体划分界限由各省、自治区、直辖市人民政府规定。纳税人建造普通标准住宅出售,增值额未超过扣除项目金额之和 20% 的,免征土地增值税;增值额超过扣除项目金额之和 20% 的,其全部增值额按规定计税。

2. 上述所称因国家建设需要依法征用、收回的房地产,是指因城市实施规划、国家建设的需要而被政府批准征用的房产或收回的土地使用权。因城市实施规划、国家建设的需要而搬迁,由纳税人自行转让原房地产的,比照本规定免征土地增值税。

符合上述免税规定的单位和个人,须向房地产所在地税务机关提出免税申请,经税务机关审核后,免予征收土地增值税。

另外,居民个人拥有的普通住宅在转让时可以暂时免征土地增值税。[①]

(七)土地增值税的程序规定

1. 征管依据和征收机关。根据《土地增值税暂行条例》第 13 条的规定,土地增

---

① 财政部,国家税务总局.关于调整房地产市场若干税收政策的通知[S].财税[1999]210 号,1999 年 7 月 29 日.

值税的征收管理依据《中华人民共和国税收征收管理法》及《中华人民共和国土地增值税暂行条例》的有关规定执行。

土地增值税,根据《土地增值税暂行条例》第 11,12 条规定,由税务机关征收。土地管理部门、房产管理部门应当向税务机关提供有关资料(包括有关房屋及建筑物产权、土地使用权、土地出让金额数、土地基准地价、房地产市场交易价格及权属变更等方面的资料),并协助税务机关依法征收土地增值税。如果纳税人未按照本条例缴纳土地增值税的,土地管理部门、房产管理部门不得办理有关的权属变更手续。

2. 纳税申报期限。根据《土地增值税暂行条例》第 10 条的规定,纳税人应当自转让房地产合同签订之日起 7 日内向房地产所在地主管税务机关办理纳税申报,并在税务机关核定的期限内缴纳土地增值税。

《土地增值税暂行条例实施细则》第 15 条对其解释如下:

(1)纳税人应在转让房地产合同签订后 7 日内,到房地产所在地主管税务机关办理纳税申报,并向税务机关提交房屋及建筑物产权、土地使用权证书,土地转让、房产买卖合同、房地产评估报告及其他与转让房地产有关的资料。纳税人因经常发生房地产转让而难以在每次转让后申报的,经税务机关审核同意后,可以定期进行纳税申报,具体期限由税务机关根据情况确定。

(2)纳税人按照税务机关核定的税额及规定的期限缴纳土地增值税。

3. 纳税地点。根据《土地增值税暂行条例》第 10 条的规定,纳税人应当向房地产所在地主管税务机关办理纳税申报。

《土地增值税暂行条例实施细则》第 17 条对其解释如下:房地产所在地是指房地产的坐落地。纳税人转让房地产坐落在两个或两个以上地区的,应按房地产所在地分别申报纳税。

4. 预征税款。根据《土地增值税暂行条例实施细则》第 16 条的规定,纳税人在项目全部竣工结算前转让房地产取得的收入由于涉及成本确定或其他原因而无法据以计算土地增值税的,可以预征土地增值税,待该项目全部竣工、办理结算后再进行清算,多退少补。具体办法由各省、自治区、直辖市地方税务局根据当地情况制定。

5. 其他规定。根据《土地增值税暂行条例》第 9 条的规定以及《土地增值税暂行条例实施细则》第 14 条的解释,纳税人有下列情形之一的,按照房地产评估价格计算征收:

(1)隐瞒、虚报房地产成交价格的,是指纳税人不报或有意低报转让土地使用权、地上建筑物及其附着物价款的行为。

(2)提供扣除项目金额不实的,是指纳税人在纳税申报时不据实提供扣除项目金额的行为。

（3）转让房地产的成交价格低于房地产评估价格，又无正当理由的，是指纳税人申报的转让房地产的实际成交价低于房地产评估机构评定的交易价，纳税人又不能提供凭据或无正当理由的行为。

隐瞒、虚报房地产成交价格，应由评估机构参照同类房地产的市场交易价格进行评估。税务机关根据评估价格确定转让房地产的收入。提供扣除项目金额不实的，应由评估机构按照房屋重置成本价乘以成新度折扣率计算的房屋成本价和取得土地使用权时的基准地价进行评估。税务机关根据评估价格确定扣除项目金额。转让房地产的成交价格低于房地产评估价格又无正当理由的，由税务机关参照房地产评估价格确定转让房地产的收入。

第四节　耕地占用税法

一、耕地占用税法概述

（一）耕地占用税和耕地占用税法的概念

耕地占用税是指国家对一切单位和个人建房或者从事非农业建设占用耕地而征收的一种税。

耕地占用税法是国家调整耕地占用方面税收关系的法律法规的总称。

（二）耕地占用税法的立法意义

耕地占用税法的方法意义主要体现在以下两个方面：

1. 有利于合理利用土地资源，加强土地管理，保护耕地，促进农业良好的发展。众所周知，土地资源是有限的，耕地资源则更为宝贵，所以，开征耕地占用税就是为了限制非农业建设占用耕地，保护有限的土地资源，加强对土地的管理，保护农耕用地资源，促进农业良好的发展。

2. 有利于地方政府筹集财政资金，增加对农业的投入。对占用耕地建房或者从事其他非农业建设的单位和个人征税，可以筹集部分资金，有利于地方政府增加财政收入，有利于地方政府以这些收入继续增加对农业的投资，促进农业进一步发展。

二、耕地占用税法的主要内容

我国现行的耕地占用税法为 2008 年 1 月 1 日起施行的《中华人民共和国耕地占用税暂行条例》（以下简称《耕地占用税暂行条例》），1987 年 4 月 1 日国务院发布的《中华人民共和国耕地占用税暂行条例》同时废止。

（一）耕地占用税的纳税主体

根据《耕地占用税暂行条例》第 3 条的规定，占用耕地建房或者从事非农业建设的单位和个人为耕地占用税的纳税人，应当按照条例规定缴纳耕地占用税。所谓单位,包括国有企业、集体企业、私营企业、股份制企业、外商投资企业、外国企业以及其他企业和事业单位、社会团体、国家机关、部队以及其他单位;所谓个人,包括个体工商户及其他个人。

(二)耕地占用税的征税客体

耕地占用税的征税客体是占用的耕地。所称耕地,是指用于种植农作物的土地。占用前3年内曾用于种植农作物的土地亦视为耕地。

(三)耕地占用税的征税范围

根据《耕地占用税暂行条例》第2条的规定,耕地占用税的征收范围为耕地,是指用于种植农作物的土地。同时,该条例第14条规定,占用林地、牧草地、农田水利用地、养殖水面以及渔业水域滩涂等其他农用地建房或者从事非农业建设的,比照本条例的规定征收耕地占用税。但是建设直接为农业生产服务的生产设施而占用这些农用地的,不征收耕地占用税。

(四)耕地占用税的税率(单位税额)

根据《耕地占用税暂行条例》第5条的规定,耕地占用税的单位税额如下:

1. 人均耕地不超过1亩的地区(以县级行政区域为单位,下同),每平方米为10元~50元。

2. 人均耕地超过1亩但不超过2亩的地区,每平方米为8元~40元。

3. 人均耕地超过2亩但不超过3亩的地区,每平方米为6元~30元。

4. 人均耕地超过3亩的地区,每平方米为5元~25元。

《耕地占用税暂行条例》第6条规定,经济特区、经济技术开发区和经济发达且人均耕地特别少的地区,适用税额可以适当提高,但是提高的部分不得超过本条例第5条第3款规定的当地使用税额的50%。

《耕地占用税暂行条例》第7条规定,如果是占用基本农田的,适用税额应当在条例第5条第3款及第6条规定的当地适用税额的基础上提高50%。

国务院财政、税务主管部门根据人均耕地面积和经济发展情况确定各省、自治区、直辖市的平均税额。各地适用税额,由各省、自治区、直辖市人民政府在第5条第1款规定的税额幅度内,根据本地区的具体情况核定。各省、自治区、直辖市人民政府核定的适用税额的平均水平不得低于第5条第2款规定的平均税额。

(五)耕地占用税的应纳税额

耕地占用税的应纳税额为实际占用的耕地面积乘以单位税额,其计算公式为:

应纳税额 = 实际占用的耕地面积(平方米)× 单位税额

其中,耕地占用税课税数量的确定是根据《耕地占用税暂行条例》第4条所规定的,以纳税人实际占用的耕地面积为计税依据,按照规定的适用税额一次征收。

(六)耕地占用税的优惠措施

根据《耕地占用税暂行条例》第8条的规定,下列情形可以免征耕地占用税:

1. 军事设施占用耕地。

2. 学校、幼儿园、养老院、医院占用耕地。

另外,《耕地占用税暂行条例》还规定了部分事项可以减免耕地占用税,具体如下:

《耕地占用税暂行条例》第 9 条规定:铁路线路、公路线路、飞机场跑道、停机坪、港口、航道占用耕地,减按每平方米 2 元的税额征收耕地占用税。根据实际需要,国务院财政、税务主管部门商国务院有关部门并报国务院批准后,可以对前款规定的情形免征或者减征耕地占用税。

《耕地占用税暂行条例》第 10 条规定:农村居民占用耕地新建住宅,按照当地适用税额减半征收耕地占用税。农村烈士家属、残疾军人、鳏寡孤独以及革命根据地、少数民族聚居区和边远贫困山区生活困难的农村居民,在规定用地标准以内新建住宅缴纳耕地占用税确有困难的,经所在地乡(镇)人民政府审核,报经县级人民政府批准后,可以免征或者减征耕地占用税。

同时,《耕地占用税暂行条例》第 11 条还规定,依照该条例第 8 条和第 9 条的规定免征或者减征耕地占用税后,纳税人改变原占地用途,不再属于免征或者减征耕地占用税情形的,应当按照当地适用税额补缴耕地占用税。

(七)耕地占用税的程序规定

1. 征管依据和征收机关。根据《耕地占用税暂行条例》第 15 条的规定,耕地占用税的征收管理,依照《中华人民共和国税收征收管理办法》和《中华人民共和国耕地占用税暂行条例》的有关规定执行。

根据《耕地占用税暂行条例》第 12 条的规定,耕地占用税由地方税务机关负责征收。

2. 纳税期限。根据《耕地占用税暂行条例》第 12 条的规定,获准占用耕地的单位或者个人应当在收到土地管理部门的通知之日起 30 日内缴纳耕地占用税。

3. 纳税地点。根据《耕地占用税暂行条例》第 12 条的规定,耕地占用税的纳税地点为土地管理部门。

4. 其他规定。《耕地占用税暂行条例》第 13 条规定,纳税人临时占用耕地的,应当依照本条例的规定缴纳耕地占用税,纳税人在批准临时占用耕地的期限内恢复所占用耕地原状的,全额退还已经缴纳的耕地占用税。

案例分析

(一)某企业为增值税一般纳税人,2007 年 1 月的生产经营状况如下:

1. 专门开采天然气 90 000 千立方米,开采原煤 900 万吨,采煤过程中生产天然气 5 600 千立方米。

2. 销售原煤 560 万吨,取得不含税销售额 44 800 万元。

3. 企业职工食堂和供热等使用原煤 5 000 吨。

4. 销售天然气 70 000 千立方米,取得不含税销售额 13 320 万元。

问题:

计算该企业本月应缴纳的资源税(资源税单位税额,原煤 3 元/吨,天然气 8 元/千立方米)。

参考答案:

根据《资源税暂行条例》第 6 条的规定,资源税的课税数量为:纳税人开采或者生产应税产品销售的,以销售数量为课税数量;纳税人开采或者生产应税产品自用的,以自用数量为课税对象。所以本题的计算思路如下:

1. 外销原煤应纳资源税 = 560 × 3 = 1 680(万元)

2. 食堂用煤应纳资源税 = 0.5 × 3 = 1.5(万元)

3. 外销天然气应纳税额 = 70 000 × 8 = 56(万元)

本月资源税应纳税额 = 1 680 + 1.5 + 56 = 1 737.5(万元)

(二)某事业单位实际占地面积为 50 000 平方米,在 2007 年初该单位将 2 000 平方米的地方出租作为经营使用,其余土地仍然自用。该事业单位所在城市每平方米土地年税额为 3 元。

问题:

计算该单位 2007 年度应缴纳的城镇土地使用税。

参考答案:

根据 2006 年 12 月 31 日修订的《城镇土地使用税暂行条例》第 6 条第 2 款的规定,由国家财政部门拨付事业经费的单位自用的土地可以免缴土地使用税。对此,《关于土地使用税若干具体问题的解释和暂行规定》第 10 条解释为:事业单位自用的土地,是指这些单位本身的业务用地,其生产营业用地和其他用地不属于免税范围,应按规定缴纳土地使用税。

所以,本例中的事业单位自用土地不用缴纳城镇土地使用税,其出租的 2 000 平方米土地则应按照规定缴纳土地使用税。具体计算公式如下:

全年应纳税额 = 纳税人实际占用的土地面积(平方米)× 适用税额
= 2 000 × 3 = 6 000(元)

(三)某房地产公司 2007 年转让房地产所取得的收入为 600 万元,其扣除项目金额为 150 万元。

问题:

计算该公司应纳的土地增值税的税额。

参考答案:

土地增值税的计算公式为:

$$应纳税额 = 增值税 \times 适用税率 - 扣除项目金额 \times 速算扣除率$$

根据《土地增值税实施细则》第10条的规定:

$$本例中增值额 = 600 - 150 = 450(万元)$$

增值额与扣除额项目的金额之比 $= 450 \div 150 = 300\%$,所对应的税率为第四级,所以该公司应缴纳的土地增值税如下:

$$应纳税额 = 增值税 \times 适用税率 - 扣除项目金额 \times 速算扣除率$$
$$= 600 \times 60\% - 150 \times 35\%$$
$$= 307.5(万元)$$

(四)某企业2008年1月占用耕地3 000平方米用于建造厂房,其中500平方米用于建造职工幼儿园,该地的耕地占用税税额为10元/平方米。

问题:

计算该企业本年度应缴纳的耕地占用税额。

参考答案:

根据2008年1月1日起开始实施的《中华人民共和国耕地占用税暂行条例》第4条和第8条的规定,该企业2008年应缴纳的耕地占用税为:

$$应纳税额 = 实际占用的耕地面积(平方米) \times 单位税额 = (3 000 - 500) \times 10 = 25 000(元)$$

思 考 题

1. 资源税和资源税法的概念分别是什么?
2. 资源税的应纳税额如何确定? 有哪些优惠措施?
3. 城镇土地使用税的纳税主体有哪些?
4. 城镇土地使用税的应纳税额如何确定?
5. 土地增值税和土地增值税法的概念是什么?
6. 土地增值税有哪些优惠措施?
7. 耕地占用税的应纳税额如何确定?
8. 耕地占用税法的征税范围是什么?

第十章 行为税法律制度

要点提示

通过本章的学习，应重点掌握行为税法的概念和行为税法的特征以及车船税法、车辆购置税法、印花税法、城市维护建设税法的概念和基本内容，例如：各税种的设置、纳税人、征税对象、征税范围、税率与税额计算、税收优惠以及具体征管、违法处理与处罚等内容。

第一节 行为税法概述

一、行为税和行为税法的概念

行为税是指国家针对纳税人的特定行为而征收的一类税收。行为税是一个泛指的集合概念，因其具体的征税客体不同而呈现多样性，具体表现为各个不同的行为税种。

行为税法是指国家制定的调整特定行为税收关系的法律规范的总称。行为税法的征税客体是行为，该行为不是泛指我们生活中的一切行为，而是国家根据特定目的的需要，针对社会生活中某些需要加以调控的特定行为予以课税，使之符合国家宏观方面的社会和经济目标的要求。

二、行为税法的特征

行为税法主要具有以下三个方面的特征。

（一）目的性

国家特别选定社会经济生活中某些特定行为作为征税对象。从总体上讲，除了为在一定程度上增加财政收入外，其主要目的是通过对国民的某些特定行为的干预和控制，以期达到加强国家宏观调控能力、实现国家特定的社会和经济政策的目的。

（二）期间性

由于行为税法实行的目的在于满足国家特定时期的宏观政策需要，因此，一旦实行该类税种的原因消失或者国家宏观调控目的实现后,该类税法的实施便失去了继续存在的前提和基础,国家通常采用停征或废止的方式终止该类税种的实施。因此,行为税法的施行通常时间性较强,稳定性较弱,将随国家社会经济政策和宏观经济形势的变化作相应的调整、修订、停征以至废除。所以,从法理上分析,行为税一般被认为是临时税。当然,这也不是绝对的,如印花税、城市维护建设税通常被认为是经常税。

(三)灵活性

行为税的开征与停征具有因时、因地制宜,相对灵活的特点。由于国家仅选择对特定的需要加以调控的某些行为予以征税,因此,行为税的征税范围较窄,税源相对分散,税基稳定性较弱,所以行为税多为地方税,不构成国家的主体税种,一般由各省、市、自治区人民政府负责征管,并可根据本地情况适时开征或停征,具有较强的灵活性。

三、行为税法的立法意义

我国开征行为税主要是运用税收杠杆,对某些特定行为加以规范、引导、控制和管理,以强化政府对社会经济发展的宏观调控。制定行为税法就是对征收行为税过程中发生的税收权利义务关系进行规范。

四、我国现行的行为税法

我国现行的行为税法主要有车船税法、车辆购置税法、印花税法和城市维护建设税法。

(一)车船税法

现行车船税的基本规范是 2006 年 12 月 29 日国务院颁布并于 2007 年 1 月 1 日实施的《中华人民共和国车船税暂行条例》(以下简称《车船税暂行条例》)。另外,还有国务院于 2007 年 2 月 1 日公布并实施的《中华人民共和国车船税暂行条例实施细则》(以下简称《车船税暂行条例实施细则》)。

(二)车辆购置税法

我国现行征收车辆购置税的主要法律规范是 2000 年 10 月 22 日颁布并于 2001 年 1 月 1 日实施的《中华人民共和国车辆购置税暂行条例》(以下简称《车辆购置税暂行条例》)。此外,关于车辆购置税的法律规范还有:国家税务总局、交通部于 2001 年 3 月 12 日发布的《关于车辆购置税若干政策及管理问题的通知》;国家税务总局于 2002 年 9 月 11 日发布的《国家税务总局关于车辆购置税有关问题的通知》以及于 2005 年 11 月 5 日发布的《车辆购置税征收管理办法》,等等。

(三)印花税法

关于印花税的法律法规主要有,国家税务局于 1988 年 12 月 12 日颁布的《国家税务局关于印花税若干具体问题的规定》,于 1990 年 8 月 7 日发布的《国家税务局关于尚未投产、营业的外商投资企业所书立、领受印花税暂行条例列举征税的凭证暂免征收印花税问题的批复》,于 1990 年 11 月 26 日发布的《国家税务局关于印花税违章处罚权限问题的通知》,于 1991 年 9 月 18 日发布的《国家税务局关于印花税若干具体问题的解释和规定的通知》,于 1997 年 9 月 5 日发布的《国家税务总局关于外商投资企业的订单要货单据征收印花税问题的批复》,于 2002 年 4 月 8 日发布的《国家税务总局关于印花税票改版的通知》,于 2004 年 1 月 29 日发布的《国家税务总局关于印花税违章处罚有关问题的通知》,于 2004 年 1 月 30 日发布的《国家税务总局关于进一步加强印花税征收管理有关问题的通知》;国家税务总局、铁道部于 2006 年 7 月 12 日颁布的《关于铁路货运凭证印花税若干问题的通知》;财政部、国家税务总局于 2006 年 11 月 27 颁布的《关于印花税若干政策的通知》,等等。

(四)城市维护建设税法

我国现行的《中华人民共和国城市维护建设税暂行条例》(以下简称《城市维护建设税暂行条例》)颁布施行于 1985 年。此外,我国关于城市维护建设税的法律规范有:国家税务总局于 1994 年 2 月 25 日发布的《关于外商投资企业和外国企业暂不征收城市维护建设税和教育费附加的通知》,于 1994 年 3 月 12 日发布的《关于城市维护建设税征收问题的通知》,于 2004 年 3 月 31 日发布的《关于转发国务院办公厅对〈中华人民共和国城市维护建设税暂行条例〉第五条的解释的复函的通知》;财政部于 1985 年 3 月 22 日发布的《关于贯彻执行〈中华人民共和国城市维护建设税暂行条例〉几个具体问题的规定》,于 1985 年 6 月 4 日发布的《关于城市维护建设税几个具体业务问题的补充规定》;财政部、国家税务总局于 2003 年 11 月 10 日发布的《关于做好取消城市维护建设税审批项目后续管理工作的通知》,于 2005 年 2 月 25 日发布的《关于生产企业出口货物实行免抵退税办法后有关城市维护建设税教育费附加政策的通知》,于 2005 年 5 月 25 日发布的《关于增值税营业税消费税实行先征后返等办法有关城建税和教育费附加政策的通知》,等等。

(五)筵席税法

国务院于 1998 年 9 月 9 日通过并实施《中华人民共和国筵席税暂行条例》(以下简称《筵席税暂行条例》)。

筵席税的开征虽发挥了一定的积极作用,但也存在一些问题,如税源分散,收入少且不稳定,征收管理难度大等。1994 年税制改革时,国务院将筵席税的立法权和征管权下放给了地方,由各地决定开征或停征。筵席税下放地方管理后,各省、自治区、直辖市人民政府可以根据本地区经济发展的实际情况,自行决定继续征收或者停止征收。继续征收的地区,省、自治区、直辖市人民政府可以根据《筵席税暂行条例》的规定制定具体征收办法,并报国务院备案。

目前,各地区都已经停止征收筵席税。

(六)屠宰税法

1950 年 12 月 19 日,中央人民政府政务院颁布了《中华人民共和国屠宰税暂行条例》(以下简称《屠宰税暂行条例》),即日起施行。

1994 年税制改革实施以后,国务院于 1994 年 1 月 23 日专门发文(国发〔1994〕7 号)规定,下放屠宰税管理权给地方政府。屠宰税下放地方管理后,各省、自治区、直辖市人民政府可以根据本地区经济发展的实际情况,自行决定继续征收或者停止征收。继续征收的地区,省、自治区、直辖市人民政府可以根据《屠宰税暂行条例》的规定制定具体征收办法,并报国务院备案。

1994 年 3 月 10 日,国家税务总局《关于屠宰税征收问题的通知》(国税发〔1994〕050 号)进一步明确:"各地可参照原政务院和财政部关于征收屠宰税的规定,依照改革的要求和基本维持原税负的原则,结合当地的实际情况,自行制定征收屠宰税的办法,征收范围应包括原缴纳产品税的食用生猪、菜牛、菜羊。各地制定的征收办法,要报国家税务总局备案。"在实际执行中,除了西藏自治区以外,全国各省、自治区和直辖市都根据当地的实际情况制定了本地区的屠宰税征收办法,并陆续公布施行。

在地方征收屠宰税过程中,出现了许多问题。1998 年 8 月 18 日,国家税务总局《关于做好农业税农业特产税屠宰税征收工作的通知》(国税发〔1998〕133 号)规定:"屠宰税必须据实征收。严禁人头、地亩和牲畜存栏头数搞摊派,不得以屠宰税名义搞搭车收费。在收购环节征收屠宰税的,不得把应由收购方缴纳的屠宰税改由饲养户缴纳,不得对未收购的应税牲畜预征屠宰税。发现有违反规定的行为,要立即纠正,并严肃处理,追查责任。"

根据 2000 年 3 月 2 日中共中央、国务院《关于进行农村税费改革试点工作的通知》(中发〔2000〕7 号)的精神,财政部、国家税务总局于 2000 年 5 月 15 日发布了《关于农村税费改革试点地区取消屠宰税的通知》(财税字〔2000〕71 号)。按照该《通知》规定,实行农村税费改革试点的地区,取消屠宰环节和收购环节征收的屠宰税。原来地方随屠宰税附征的其他收费项目也一律停止(按国家规定收取的检疫费等合法收费除外)。试点地区取消屠宰税后,不得以任何名义、方式向屠宰、收购生猪、菜牛、菜羊等应税牲畜的单位和个人变相征收、平摊屠宰税。

目前,各地区都已经停止征收屠宰税。

(七)烟叶税法

我国从 2006 年 4 月 28 日起开征烟叶税,同时相应的烟叶税法是 2006 年 4 月 28 日国务院颁布的《中华人民共和国烟叶税暂行条例》(以下简称《烟叶税暂行条例》)。另外,还有财政部和国家税务总局于 2006 年 5 月 18 日发布的财税〔2006〕64 号《关于烟叶税若干具体问题的规定》。

(八)船舶吨税法

我国现行规范船舶吨税征纳关系的法规,主要是1952年9月海关总署公布实施、以后经过多次修订的《中华人民共和国海关船舶吨税暂行办法》(以下简称《船舶吨税暂行办法》)。另外还有交通部以及海关总署做出的一系列批复文件。

另外,还有拟开征的证券交易税法和燃油税法等。本章主要介绍前面已开征的几种行为税。

第二节　车船税法

一、车船税法概述

(一)车船税和车船税法的概念

车船税是对在我国境内依法应当到公安、交通、农业、渔业、军事等管理部门办理登记的车辆、船舶,根据其种类,按照规定的计税单位和年税额标准计算征收的一种财产税。

车船税法是指国家制定的用以调整车船税征收与缴纳权利及义务关系的法律规范。

(二)车船税法的立法意义

征收车船税并制定车船税法有利于加强对车船的管理和使用,减少盲目购置车船,有利于调节收入;有利于促使纳税人提高车船使用效益,督促纳税人合理利用车船;同时,也可以通过税收手段开辟财源、集中财力,缓解发展交通运输事业资金短缺的矛盾。

(三)车船税法的历史沿革与完善

我国对车船征税的历史悠久。明清时期曾对内河商船征收船钞。新中国成立前,不少城市对车船征收牌照税。新中国成立后,中央人民政府政务院于1951年颁布了《车船使用牌照税暂行条例》,对车船征收车船使用牌照税。1986年9月,国务院在实施工商税制改革时又发布了《车船使用税暂行条例》,根据有关规定,该条例不适用于外商投资企业和外国企业及外籍个人。以上两个税种自开征以来,在组织地方财政收入、调节和促进经济发展方面发挥了积极作用,但内外两个税种不符合简化税制的要求,也与世界贸易组织有关国民待遇等规则不相符。而且,这两个税种的征免税规定不够合理,税源控管手段不足,税额标准与我国社会经济发展水平和当前物价水平相比已明显偏低。因此,根据我国目前车船拥有、使用和管理现状及发展趋势,本着简化税制、公平税负、拓宽税基、方便税收征管的原则,国务院将《车船使用牌照税暂行条例》和《车船使用税暂行条例》进行了合并修订,于2006年12月29日新颁布了《中华人民共和国车船税暂行条例》,对各类企业、行政事业单位和个人统一征收车船税。

现行车船税的基本规范是 2006 年 12 月 29 日国务院颁布并于 2007 年 1 月 1 日实施的《中华人民共和国车船税暂行条例》。另外，还有国务院于 2007 年 2 月 1 日公布并实施的《中华人民共和国车船税暂行条例实施细则》。1986 年颁布的车船使用税和 1951 年颁布的车船使用牌照税同时废止。

二、车船税法的主要内容

（一）车船税的纳税主体

车船税由车船的所有人或者管理人缴纳。其中，车船的所有人是指在我国境内拥有车船的单位和个人；车船的管理人是指对车船具有管理使用权但不具有所有权的单位。这里所称的单位，包括国有企业、集体企业、私营企业、股份制企业、外商投资企业、外国企业以及其他企业和事业单位、社会团体、国家机关、军队及其他单位；所称的个人，包括个体工商户以及其他个人。车船所有人或者管理人未缴纳的，应当由使用人代缴。

（二）车船税的征税客体

车船税的征税客体为"依法应当在车船管理部门登记的车船"。

（三）车船税的征税范围

车船税的征税范围包括车辆和船舶。车辆分为载客汽车、载货汽车、三轮汽车、低速货车、摩托车。船舶分为机动船、拖船和非机动驳船。

（四）车船税的税目和税率

车船税采用定额税率。车船的适用税额依照《车船税税目税额表》（见表 10 - 1）执行。

表 10 - 1　车船税税目税额表

类　别	税　目	计税标准	每年税额	备　注
车　辆	载客汽车	每　辆	60 ~ 660 元	包括电车
	载货汽车	按自重每吨	16 ~ 120 元	包括半挂牵引车、挂车
	三轮汽车	按自重每吨	24 ~ 120 元	
	低速货车	按自重每吨	24 ~ 120 元	
	摩托车	每　辆	36 ~ 180 元	
船　舶	机动船	按净吨位每吨	3 ~ 6 元	拖船和非机动驳船分别按船舶税额的 50% 计算

注：专项作业车、轮式专用机械车的计税单位及每年的税额由国务院财政部门、税务主管部门参照本表确定。

（五）车船税的计税依据和应纳税额的确定

国务院财政部门、税务主管部门可以根据实际情况，在《车船税税目税额表》

规定的税目范围和税额幅度内划分子税目,并明确车辆的子税目税额幅度和船舶的具体适用税额。车辆的具体适用税额由省、自治区、直辖市人民政府在规定的子税目税额幅度内确定。

1. 车辆的计税依据。载客汽车、摩托车以"辆"为计税依据;载货汽车、三轮汽车、低速货车以"自重吨数"为计税依据。

2. 船舶的计税依据。机动船、拖船和非机动驳船以"净吨位"为计税依据。

3. 车船税额的计算。车船税实行从量定额计税办法,应纳税额的计算公式如下:

(1)载客汽车、摩托车应纳税额的计算公式为:

$$应纳税额 = 辆数 \times 单位税额$$

(2)载货汽车、三轮汽车、低速货车应纳税额的计算公式为:

$$应纳税额 = 自重吨数 \times 单位税额$$

(3)机动船、拖船和非机动驳船应纳税额的计算公式为:

$$机动船应纳税额 = 净吨位数 \times 单位税额$$

$$拖船和非机动驳船应纳税额 = 净吨位数 \times 船舶单位税额 \times 50\%$$

(六)车船税的特别措施(或税收优惠)

1. 为了节约能源,保护环境,减轻低收入者的负担,对非机动车船(不包括非机动驳船)免征车船税。根据《道路交通安全法》,残疾人机动轮椅车和电动自行车作为非机动车管理,因此这些车辆也属于车船税的免税范围。

2. 为了扶植农业和渔业的发展,支持社会主义新农村建设,对拖拉机、捕捞和养殖渔船免征车船税。

3. 为了支持国防建设和满足警务保障的需要,对军队、武警专用的车船和警用车船免征车船税。

4. 考虑到政策的延续性,对按照有关规定已经缴纳船舶吨税的船舶免征车船税。

5. 根据有关国际公约和国际惯例的要求,体现外交对等原则,对依照我国有关法律和我国缔结或者参加的国际条约的规定应当予以免税的外国驻华使馆、领事馆和国际组织驻华机构及其有关人员的车船免征车船税。

6. 为了支持公共交通事业的发展,由省级人民政府根据当地实际对城乡公共交通车船给予定期减免税照顾。

(七)车船税的程序规定

车船税属于地方税,由地方税务机关负责征收管理。对机动车,为了方便纳税人缴税,节约纳税人的缴税成本和时间,《车船税暂行条例》规定,从事机动车交通事故责任强制保险业务的保险机构为车船税的扣缴义务人,在销售机动车交通事故责任强制保险时代收代缴车船税,并及时向国库解缴税款。

对在省、自治区和直辖市行政区域内使用的车船,由省级人民政府确定纳税地点。跨省、自治区、直辖市使用的车船,则应在车船登记地缴纳。为了方便纳税人纳税,严格车船税的征收管理,对除拖拉机、军队武警专用车辆、警用车辆、外交车辆、省级政府规定免税的公交车辆以外的机动车,纳税人如果未缴税,应当在购买机动车交通事故责任强制保险时按照当地的车船税税额标准计算缴纳车船税。

纳税人从车船管理部门核发车船登记证书或者行驶证书所记载日期的当月起就负有缴纳车船税的义务,应当按照税务机关规定的纳税期限缴纳车船税。纳税人如果未办理车船的登记手续,则以车船购置发票记载开具时间的当月作为纳税义务开始的时间;若纳税人无法提供车船购置发票,则由地方税务机关核定纳税义务开始的时间。

车船税按年申报缴纳,具体期限由省级人民政府确定。由扣缴义务人代收代缴机动车车船税的,纳税人应当在购买机动车交通事故责任强制保险的同时缴纳车船税。

为了维护纳税人的合法权益,《车船税暂行条例》规定,纳税人对扣缴义务人代收代缴税款有异议的,可以向纳税所在地的地方税务机关提出。而且纳税人缴税后,扣缴义务人应当为纳税人开具注明已收税款信息的机动车交通事故责任强制保险的保险单,作为已缴纳税款的证明。纳税人如有需要,可以持该保险单到纳税所在地的地方税务机关开具完税凭证。

车船税的纳税人应当按照税务机关的规定及时、足额缴纳车船税。机动车车船税的纳税人不得拒绝扣缴义务人依法代收代缴车船税。

(八)车船税的违法处理与处罚

根据《车船税暂行条例》的规定,有关车船税的违法处理和处罚依照《税收征管法》和车船税相关法律法规的规定执行。

第三节 车辆购置税法

一、车辆购置税法概述

(一)车辆购置税和车辆购置税法的概念

车辆购置税是指对在我国境内购置应税车辆征收的一种税。车辆购置税的特点有:①车辆购置税兼有财产税和行为税的性质,实行一次性课征制,在消费领域中的特定环节一次征收;②车辆购置税是价外税;③车辆购置税属于费改税。

车辆购置税法是指国家制定的用以调整车辆购置税征收与缴纳权利及义务关系的法律规范。

(二)车辆购置税法的立法意义

车辆购置税是一个新开征的税种,是对原来收取的车辆购置费的替代。由于我国近些年来分配秩序出现了一些混乱,特别是各类合法的、非合法的收费对税基形成严重侵蚀,这不仅影响了国家财政收入,而且也带来了腐败等诸多问题。为此,国家提出要大力推进"费改税"。其中,改收取车辆购置费为征收车辆购置税就是"费改税"的一项重要内容。

(三)我国现行的车辆购置税法

我国现行规范车辆购置税征收的主要法律规范是 2000 年 10 月 22 日颁布,自 2001 年 1 月 1 日施行的《中华人民共和国车辆购置税暂行条例》。此外,关于车辆购置税的法律规范还有:国家税务总局、交通部于 2001 年 3 月 12 日发布的《关于车辆购置税若干政策及管理问题的通知》,国家税务总局于 2002 年 9 月 11 日发布的《国家税务总局关于车辆购置税有关问题的通知》,于 2005 年 11 月 5 日发布的《车辆购置税征收管理办法》,等等。

二、车辆购置税法的主要内容

(一)车辆购置税的纳税主体

车辆购置税的纳税人为在我国境内购置应税车辆的单位和个人。这里所称的单位,包括国有企业、集体企业、私营企业、股份制企业、外商投资企业、外国企业以及其他企业和事业单位、社会团体、国家机关、部队以及其他单位;所称的个人,包括个体工商户以及其他个人;所称的购置,包括购买、进口、自产、受赠、获奖或者以其他方式取得并自用应税车辆的行为。

(二)车辆购置税的征税客体

车辆购置税的征税客体是在我国境内购置的应税车辆。

(三)车辆购置税的征税范围

车辆购置税的征收范围包括汽车、摩托车、电车、挂车和农用运输车。车辆购置税征收范围的调整由国务院决定并公布(见表 10 - 2)。

表 10 - 2 车辆购置税征收范围表

应税车辆	具体范围	注　　释
汽　车	各类汽车	
摩托车	轻便摩托车	最高设计时速不大于 50km/h,发动机汽缸总排量不大于 $50cm^3$ 的两个或者 3 个车轮的机动车
	二轮摩托车	最高设计车速大于 50km/h,或者发动机汽缸总排量大于 $50cm^3$ 的两个车轮的机动车
	三轮摩托车	最高设计车速大于 50km/h,或者发动机汽缸总排量大于 $50cm^3$,空车重量不大于 400kg 的 3 个车轮的机动车

续　表

应税车辆	具体范围	注　释
汽　车	各类汽车	
电　车	无轨电车	以电能为动力,由专用输电电缆线供电的轮式公共车辆
	有轨电车	以电能为动力,在轨道上行驶的公共车辆
挂　车	全挂车	无动力设备,独立承载,由牵引车辆牵引行驶的车辆
	半挂车	无动力设备,与牵引车辆共同承载,由牵引车辆牵引行驶的车辆
农用运输车	三轮农用运输车	柴油发动机,功率不大于 7.4kW,载重量不大于 500kg,最高车速不大于 40km/h 的 3 个车轮的机动车
	四轮农用运输车	柴油发动机,功率不大于 28kW,载重量不大于 1500kg,最高车速不大于 50km/h 的 4 个车轮的机动车

注:表中 50cm^3 = 50 立方厘米

(四)车辆购置税的税率

车辆购置税的税率为 10%。车辆购置税税率的调整由国务院决定并公布。

(五)车辆购置税应纳税额的确定

1. 车辆购置税实行从价定率的办法计算应纳税额,应纳税额的计算公式为:

$$应纳税额 = 计税价格 \times 税率$$

2. 车辆购置税的计税价格根据不同情况,按照下列规定确定:

(1)纳税人购买自用的应税车辆的计税价格为纳税人购买应税车辆而支付给销售者的全部价款和价外费用,不包括增值税税款。

(2)纳税人进口自用的应税车辆的计税价格的计算公式为:

$$计税价格 = 关税完税价格 + 关税 + 消费税$$

(3)纳税人自产、受赠、获奖或者以其他方式取得并自用的应税车辆的计税价格由主管税务机关参照《车辆购置税暂行条例》规定的最低计税价格核定。

此外,国家税务总局参照应税车辆市场平均交易价格规定不同类型应税车辆的最低计税价格。

纳税人购买自用或者进口自用应税车辆,申报的计税价格低于同类型应税车辆的最低计税价格又无正当理由的,按照最低计税价格征收车辆购置税。

纳税人以外汇结算应税车辆价款的,按照申报纳税之日中国人民银行公布的人民币基准汇价折合成人民币计算应纳税额。

3. 车辆购置税实行一次征收制度。购置已征车辆购置税的车辆不再征收车辆购置税。

(六)车辆购置税的特别措施

1. 减免税。

（1）外国驻华使馆、领事馆和国际组织驻华机构及外交人员自用的车辆,免税。

（2）中国人民解放军和中国人民武装警察部队列入军队武器装备订货计划的车辆,免税。

（3）设有固定装置的非运输车辆,免税。设有固定装置的非运输车辆是指挖掘机、平地机、叉车、装载车（铲车）、起重机（吊车）和推土机等工程机械。①

（4）防汛部门和森林消防等部门购置的,由指定厂家生产的指定型号的,用于指挥、检查、调度、防汛（警）以及联络的专用车辆（以下简称防汛专用车和森林消防专用车）,免税。

（5）回国服务的在外留学人员（以下简称留学人员）购买的一辆国产小汽车,免税。

（6）长期来华定居专家（以下简称来华专家）进口一辆自用小汽车,免税。

（7）有国务院规定予以免税或者减税的其他情形的,按照规定免税、减税。

另外,免征、减征车辆购置税的车辆由于转让、改变用途等原因不再属于免税、减税范围的,应当在办理车辆过户手续以前或者办理变更登记注册手续以前缴纳车辆购置税。

2. 退税。② 已经办理纳税申报的车辆发生下列情形之一的,纳税人应到税务机关申请退税:①因质量原因,车辆被退回生产企业或者经销商的。因质量原因,车辆被退回生产企业或者经销商的,自纳税人办理纳税申报之日起,按已缴税款每满一年扣减 10% 计算退税额。②应当办理车辆登记注册的车辆,公安机关车辆管理机构不予办理车辆登记注册的。

对公安机关车辆管理机构不予办理车辆登记注册手续的车辆,退还全部已缴税款。

（七）车辆购置税的程序规定

纳税人购置应税车辆应当向车辆登记注册地的主管税务机关申报纳税;购置不需要办理车辆登记注册手续的应税车辆,应当向纳税人所在地的主管税务机关申报纳税。

纳税人购买自用应税车辆的,应当自购买之日起 60 日内申报纳税;进口自用应税车辆的,应当自进口之日起 60 日内申报纳税;自产、受赠、获奖或者以其他方式取得并自用应税车辆的,应当自取得之日起 60 日内申报纳税。

车辆购置税税款应当一次缴清。自 2005 年 1 月 1 日起,车辆购置税由国家税务总局负责征收,所得收入归中央政府所用,专门用于交通事业建设。为了规范专

---

① 国家税务总局.关于车辆购置税税收政策及征收管理有关问题的通知[S].国税发〔2004〕160 号,2004 年 12 月 17 日。

② 国家税务总局.车辆购置税征收管理办法[S].国税发〔2005〕15 号,2005 年 11 月 15 日。

项资金的使用,财政部和交通部于 2005 年 6 月 14 日联合发布了《车辆购置税用于一般公路建设项目交通专项资金管理暂行办法》。

(八) 车辆购置税的违法处理与处罚

依照《车辆购置税暂行条例》有关车辆购置税的违法处理和处罚依照《中华人民共和国税收征收管理法》和车辆购置税相关法律法规的规定执行。

第四节 印花税法

一、印花税法概述

(一) 印花税和印花税法的概念

印花税是指对经济活动和经济交往中书立、使用、领受具有法律效力的凭证的单位和个人征收的一种税。印花税是一种具有行为税性质的凭证税,凡发生书立、使用、领受应税凭证的行为,都必须依照印花税法的有关规定履行纳税义务。

印花税的特征主要有:①征收范围广。印花税具有广泛的税源,印花税法确定的征税范围也相当广泛,其确认的应税凭证有五大类,十三个税目,涉及经济活动的各个方面。凡税法列举的合同或具有合同性质的凭证、产权转移书据、营业账簿及权利、许可证照等都必须依法纳税。②税率低、税负轻是印花税的一个显著特征,其最高税率为 4‰,最低税率为 0.05‰;按定额税率征税的,每件 5 元。税负轻是印花税的优点,易为纳税人接受,也因印花税主要通过纳税人"三自"纳税的方式完税,即纳税人通过自行计算、自行购花、贴花并自行销花的方式完成印花税的缴纳义务。

印花税法是指国家制定的用以调整印花税征收与缴纳权利与义务关系的法律规范的总称。现行印花税的基本规范是 1988 年 8 月 6 日国务院发布并于同年 10 月 1 日实施的《中华人民共和国印花税暂行条例》(以下简称《印花税暂行条例》)。

(二) 印花税法的立法意义

印花税的重新开征适应了社会主义市场经济发展的客观要求,具有以下几个方面的意义:

1. 征收印花税,通过对各种应税凭证贴花和检查,可以及时掌握经济活动的情况和问题,有利于加强对其他税种的征收管理,促进经济行为的规范化、法制化,健全社会主义市场经济秩序。

2. 印花税的征税过程有利于增强征税凭证的法律效力和严肃性,由纳税人自行贴花完税并实行轻税重罚的措施,有助于提高纳税人依法纳税的法制观念。

3. 筹集资金,为国家发展提供支持。印花税税负轻,征收面广,可以积少成多,取微用宏,有利于积累国家建设资金。

4.目前,世界上多数国家都征收印花税,我国开征印花税,有利于维护我国的经济利益。

5.开征印花税是我国税收法制建设的一个重要步骤,也是发挥税收宏观调控作用的一项重要措施。

(三)印花税法的历史沿革与完善

印花税是一个古老的税种,最早始于荷兰。1854年奥地利最早出现了印花税票。目前,世界上已有100多个国家和地区开征了印花税。

我国开征印花税始于北洋政府时期。到1927年,国民政府制定了《印花税法暂行条例》,1934年正式颁布《印花税法》。新中国成立后,1950年1月政务院颁布《全国税收实施要则》,对印花税作了规定,成为新中国成立后全国统一开征的税种之一。1950年4月,财政部发布《印花税暂行条例》(试行)。1950年12月,政务院正式公布了《印花税暂行条例》。1958年,工商税制改革,印花税与其他几个税种合并为工商统一税,《印花税暂行条例》及相关规定也即时废止,印花税不再单独开征。1978年改革开放后,商品经济发展迅速,社会经济活动和经济交往过程中书立、领受凭证的行为已成为普遍现象,恢复单独开征印花税的客观经济环境已经成熟。1988年8月,国务院发布了《中华人民共和国印花税暂行条例》,规定从1988年10月1日起在全国范围内恢复征收印花税。

另外,关于印花税的法律法规还有:国家税务局于1988年12月12日颁布的《国家税务局关于印花税若干具体问题的规定》,于1990年8月7日发布的《国家税务局关于尚未投产、营业的外商投资企业所书立、领受印花税暂行条例列举征税的凭证暂免征收印花税问题的批复》,于1990年11月26日发布的《国家税务局关于印花税违章处罚权限问题的通知》,于1991年9月18日发布的《国家税务局关于印花税若干具体问题的解释和规定的通知》,于1997年9月5日发布的《国家税务总局关于外商投资企业的订单要货单据征收印花税问题的批复》,于2002年4月8日发布的《国家税务总局关于印花税票改版的通知》,于2004年1月29日发布的《国家税务总局关于印花税违章处罚有关问题的通知》,于2004年1月30日发布的《国家税务总局关于进一步加强印花税征收管理有关问题的通知》,国家税务总局、铁道部于2006年7月12日颁布的《关于铁路货运凭证印花税若干问题的通知》;财政部、国家税务总局于2006年11月27颁布的《关于印花税若干政策的通知》,等等。

二、印花税法的主要内容

(一)印花税的纳税主体

印花税的纳税主体是指在我国境内书立、使用、领受应税凭证的单位和个人。这里所称的单位和个人,是指国内各类企业、事业、机关、团体、部队以及中外合资企业、合作企业、外资企业、外国公司和其他经济组织以及在华机构等单位和个人。

上述单位和个人按照书立、使用、领受应税凭证的不同,纳税人具体可划分为以下五种:

1. 立合同人。立合同人是指合同的当事人,即对凭证有直接权利义务关系的单位和个人,但不包括合同的担保人、证人和鉴定人。当事人的代理人有代理纳税义务,他与纳税人负有同等的税收法律义务和责任。一份合同由两方或两方以上当事人共同签订的,签订合同的各方均为纳税人。

2. 立据人。立据人是指书立产权转移书据的单位和个人。

3. 立账簿人。立账簿人是指开立并使用营业账簿的单位和个人。

4. 领受人。领受人是指领取并持有权利许可证照的单位和个人。

5. 使用人。使用人是指在国外书立或领受,在国内使用应税凭证的单位和个人。

需要注意的是,应税凭证凡由两方或两方以上当事人共同书立的,其当事人各方均为印花税的纳税主体。

(二)印花税的征税客体

印花税的征税客体是纳税主体在经济活动中书立、领受应税凭证的行为。

(三)印花税的征税范围

《印花税暂行条例》明确规定了印花税的征税范围,具体如下:

1. 购销合同。包括供应、预购、采购、购销结合及协作、调剂、补偿、贸易等合同。此外,还包括出版单位与发行单位之间订立的图书、报纸、期刊和音像制品的应税凭证,如订购单、订数单等。

2. 加工承揽合同。包括加工、定做、修缮、印刷、广告、测绘、测试等合同。

3. 建设工程勘察设计合同。包括勘察、设计合同。

4. 建筑安装工程承包合同。包括建筑、安装工程承包合同。承包合同又分为总承包合同、分包合同和转包合同。

5. 财产租赁合同。包括租赁房屋、船舶、飞机、机动车辆、机械、器具、设备等合同,还包括企业、个人出租门店、柜台等签订的合同。

6. 货物运输合同。包括民用航空、铁路运输、海上运输、公路运输和联运合同以及作为合同使用的单据。

7. 仓库保管合同。包括仓储、保管合同以及作为合同使用的仓单、栈单。

8. 借款合同。包括银行及其他金融组织与借款人(不包括银行同业拆借)所签订的合同以及只填开借据并作为合同使用、取得银行借款的借据。银行及其他金融机构经营的融资租赁业务是一种以融物方式达到融资目的的业务,实际上是分期偿还的固定资产借款,因此,融资租赁合同也属于借款合同。

9. 财产保险合同。包括财产、责任、保证、信用保险合同以及作为合同使用的单据。具体分为企业财产保险、机动车辆保险、货物运输保险、家庭财产保险和农牧业保险五大类。家庭财产两全保险属于家庭财产保险合同之列,应照章纳税。

10.技术合同。包括技术开发、转让、咨询、服务等合同以及作为合同使用的单据。

11.产权转让书据。包括财产所有权和版权、商标专用权、专利权、专有技术使用权等转移书据。所谓产权转移书据,是指单位和个人产权的买卖、继承、赠与、交换、分割等所立的书据。财产所有权转移书据的征税范围,是指政府管理机关登记注册的动产、不动产的所有权转移所立的书据以及企业股权转让所立的书据。

12.营业账簿。营业账簿是指单位或者个人记载生产经营活动的账簿。营业账簿按其反映内容的不同,可分为记载资金的账簿和其他账簿。记载资金的账簿是指反映生产经营单位资本金数额增减变化的账簿;其他账簿是指除上述账簿以外的有关其他生产经营活动内容的账簿,包括日记账簿和各明细分类账簿。

13.权利、许可证照。权利、许可证照包括政府部门发给的房屋产权证、工商营业执照、商标注册证、专利证和土地使用证。

14.经财政部确定征税的其他凭证。

此外,根据国务院的专门规定,股份制企业向社会公开发行的股票,因买卖、继承、赠与所书立的股权转让书据,均按照书据书立时证券市场当日实际成交价格计算的金额缴纳印花税,即证券(股票)交易印花税。

(四)印花税的税率

印花税的税率有两种形式,即比例税率和定额税率。各类合同以及合同性质的凭证、产权转移书据、营业账簿中记载金额的账簿,适用比例税率,税率为0.05‰、0.3‰、0.5‰、4‰、1‰。

具体来说:①借款合同适用税率为0.05‰;②购销合同、建筑安装工程承包合同、技术合同,适用税率为0.3‰;③加工承揽合同、建筑工程勘察设计合同、货物运输合同、产权转移书据、营业账簿中记载资金的账簿,适用税率为0.5‰;④财产租赁合同、仓储保管合同、财产保险合同,适用税率为1‰;⑤股权转让书据,适用税率为2‰。

权利、许可证照和营业账簿中的其他账簿适用定额税率,均为按件贴花,税额为5元。此外,证券(股票)交易印花税的税率经过多次调整,自2007年5月30起,调整证券(股票)交易印花税税率为3‰。2008年,经国务院批准,财政部、国家税务总局决定从2008年4月24起,由3‰调整为1‰,即对买卖继承、赠与所书立的A股、B股股权转让书据,由立据双方当事人分别按1‰的税率缴纳证券(股票)交易印花税。

(五)印花税应纳税额的确定

纳税人应根据应纳税凭证的性质,分别按比例税率或者按件定额计算应纳税额。印花税应纳税额的计算具体可分为以下三类：

1. 合同和具有合同性质的凭证以及产权转移书据的应纳税额为：

$$应纳税额 = 计税金额 \times 适用税率$$

2. 资金账簿的应纳税额为：

$$应纳税额 = （实收资本 + 资本公积） \times 适用税率$$

3. 权利、许可证照和其他账簿的应纳税额为：

$$应纳税额 = 应税凭证件数 \times 单位税额$$

具体税率、税额的确定按《印花税税目税率表》执行。应纳税额不足 1 角的，免纳印花税。应纳税额在 1 角以上的，其税额尾数不满 5 分的不计，满 5 分的按 1 角计算缴纳。

（六）印花税的特别措施

根据现行有关印花税的法律、法规、政策的规定，下列凭证免征印花税：

1. 已缴纳印花税的凭证的副本或者抄本，但是视同正本使用者除外。

2. 财产所有人将财产赠给以下三类单位所立的书据：①政府；②社会福利单位（指抚养孤老伤残的社会福利单位）；③学校。

3. 经财政部批准免税的其他凭证，如：①国家指定的收购部门与村民委员会、农民个人书立的农副产品收购合同；②无息、贴息贷款合同；③外国政府或者国际金融组织向我国政府及国家金融机构提供优惠贷款所书立的合同。

4. 企业因改制而签订的产权转移书据。

（七）印花税的程序规定

印花税实行由纳税人根据税法规定自行计算应纳税额，购买并一次贴足印花税票的缴纳方法。为了简化手续，如果应纳税数额较大或者贴花次数频繁的，可向税务机关提出申请，采取以缴款书代替贴花或者按期汇总缴纳的办法。另外，凡通过国家有关部门发放、鉴证、公证或仲裁的应税凭证，可由税务机关委托有关部门代收。

根据相关政策，进一步加强印花税征管的若干措施包括下述四项：

1. 加强对印花税应税凭证的管理。各级地方税务机关应加强对印花税应税凭证的管理，要求纳税人统一设置印花税应税凭证登记簿，保证各类应税凭证及时、准确、完整地进行登记；应税凭证数量多或内部多个部门对外签订应税凭证的单位，要求其制定符合本单位实际情况的应税凭证登记管理办法。有条件的纳税人应指定专门部门、专人负责应税凭证的管理。

印花税应税凭证应按照《中华人民共和国税收征收管理法实施细则》（以下简称《税收征收管理法实施细则》）的规定保存 10 年。

2. **完善按期汇总缴纳办法。**各级地方税务机关应加强对按期汇总缴纳印花税单位的纳税管理，对核准实行汇总缴纳的单位，应发给汇缴许可证，核定汇总缴纳的限期;同时,应要求纳税人定期报送汇总缴纳印花税情况报告,并定期对纳税人汇总缴纳印花税的情况进行检查。

3. 加强对印花税代售人的管理。各级税务机关应加强对印花税代售人代售税款的管理,根据本地代售情况进行一次清理检查,对代售人违反代售规定的,可视情节轻重,取消代售资格,发现代售人各种影响印花税票销售的行为要及时纠正。

税务机关要根据本地情况选择制度比较健全、管理比较规范、信誉比较可靠的单位或个人委托代售印花税票,并应对代售人经常进行业务指导、检查和监督。

4. 核定征收印花税。根据《税收征管法》第35条的规定和印花税的税源特征,为加强印花税的征收管理,纳税人有下列情形的,地方税务机关可以核定纳税人印花税的计税依据:

(1)未按规定建立印花税应税凭证登记簿,或未如实登记和完整保存应税凭证的。

(2)拒不提供应税凭证或不如实提供应税凭证致使计税依据明显偏低的。

(3)采用按期汇总缴纳办法的,未按地方税务机关规定的期限报送汇总缴纳印花税情况报告,经地方税务机关责令限期报告,逾期仍不报告的或者地方税务机关在检查中发现纳税人有未按规定汇总缴纳印花税情况的。

地方税务机关核定征收印花税,应向纳税人发放核定征收印花税通知书,注明核定征收的计税依据和规定的税款缴纳期限。①

(八)印花税的违法处理与处罚

印花税的征收管理由税务机关负责。纳税人应按照税法的规定纳税,如有违章行为,税务机关有权根据行为性质和情节轻重给予适当的行政处罚;构成犯罪的,由税务机关提请司法机关追究刑事责任。国家税务总局在《印花税暂行条例》及《印花税暂行条例施行细则》的基础上,又于1990年颁布了《关于印花税违章处罚权限问题的通知》(国税发〔1990〕201号);《税收征管法》以及《税收征收管理法实施细则》重新修订颁布后,《印花税暂行条例》第13条及《印花税暂行条例施行细则》第39条、第40条、第41条的部分内容已不适用。为加强对印花税的征收管理,依法处理印花税有关违章行为,2004年,国家税务总局又颁布了《关于印花税违章处罚有关问题的通知》(国税发〔2004〕15号),进一步规范了对印花税领域的违法处理与处罚。其主要内容如下:

印花税纳税人有下列行为之一的,由税务机关根据情节轻重予以处罚:

第一,在应纳税凭证上未贴或者少贴印花税票的,或者已粘贴在应税凭证上的印花税票未注销或者未划销的,适用《税收征管法》第64条的处罚规定。

---

① 国家税务总局. 关于进一步加强印花税征收管理有关问题的通知[S]. 国税函〔2004〕150号,2004年1月30日。

第二,已贴用的印花税票揭下重用造成未缴或少缴印花税的,适用《税收征管法》第63条的处罚规定。

第三,伪造印花税票的,适用《税收征收理管法实施细则》第91条的处罚规定。

第四,按期汇总缴纳印花税的纳税人超过税务机关核定的纳税期限未缴或少缴印花税款的,视其违章性质,适用《税收征管法》第63条或第64条的处罚规定,情节严重的,同时撤销其汇缴许可证。

第五,纳税人违反以下规定的,适用《税收征管法》第60条的处罚规定:①《印花税暂行条例施行细则》第23条规定:"凡汇总缴纳印花税的凭证,应加注税务机关指定的汇缴戳记、编号并装订成册,将已贴印花或者缴款书的一联黏附册后,盖章注销,保存备查";②《印花税暂行条例施行细则》第25条规定:"纳税人对纳税凭证应妥善保存。凭证的保存期限,凡国家已有明确规定的,按规定办;没有明确规定的其余凭证均应在履行完毕后保存一年。"

同时,《印花税暂行条例》第14条还规定,印花税的征收管理,除本条例规定者外,依照《中华人民共和国税收征收管理法》的有关规定执行。

第五节 城市维护建设税法

一、城市维护建设税法概述

(一)城市维护建设税和城市维护建设税法的概念

城市维护建设税(简称城建税),是指国家对缴纳增值税、消费税、营业税(简称"三税")的单位和个人就其实际缴纳的"三税"税额为计税依据而征收的一种税。城建税属于特定目的税,是国家为加强城市的维护建设,扩大和稳定城市维护建设资金来源而采取的一种税法措施。

城市维护建设税的特征有:①具有附加税性质。城建税以纳税人实际缴纳的"三税"税额为计税依据,附加于"三税"税额本身,并没有特定的、独立的征税对象。②具有特定目的。城建税税款专门用于城市的公用事业和公共设施维护建设。

城市维护建设税法是指国家制定的用以调整城市维护建设税征收与缴纳权利及义务关系的法律规范的总称。

(二)城市维护建设税法的立法意义

城市维护建设税及城市维护建设税法的作用表现为下列三点:①有利于保证城市建设资金来源;②有利于促进乡镇城市化建设的发展;③有利于分税制财政体制的建立。

(三)我国现行的城市维护建设税法

我国现行的《中华人民共和国城市维护建设税暂行条例》颁布、施行于1985

年。另外,我国关于城建税的法律规范还有:国家税务总局于 1994 年 2 月 25 日发布的《关于外商投资企业和外国企业暂不征收城市维护建设税和教育费附加的通知》,于 1994 年 3 月 12 日发布的《关于城市维护建设税征收问题的通知》,于 2004 年 3 月 31 日发布的《关于转发国务院办公厅对〈中华人民共和国城市维护建设税暂行条例〉第五条的解释的复函的通知》;财政部于 1985 年 3 月 22 日发布的《关于贯彻执行〈中华人民共和国城市维护建设税暂行条例〉几个具体问题的规定》,于 1985 年 6 月 4 日发布的《关于城市维护建设税几个具体业务问题的补充规定》,财政部、国家税务总局于 2003 年 11 月 10 日发布的《关于做好取消城市维护建设税审批项目后续管理工作的通知》,于 2005 年 2 月 25 日发布的《关于生产企业出口货物实行免抵退税办法后有关城市维护建设税、教育费附加政策的通知》,于 2005 年 5 月 25 日发布的《关于增值税、营业税、消费税实行先征后返等办法有关城建税和教育费附加政策的通知》,等等。

二、城市维护建设税法的主要内容

(一)城市维护建设税的纳税主体

城市维护建设税(简称城建税)的纳税人是指负有缴纳"三税"义务的单位和个人,包括国有企业、集体企业、私营企业、股份制企业、其他企业、行政单位、事业单位、军事单位、社会团体、其他单位、个体经营者和其他个人。"三税"的扣缴义务人也是城建税的扣缴义务人。①

需要注意的是:第一,外商投资企业、外国企业和外国人不缴纳城建税。第二,海关对进口产品代征的产品税和增值税,不征收城建税。第三,个体商贩及个人在集市上出售商品,对其征收临时经营营业税或产品税,是否同时按其实缴税额征收城建税,由各省、自治区、直辖市人民政府根据实际情况确定。

(二)城市维护建设税的征税客体

城建税的征税客体是从事工商经营缴纳增值税、消费税、营业税的单位和个人实际缴纳的"三税"。

(三)城市维护建设税的征税范围

城市维护建设税的征税范围不仅包括城市和县城、镇,还包括广大农村。只要缴纳"三税"的地方,除税法另有规定者外,都属于城建税的征收范围。

(四)城市维护建设税的税基和税率

1. 税基。城建税以纳税人实际缴纳和代征、代扣单位缴纳的增值税、消费税和营业税税额为税基。

---

① 国家税务总局.关于转发国务院办公厅对《中华人民共和国城市维护建设税暂行条例》第五条的解释的复函的通知[S].国税函〔2004〕420 号,2004 年 3 月 31 日.

2．税率。《城市维护建设税暂行条例》对城建税按纳税人所在地的不同，设置了三档地区差别比例税率，即：

（1）纳税人所在地在市区的，税率为7%。

（2）纳税人所在地在县城、镇的，税率为5%。

（3）纳税人所在地不在市区、县城或镇的，税率为1%。

需要注意的是，下列两种情况，可按缴纳"三税"所在地的规定税率就地缴纳城建税：①由受托方代征代扣产品税、增值税、营业税的单位和个人。②流动经营等无固定纳税地点的单位和个人。即对第一种情形，按受托方所在地的城建税税率执行；对第二种情形，则按经营地城建税适用税率执行。

（五）城市维护建设税的计税依据和应纳税额的确定

1．城建税的计税依据，即纳税人实际缴纳的"三税"税额。纳税人违反"三税"有关法律规定而被加收的滞纳金和罚款，不作为城建税的计税依据，但纳税人在被查补"三税"和被处以罚款时，应同时对其偷漏的城建税进行补税和罚款。

2．城建税以纳税人实际缴纳的"三税"税额为计税依据，按照规定的适用税率征收，其公式为：

$$应纳税额 = 计税依据 \times 适用税率$$

3．城建税分别与"三税"同时缴纳。城建税的征收和管理包括城建税的代扣代缴、代收代缴，一律比照增值税、消费税、营业税的有关规定办理。

（六）城市维护建设税的特别措施

城建税原则上不单独减免，但因城建税具附加税性质，当主税发生减免时，城建税相应地发生税收减免。

城建税的税收减免有下述六种情况：

1．城建税按减免后实际缴纳的"三税"税额计征，即随"三税"的减免而减免。

2．对因减免税而需进行"三税"退库的，城建税也可同时退库。

3．海关对进口产品代征的增值税和消费税，不征收城建税。

4．对机关服务中心为机关内部提供的后勤服务所取得的收入，在2005年12月31日前暂免征收城建税。

5．为支持三峡工程建设，对三峡工程建设基金，自2004年1月1日至2009年12月31日期间，免征城市维护建设税和教育费附加。

6．对"三税"实行先征后返、先征后退、即征即退办法的，除另有规定外，对随"三税"附征的城市维护建设税和教育费附加，一律不予退（返）还。

（七）城市维护建设税的程序规定

1．纳税环节。城建税的纳税环节是指城建税法规定的纳税人应当缴纳城建税的环节。城建税的纳税环节实际就是纳税人缴纳"三税"的环节。纳税人只要发生"三税"的纳税义务，就要在同样的环节，分别计算缴纳城建税。

2. 纳税地点。城建税以纳税人实际缴纳的增值税、消费税、营业税税额为计税依据,分别与"三税"同时缴纳。所以,纳税人缴纳"三税"的地点就是该纳税人缴纳城建税的地点。但是属于下列情况的,纳税地点有相应的规定:

(1)代扣代缴、代收代缴"三税"的单位和个人同时也是城市维护建设税的代扣代缴、代收代缴义务人,其城建税的纳税地点在代扣代收地。

(2)跨省开采的油田,下属生产单位与核算单位不在一个省内的,其生产的原油在油井所在地缴纳增值税,其应纳税额由核算单位按照各油井的产量和规定税率,计算汇拨各油井缴纳。所以,各油井应纳的城建税应由核算单位计算,随同增值税一并汇拨油井所在地,由油井在缴纳增值税的同时一并缴纳城建税。

(3)对管道局输油部分的收入,由取得收入的各管道局于所在地缴纳营业税。所以其应纳城建税,也应由取得收入的各管道局于所在地缴纳营业税时一并缴纳。

(4)对流动经营等无固定纳税地点的单位和个人,应随同"三税"在经营地按适用税率缴纳。

3. 纳税期限。由于城建税是由纳税人在缴纳"三税"时同时缴纳的,所以其纳税期限分别与"三税"的纳税期限一致。根据增值税法和消费税法的规定,增值税、消费税的纳税期限均分别为 1 日、3 日、5 日、10 日、15 日或者 1 个月;根据营业税法的规定,营业税的纳税期限分别为 5 日、10 日、15 日或者 1 个月。增值税、消费税、营业税的纳税人的具体纳税期限由主管税务机关根据纳税人应纳税额的大小分别核定;不能按照固定期限纳税的,可以按次纳税。

由于城市维护建设税法规是在 1994 年分税制前制定的,1994 年后,增值税、消费税由国家税务局征收管理,而城市维护建设税由地方税务局征收管理,因此,在缴税入库的时间上不一定完全一致。

第六节　筵席税法

一、筵席税法概述

筵席税是指以在我国境内的饭店、酒店、宾馆、招待所以及其他饮食营业场所举办筵席的行为作为征税对象,实行按次从价计征的一种税。[①]

筵席税法是指国家制定的,调节筵席税的征收与缴纳过程中权利义务关系的法律规范的总称。

国务院于 1998 年 9 月 9 日通过并实施《中华人民共和国筵席税暂行条例》。筵席税的开征虽发挥了一定的积极作用,但也存在一些问题,如税源分散、收入少

---

① 刘少军,庞淑萍.税法案例教程[M].知识产权出版社,2005.

且不稳定、征收管理难度大等。1994 年税制改革时,国务院将筵席税的立法权和征管权下放给了地方,由各地决定开征或停征。筵席税下放地方管理后,各省、自治区、直辖市人民政府可以根据本地区经济发展的实际情况,自行决定继续征收或者停止征收。继续征收的地区,省、自治区、直辖市人民政府可以根据《筵席税暂行条例》的规定制定具体征收办法,并报国务院备案。

目前,各地区都已经停止征收筵席税。

二、筵席税法的主要内容

(一)筵席税的纳税主体

筵席税的纳税主体是所有在我国境内设立的饭店、酒店、宾馆、招待所以及其他饮食营业场所举办筵席的单位和个人。

(二)筵席税的征税客体

筵席税的征税客体是行为,具体来说,就是我国境内的饭店、酒店、宾馆、招待所以及其他饮食营业场所举办筵席的行为。

(三)筵席税的征税范围

筵席税的征税范围包括我国境内的饭店、酒店、宾馆、招待所以及其他饮食营业场所举办的筵席。

(四)筵席税的税率

筵席税的税率采用 15% ~ 20% 的幅度比例税率,实行从价计征,并规定弹性征税起点为一次筵席支出金额达到 200 元至 500 元,按支付金额全额计算征收筵席税。具体税率和起征点由各省、自治区、直辖市人民政府自行规定。

(五)筵席税的计税依据

筵席税以举办一次筵席所支付的全部金额为计税依据。筵席支付金额包括菜肴、酒、饭、面、点、饮料、水果、香烟等价款。

(六)筵席税的征收管理

筵席税一般采用代征代缴的征收办法,即以承办筵席的饭店、酒店、宾馆招待所以及其他经营饮食的单位和个人为代扣代缴义务人,负责筵席税的代征代缴。

第七节　屠宰税法

一、屠宰税法概述

(一)屠宰税和屠宰税法的概念

屠宰税是对税法列举的几种牲畜(猪、羊、菜牛等),在发生屠宰行为或收购牲畜行为时,向屠宰单位和个人征收的一种税。

屠宰税法是国家制定的,调节屠宰税的征收与缴纳过程中权利义务关系的法律规范的总称。

(二)屠宰税法的历史沿革

1950年12月19日,中央人民政府政务院颁布了《中华人民共和国屠宰税暂行条例》,即日起施行。

1994年税制改革实施以后,国务院于1994年1月23日专门发文(国发〔1994〕7号),规定下放屠宰税管理权给地方政府。屠宰税下放地方管理后,各省、自治区、直辖市人民政府可以根据本地区经济发展的实际情况,自行决定继续征收或者停止征收。继续征收的地区,省、自治区、直辖市人民政府可以根据《屠宰税暂行条例》的规定制定具体征收办法,并报国务院备案。

1994年3月10日,国家税务总局《关于屠宰税征收问题的通知》(国税发〔1994〕050号)进一步明确:"各地可参照原政务院和财政部关于征收屠宰税的规定,依照改革的要求和基本维持原税负的原则,结合当地的实际情况,自行制定征收屠宰税的办法,征收范围应包括原缴纳产品税的食用生猪、菜牛、菜羊。各地制定的征收办法,要报国家税务总局备案。"在实际执行中,除了西藏自治区以外,全国各省、自治区和直辖市都根据当地的实际情况制定了本地区的屠宰税征收办法,并陆续公布施行。

在地方征收屠宰税的过程中,出现了许多问题。1998年8月18日,国家税务总局《关于做好农业税农业特产税屠宰税征收工作的通知》(国税发〔1998〕133号)规定:"屠宰税必须据实征收。严禁人头、地亩和牲畜存栏头数搞摊派,不得以屠宰税名义搞搭车收费。在收购环节征收屠宰税的,不得把应由收购方缴纳的屠宰税改由饲养户缴纳,不得对未收购的应税牲畜预征屠宰税。发现有违反规定的行为,要立即纠正,并严肃处理,追查责任。"

根据2000年3月2日中共中央、国务院《关于进行农村税费改革试点工作的通知》(中发〔2000〕7号)的精神,财政部、国家税务总局于2000年5月15日发布了《关于农村税费改革试点地区取消屠宰税的通知》(财税字〔2000〕71号)。按照该通知的规定,实行农村税费改革试点的地区,取消屠宰环节和收购环节征收的屠宰税。原来地方随屠宰税附征的其他收费项目也一律停止(按国家规定收取的检疫费等合法收费除外)。试点地区取消屠宰税后,不得以任何名义、方式,向屠宰、收购生猪、菜牛、菜羊等应税牲畜的单位和个人变相征收、平摊屠宰税。

目前,各地区都已经停止征收屠宰税。①

---

① 徐孟洲.税法学[M].北京:中国人民大学出版社,2005.

二、屠宰税法的主要内容

(一)屠宰税的纳税主体

屠宰税的纳税主体是凡在我国境内宰杀生猪、菜牛、羊三种牲畜并出售的,不论是单位(包括各种性质的单位和各种形式的单位),还是个人,也不论是专门从事屠宰经营的单位或者个人,还是普通的单位或者个人,都负有缴纳屠宰税的义务。

(二)屠宰税的征税客体

屠宰税的征税客体是行为,但具体来说,只有宰杀并销售牲畜的行为才要纳税。

《屠宰税暂行条例》第2条规定:"自养、自宰、自食的牲畜免税";第13条规定:"各省(市)人民政府对于辖区少数民族的宗教节日屠宰牲畜之许可和免税,得以命令定之"。

(三)屠宰税的征税范围

屠宰税法的征税范围一般限于生猪、菜牛、菜羊三种牲畜的屠宰。耕畜、运输畜、种畜、乳畜、幼畜属保护之列,限制屠宰。对失去运输或耕作能力的牛、马、骡、驴、骆驼等,经有关部门批准屠宰的,可以征收屠宰税。对农民或猎户捕获的野畜,如野猪、野牛、野羊等不征屠宰税。

(四)屠宰税的税率

按照《屠宰税暂行条例》的规定,凡屠宰猪、羊、牛等牲畜者,均应按牲畜屠宰后的实际重量从价计征缴纳屠宰税,税率为10%。不能按实际重量计征之地区,得规定各种牲畜的标准重量,从价计征。

所以,在实际征收过程中,屠宰税的计税依据有两种:屠宰税率实行从价计征时,采用比例税率;实行从量计征时,采用定额税率,即按实际重量计征或按每头定额税率计征。

1. 按实际重量从价计征税额的计算公式为:

$$应纳税额 = 宰杀牲畜的实际重量 \times 计税价格 \times 适用税率$$

2. 实行从量计征的计算公式:

$$应纳税额 = 宰杀牲畜的数量(头) \times 定额税率(北京采取从量计征)$$

(五)屠宰税的计税依据

屠宰税的计税依据具体可分为两种:一种是以应税牲畜的实际销售收入为计税依据,实行从价定率计征;另一种是以屠宰应税牲畜的头数作为计税依据,实行从量定额计征。

(六)屠宰税的减免

关于屠宰税的减免,各地在立法时可作如下考虑:

1. 为贯彻党的少数民族政策,照顾少数民族的风俗习惯,对少数民族在宗教节日或民族节日屠宰应税牲畜,予以免税。

2. 对部队屠宰自养自食的牲畜,予以免税。

3. 对农民春节期间或农忙季节屠宰自养自食的应税牲畜,予以免税或适当减税。

4. 对因病、伤死亡而屠宰的牲畜,凭有关部门的证明,免征屠宰税。

（七）屠宰税的征收管理

屠宰税由开征地区的基层地方税务机关负责征收管理。由税务机关直接征收税款有困难的,可委托区、乡人民政府甚至基层村民委员会代征,并明确代征单位代征员的职责范围,建立健全票证领用与保管、税款报解等制度。屠宰应税牲畜必须先纳税,然后才能出售。

第八节　烟叶税法

一、烟叶税法概述

（一）烟叶税和烟叶税法的概念

烟叶税是以烟叶为征收对象、以烟叶的收购金额为计税依据,对在我国境内收购烟叶的

单位征收的一种税。因其征税客体是收购烟叶这种行为,所以属于行为税。

烟叶税法是指由国家制定的,旨在调整烟叶税的征收和缴纳过程中权利义务关系的法律规范的总称。我国现行烟叶税的基本规范是 2006 年 4 月 28 日国务院颁布的《中华人民共和国烟叶税暂行条例》。

（二）烟叶税法的立法意义

征收烟叶税和制定烟叶税法的目的是保证烟叶产区的地方政府稳定地取得财政收入,保持烟草税制的完整,加强地方税制建设。

（三）我国现行的烟叶税法

我国从 2006 年 4 月 28 日起开征烟叶税,相应的烟叶税法是 2006 年 4 月 28 日国务院颁布的《中华人民共和国烟叶税暂行条例》。另外,还有财政部和国家税务总局于 2006 年 5 月 18 日发布的财税〔2006〕64 号《关于烟叶税若干具体问题的规定》。

二、烟叶税法的主要内容

（一）烟叶税的纳税主体

烟叶税的纳税主体为在我国境内收购烟叶的单位。收购烟叶的单位是指依照

《烟草专卖法》的规定有权收购烟叶的烟草公司或者受其委托收购烟叶的单位。依照《烟草专卖法》查处没收的违法收购的烟叶,由收购罚没烟叶的单位按照购买金额计算缴纳烟叶税。

（二）烟叶税的征税客体

烟叶税法的征税客体是行为,是烟叶税纳税主体在我国境内收购烟叶的行为。

（三）烟叶税的征税范围

烟叶税的征收范围为烟叶,包括晾晒烟叶和烤烟叶。其中,晾晒烟叶包括列入名晾晒烟名录的晾晒烟叶和未列入名晾晒烟名录的其他晾晒烟叶。[①]

（四）烟叶税的税率

烟叶税实行比例税率,税率为20%。

（五）烟叶税的计税依据（应纳税额的计算）

1. 烟叶税的应纳税额按照纳税人收购烟叶的收购金额乘以20%的税率计算。其计算公式为:

$$应纳税额 = 烟叶收购金额 × 税率$$

2. 烟叶收购金额包括纳税人支付给烟叶销售者的烟叶收购价款和价外补贴。按照简化手续、方便征收的原则,对价外补贴统一暂按烟叶收购价款的10%计入收购金额征税。[①]收购的金额计算公式为:

$$收购金额 = 收购价款 × (1 + 10\%)$$

（六）烟叶税的程序规定

1. 申报缴纳。烟叶税由地方税务机关征收。纳税人在收购烟叶时,应当向烟叶收购地的主管税务机关申报纳税。

2. 期限。烟叶税的纳税义务发生时间为纳税人收购烟叶的当天。收购烟叶的当天是指纳税人向烟叶销售者付讫收购烟叶款项或者开具收购烟叶凭据的当天。

纳税人应当自纳税义务发生之日起30日内申报纳税,具体纳税期限由主管税务机关核定。

烟叶税的征收管理,依照《税收征管法》及本条例的有关规定执行。

第九节　船舶吨税法

一、船舶吨税概述

（一）船舶吨税和船舶吨税法的概念

船舶吨税,简称"吨税",是对在我国港口行驶的外国籍船舶、外商租用的中国

---

① 财政部,国家税务总局.关于烟叶税若干具体问题的规定[S].财税〔2006〕64号,2006年5月18日.

籍船舶以及中外合营企业使用的中外国籍船舶,按照船舶注册的净吨位征收的一种税。船舶吨税是世界各国普遍征收的一种税。

当进行国际航行的船舶在我国港口行驶时,会使用我国的港口和助航设备,因此,我国有权对此船舶课税。该税在有些国家被称为灯塔税。[①]

船舶吨税法就是国家制定的,调整船舶吨税征收与缴纳过程中权利义务关系的法律规范的总称。

(二)船舶吨税法的立法意义

开征船舶吨税,制定船舶吨税法,一方面可以限制外国船舶随意进入我国港口,保护我国海洋运输业的发展,另一方面可以为我国港口、海上干线、公用航标的建设和维护筹集一定的资金。[②]

(三)船舶吨税法的历史沿革和现行相关税法

我国现行规范船舶吨税征纳关系的法规主要是1952年9月海关总署公布实施、以后经过多次修订的《中华人民共和国海关船舶吨税暂行办法》(以下简称《船舶吨税暂行办法》),另外还有交通部以及海关总署做出的一系列批复文件。

二、船舶吨税法的主要内容

(一)船舶吨税的纳税主体

船舶吨税的纳税主体是按照船舶吨税法征税范围中规定的船舶的使用人或其委托的外轮代理公司。

(二)船舶吨税的征税客体

船舶吨税的征税客体是行为,具体来说就是外国籍船舶在我国港口行驶、外商租用的中国籍船舶以及中外合营企业使用的中外国籍船舶的行为。

(三)船舶吨税的征税范围

根据我国《船舶吨税暂行办法》的规定,船舶吨税的征税范围包括:①在我国港口航行的外国籍船舶;②外商租用的中国籍船舶;③中外合营的海运企业使用的中国和外国籍船舶以及租用的外国籍船舶;④中国租用的(包括国外华商所有的和租用的)航行于国外或者兼营国内沿海贸易的外国籍船舶。

(四)船舶吨税的税率

我国船舶吨税采用分类分级定额税率,将应税船舶分为机动船舶和非机动船舶,以船舶注册净吨位作为计税依据,船舶的净吨位越大,定额税率越高。船舶吨税采用复式税则,两类船舶都按净吨位分成若干等级,并按90天和30天的不同纳

---

① 徐孟洲.税法学[M].北京:中国人民大学出版社,2005.
② 徐孟洲.税法学[M].北京:中国人民大学出版社,2005:204.

税期分别规定一般吨税与优惠税的单位税额(详见表 10 - 3)。

表 10 - 3 船舶吨税税率表

船舶种类	吨 位	每吨吨税(人民币)	附 注
机动船:轮船	50 吨以下	3 角	按净吨位计征,尾数在半吨以下者免征其尾数,半吨及超过半吨但不及一吨者则晋按一吨计算;又不及一吨的小型船舶,除经海关总署特准免征者外,应一律按一吨计征。
	51 吨至 150 吨	3 角 5 分	
汽船 拖船 机动船	151 吨至 300 吨	4 角	
	301 吨至 500 吨	4 角 5 分	
	501 吨至 1000 吨	6 角	
	1 001 吨至 1 500 吨	7 角 5 分	
	1 501 吨至 2 000 吨	9 角	
	2 001 吨至 3 000 吨	1 元 1 角	
	3 001 吨至 4 000 吨	1 元 3 角	
	4 001 吨至 5 000 吨	1 元 5 角	
	5 001 吨以上	1 元 8 角	
非机动船: 各种人力驾驶船以及驳船、帆船	10 吨以下	1 角 5 分	
	11 吨至 50 吨	2 角	
	51 吨至 150 吨	2 角 5 分	
	151 吨至 300 吨	3 角	
	301 吨以上	3 角 5 分	

注:根据《船舶吨税暂行办法》的规定,享受吨税优惠税率的条件是属于与我国签有海运条约或协定,并规定对船舶的税、费相互给予最惠国待遇的国家的船舶,其余船舶的吨税按普通税率计征。

(五)船舶吨税的计税依据(应纳税额的确定)

船舶吨税以船舶的注册净吨位(即船舶能够装载旅客或货物的船舱容量)为计税依据,按适用定额税率计征。其应纳税额的计算公式为:

船舶吨税应纳税额 = 应税船舶净吨位×适用税额标准

(六)船舶吨税的特别措施

1.税率优惠。根据《船舶吨税暂行办法》的规定,应征吨税船舶的国籍如属于同中华人民共和国签有条约或协定,规定对船舶的税费相互给予最惠国待遇的国家,该船舶的吨税按优惠税率计征。其按 3 个月期缴纳的吨税税率如下:

表 10－4 船舶吨税税率优惠计征表

船舶种类	吨 位	每吨吨税(人民币)	附 注
机动船 (轮船、汽船、拖船)	50 吨以下	3 角	计征办法同前表
	51 吨至 150 吨	3 角 5 分	
	15 吨至 300 吨	4 角	
	301 吨至 500 吨	4 角 5 分	
	501 吨至 1 000 吨	5 角 5 分	
	1 001 吨至 1 500 吨	6 角 5 分	
	1 501 吨至 2 000 吨	8 角	
	2 001 吨至 3 000 吨	9 角 5 分	
	3 001 吨以上	1 元 1 角	
非机动船(各种人力 驾驶船及帆船、驳 船)	10 吨以下	1 角 5 分	
	11 吨至 50 吨	2 角	
	51 吨至 150 吨	2 角 5 分	
	151 吨至 300 吨	3 角	
	301 吨以上	3 角 5 分	

注:按本条规定纳税之船舶,如申请按照前条办法按 30 天期缴纳,照上表减半征收。

2.免征。根据《船舶吨税暂行办法》的规定,下列各种外籍船舶可免征船舶吨税:

(1)与我国建立外交关系国家的大使馆、公使馆、领事馆使用的船舶。

(2)经当地港务机关证明,属于驶入我国港口避难、修理、停用或拆毁、添装船用燃料和物料并且不能上下客货的船舶。

(3)专供上下客货及存货的自定趸船、浮桥趸船及浮船。

(4)我国政府机关征用或租用的船舶。

(5)进口后 24 小时或停泊港口外 48 小时以内离港并未装卸任何客货,不需向我国海关申报进口的国际航行船舶。

(6)吨税税额不满人民币 10 元的船舶。

(七)船舶吨税的程序规定

1.申报。未持有我国有效船舶吨税执照的进境应税船舶,应在船舶进境地海关办理缴纳船舶吨税的手续,申领船舶吨税执照,同时交验船舶的国籍证书和船舶吨位证书。船舶吨税由海关代征,经过有关部门特准行驶于我国未设海关的地方的船舶,其吨税由海关委托当地税务机关代征。凡征收吨税的船舶,不再征收车船使用牌照税或车船使用税。

纳税人在申领船舶吨税执照时,必须向海关声明欲申请的船舶吨税执照的有效期,我国船舶吨税的纳税期限有 90 天和 30 天两种,由纳税人在申请完税时选择。

2.纳税期限。海关依法审核后,根据纳税人申领吨税执照的期限计征船舶吨税,并填发海关代征船舶吨税缴款书。纳税人应当自海关签发吨税缴款书的次日起7日内(星期日和法定节假日除外)向指定银行缴清税款,并由海关填发船舶吨税执照交给纳税人。

已缴纳吨税的船舶驶入我国港口避难、修理,或者因防疫隔离不能上下客货,以及中央或地方人民政府征用或者租用的,凭港务机关证明文件,经审查属实后,海关可以按其实际日数,将吨税执照的有效日期批注延长。

3.续纳。船舶吨税执照期满后,如果该船舶仍在我国境内行使或在我国港口停泊,应自到期之日起五日内向海关申报续领吨税。新吨税执照期限自原执照期满之次日起计算。

(八)船舶吨税的违法处理与处罚

进口应税船舶,凡未在规定时间内向海关申报纳税,应处以应纳税额三倍以下的罚金。纳税人如果在海关填发税款缴纳证次日起七日内(星期六、日及节假日除外)未缴清税款,自欠缴之日起至缴清税款之日止,按日征收应纳税额1‰的滞纳金。

案例分析

(一)车主张某拥有一辆小型普通客车。2008年3月4日,张某到北京市西城区地方税务局纳税服务税务所缴纳车船税。地税局经审查后认定,张某未按规定办理车船税的纳税申报,当即向张某告知了其存在的违法行为及拟对其作出的处罚,并听取了张某的申辩。随后,地税局纳税服务税务所作出了"行政处罚决定书",决定对张某罚款50元,并将处罚决定书送达给张某。张某于当日交纳了罚款50元。后张某向北京市西城区地方税务局申请行政复议。张某认为,他拥有的机动车既非新购,亦没有发生法规规定的变化情况,无须逐年申报,只需按照法规规定的缴纳期限缴纳税款即可,逾期缴纳税款应当加收滞纳金而不应进行行政处罚。

问题:

西城区地税局纳税服务税务所对张某作出的行政处罚决定是否正确?

参考答案:

本案例中的车主张某拥有的普通客车,其性质属于机动车,应成为车船税的征税对象。张某不仅拥有该车,而且还在公共道路上行驶该车,而不只限于内部使用,所以对其使用该车辆的行为必须承担缴纳车船税的义务。张某主动到税务所缴纳车船税的行为是自觉履行该项义务的体现。

履行纳税义务的过程还要遵循一定的程序,这样才能有效地征收和管理税款。纳税人不仅应当知道自己应否纳税、缴多少税,还应当了解怎样纳税。车船税按年份征收、分期缴纳。纳税期限由省、自治区、直辖市人民政府确定。车船税由纳税人所在地的税务机关征收。车船税的征收管理依照《税收征管法》的规定办理。《税收征管法》第25条规定:"纳税人必须依照法律、行政法规规定或者税务机关依照法律、行政法规的规定确定的申报期限、申报内容如实办理纳税申报,报送纳税申报表、财务会计报表以及税务机关根据实际需要要求纳税人报送的其他纳税材料。"《税收征收管理法实施细则》第32条规定:"纳税人在纳税期内没有应纳税款的,也应当按照规定办理纳税申报。纳税人享受减税、免税待遇的,在减税、免税期间应当按照规定办理纳税申报。"根据上述规定,纳税申报是履行纳税义务时必经的法定程序。车船税也必须先采取纳税申报的方式,纳税人应根据规定,将现有的车船的数量、种类、吨位和用途等情况据实向当地地税机关办理纳税申报,经审核后办理纳税手续,也可在车辆年检时向车辆管理所缴纳车船税。

张某拥有的客车虽然既不是新购,也没有发生法规所规定的变化情况,但车船税是按年征收的,每一年缴纳税款时都应遵守《税收征管法》的规定,先提出纳税申请,然后再缴纳税款。张某提出的无须逐年申报的说法不被税务机关采纳。

《税收征管法》第62条规定:"纳税人未按照规定的期限办理纳税申报和报送纳税材料的,或者扣缴义务人未按照规定的期限向税务机关报送代扣代缴、代收代缴税款报告表和有关资料的,由税务机关责令限期改正,可以处2 000以下的罚款;情节严重的,可以处2 000以上1万元以下的罚款。"

张某未按照北京市地方税务局依法确定的车船税申报期限进行纳税申报及缴纳税款,该行为违反了上述法律规定。西城区地税局纳税服务税务所根据张某延期申报的违法事实作出行政处罚决定是正确的。

(二)某市一运输公司从事海陆货运业务,拥有并使用货船两艘,小轿车和面包车各8辆。其中,小轿车和面包车用于从事该市所在省内的运输业务,货船从事全国性的运输业务,车船均在该市车船管理部门登记。后因经营需要,该公司将其中一艘货船出租给个体经营者李某,李某用来进行货运,收入归李某自己所有。到了该申报车船税时,该公司以此货船不归自己使用和管理为由,拒绝缴纳车船税,而李某则以自己是租借人而不是所有人为由,拒绝缴纳车船税。

问题:

该货船的车船税应当由谁缴纳?

参考答案:

《车船税暂行条例》第9条规定:"车船的所有人或者管理人未缴纳车船税的,使用人应当代为缴纳车船税。"据此,该货船仅为该公司出租给李某,所有权仍属于该公司,所以货船的车船税应当由该公司缴纳。如果该公司拒不缴纳,该市地方税务机关可以向作为使用人的李某征收税款,李某可以事后向该公司追偿。

（三）张某购买某型号小轿车一辆，相应地，车辆购置税等也向税务机关缴纳，后该车因质量问题退回，张某遂到税务机关要求申请车辆购置税的退税。因张某疏于保管，已将该车车购税原始完税凭证丢失，所以税务机关以此为由拒绝退税，双方起争执。

问题：

税务机关拒绝退税的理由是否正确？

参考答案：

《国家税务总局关于车辆购置税有关问题的通知》中第 1 项规定："已经缴纳车购税的车辆，因质量问题需将该车辆退回车辆生产厂家的，可凭生产厂家的退车证明办理退税；退税时必须交回该车车购税原始完税凭证；不能交回该车原始完税凭证的，不予退税。"同时，纳税凭证的丢失确由张某保管不慎所致。

由此可知，税务机关拒绝退税的理由正确。

（四）张先生参加某单位举办的有奖销售活动，中奖获得一辆小汽车。张先生缴纳车辆购置税后，将该辆小汽车转让给王先生。

问题：

王先生应缴纳车辆购置税吗？

参考答案：

张先生缴纳车辆购置税后，将该辆小汽车转让给王先生，王先生无须缴纳车辆购置税。其原因是：车辆购置税实行一次征收制，对已征车辆购置税的车辆不再征收车辆购置税。

（五）某市一国有企业进行改组改制，改制成功并成立了有限责任公司。改制后发现，该公司改制前签订的但尚未履行完的各类合同，改制后合同主体从"某企业"变成了"某公司"，而以前的合同均已贴花；同时，该新公司的注册资本较以前国有企业的注册资本增长 10%，以前国有企业的资金账簿均已经贴花。该市地税局认为该公司属新办企业，应就新公司账簿上的资金全额缴纳印花税，为此双方发生争议。

问题：

企业经过改制，成立新企业的资金账簿以及以前未履行完的合同需要全部重新贴花吗？

参考答案：

企业改制过程中成立的新企业的资金账簿以及以前未履行完的合同不需要全

部重新贴花。

企业经过改制,成立的新企业是否需要全部重新贴花这个问题在财政部、国家税务总局《关于企业改制过程中有关印花税政策的通知》(财税〔2003〕183号)中已经作出了明确规定:实行公司制改造的企业在改制过程中成立新企业,其新启用的资金账簿记载的资金,凡原已贴花的部分可不再贴花,未贴花的部分和以后新增加的资金按规定贴花。企业债权转股权新增加的资金按规定贴花。企业改制中经评估增加的资金按规定贴花。企业其他会计科目记载的资金转为实收资本或资本公积的资金按规定贴花。企业改制前签订但尚未履行完的各类合同,改制后需要变更执行主体的,仅对改变执行主体、其余条款未作变动且改制前已贴花的,不再贴花。企业因改制签订的产权转移书据免贴花。

因此,该公司可就新增加的资金进行贴花,改制前已缴纳过印花税的资金账簿可不必再贴花。此外,企业改制前签订但尚未履行完的各类应税合同,改制后只需要变更执行主体的,其余条款未作变动且改制前已贴花的,不再贴花。

(六)某教育与职业杂志社经营范围主要是编辑、出版、发行财经杂志。该杂志社主要业务以销售期刊为主。销售业务所缴纳增值税、企业所得税由国税局负责征收管理。税务检查小组采用调账检查的方法,对该社2006年至2007年度的纳税情况进行了检查。经检查发现,该杂志社与某印刷厂签订《财经论坛》杂志的印制合同书未贴印花税,合同中记载加工费4 000元,原材料费7 000元。该杂志社与运输公司签订了一份运输合同,合同金额700元,在签订合同的同时开立单据。

问题:

该杂志社所签订的委托印刷合同及与运输公司签订的货物运输合同和开立的单据是否都要依法缴纳印花税?

参考答案:

该杂志社签订的合同应当依法缴纳印花税;与运输公司所签订的货物运输合同贴花后,同时开立的单据无须再贴花。

根据国家税务局《关于印花税若干具体问题的规定》(国税地字〔1988〕第025号)第1条关于对由受托方提供原材料的加工、定做合同如何贴花的解答中阐明:由受托方提供原材料的加工、定做合同,凡在合同中分别记载加工费金额与原材料金额的,应分别按"加工承揽合同"、"购销合同"计税,两项税额相加数,即为合同应贴印花;合同中不划分加工费金额与原材料金额的,应按全部金额依照"加工承揽合同"计税贴花。第5条关于对货物运输单、仓储保管单、财产保险单、银行借据等单据是否贴花的解答中阐明:"对货物运输、仓储保管、财产保险、银行借款等,办理一项业务既书立合同,又开立单据的,只就合同贴花;凡不书立合同,只开立单据,以单据作为合同使用的,应按照规定贴花。"

因此,该杂志社与印刷厂所签订的印刷合同中的原材料费适用0.3‰的税率。对于印刷合同中的加工费、与运输公司签订的运输合同,应当按照"加工承揽合同"及货物运输合同适用0.5‰的税率。该杂志社补缴上述税款后还应当受到相应的处罚。

（七）某副食商店主要零售副食品、冷饮、酒、茶叶、日用百货、文化体育用品、烟。税务机关根据工作安排对该副食商店在2007年1月至2007年12月经营期间的纳税情况进行检查。检查中发现,该企业2007年11月25日收取房屋租金1 700元,未缴纳营业税、城建税和教育费附加。

问题:

副食品商店收取租金是否应当纳税? 应当纳哪些税?

参考答案:

副食品商店收取租金应当依法缴纳营业税。该副食商店虽然主要经营的是零售业务,但是兼营房屋出租。《营业税暂行条例》第4条规定:"纳税人提供应税劳务,转让无形资产或者销售不动产,按照营业额和规定的税率计算应纳税额。"

《营业税暂行条例实施细则》第6条规定,纳税人兼营应税劳务与货物或非应税劳务的,应分别核算应税劳务的营业额和货物或者非应税劳务的销售额。不分别核算或者不能准确核算的,其应税劳务与货物或者非应税劳务一并征收增值税,不征收营业税。

根据《国家税务总局关于印发〈营业税税目注释(试行稿)〉的通知》的规定,租赁业是指在约定的时间内将场地、房屋、物品、设备或设施等转让他人使用的业务,属于服务业税目范围。

基于以上规定,就本例而言,该副食商店的销售收入与租金收入单独核算,因此,该副食商店应补缴营业税85(1 700×5%)元,城建税5.95(85×7%)元,教育费附加2.55(85×3%)元。根据《税收征管法》第32条的规定,纳税人未按照前款规定期限缴纳税款的,税务机关除责令限期缴纳外,从滞纳之日起,按日加收滞纳税款0.5‰的滞纳金。

（八）某建筑工程公司施工处(乙)属集体所有制企业,经营范围为12层以下,跨度21米以下,高度50米以下的建筑。税务人员于2008年5月17日采取外调法对该公司纳税情况进行检查。通过查看建设单位(甲)的账目发现,建设单位"应付账款",某建筑工程公司施工处"科目"借方有支出材料款共7笔,金额为311 706.42元,税务人员询问建设单位有关人员后认定为甲方建设单位用材料抵顶应付乙方某建筑工程公司施工处工程款。证据清楚后,检查人员开始对该建筑工程公司施工处的工程款的问题进行调查核实,确认该处收到材料后未作营业收入处理,也未申报纳税。

问题：

该建筑工程公司施工处采取以材料款抵顶工程款未作收入处理的行为是否违法?

参考答案：

该建筑工程公司施工处采取以材料款抵顶工程款未作收入处理是偷税行为。

甲方建设单位用材料抵顶应付乙方建筑工程公司施工处的工程款。乙方建筑工程公司施工处收到该批材料后未作营业收入处理,也未申报纳税,造成偷税12 624.10元(其中,营业税9 351.19元,城建税467.56元,企业所得税2 805.35元)。根据《税收征管法》第60条的规定,定性为偷税。除限期缴纳12 624.10元的税款外,处以应补缴税款两倍的罚款25 248.20元。

(九)2006年7月,A县某烟草公司与B县的一些烟农签订了烟叶收购合同。2006年10月20日,该烟草公司向该烟农收购了5 000公斤相同类型的烤烟叶,并于收购当天将全部收购款项支付给烟农并开具了收购凭据。由于烟农完全按照合同规定交售了烟叶,因此,烟草公司于烟叶收购结束后,依国家有关政策规定,以肥料形式兑付给每位烟农0.5元/斤的物质差价和0.3元/斤的煤炭补贴。已知该地区该类型烤烟叶的国家统一收购价格为500元/50公斤。

问题：

1. 该烟草公司应缴纳的烟叶税是多少?

2. 该烟草公司烟叶税的纳税地点在哪里?

3. 该烟草公司烟叶税的纳税期限是什么?

参考答案：

1. 计算该烟草公司应缴纳的烟叶税为：

应纳烟叶税 $= 5\ 000 \times 500/50 \times (1 + 10\%) \times 20\% = 11\ 000$(元)

说明：烟叶税的价外补贴统一暂按烟叶收购价款的10%计入收购金额征税。

2. 该烟草公司应当向A县的地税部门(烟叶收购地的主管税务机关)申报纳税。

3. 因该烟草公司在收购当天即支付全部收购款项并开具了收购凭据,所以该笔收购业务的纳税义务发生时间应为收购烟叶的当天,即2006年10月20日。该烟草公司应于2006年11月19日前(自纳税义务发生之日起30日内)申报缴纳烟叶税。

(十)某中外合营企业从事海运业务,名下有五艘轮船,其中三艘登记在中方合营者名下。该企业负责人以这三艘不是外籍船为由拒绝缴纳船舶吨税从而引起纠纷。

问题：

这三艘轮船应否缴纳船舶吨税？

参考答案：

根据我国《船舶吨税暂行办法》的规定，船舶吨税的征税范围包括：①在我国港口航行的外国籍船舶；②外商租用的中国籍船舶；③中外合营的海运企业使用的中国和外国籍船舶以及租用的外国籍船舶；④中国租用的（包括国外华商所有的和租用的）航行于国外或者兼营国内沿海贸易的外国籍船舶。

可见，尽管这3艘船不是外籍船，但是因为该企业是中外合营企业，所以这三艘船属于船舶吨税的征税范围，应当缴纳船舶吨税。

思考题

1. 什么是行为税法？如何理解行为税法的特征？

2. 简述车船税法的主要内容。包括设置征收车船税的意义是什么？车船税的纳税人是谁？扣缴义务人是谁？车船税的征税对象和计税依据是什么？车船税的税率有何特点？

3. 简述车辆购置税法的主要内容。包括车辆购置税的征税对象是什么？在什么环节征收车辆购置税？车辆购置税征税范围是如何规定的？车辆购置税纳税义务人是如何规定的？车辆购置税计税依据是如何规定的？车辆购置税纳税地点是如何规定的？车辆购置税纳税率是如何规定的？车辆购置税的优惠政策有哪些？免税条件消失时，应如何处理？

4. 简述印花税法的主要内容。

什么是印花税？征收印花税有何作用？印花税的征税对象是如何规定的？印花税的税率是如何规定的？印花税的应税凭证包括哪些？各类应税凭证的印花税纳税人是谁？印花税的计税依据是什么？印花税的纳税办法有哪几种？

5. 简述印花税的纳税人与税目。请结合社会经济发展情况分析证券（股票）交易印花税税率调整的社会影响。

6. 简述城市维护建设税法的主要内容。包括城市维护建设税的概念和特点是什么？城市维护建设税与"三税"的关系是什么？在计算城建税时应注意哪些问题？城市维护建设税征税范围是如何规定的？城市维护建设税的纳税人包括哪些？城市维护建设税的计税依据是什么？

7. 烟叶税的征收范围包括哪些？烟叶税的纳税义务人是谁？在计算烟叶税时，如何确定烟叶的收购金额？

8. 船舶吨税的纳税主体是谁？征税客体有哪些？征税范围有哪些？计税依据是什么？税收优惠有哪些？纳税期限有何规定？

第三篇 税收程序法律制度

第十一章　税收征收管理法律制度

要点提示

税收是国家财力的主要来源,从程序上对税收活动进行规范和管理,依法进行税收征纳是实现税收目标的根本手段。因此,深入学习和研究税法,不仅要掌握税法理论,也要了解和掌握税收征收管理制度。本章着重介绍了税收征收管理的相关法律制度,主要包括税务管理、税款征收和税务检查以及税收法律责任。

第一节　税收征收管理概述

一、税收征收管理的含义

所谓税收征收管理,是指税务机关代表国家行使征税权,监管纳税人和其他税务当事人正确履行义务,并对税务活动进行规划、组织、控制、监督、检查的一系列相互联系的活动。在法律上,税收征收管理一般包括税务管理、税款征收和税务检查以及在这些活动中违反税收征管的行为的法律责任。

二、税收征收管理的程序价值

税收征收管理法既涉及税收实体法的内容,又涉及税收程序法的内容。本编将着重从税收征收管理程序的角度介绍税收征收管理法的相关内容。

毋庸置疑,法律程序的完善是法律实体部分价值实现的保障,税收程序具有维护税法权威、规范征税权力、保障纳税人权益方面的功能。税收程序所具有的这些社会功能有利于实现税收法治、提升纳税人的权利意识和提高其纳税遵从度。税收征收管理程序正是税收程序的核心,因此,税收征收管理程序对税收法制化有着极其重要的意义。

三、税收征收管理的相关法规

税收征收管理的法律规范是税收征收管理法。税收征收管理法是税法的重要组成部分。税收征收管理法在广义上是指调整税收征收与管理过程中发生的社会关系的法律规范的总称;在狭义上是指 1992 年 9 月 4 日第七届全国人大常委会第 27 次会议通过、并经 1995 年 2 月 28 日第八届全国人大常委会第 12 次会议和 2001 年第九届全国人大常委会第 21 次会议修改的《中华人民共和国税收征收管理法》。

为了真正贯彻落实《税收征管法》的各项规定,2002 年 9 月,国务院第 362 号令发布了《中华人民共和国税收征收管理法实施细则》,该实施细则已于 2002 年 10 月 15 日起施行,1993 年 8 月 4 日国务院发布的《中华人民共和国税收征收管理法实施细则》同时废止。该实施细则共分 9 章 113 条。凡依法由税务机关征收的各种税收的征收管理,均适用《税收征管法》和《税收征收管理法实施细则》。税收征收管理法律制度的颁布和实施对依法进行税收征管、保证征纳双方的权利和义务具有重要的意义。本章所介绍的税收征收管理法律制度主要是指《中华人民共和国税收征收管理法》和 2002 年 9 月 7 日国务院颁布的《中华人民共和国税收征收管理法实施细则》对税收征收管理的相关规定。

第二节 税务管理法律制度

税收管理是指国家财政、税务、海关等职能部门为了实现税收分配的目标,依据税收分配活动的特点与规律,对税收分配活动的全过程进行决策、计划、组织、协调和监督的一种管理活动。税务管理是税收征收管理的基础环节,主要包括税务登记制度,账簿、凭证的管理制度和发票管理制度三方面的内容。

一、税务登记制度

(一)税务登记制度的概念

所谓税务登记,又称纳税登记,是指纳税人按照税法规定,就其经营活动在指定的时间内向所在地税务机关办理书面登记的一种制度。税务登记是确定纳税人履行纳税义务的法定手续,也是税务机关切实控制税源和对纳税人进行纳税监督的依据。税务机关对纳税人进行账簿、凭证管理,纳税申报管理,税款征收,税务检查等,一般都是从税务登记开始的。因此,税务登记制度是税务机关与纳税人之间发生税收法律关系的基础,也是整个税收征收管理的基础环节。

(二)税务登记制度的内容

根据税收征收管理法律法规的规定,税务登记一般可分为设立税务登记、变更税务登记和注销税务登记。

1. 设立税务登记。设立税务登记是指纳税人在其生产经营部门开业时办理的税务登记。根据我国《税收征管法》的规定,企业、企业在外地设立的分支机构和从事生产经营的场所、个体工商户和从事生产经营的事业单位(以下统称从事生产经营的纳税人），自领取营业执照之日起30日内，持有关证件向税务机关申报办理登记。从事生产经营的纳税人所属的跨地区的非独立经济核算的分支机构，除由总机构申报办理税务登记外，也应当自设立之日起30日内向分支机构所在地主管税务机关申报办理税务登记。从事生产经营的纳税人到外县（市）从事经营活动的，应持其所在地税务机关填发的外出经营活动税收管理证明向所到税务机关报验登记，接受税务管理。对不从事生产经营活动但依法负有纳税义务的单位和个人（即非从事生产经营的纳税人），除临时取得应税收入或发生应税行为以及只缴纳个人所得税、车船使用税外，都应当自有关部门批准之日起30日内，按照规定的内容和程序向税务机关申报办理税务登记。

税务登记的内容主要包括：单位名称、法定代表人或业主姓名及其居民身份证、护照或其他合法证件的号码；住所、经营地点；经济性质；企业形式、核算方式；生产经营范围；经营方式；注册资本、投资总额、开户银行账号；生产经营期限；从业人数；营业执照号码；财务负责人、办税人员等。

从事生产经营的纳税人办理税务登记时，应按其生产经营所在地税务机关确定的管辖范围，在法定时间内向其主管税务机关提出申请办理税务登记的书面报告，如实填写税务登记表。纳税人应当提供有关的证件和资料：营业执照；有关合同、章程、协议书；银行账户证明；居民身份证明、护照或者其他合法证件以及税务机关要求提供的其他有关证件和资料。对纳税人填报的税务登记表，提供的证件和资料，税务机关应当自收到之日起30日内审核完毕。符合规定的，予以登记并颁发税务登记证件；对不符合规定的也应给予答复。扣缴义务人应当向主管税务机关申报领取代扣代缴或者代收代缴税款的凭证。

工商行政管理机关应当将办理登记注册、核发营业执照的情况定期向税务机关通报。

2. 变更税务登记。从事生产经营的纳税人的税务登记内容发生变化时，应依法向原税务登记机关申报办理变更税务登记。变更税务登记分为两种类型：①按规定，纳税人在工商行政管理机关办理注册登记的，应当自有关工商行政管理机关办理变更登记之日起30日内，持有关证件到原税务机关申报办理变更税务登记；②按规定，纳税人不需要在工商行政管理机关办理注册登记的，应当自有关机关批准或者宣布变更之日起30日内，持有关证件向原税务登记机关申报办理变更税务登记。

3. 注销税务登记。根据税收征收管理法律法规的规定，当纳税人发生下列情形之一时，应当申报办理注销税务登记，并在办理注销税务登记前，向税务机关结清应缴纳的税款、滞纳金、罚款，缴销所有的发票和发票领购簿、缴款书及税务机关发给的其他证件：

（1）纳税人发生解散、破产、撤销以及其他情形，依法终止纳税义务的，应在向工商行政管理机关办理注销登记前,持有关证件向原税务登记机关申报办理注销税务登记。

(2)按规定不需要进行工商注册登记的,应自有关机关批准或宣告终止之日起15日内,持有关证件向原税务登记机关申报办理注销税务登记。

(3)纳税人由于住所、经营地点变动而涉及改变税务登记机关的,应在住所、经营地点变动前或者向工商行政管理机关申请办理变更或注销登记前,向原税务登记机关申报办理注销税务登记,并向迁达地税务机关申请办理税务登记。

(4)纳税人被工商行政管理机关吊销营业执照的,应自营业执照被吊销之日起15日内,向原税务登记机关申报办理注销税务登记。

税务机关对纳税人提交的注销税务登记的申请报告及所附的材料应当及时予以审核,对符合条件并缴清应纳税款、滞纳金、罚款和交回发票的,予以办理注销税务登记,收回税务登记证件,开具清税证明。纳税人持清税证明及其他有关文件向工商行政管理部门申请注销工商登记。

二、账簿、凭证管理制度

(一)账簿、凭证管理制度的概念及意义

账簿又称账册,是由具有一定格式又相互联系的账页组成,用以全面、系统、连续地记录各项经济业务的簿籍。我国《税收征管法》中所称的账簿是指总账、明细账、日记账以及其他辅助性账簿。

凭证是指会计凭证,是用来记载经济业务,明确经济责任,并据以登记账簿的书面凭证。

账簿、凭证的管理是税收征收管理制度中的重要环节,这一制度可以使纳税人将纳税人已发生的经济活动完整、连续、系统地反映出来,以保证纳税人会计核算活动的准确性,有助于税务机关正确核定应纳税额和征收税款,有利于税务机关对纳税人、扣缴义务人进行财务监督和税务检查,是打击和查处税收违法行为的有效途径。

(二)我国账簿、凭证管理制度的内容

1.账簿的设置及其管理。从事生产经营的纳税人和扣缴义务人,除经税务机关批准外,都必须依法设置、管理账簿。具体表现在以下几个方面:一是从事生产经营的纳税人应自领取营业执照之日起15日内设置账簿,并自领取税务登记证件之日起15日内,将其财务、会计制度或者财务、会计处理办法报送主管税务机关备案。纳税人使用计算机记账的,应当在使用前将会计电算化系统的会计核算软件、使用说明书及有关资料报送主管税务机关备案。二是生产经营规模小又确无建账能力的纳税人,可以聘请经批准从事会计代理记账业务的专业机构或者经税务机关认可的财会人员代为建账和办理账务;聘请上述机构或者人员有实际困难的,经

县以上税务机关批准,可以按照税务机关的规定建立收支凭证粘贴簿、进货销货登记簿或者使用税控装置。三是扣缴义务人应当自税收法律、行政法规规定的扣缴义务发生之日起 10 日内,按照所代扣、代收的税种分别设置代扣代缴、代收代缴税款账簿。

2. 账簿、凭证的保管。从事生产经营的纳税人、扣缴义务人应按有关规定妥善保管账簿、凭证。除法律、行政法规另有规定的以外,账簿、会计凭证、会计报表、完税凭证及其他纳税资料应当保存 10 年。纳税人、扣缴义务人不得伪造、变造或擅自销毁账簿、记账凭证、完税证明和其他有关资料。

纳税人应当按照规定安装、使用税控装置,不得损毁或者擅自改动税控装置,并按照税务机关的规定报送有关的数据和资料。

三、发票管理制度

(一)发票及发票管理制度的概念

所谓发票,是指在购销商品、提供或者接受服务以及从事其他经营活动中,开具、收取的收付款凭证。发票作为经济活动中记载业务往来,证明款项收付和资金转移的基本商事凭证,不仅是会计核算的原始凭证和财务收支的法定依据,也是税务机关据以计征税款和进行税务检查的重要依据。

发票不等同于收据。收据是在非涉税事项时使用。收据可以分为内部收据和外部收据。外部收据又分为税务部门监制、财务部门监制、部队收据三种。内部收据是单位内部的自制凭证,用于单位内部发生的业务,如材料内部调拨、收取员工押金、退还多余出差借款等,这时的内部自制收据是合法的凭证,可以作为成本费用入账。单位之间发生业务往来,收款方在收款以后不需要纳税的,收款方就可以开具税务部门监制的收据。行政事业单位发生的行政事业性收费,可以使用财政部门监制的收据。单位与部队之间发生业务往来,按照规定不需要纳税的,可以使用部队监制的收据,这种收据也是合法的凭证,可以入账。

发票管理制度是指国家规定关于发票的印制、领购、开具、取得、保管等一系列规范的总称。

(二)我国发票管理制度的内容

发票管理是指税务机关依法对发票的印制、领购、使用、保管及违法处理全过程进行组织、监督、控制所开展各项活动的总称。税务机关是发票的主管机关,负责发票的印制、领购、开具、取得、保管、缴销的管理和监督。

1. 发票印制管理。发票印制实行统一管理原则。增值税专用发票由国务院主管部门指定的企业印刷,其他发票,按照国务院税务主管部门的规定,分别由省、自治区、直辖市国家税务局、地方税务局指定的企业印制。禁止私印、伪造、变造发票。发票种类、联次、内容及使用范围由国家税务总局规定。

2. 发票领购管理。依法办理税务登记的单位和个人,在领取税务登记证件后,可以领购发票;依法不需要办理税务登记但需要使用发票的单位,可以按规定程序向主管税务机关申请领购;临时到本省以外地区从事经营活动的单位或个人,应当凭所在地税务机关的证明,向经营地税务机关申请领购经营地的发票。

申请领购发票的单位和个人应当提出购票申请,提供经办人身份证明、税务登记证件或其他有关证明,以及财务印章或者发票专用章的印模,经主管税务机关审核后,发给发票领购簿。领购发票的单位和个人应当凭发票领购簿核准的种类、数量以及购票方式,向主管税务机关领购发票。增值税专用发票只限于增值税一般纳税人领购使用。

3. 发票开具和取得管理。单位、个人在购销商品、提供或者接受经营服务以及从事其他经营活动中,应当按照规定开具、使用和取得发票。销售商品、提供服务以及从事其他经营活动的单位和个人,对外发生经营业务收取款项,收款方应向付款方开具发票;特殊情况下由付款方向收款方开具发票,如棉麻公司收购农户棉花而支付款项时,由棉麻公司向农户开具发票。

取得发票时,不得要求变更品名和金额。不符合规定的发票,不得作为财务报销凭证,任何单位和个人有权拒收。开具发票应当按照规定的时限、顺序,逐栏、全部联次一次性如实开具,并加盖单位财务印章或发票专用章。

4. 发票保管和缴销管理。根据发票管理的要求,发票保管实行"集中分级保管"的原则。发票保管分为税务机关保管和用票单位、个人保管两个层次,但都必须建立严格的发票保管制度,包括专人保管制度、专库保管制度、专账登记制度、保管交接制度、定期盘点制度。

发票缴销包括发票收缴和发票销毁。发票收缴是指用票单位和个人按照规定向税务机关上缴已经使用或者未使用的发票;发票销毁是指由税务机关统一将自己或者他人已使用或者未使用的发票进行销毁。开具发票的单位和个人应当按照税务机关的规定存放和保管发票,不得擅自损毁。已开具的发票存根联和发票登记簿,应当保存 5 年。保存期满,报经税务机关查验后销毁。任何单位和个人不得转借、转让或代开发票。未经税务机关批准,不得拆本使用发票。不得自行扩大专业发票使用范围,禁止倒买倒卖发票、票据监制章和发票防伪专用品。

5. 发票的检查。

(1)税务机关在发票检查中的职权。税务机关在发票检查中享有下列职权:检查印制、领购、开具和保管的情况;调出发票查验;查阅复制;询问与发票有关问题和情况;在调查时可以记录、录音、录像、照相和复制。

(2)税务机关及税务人员与单位、个人在发票检查中的义务。税务机关及其税务人员在发票检查中的义务是:税务人员在进行发票检查时,应当依法进行,出示税务检查证。税务机关需要将已开具的发票调出查验时,应当向被查验的单位和个人开具发票换票证。发票换票证与所调出查验的发票有同等的效力。税务机关需要将空白发票调出查验时,应当开具收据,经查无问题的,应当及时返还。

单位和个人在发票检查中的义务是:接受税务机关依法检查,如实反映情况,提供有关资料。

第三节　税款征收法律制度

税款征收是指税务机关依照税收法律、行政法规的规定,将纳税义务人依法应缴纳的工商各税组织征收入库的一系列活动的总称。税款征收是税收征收管理工作的中心环节,在整个税收活动中占有重要的地位。税款征收主要包括应纳税款确定制度、应纳税款征收制度和税款征收保障制度。

一、纳税申报制度

(一)纳税申报的概念

纳税申报是纳税人按照税法规定,向税务机关报送纳税申报表、财务会计报表及其他有关资料的一项税收征管制度。纳税申报是纳税人履行纳税义务的法定手续,也是基层税务机关办理征收业务、核实应征税款、开具完税凭证的主要依据。

(二)纳税申报的时间、方式和内容

1. 申报时间。根据税收征收管理法律法规的规定,纳税人必须依照法律、行政法规的规定或者税务机关依照法律、行政法规的规定确定的申报期限如实办理纳税申报,报送纳税申报表、财务会计报表以及税务机关根据实际需要要求纳税人报送的其他纳税资料。扣缴义务人必须依照法律、行政法规的规定或者税务机关依照法律、行政法规的规定确定的申报期限如实报送代扣代缴、代收代缴税款报告表以及税务机关根据实际需要要求扣缴义务人报送的其他有关资料。

纳税人未按照规定的期限缴纳税款的,扣缴义务人未按照规定的期限解缴税款的,税务机关除责令限期缴纳外,从滞纳税款之日起,按日加收 0.5‰的滞纳金。

2. 申报方式。纳税人、扣缴义务人可以直接到税务机关办理纳税申报或者报送代扣代缴、代收代缴税款报告表,也可以按照规定采取邮寄、数据电文或者其他方式办理上述申报、报送事项。

3. 延期申报。纳税人、扣缴义务人不能按期办理纳税申报或者报送代扣代缴、代收代缴税款报告表的,应当在规定的缴纳期限内向主管税务机关提出书面申请,并经县以上税务局(分局)批准后,可延期缴纳税款。但是,经核准延期办理纳税申报或报送事项的纳税人、扣缴义务人,应当在纳税期内按照上期实际缴纳的税额或者税务机关核定的税额预缴税款,并在核准的延期内办理税款结算。延期缴纳税款的时间最长不得超过 3 个月。

4.申报内容。纳税人、扣缴义务人的纳税申报或者代扣代缴、代收代缴税款报告表的主要内容包括：税种，税目，应纳税项目或者代扣代缴、代收代缴税款项目，适用税率或者单位税额，计税依据，扣除项目及标准，应纳税额或者应代扣代缴、代收代缴税额，税款所属期限等。

申报纳税方式是一种传统的应纳税额的确定方式。我国目前正在大力建设以申报纳税和优化服务为基础，以计算机网络为依托的集中征收重点稽查的新的税收征管模式。但纳税申报毕竟是一种私人公法行为，不一定自然而然地依法进行。在纳税申报不能或者存在问题的时候，就必须选择另外的应纳税额确定模式，即官定纳税模式，这是指纳税人的应纳税额完全根据征税机关的行政处分来加以确定的方式。主要包括应纳税款核定制度和应纳税款调整制度

二、应纳税款核定制度

应纳税款的核定是指征税机关依法核定纳税人应纳税额的制度。

（一）应纳税款核定制度的适用范围

纳税人有下列情形之一的，税务机关有权核定其应纳税额：

1.依照法律、行政法规的规定可以不设置账簿的。

2.依照法律、行政法规的规定应当设置但未设置账簿的。

3.擅自销毁账簿的或者拒不提供纳税资料的。

4.虽设置账簿，但账目混乱或者成本资料、收入凭证、费用凭证残缺不全，难以查账的。

5.发生纳税义务，未按照规定的期限办理纳税申报，经税务机关责令限期申报，逾期仍不申报的。

6.纳税人申报的计税依据明显偏低，又无正当理由的。

（二）核定税额的方法

纳税人有以上所列情形之一的，税务机关有权采用下列任何一种方法核定其应纳税额：

1.参照当地同类行业或者类似行业中经营规模和收入水平相近的纳税人的税负水平核定。

2.按照营业收入或者成本加合理的费用和利润的方法核定。

3.按照耗用的原材料、燃料、动力等推算或者测算核定。

4.按照其他合理方法核定。

税务机关采用上述一种方法不足以正确核定应纳税额时，可以同时采用两种以上的方法核定。纳税人对税务机关采取上述方法核定的应纳税额有异议的，应当提供相关证据，经税务机关认定后，调整应纳税额。

三、应纳税款调整制度

我国《税收征管法》规定的应纳税款调整制度主要是专门针对关联企业逃税而设的。对关联企业在国际税法领域中的转让定价及国内税法领域中利用各种政策的逃税行为的规制,是对关联企业进行规制的重要课题。我国《税收征管法》对该制度的规定主要包括下述各项:

(一)关联企业的认定

根据《税收征管法实施细则》的规定,关联企业是指有下列关系之一的公司、企业和其他经济组织:

1. 在资金、经营、购销等方面存在直接或者间接的拥有或者控制关系。

2. 直接或者间接地同为第三者所拥有或者控制。

3. 在利益上具有相关联的其他关系。

(二)纳税调整的法定情形

企业或者外国企业在中国境内设立的从事生产、经营的机构、场所与其关联企业之间的业务往来应当按照独立企业之间的业务往来收取或者支付价款、费用;不按照独立企业之间的业务往来收取或者支付价款、费用,而减少其应纳税的收入或者所得额的,税务机关有权进行合理调整。

纳税人与其关联企业之间的业务往来有下列情形之一的,税务机关可以调整其应纳税额:

1. 购销业务未按照独立企业之间的业务往来作价的。

2. 融通资金所支付或者收取的利息超过或者低于没有关联关系的企业之间所能同意的数额,或者利率超过或者低于同类业务的正常利率的。

3. 提供劳务,未按照独立企业之间业务往来收取或者支付劳务费用的。

4. 转让财产、提供财产使用权等业务往来,未按照独立企业之间业务往来作价或者收取、支付费用的。

5. 未按照独立企业之间业务往来作价的其他情形。

(三)关联企业的税收调整方法

纳税人有上述情形之一的,税务机关可以按照下列方法调整计税收入额或者所得额:

1. 按照独立企业之间进行的相同或者类似业务活动的价格。

2. 按照再销售给无关联关系的第三者的价格所应取得的收入和利润水平。

3. 按照成本加合理的费用和利润。

4. 按照其他合理的方法。

纳税人与其关联企业未按照独立企业之间的业务往来支付价款、费用的,税务机关自该业务往来发生的纳税年度起 3 年内进行调整;有特殊情况的,可以自该业务往来发生的纳税年度起 10 年内进行调整。

（四）关联企业税收调整的程序

纳税人有义务就其与关联企业之间的业务往来向当地税务机关提供有关的价格、费用标准等资料，具体办法由国家税务总局制定；《关联企业间业务往来税务管理实施办法》的规定相对简单；《关联企业间业务往来税务管理规程》是目前对关联企业的税收调整制度规定得最为详尽的系统规章。

四、应纳税款征收制度

（一）征纳主体制度

1. 征纳主体。征纳主体包括征税主体和纳税主体。

（1）征税主体。从根本上说，征税主体是指国家，但国家是一个看不见、摸不着的抽象实体，它不能亲自履行其征税权，只能通过立法形式将征税权授予具体的相关行政职能机关，即具体进行征税的行政机关。我国的征税机关主要是税务机关和海关。税款应由税务机关、税务人员及经税务机关依照法律、行政法规委托的单位和人员征收，除上述单位和人员外，任何单位和个人不得进行税款征收活动。另外，根据现行耕地占用税、契税、农业税、牧业税等方面法规的规定，上述税种由财政部和地方各级财政机关负责征管；根据关税方面法规的规定，海关总署和地方各级海关负责关税的征管。目前，在我国具有代表国家行使征税权主体资格的有：税务机关、税务人员和经税务机关依照法律、行政法规委托的单位和个人、各级财政机关及各级海关。其中，税务机关是专门行使征税权的机关，是最主要的征税主体。

（2）纳税主体。纳税主体是指法律法规规定的享有自然权利和税法权利，并负有纳税义务的单位和个人。纳税主体主要包括纳税人和扣缴义务人。扣缴义务人是指依照法律、行政法规的规定履行代扣、代收税款义务的单位和个人。这种扣缴义务为法定义务，特定单位和个人必须依法履行，不履行或者不当履行即构成违法。由此可见，扣缴义务人并非纯粹意义上的纳税人，只是负有代扣或代收税款并解缴税款法定职责的义务人。

（二）税款征收方式

税务机关根据保证国家税款及时足额入库、方便纳税人、降低税收成本的原则确定税款征收的方式。税务机关应当根据方便、快捷、安全的原则，积极推广使用支票、银行卡、电子结算等方式缴纳税款。

实践中，税款征收方式主要有查账征收、查定征收、查验征收、定期定额征收、代收代缴、代扣代缴、委托征收以及其他方式。

（三）纳税期限

纳税期限是指在纳税义务发生后，纳税人依法缴纳税款的期限。纳税期限可分为纳税计算期和税款缴库期两类。由于各具体税种的纳税期限并不完全相同，在此不便列举,可参见对具体税种的规定。

(四)税款延期缴纳制度

税款延期缴纳制度是为保护纳税人的合法利益而采取的特殊制度。纳税人因有特殊困难不能按期缴纳税款的,经省、自治区、直辖市国家税务局、地方税务局批准,可以延期缴纳税款,但最长期限不得超过3个月。

(五)补缴、追征制度

税款的补缴和追征是根据造成税款少缴、未缴的原因来区分的,具体原因有两种:一是因税务机关的责任造成的,二是由纳税人、扣缴义务人的责任造成的。

因税务机关适用税收法律、行政法规不当或者执法行为违法,致使纳税人、扣缴义务人未缴或者少缴税款的,税务机关在3年内可以要求纳税人、扣缴义务人补缴税款,但不得加收滞纳金。

因纳税人、扣缴义务人计算错误等失误(即非主观故意的计算公式运用错误及明显的笔误),未缴或者少缴税款的,税务机关在3年内可以追征税款、滞纳金;纳税人或者扣缴义务人因计算错误等失误未缴或者少缴、未扣或者少扣、未收或者少收税款,累计数额在10万元以上的,追征期可以延长到5年。对偷税、抗税、骗税的,税务机关追征其未缴或者少缴的税款、滞纳金或者所骗取的税款,不受上述规定期限的限制。

补缴和追征税款、滞纳金的期限,自纳税人、扣缴义务人应缴未缴或者少缴税款之日起计算。

(六)退税制度

纳税人多缴的税款可以依法申请收回。纳税人超过应纳税额缴纳的税款,税务机关发现后应当立即退还;纳税人自结算缴纳税款之日起3年内发现的,可以向税务机关要求退还多缴的税款并加算银行同期存款利息,税务机关及时查实后应当立即退还;涉及从国库中退库的,依照法律、行政法规有关国库管理的规定退还。

1. 退还税款利息的计算。加算银行同期存款利息的多缴税款退税,不包括依法预缴税款形成的结算退税、出口退税和各种减免退税。退税利息按照税务机关办理退税手续当天中国人民银行规定的活期存款利率计算。

2. 退还税款的时间和办法。税务机关发现纳税人多缴税款的,应当自发现之日起10日内办理退还手续;纳税人发现多缴税款要求退还的,税务机关应当自接到纳税人退还申请之日起30日内查实并办理退还手续。

如果纳税人既有应退税款又有欠缴税款的,税务机关可以将应退税款和利息先抵扣欠缴税款;抵扣后有余额的,退还纳税人。

(七)税收减免制度

纳税人可以依照法律、行政法规的规定书面申请减税、免税。减税、免税的申请须经法律、行政法规规定的减税、免税审查批准机关审批。地方各级人民政府、各级人民政府主管部门、单位和个人违反法律、行政法规规定,擅自作出的减税、免税决定无效,税务机关不得执行,并向上级税务机关报告。

享受减税、免税优惠的纳税人,减税、免税条件发生变化的,应当自发生变化之日起15日内向税务机关报告;不再符合减税、免税条件的,应当依法履行纳税义务;未依法纳税的,税务机关应当予以追缴。

纳税人已享受减免税的,应当纳入正常申报,进行减免税申报。纳税人享受减免税到期的,应当自期满次日起恢复纳税。

(八)完税凭证制度

完税凭证是税务机关征收税款和扣缴义务人代扣、代缴税款时,依法为纳税人开具的,证明纳税人依法履行纳税义务的专用凭证。税务机关征收税款时,必须为纳税人开具完税凭证。扣缴义务人代扣、代收税款时,纳税人要求扣缴义务人开具代扣、代收税款凭证的,扣缴义务人应当开具。

《税收征管法》第34条所称的完税凭证,是指各种完税证、缴款书、印花税票、扣(收)税凭证以及其他完税证明。未经税务机关指定,任何单位和个人不得印制完税凭证。完税凭证不得转借、倒卖、变造或者伪造。完税凭证的式样及管理办法由国家税务总局制定。

(九)文书送达制度

文书送达是指税务机关在税收征收管理中将特定税务文书送达纳税人的行为。文书是否送达是判断税务机关的行政行为是否成立的重要标志,也是纳税人履行相关义务的条件。

税务文书的格式由国家税务总局制定,其种类包括:①税务事项通知书;②责令限期改正通知书;③税收保全措施决定书;④税收强制执行决定书;⑤税务检查通知书;⑥税务处理决定书;⑦税务行政处罚决定书;⑧行政复议决定书;⑨其他税务文书。

文书送达的方式主要有直接送达、留置送达、委托送达、邮寄送达和公告送达。

(十)税款入库制度

税款入库是指征税机关依法将税款缴入国库的制度,这是税款征收的最终环节。国家税务局和地方税务局应当按照国家规定的税收征收管理范围和税款入库预算级次,将征收的税款缴入国库。对审计机关、财政机关依法查出的税收违法行为,税务机关应当根据有关机关的决定、意见书,依法将应收的税款、滞纳金按照税款入库预算级次缴入国库,并将结果及时回复有关机关。

五、税款征收保障制度

(一)税收保全制度

所谓税收保全制度,是指为了维护正常的税收秩序,预防纳税人逃避税款缴纳义务,以使税收收入得以保全而制定的各项制度。税收保全制度具体表现为各类税收保全措施的实行以及征纳双方在税收保全方面享有的权利和承担的义务。

税务机关可以依法采取以下依次递进的各项税收保全措施:①责令限期缴纳税款。这种缴纳是一种期前缴纳、提前缴纳。②责成提供纳税担保。纳税担保包括人的担保和物的担保。其中,人的担保是指由纳税人提供经税务机关认可的纳税担保人保证纳税人在发生纳税义务后依法按期纳税,如纳税人逾期不缴,由纳税担保人负责缴纳税款、滞纳金和罚款的一种担保方式;物的担保是指由纳税人提供的经税务机关认可的纳税人所拥有的未设置抵押权的财产来保证其按时缴纳税款。③通知停付等税存款。④扣押查封等税财产。⑤附条件的限制出境,即清税离境制度,欠缴税款的纳税人或其法定代表人需要出境的,应当在出境前向税务机关结清应纳税款、滞纳金或者提供担保。未结清税款、滞纳金又不提供担保的,税务机关可以通知出境管理机关阻止其出境。

(二)税收强制执行制度

所谓税收强制执行制度,是指在纳税主体未履行其纳税义务,经由征税机关采取一般的税收征收管理措施仍然无效的情况下,通过采取强制执行措施,以保障税收征纳程序和税款入库的制度。

强制执行措施与前面所说的税收保全措施不同,它并不是通过期前征收来实现防止和杜绝纳税人逃避纳税义务的目的,而是在纳税人未按期履行纳税义务的情况下,对纳税人的资财予以强制执行的一种特别措施。我国《税收征管法》规定了两类税收强制执行措施,即间接强制执行和直接强制执行。

间接强制执行即加收滞纳金。纳税人、扣缴义务人未按照法律、行政法规的规定,或者税务机关依照法律、行政法规确定的期限缴纳或解缴税款的,税务机关除责令限期缴纳外,从滞纳税款之日起,按日加收滞纳税款 0.5‰的滞纳金。但税务机关批准延期缴纳税款的,在批准期限内不加收滞纳金。

直接强制执行是指从事生产、经营的纳税人、扣缴义务人未按照规定的期限缴纳或者解缴税款,纳税担保人未按照规定的期限缴纳所担保的税款,由税务机关责令限期缴纳,逾期仍未缴纳的,经县以上税务局(分局)局长批准,税务机关可以采取下列强制执行措施:①书面通知其开户银行或者其他金融机构从其存款中扣缴税款;②扣押、查封、依法拍卖或者变卖其价值相当于应纳税款的商品、货物或者其他财产,以拍卖或者变卖所得抵缴税款。税务机关采取强制执行措施时,对前款所列纳税人、扣缴义务人、纳税担保人未缴纳的滞纳金同时强制执行。个人及其所扶养家属维持生活必需的住房和用品不在强制执行措施的范围之内。对价值超过应纳税额且不可分割的商品、货物或者其他财产,税务机关在纳税人、扣缴义务人或者纳税担保人无其他可供强制执行的财产的情况下,可以整体扣押、查封、拍卖,以拍卖所得抵缴税款、滞纳金、罚款以及扣押、查封、保管、拍卖等费用。

（三）其他税款征收保障制度

1. 税收优先权。税收优先权是指当税收债权和其他债权同时发生时，税款征收原则上应优先于其他债权。

我国现行的税收优先权制度主要包括三项内容：一是税收优先于无担保债权，法律另有规定的除外；二是纳税人欠税的税款发生在纳税人以其财产设定抵押、质押或者纳税人的财产被留置之前的，税收应当优先于抵押权、质押权、留置权执行；三是纳税人欠缴税款，同时又被行政机关处以罚款、没收违法所得的，税收优先于罚款、没收违法所得。

2. 税收代位权。税收代位权是指欠缴税款的纳税人怠于行使其到期债权而对国家税收即税收债权造成损害时，由税务机关以自己的名义代替纳税人行使其债权的权利。税收代位权制度源自民法上的代位权制度，它是从属于税收债权的一种特别的权利。税收代位权的构成要件包括五项：①存在纳税人欠缴税款的事实；②纳税人和其他债权人之间存在到期的债权；③纳税人怠于行使到期债权；④纳税人怠于行使到期债权的行为对国家税收债权造成损害；⑤代位权的行使范围以达到保全税款的程度为必要。根据法律的规定，税务机关行使代位权的方式是诉讼，而不得以执法行为直接实现。税务机关提起税收代位诉讼后，经人民法院审理后认定代位权成立的，纳税人的债务人就直接向税务机关履行清偿义务，纳税人的纳税义务也随之消灭。需要注意的是，税务机关依照法律规定行使代位权，不免除欠缴税款的纳税人尚未履行的纳税义务和应承担的法律责任。

3. 税收撤销权。税收撤销权是指税务机关对欠缴税款的纳税人滥用财产处分权而对国家税收造成损害的行为，请求人民法院予以撤销的权利。税收撤销权是从属于税收债权的一种特别的权利。与税收代位权相比，税收撤销权对纳税人权利以及交易安全的影响要大得多。税收代位权针对的是纳税人的消极行使债权的行为，税收代位权的行使不会加重纳税人的债务人的负担，对纳税人并无实质性的损害，而税收撤销权针对的是纳税人积极行使权利的行为，这种权利的行使一方面有可能限制纳税人自由处分财产的权利，另一方面也有可能影响到与纳税人建立法律关系的第三人，与交易安全关系密切。因此，对税收撤销权必须严格规定并依法进行。税收撤销权的构成要件有两个：一是存在构成撤销的是事由。这些事由包括：①欠缴税款的纳税人放弃到期债权；②无偿转让财产；③以明显不合理的低价转让财产。二是给国家税收债权造成损害。根据法律规定，税务机关得请求人民法院撤销纳税人的行为。纳税人应当首先缴清欠缴的税款，然后再进行普通债权的偿还。撤销权的行使范围以保全税收债权为限，行使撤销权的费用由纳税人负担。税务机关行使撤销权并不免除欠缴税款的纳税人尚未履行的纳税义务和应承担的法律责任。

第四节　税务检查法律制度

一、税务检查的含义

税务检查是指税务机关根据国家税法和财务会计制度的规定,对纳税人履行纳税义务的情况进行的监督、审查的活动。税务检查是税收征收管理的重要内容,也是税务监督的重要组成部分。[①]

二、税务检查的内容和程序

《税收征管法》明确规定,税务检查的对象是纳税人和扣缴义务人。在税务检查中,一般应把握以下环节:对账簿凭证、报表、资料的检查;对商品、产品的生产、经营和货物存放地的检查;对商品、货物运输、邮寄、流通环节的检查;对纳税人资金来往情况的检查;检查纳税人、扣缴义务人各种经营收入的核算与申报情况。

税务检查的程序主要包括选择检查对象、进行检查准备、实施税务检查和检查结果处理。

三、税务检查的方式

通常,税务检查的方式包括纳税人自查和税务机关专业检查。税务机关的检查是纳税检查的主要形式。税务机关通常采取日常检查、专项检查、专案检查等方式。税务检查的方式一般包括全查法、抽查法、调账检查法、现场检查法、交叉稽核法等。

四、税务机关在税务检查中的权利和义务

(一)税务机关在税务检查中的权利

征税机关的税务检查权必须依法定的范围和程序行使,不得滥用,也不得越权。税务机关的税务检查权主要包括以下几个方面:

1. 资料检查权。税务机关有权检查纳税人的账簿、记账凭证、报表和有关资料,检查扣缴义务人代扣代缴、代收代缴税款账簿、记账凭证和有关资料。税务机关既可以在纳税人、扣缴义务人的业务场所行使资料检查权,也可以在必要时,经县以上税务局(分局)局长批准,将上述纳税主体以往会计年度的账簿、记账凭证、

---

① 我国的法律法规仅规定了税务检查制度,没有提及税务稽查的概念。所谓税务稽查,是指税务机关依法对纳税人、扣缴义务人履行纳税义务、扣缴义务情况进行的税务检查和处理工作的总称。

报表和其他有关资料调回税务机关检查。

2. 实地检查权。税务机关有权到纳税人的生产、经营场所和货物存放地实地检查纳税人应纳税的商品、货物或者其他财产,检查扣缴义务人与代扣代缴、代收代缴税款有关的经营情况。

3. 资料取得权。税务机关有权责成纳税人、扣缴义务人提供与纳税或者代扣代缴、代收代缴税款有关的文件、证明材料和有关资料。

4. 税情询问权。税务机关有权询问纳税人、扣缴义务人与纳税或者代扣代缴、代收代缴税款有关的问题和情况。

5. 单证查核权。税务机关有权到车站、码头、机场、邮政企业及其分支机构检查纳税人托运、邮寄应纳税商品、货物或者其他财产的有关单据、凭证和有关资料。

6. 存款查核权。经县以上税务局(分局)局长批准,凭全国统一格式的检查存款账户许可证明,税务机关有权查核从事生产经营的纳税人、扣缴义务人在金融机构的存款账户。此外,税务机关查核从事生产、经营的纳税人的储蓄存款,须经银行县、市支行或者市分行的区办事处核对,指定所属储蓄所提供资料。

（二）税务机关在税务检查中的义务

税务机关在行使其税务检查权的同时,必须履行相应的义务,这是防止其滥用职权、促使其依法检查所必须的。依据我国《税收征管法》及《税收征收管理法实施细则》的规定,税务机关在税务检查方面的义务主要有以下几项:

1. 资料退还的义务。税务机关将纳税人、扣缴义务人以前会计年度的账簿、记账凭证、报表和其他有关资料调回税务机关检查的,税务机关必须向纳税人、扣缴义务人开付清单,并在 3 个月内完整退还。

2. 保守秘密的义务。税务机关派出的人员在进行税务检查时,有义务为被检查人保守秘密。尤其是在行使存款查核权时,税务机关应当指定专人负责,凭全国统一格式的检查存款账户许可证明进行检查,并应为被检查人保守秘密。

3. 持证检查的义务。税务人员进行税务检查时,必须出示税务检查证;无税务检查证的,纳税人、扣缴义务人及其他当事人有权拒绝检查。

五、税收检查相对人在检查中的权利和义务

税务检查中的相对人是指除税务机关以外的一切有关单位和个人。具体来讲,税务检查中的相对人可分两类:一类是被检查对象,如纳税人、扣缴义务人;另一类是协助查处人,如车站、码头、机场以及邮政、金融、公安、审计等部门的有关单位和个人。税收检查相对人在检查中的义务包括税务相对人必须配合、支持、协助税务机关实施检查,向税务机关如实反映情况,据实提供有关资料和证明资料。

税收相对人在税收检查中享有的权利有:超出法定范围或违反法定程序的检

查,相对人有权拒绝;有权要求税务机关保守商业秘密;相对人的合法权益在税务检查中依法受到保护。

第五节　税务稽查制度

一、税务稽查制度的概念

税务检查与税务稽查的概念并不等同,"检查"是指为了发现问题而用心查看。稽查是检查走私、偷税、违禁等活动。检查的外延更为广阔,它包含稽查。税务检查包含着税务稽查,而税务稽查主要是针对税务检查中的违法案件。从理论和实践的发展趋势看,税务稽查越来越具有其独立性。

税务稽查制度是指国家制定的关于税务稽查活动方面的法律规范的总称。我国自 1993 年 1 月 1 日开始实施《税收征管法》之后,为了规范税务稽查的执法行为,各地税务机关将业已普遍建立的稽查大队组建为稽查局,以强化内部监督制约机制,并为外部监督制约疏通渠道。在立法方面,我国国家税务总局 1995 年 12 月 1 日印发了《税务稽查工作规程》,1998 年印发了《税务违法案件举报管理办法》和《税务违法案件举报奖励办法》,1998 年和 2001 年分别印发了《税务违法案件公告办法》和《税务稽查业务公开业务制度》等。这一系列稽查规章制度促使我国的稽查执法行为规范化,也标志着我国开始建立、健全税务稽查制度。①

二、税务稽查组织机构及其职责

我国税务稽查机构为稽查局。稽查组织机构体系可以分为:国家级稽查局;省、自治区、直辖市级稽查局;市(地)、县(市)级稽查局。在市(地)的全部城区、直辖市的区和县(市)的全域集中设立稽查局进行稽查。在大城市或城区较大、交通不便的城市,市稽查局可以适当设立少数分支机构或派出机构。

稽查局内设选案、检查、审理和执行四个机构,严格分工负责。国家税务总局稽查局和省、自治区、直辖市稽查局以系统业务管理为主兼具直接办案职能;省以下稽查局以实施稽查、办案为主兼具系统业务管理职能。稽查局在主管税务局直接领导下进行工作,贯彻落实同级税务局和上级税务局的工作部署。上级税务局有权监督检查下级税务局的稽查工作。

三、税务稽查的程序

我国税务稽查程序主要有以下几个步骤:

---

① 徐孟洲.税法学[M].北京:中国人民大学出版社,2005:402.

（一）制订税务稽查计划

制订税务稽查计划是税务稽查的首要步骤。各级税务局在进行任何专项或专案稽查时必须提出计划和方案，由稽查局汇总或合并，报经税务局长审批后组织实施。

稽查计划必须报上一级税务局及其稽查局备案，上一级税务局及其稽查局应当对下一级税务局及其稽查局的稽查计划进行必要的调整。

（二）税务稽查对象的确定、管辖与立案

1. 税务稽查对象的确定。稽查对象的确定一般采用下列方法：通过电子计算机选案分析系统筛选；根据稽查计划，按照征管户数的一定比例筛选或者随机抽样选择；根据公民举报、有关部门转办、上级交办、情报交换资料确定。

2. 税务稽查的管辖。各级税务稽查机构应在自己管辖范围内行使税务稽查权，具体分工如下：国家税务总局稽查局负责拟定税务稽查制度、办法并组织在全国税务系统实施；办理重大税收案件的立案、调查，并提出审理意见；指导、协调全国税务系统的稽查工作。各地国家税务局、地方税务局分别负责所管辖税收的稽查工作。在稽查中遇有属于对方管辖的问题时，应当及时通报对方查处；双方在同一问题认定上有异议时，先按照负责此项税收的税务机关的意见执行，然后报负责此项税收的上级税务机关裁定，以裁定的意见为准。

税务案件的查处原则上应当由被查者所在地的税务机关负责，但发票案件由案发地的税务机关负责。在国家税务局、地方税务局各自系统内，查处案件如果涉及两个以上税务机关管辖的，由最先查处的税务机关负责；管辖权发生争议的，有关税务机关应本着有利于案件查处的原则，协商确定查处权；经协商仍不能取得一致意见的，由各方共同的上一级税务机关协调或裁定后执行。

下列重大复杂案件可由上级税务机关查处或者统一组织力量查处：重大偷税、逃避追缴欠税、骗取出口退税、避税、抗税案件；重大伪造、倒卖、非法代开、虚开发票案件和其他重大税收违法案件；根据举报，确需上级税务机关派人查处的案件；涉及被查对象主管税务机关有关人员的案件；上级税务机关认为需要由自己查处的案件；下级税务机关认为需要由上级税务机关查处的案件。

3. 税务稽查的立案。税务稽查对象确定以后，应当分类建立税务稽查实施台账，跟踪检查、考核稽查计划执行情况。在税务稽查对象当中，经初步判明有以下情形之一的，应当立案查处：偷税、逃避追缴欠税、骗取出口退税、抗税和为纳税人、扣缴义务人非法提供银行账户、发票、证明或者其他方便，导致税收流失的；无上述违法行为，但是查补税额在 5 000 元至 2 万元以内的（具体金额标准由各省、自治区、直辖市税务机关根据当地实际情况在上述幅度以内确定）；私自印制、伪造、倒卖、非法代开、虚开发票，非法携带、邮寄、运输或者存放空白发票，伪造、私自制作发票监制章和发票防伪专用品的；税务机关认为需要立案查处的其他情形。

(三)税务稽查的实施

1. 准备与通知。稽查对象确定后,即进入稽查实施步骤。税务机关在实施税务稽查前,应调阅被查对象的纳税档案,全面了解被查者的生产经营状况、财务制度或财务会计处理办法,确定相应的稽查方法;然后向被查对象发出《税务稽查通知书》,告知其稽查时间和需要准备的资料等。当被查者有下列情形时,可以不事先通知:被举报有税收违法行为的;税务机关有根据认为被查对象有税收违法行为的;预先通知有碍稽查的。

2. 税务稽查实施。税务人员在实施税务稽查时,必须两人以上,并出示税务检查证。税务稽查人员与被查者有近亲属关系、利害关系或可能影响公正执法的其他关系的,应当自行回避,被查对象也有权要求他们回避。

在稽查过程中,稽查人员可以依法采取询问、调取账簿资料和实地稽查等手段;应当认真填写《税务稽查底稿》;责成纳税人、扣缴义务人提供的有关文件、证明材料和资料应当注明出处;稽查结束时,税务稽查人员应当将稽查的结果和主要问题向被查者说明,核对事实,听取其意见。

需要跨管辖区域稽查的,可以函求相关税务机关协助调查,或直接派人前往相关地区进行调查。无论是函求调查还是异地调查,对方税务机关均应予以协助。

3. 税务稽查报告。稽查人员稽查完毕,应区别情况作出处理:一是对按规定不需要立案查处的一般税收违法案件,稽查完毕,可按照简易程序,由稽查人员直接制作《税务处理决定书》,按照规定报经批准后执行。二是对经立案查处的案件,稽查完毕,稽查人员应当制作《税务稽查报告》。稽查人员应当将《税务稽查报告》、《税务稽查工作底稿》及其他证据材料提交审理部门审理。

4. 税务稽查的审理。对经立案稽查或稽查发现问题的税收违法案件,需要提交审理部门审理;必要时,可以组织有关部门会审;重大复杂案件,提交由税务局长与有关部门负责

人组成的案件审理委员会集体审理。审理人员应当认真审阅稽查人员提交的《税务稽查报告》和其他有关资料,确认违法事实是否清楚,证据是否确凿,数据是否准确,资料是否齐全;适用法律、法规、规章是否得当;是否符合法定程序;拟定处理(处罚)意见是否适当。对于大案、要案或者疑难案件,本级税务机关定案有困难的,应当报经上级税务机关审理以后定案。

5. 税务处理决定的执行。税务执行人员接到批准的《税务处理(处罚)决定书》后,填制税务文书送达回证,按规定的方式送达被查对象,并督促其执行。被查对象未按照《税务处理(处罚)决定书》的规定执行的,税务执行人员应当依法对其应补缴税款和滞纳金采取强制执行措施,填制《扣押(查封)证》、《变卖、拍卖商品、货物、财产决定》或《扣缴税款通知书》,经县以上税务局(分局)局长批准后执行。对经税务稽查应当返还纳税人多缴的税款,税务机关应当按照有关规定及时退还,

执行人员对税务处理（处罚）决定的执行情况应当制作《执行报告》，并及时向有关部门和领导反馈。

被查对象对税务机关作出的处罚决定或者强制执行措施决定，在规定的时限内，既不执行，也不向税务机关申请复议或者向人民法院起诉的，县以上税务机关可以填制《税务处罚强制执行申请书》，连同有关材料一并移送人民法院，申请人民法院协助强制执行。对已作出行政处理决定，移送司法机关查处的税务案件，税务机关应当在移送以前将其应缴未缴的税款、罚款和滞纳金追缴入库。对未作行政处理决定，直接由司法机关查处的税务案件，应追缴的税款，由税务机关办理补缴税款手续。定为撤案、免予刑事处罚的，税务机关应视其违法情节依法予以行政处罚，并加收滞纳金。

案例分析

（一）2005 年 3 月 26 日晚，某地税局稽查分局在公安干警的配合下，分成三组对部分酒楼等餐饮娱乐场所使用假发票的情况进行了突击检查。当晚 8 时许，公安局四名民警配合地税局的五名税务人员对某酒楼进行税务突击检查，从该酒楼收银台的抽屉里搜出十多本正在使用和未经使用的假发票，五本记载收入的笔记本等资料。这时，犯罪嫌疑人周某、吴某突然发难，侮辱、谩骂执法人员，煽动、纠集犯罪嫌疑人黄某、李某及十多名不明身份的人员围攻、殴打执法人员，强抢假发票、假公章等违法犯罪证据，将两名公安、税务人员打成轻伤，并企图抢夺公安人员的佩枪。在混乱中，周某强行将部分假发票及记账凭证抢走，在同伙的掩护下逃逸。该地税局初步查明：该酒楼自 2004 年 11 月至 2005 年 2 月，应缴税款 112 596 元，偷税款 107 871 元，所偷税款占应缴税款的 96%。

问题：

该酒楼员工侮辱、谩骂、围攻、殴打税务执法人员属于哪种行为？

参考答案：

该酒楼员工侮辱、谩骂、围攻、殴打税务执法人员属于抗税行为。

税收是国家财政收入的主要组成部分，它是国家为了实现其职能，凭借政治权力参与国民收入再分配的一种方式。我国税法规定，单位和个人必须依法纳税。根据《税收征管法》第 67 条的规定，以暴力、威胁方法拒不缴纳税款的，是抗税，除由税务机关追缴其拒缴的税款、滞纳金外，依法追究刑事责任。情节轻微，未构成犯罪的，由税务机关追缴其拒缴的税款、滞纳金，并处拒缴税款 1 倍以上 5 倍以下的罚款。《刑法》第 202 条规定，以暴力、威胁方法拒不缴纳税款的，处 3 年以下有期徒刑或者拘役，并处拒缴税款 1 倍以上 5 倍以下罚金；情节严重的，处 3 年以上 7

年以下有期徒刑,并处拒缴税款1倍以上5倍以下罚金。

(二)2006年6月,某县地方税务局在调查摸底的基础上,对某纳税户的税收定额从7月份起进行调整,将其税收定额由原来的40 000元调整为45 000元,并书面通知该纳税户。该纳税户不服,表示不准备缴纳7月份的税款。7月25日,税务机关经过调查,有根据认为该企业有逃避纳税义务的行为,于是书面责令该纳税户必须于8月5日前缴纳该月份税款。8月2日,税务机关发现该纳税户已开始转移财产,便责令该纳税户提供纳税担保,但该纳税户没有提供纳税担保。8月3日,税务机关书面通知该纳税户的开户银行从其存款中扣缴了7月份的税款。

问题:

1. 税务机关的行政行为是否合法?其依据是什么?

2. 对该纳税户的行为应当作出何种处理?

参考答案:

1. 税务机关的行政行为不合法。依据是:根据《税收征管法》的规定,税务机关有根据认为从事生产、经营的纳税人有逃避纳税义务行为的,可以在规定的纳税期之前,责令其限期缴纳应纳税款;在限期内发现纳税人有明显的转移、隐匿其应纳税的商品、货物及其他财产或者应纳税的收入的迹象的,税务机关可以责成纳税人提供纳税担保;如果纳税人不能提供纳税担保,经县以上税务局局长批准,税务机关可以采取税收保全措施。

2. 正确的处理办法是:8月2日以后,因该纳税户没有提供纳税担保,经县税务局局长批准,可以书面通知该纳税户开户银行冻结该纳税户相当于7月份应缴税款的存款,而不应直接采取强制执行措施。在8月5日后纳税人仍未缴纳税款的,方可对该纳税户采取税收强制执行措施,即经县税务局局长批准,可以书面通知该纳税户开户银行从其冻结的存款中扣缴7月份的税款。

(三)2004年,A公司欠缴税款300万元,税务机关责令A公司限期缴纳,但A公司仍未按期缴纳税款。2005年3月,经批准,税务机关决定对A公司采取税收强制执行措施。在强制执行过程中,税务机关发现下列情况:

(1)A公司于2003年1月1日向B银行贷款100万,贷款期限为1年,该笔贷款为信用贷款。

(2)A公司于2002年1月1日向C银行贷款500万元,贷款期限为2年,A公司以自己的机器设备作为抵押,并于1月10日办理了抵押登记手续。

(3)A公司于2005年2月1日向D银行贷款100万元,贷款期限为1个月,A公司以100万元的公司债券作为质押。A公司拒绝偿还到期贷款。

(4)E工商行政管理机关于2005年1月4日依法决定对A公司处以50万元

的罚款,A 公司尚未缴纳该笔罚款。

(5)A 公司于 2004 年 10 月 8 日主动放弃对 F 公司的到期债权 100 万元。

(6)A 公司怠于行使对 G 公司的到期债权 100 万元。

请问:

1. 税务机关对 B 银行、C 银行、D 银行、E 工商行政管理机关的罚款是否享有税收优先权?

2. 税务机关能否向法院申请撤销 A 公司放弃到期债权的行为?

3. 税务机关能否向法院申请代位行使对 G 公司的到期债权?

4. 税务机构行使代位权和撤销权后,A 公司尚未履行的纳税义务能否免除?

参考答案:

1. 税务机关对 B 银行享有税收优先权。根据《税收征管法》的规定,税收优先于无担保债权。本案例中,B 银行对 A 公司的债权即为无担保债权。

税务机关对 C 银行不享有税收优先权。根据《税收征管法》的规定,纳税人欠缴的税款发生在纳税人以其财产设定抵押、质押或者纳税人的财产被留置之前的,税收优先于抵押权、质押权、留置权。本案例中,A 公司于 2002 年以其设备设定抵押发生在前,2003 年欠缴税款发生在后,因此,税务机关不享有对 C 银行的税收优先权。

税务机关对 D 银行享有税收优先权。根据《税收征管法》的规定,纳税人欠缴的税款发生在纳税人以其财产设定抵押、质押或者纳税人的财产被留置之前的,税收优先于抵押权、质押权、留置权。本案例中,A 公司 2003 年欠缴税款发生在其以公司债券设定抵押之前,因此,税务机关对 D 银行享有税收优先权。

税务机关对 E 工商行政管理机关的罚款享有税收优先权。根据《税收征管法》的规定,纳税人欠缴税款,同时又被行政机关决定处以罚款、没收违法所得的,税收优先于罚款、没收违法所得。

2. 税务机关可以向法院申请撤销 A 公司放弃到期债权的行为。根据《税收征管法》的规定,欠缴税款的纳税人放弃到期债权、无偿转让财产、以明显不合理的低价转让财产而受让人知道该情形,对国家税收造成损害的,税务机关可以依照《合同法》的规定行使撤销权。

3. 税务机关可以向法院申请代位行使对 G 公司的到期债权。根据《税收征管法》的规定,欠缴税款的纳税人因怠于行使到期债权,对国家税收造成损害的,税务机关可以依照《合同法》的规定行使代位权。

4. A 公司尚未履行的纳税义务不能免除。根据《税收征管法》的规定,税务机关依照规定行使代位权、撤销权后,不免除欠缴税款的纳税人尚未履行的纳税义务和应承担的法律责任。

（四）南京秀隆美发美容用品有限公司（以下简称秀隆公司）是南京市美发美容行业用品的龙头企业。该公司为了隐匿应税收入，偷逃国家税收，雇用两名会计设"两套账"：一名会计记录秀隆公司全部销售收入，是数额"较大"的一本账，只对公司老板负责；而另一名会计则只记开发票的收入和少量无票收入，作为销售额"较小"的一本账，每月负责向税务机关申报纳税。根据群众举报的线索，南京市国税局鼓楼分局通过内查外调，终于查实秀隆公司在 2002 年内采取设"两套账"的手法，隐瞒销售收入 234.59 万元。2003 年 5 月，鼓楼分局根据《增值税暂行条例》和《税收征管法》的有关规定，补征增值税 39.88 万元，罚款 19.94 万元，同时移送司法机关处理。

（资料来源：南京国税网，http://www. hationaltax – nj. org/co141/article. html？ id =356。）

问题：

对本案中秀隆公司的行为应如何处理？

参考答案：

《税收征管法》第 19 条规定："纳税人、扣缴义务人按照有关法律、行政法规和国务院财政、税务主管部门的规定，根据合法、有效凭证记账，进行核算。"本案例中，秀隆公司违反我国有关账簿、凭证管理规定，雇用两名会计设立两套账本，将企业的部分收入记载到隐匿的账本中，通过在公开账本中减少应税项目达到偷逃税款的目的，该企业因此受到了相应的行政处罚。同时，因涉案金额及比例达到《刑法》中偷税罪的标准，税务机关应依法将该案移送司法机关处理。

思考题

1. 税务登记制度的内容有哪些？

2. 税款征收方式有哪些？

3. 税款征收保障制度的内容有哪些？

4. 什么是税收优先权？

第十二章　税收法律责任

要点提示

　　税收法律责任的设定与运用对保障和谐的税收关系与稳定的税收环境、维护征纳主体双方的合法权益有着重要意义。学习本章时应熟知税收法律责任和税收违法行为的含义，了解和熟悉税收违法行为的构成要件；重点掌握税收行政法律责任、税收刑事法律责任的全部内容；理解和掌握我国税收刑事法律责任的内容。

第一节　税收法律责任概述

一、税收法律责任的概念

　　税收法律责任是指违反税法的行为人应承担的法律后果。违反税法的行为也称税收违法行为，是指人们违反税收法律规定，危害社会、有过错的行为。广义的税收违法行为包括一般违反税法的行为和触犯刑律的犯罪；狭义的税收违法行为仅指一般违反税法的行为，不包括触犯刑律犯罪。对违反税法的行为，我们一般都是从广义上来理解的。

　　税收违法行为作为一种社会现象，是由特定的要件构成的：首先，违反税法必须是在不同程度上侵犯税收法律所保护的税收关系的行为。其次，违反税法必须是一种危害行为，包括积极的行为和消极的不作为。只有违反税法的意识或想法而没有付之于行动的，不构成违反税法。再次，违反税法的必须是有行为能力的征税主体及工作人员和纳税主体。最后，违反税法必须是行为人出于故意或者过失，即行为人有主观方面的过错。人的行为一般要受思想支配，一切违反税法的行为都是为某种思想所驱使，有的明知自己的行为会发生危害社会的结果，并且希望或放任这种结果的发生，因而故意造成对税法的违反；有的本应预见自己的行为可能发生危害社会的结果，因为疏忽大意，行为不慎，出于过失造成对税法的违反。

　　税收法律责任的承担要以税收违法行为的存在为前提条件，税收法律责任的认定必须依照税法的规定，必须按照法定的程序进行。

二、税收法律责任的性质与类型

对违反税法的行为人必须追究法律责任。按照法治原则和税收法定主义原则的要求,税收法律责任应由法律所规定,其责任的认定和追究应当遵循"责任法定原则",有关责任的性质、种类、范围、程度、方式、追究程序等必须由法律规范预先设定,没有法律依据,任何单位和个人不得自行任意追究纳税主体的法律责任。

法律责任是实施法律制裁的依据,法律制裁是法律责任的必然结果。由于纳税主体违反税法行为的性质、情节和危害程度的不同,其所承担的法律责任的性质和形式也不同,国家机关实施的法律制裁方式也就不同。根据我国税法的规定,违反税法的行为人一般应承担税收行政法律责任;触犯刑律的,还要承担税收刑事法律责任。所以,违反税法的行为人就要受到相应的行政制裁,甚至受到刑事制裁。另外,依承担法律责任主体的不同,可分为纳税主体的责任、扣缴义务主体的责任、协税主体的责任、税务机关及其工作人员的责任。

明确税收法律责任不仅有利于维护正常的税收征纳秩序,也有利于维护纳税主体的合法权益,确保征纳主体双方构建和谐稳定的税收法律关系;同时,也有利于增强税法的威慑力,为预防和制裁税收违法犯罪行为提供有力的法律武器。

第二节 税收行政法律责任

一、税收行政法律责任概述

税收行政法律责任是指行为人因实施税收违法行为但尚未构成犯罪所应承担的否定性法律后果。税收行政法律责任包括税务机关及其工作人员在税收征管过程中因滥用职权、失职等行为引起的行政法律责任;同时,也包括纳税人、扣缴义务人及其他税务当事人因实施违反税收法律法规的行为引起的行政法律责任。税收行政法律责任是实施税务行政制裁的前提。税务行政制裁是指由税收机关依法对违反税法的行为人采取的行政惩罚措施。根据我国法律的有关规定,对违反税法的行为人采取的行政制裁主要有税务行政处罚和税务行政处分两类。

(一)税务行政处罚

税务行政处罚是指税务机关依法对违反税法的行为人所给予的惩罚措施。例如,精神罚、财产罚和行为罚等。目前,我国税务行政处罚的形式主要有罚款、没收非法所得、停止出口退税权等。

(二)税务行政处分

税务行政处分是指税务机关或监察机关对税务工作人员违反税法的行为所施行的政纪惩罚措施。税务行政处分是一种内部行政惩戒方式,故又称为内部税务行政法律责任的承担方式。税务行政处分包括警告、记过、降级、撤职、留用察看、开除等方式。

二、税收行政法律责任的内容

（一）纳税主体的税收行政法律责任

1. 纳税主体违反税务管理的行政责任包括：

（1）纳税人有下列行为之一的，由税务机关责令限期改正，可以处2 000元以下的罚款；情节严重的，处2 000元以上1万元以下的罚款：①未按照规定的期限申报办理税务登记、变更或者注销登记的；②未按照规定设置、保管账簿或者保管记账凭证和有关资料的；③未按照规定将财务、会计制度或者财务、会计处理办法和会计核算软件报送税务机关备查的；④未按照规定将其全部银行账号向税务机关报告的；⑤未按照规定安装、使用税控装置，或者损毁或者擅自改动税控装置的。

纳税人不办理税务登记的，由税务机关责令限期改正；逾期不改正的，经税务机关提请，由工商行政管理机关吊销其营业执照。

纳税人未按照规定使用税务登记证件，或者转借、涂改、损毁、买卖、伪造税务登记证件的，处2 000元以上1万元以下的罚款；情节严重的，处1万元以上5万元以下的罚款。

（2）扣缴义务人未按照规定设置、保管代扣代缴、代收代缴税款账簿或者保管代扣代缴、代收代缴税款记账凭证及有关资料的，由税务机关责令限期改正，可以处2 000元以下的罚款；情节严重的，处2 000元以上5 000元以下的罚款。

（3）纳税人未按照规定的期限办理纳税申报和报送纳税资料的，或者扣缴义务人未按照规定的期限向税务机关报送代扣代缴、代收代缴税款报告表和有关资料的，由税务机关责令限期改正，可处2 000元以下的罚款；情节严重的，处2 000元以上1万元以下的罚款。

2. 纳税主体偷税的行政责任主要有如下几项：

（1）纳税人伪造、变造、隐匿、擅自销毁账簿、记账凭证，或者在账簿上多列支出或者不列、少列收入，或者经税务机关通知申报而拒不申报或者进行虚假的纳税申报，不缴或者少缴应纳税款的，是偷税。对纳税人偷税的，由税务机关追缴其不缴或者少缴的税款、滞纳金，并处不缴或者少缴的税款50%以上5倍以下的罚款；构成犯罪的，依法追究刑事责任。扣缴义务人采取前款所列手段不缴或者少缴已扣、已收税款，由税务机关追缴其不缴或者少缴的税款、滞纳金，并处不缴或者少缴的税款50%以上5倍以下的罚款；构成犯罪的，依法追究刑事责任。

（2）纳税人、扣缴义务人编造虚假计税依据的，由税务机关责令限期改正，并处5万元以下的罚款。

纳税人不进行纳税申报，不缴或者少缴应纳税款的，由税务机关追缴其不缴或者少缴的税款、滞纳金,并处不缴或者少缴的税款50%以上5倍以下的罚款。

3.纳税主体妨碍追缴欠税的行政责任主要有:纳税人欠缴应纳税款,采取转移或者隐匿财产的手段,妨碍税务机关追缴欠缴税款的,由税务机关追缴欠缴的税款、滞纳金,并处欠缴的税款50%以上5倍以下的罚款;构成犯罪的,依法追究刑事责任。

4.纳税主体骗取出口退税的行政责任主要有:以假报出口或者其他欺骗手段骗取国家出口退税款的,由税务机关追缴其骗取的退税款,并处骗取税款1倍以上5倍以下的罚款;构成犯罪的,依法追究刑事责任。对骗取国家出口退税款的,税务机关可以在规定的期间内停止为其办理出口退税。

5.纳税主体抗税的行政责任主要有:以暴力、威胁方法拒不缴纳税款的,是抗税,除由税务机关追缴其拒缴的税款、滞纳金外,依法追究刑事责任。情节轻微,未构成犯罪的,由税务机关追缴其拒缴的税款、滞纳金,并处拒缴税款1倍以上5倍以下的罚款。

6.纳税主体的其他税收行政责任有如下几项:

(1)纳税人、扣缴义务人在规定期限内不缴或者少缴应纳或者应解缴的税款,经税务机关责令限期缴纳,逾期仍未缴纳的,税务机关除依照《税收征管法》第40条的规定采取强制执行措施追缴其不缴或者少缴的税款外,可以处不缴或者少缴的税款50%以上5倍以下的罚款。

(2)扣缴义务人应扣未扣、应收不收税款的,由税务机关向纳税人追缴税款,对扣缴义务人处应扣未扣、应收未收的税款50%以上3倍以下的罚款。

(3)纳税人、扣缴义务人逃避、拒绝或者以其他方式阻挠税务机关检查的,由税务机关责令改正,可以处1万元以下的罚款;情节严重的,处1万元以上5万元以下的罚款。

(4)违反《税收征管法》第22条的规定,非法印制发票的,由税务机关销毁非法印制的发票,没收违法所得和作案工具,并处1万元以上5万元以下的罚款,构成犯罪的,依法追究刑事责任。

(5)从事生产、经营的纳税人、扣缴义务人有《税收征管法》规定的税收违法行为,拒不接受税务机关处理的,税务机关可以收缴其发票或者停止向其发售发票。

(二)协税主体税收行政法律责任

纳税人、扣缴义务人的开户银行或者其他金融机构拒绝接受税务机关依法检查纳税人、扣缴义务人存款账户,或者拒绝执行税务机关作出的冻结存款或者扣缴税款的决定,或者在接到税务机关的书面通知后帮助纳税人、扣缴义务人转移存款,造成税款流失的,由税务机关处10万元以上50万元以下的罚款,对直接负责的主管人员和其他直接责任人员处1 000元以上1万元以下的罚款。

（三）征税主体及其工作人员的税收行政法律责任

1.擅自改变征管范围和入库级次的行政责任有如下两项：

（1）税务机关和司法机关的涉税罚没收入应当按照税款入库预算级次上缴国库。

（2）税务机关违反规定擅自改变税收征收管理范围和税款入库预算级次的，责令限期改正，对直接负责的主管人员和其他直接责任人员依法给予降级或者撤职的行政处分。

2.渎职、徇私舞弊的行政责任有如下四项：

（1）纳税人、扣缴义务人有《税收征管法》第63条、第65条、第66条、第67条和第71条规定的行为涉嫌犯罪的，税务机关应当依法移交司法机关追究刑事责任。税务人员徇私舞弊，对依法应当移交司法机关追究刑事责任的不移交，情节严重的，依法追究刑事责任。

（2）税务人员与纳税人、扣缴义务人勾结，唆使或者协助纳税人、扣缴义务人有《税收征管法》第63条、第65条和第66条规定的行为，构成犯罪的，依法追究刑事责任；尚不构成犯罪的，依法给予行政处分。

（3）税务人员利用职务上的便利，收受或者索取纳税人、扣缴义务人财物或者牟取其他不正当利益，构成犯罪的，依法追究刑事责任；尚不构成犯罪的，依法给予行政处分。

（4）税务人员徇私舞弊或者玩忽职守，不征或者少征应征税款，致使国家税收遭受重大损失，构成犯罪的，依法追究刑事责任；尚不构成犯罪的，依法给予行政处分。

税务人员滥用职权，故意刁难纳税人、扣缴义务人的，调离税收工作岗位，并依法给予行政处分。

税务人员对控告、检举税收违法违纪行为的纳税人、扣缴义务人以及其他检举人进行打击报复的，依法给予行政处分；构成犯罪的，依法追究刑事责任。

税务人员违反法律、行政法规的规定，故意高估或者低估农业税计税产量，致使多征或者少征税款，侵犯农民合法权益或者损害国家利益，构成犯罪的，依法追究刑事责任；尚不构成犯罪的，依法给予行政处分。

3.违法征管的行政责任有如下几项：

（1）违反法律、行政法规的规定提前征收、延缓征收或者摊派税款的，由其上级机关或者行政监察机关责令改正，对直接负责的主管人员和其他直接责任人员依法给予行政处分。

（2）违反法律、行政法规的规定，擅自作出税收的开征、停征或者减税、免税、退税、补税以及其他同税收法律、行政法规相抵触的决定的，除依照《税收征管法》的规定撤销其擅自作出的决定外，补征应征未征税款，退还不应征收而征收的税款,并由上级机关追究直接负责的主管人员和其他直接责任人员的行政责任;构成犯罪的,依法追究刑事责任。

(3)未经税务机关依法委托征收税款的,责令退还收取的财物,依法给予行政处分或者行政处罚;致使他人合法权益受到损失的,依法承担赔偿责任;构成犯罪的,依法追究刑事责任。

(4)税务机关、税务人员查封、扣押纳税人个人及其所扶养家属维持生活必需的住房和用品的,责令退还,依法给予行政处分;构成犯罪的,依法追究刑事责任。

4.不遵守回避、保密规定的行政责任有如下两项:

(1)税务人员在征收税款或者查处税收违法案件时,未按照《税收征管法》的规定进行回避的,对直接负责的主管人员和其他直接责任人员依法给予行政处分。

(2)未按照《税收征管法》的规定为纳税人、扣缴义务人、检举人保密的,对直接负责的主管人员和其他直接责任人员,由所在单位或者有关单位依法给予行政处分。

第三节 税收刑事法律责任

一、税收刑事法律责任概述

税收刑事法律责任是指行为人因实施刑法禁止的税收犯罪行为所应承担的否定性法律后果。税收刑事法律责任是实施税务刑事制裁的基础和前提。税务刑事制裁是指由司法机关依法对违反税法构成犯罪的行为人采取的刑事惩罚措施。根据我国刑法的规定,我国刑罚分为主刑和附加刑两大类:主刑有管制、拘役、有期徒刑、无期徒刑、死刑;附加刑是补充主刑适用的刑罚,包括罚金、剥夺政治权利、没收财产等。

税收犯罪是税收违法发展到一定程度而形成的由量变到质变的结果。税收违法不一定构成税收犯罪,但税收犯罪必须是税收违法。构成税收犯罪还需要特殊的条件:一是对社会的危害达到一定程度。这是税收违法与税收犯罪的根本区别之一,其衡量标准主要是对国家税收秩序的破坏程度、造成国家税收收入损失的额度以及情节严重程度等。二是违反刑法规定。税收犯罪不是一般的违法行为,只有当税收违法行为触犯了刑律时才构成犯罪。这里所说的刑法规定,不仅指刑法本身,还包括最高立法机关直接作出的相应立法解释以及最高司法机关作出的有关司法解释。三是实施的行为应受到刑法的处罚。已经违反刑法的有关规定,但刑法中没有要求对其刑事处罚,如情节轻微也不构成犯罪。衡量罪与非罪的标准主要涉及税额大小及比例关系,是否为累犯、情节严重与否等。

二、我国税收刑事法律责任的完善

我国刑法对危害税收征管犯罪行为的处罚原只有第 121 条的规定,不管是从适用的罪名上看,还是从适用的刑种和法定刑上看,都已不能满足司法实践的要求。因此,我国于 1997 年 3 月 5 日第八届全国人大第 5 次会议上通过了修订的《中华人民共和国刑法》,其分则的第三章"破坏社会主义市场经济秩序罪"之第六节"危害税收征管罪",从第 201 条至第 212 条共有十二个条文。与修订前的刑法相比,内容上发生了较大变化。从本节修改和补充的内容来看,其主要由四个部分构成:第一,刑法原第 121 条规定的内容;第二,第七届全国人大常委会第 27 次会议通过的《关于惩治偷税、抗税犯罪的补充规定》的内容;第三,第八届全国人大常委会第 16 次会议通过的《关于惩治虚开、伪造和非法出售增值税专用发票犯罪的决定》的内容;第四,本次刑法修订时,根据我国危害税收征管犯罪的实际情况新规定的内容,本次刑法的修订主要从以下几个方面完善了对危害税收征管罪的规定。

(一)罪名的完善

修订前的刑法中涉及危害税收征管犯罪的内容只有第 121 条一个条文、两个罪名,即偷税罪和抗税罪。很明显,修订前的刑法对危害税收征管犯罪的罪名规定得过少。修订后的刑法对这类犯罪作了专节规定,全节有十二个条文共十二个罪名。其中,除偷税罪、抗税罪是刑法原有的罪名外,其余都是新增设的罪名。这些罪名是:逃避追缴欠税罪;骗取出口退税罪;虚开增值税专用发票、用于骗取出口退税、抵押税款发票罪;伪造、出售伪造的增值税专用发票罪;非法出售增值税专用发票罪;非法购买增值税专用发票、购买伪造的增值税专用发票罪;非法制造、出售非法制造的用于骗取出口退税、抵押税款发票罪;非法制造、出售非法制造的发票罪;非法出售用于骗取出口退税、抵扣税款发票罪;非法出售发票罪。这些新罪名的增设从刑事立法上解决了惩处此类犯罪的法律依据问题,从而大大强化了对国家税收管理制度和征管活动的保护力度。

(二)犯罪主体的完善

根据修订前的刑法规定,偷税罪、抗税罪的犯罪主体仅限于"直接责任人员",即自然人,没有规定单位可以成为此类犯罪的主体。修订后的刑法扩大了犯罪主体的适用范围,既包括负有纳税义务的纳税人,也包括负有代扣代缴、代收代缴税收义务的扣缴义务人;既包括直接负责的主管人员,也包括其他直接责任人员;既包括自然人犯罪主体,也包括单位犯罪主体。特别是对单位犯罪主体,修订后的刑法采用总则和分则相结合的方式,同时将单位规定为犯罪主体,从根本上改变了原刑法总则对犯罪主体仅限于自然人的规定,这是我国刑事立法上的一个重大突破。修订后的刑法专门在第二章中单列单位犯罪一节,明确规定:"公司、企业、事业单位、机关、团体实施的危害社会的行为,法律规定为单位犯罪的,应当负刑事责任。"

同时,在危害税收征管罪这一节规定的十二种犯罪中有更具体的规定,除第202条规定的抗税罪的犯罪主体仅限于且只能是自然人外,其他的犯罪主体均可由单位构成。对单位犯罪的刑事处罚,修订后的刑法总结了以往我国刑事立法和司法实践的经验,参考了外国立法例,采用了同处罚自然人犯罪完全不同的原则——对单位犯罪实行"双罚制",即对单位判处罚金外,对直接负责的主管人员和其他直接责任人员依法追究刑事责任。

(三)法定刑的完善

修订前的刑法对偷税罪、抗税罪的法定刑规定为"3年以下有期徒刑或者拘役",可见,其法定刑明显偏低,最高刑也只有3年有期徒刑,这样不能做到罚当其罪。为了改变这种状况,修订后的刑法对危害税收征管犯罪的法定刑作了较多的补充,提高了法定刑,从管制、拘役到有期徒刑,其中,有期徒刑又从3年以下直至10年以上分为若干档次的量刑幅度;同时,在第204条的骗取出口退税罪,第205条的虚开增值税专用发票罪,第206条的伪造、出售伪造的增值税专用发票罪,第207条的非法出售增值税专用发票罪四个条文中的八个地方规定了无期徒刑,并有两个条文两个罪名规定了死刑,分别是第205条规定的虚开增值税专用发票罪和第206条伪造、出售伪造的增值税专用发票罪。

(四)财产刑的完善

从修订前刑法的第121条我们可以看出,本条只规定了自由刑一种刑罚,而没有规定财产刑。危害税收征管罪的非法牟利的犯罪目的和贪财图利的犯罪动机是非常明显的,对国家利益、社会公共利益和社会经济秩序的损害也是巨大的。因此,对这类犯罪不仅要规定相对严厉的自由刑甚至生命刑,还要运用财产刑,从经济上给予相应的惩罚,使其犯罪目的不能实现,在经济上得不到任何便宜。所以,修订后的刑法特将本节所规定的十二个罪名均适用罚金刑或者没收财产刑。

(五)立法技术的完善

修订前的刑法对偷税罪、抗税罪采用的是空白罪状的立法方式,对其犯罪构成和特征没有具体、明确的表述,所以一般比较笼统、原则。因此,如果要了解偷税罪、抗税罪的特征和犯罪构成,还要参照国家税收方面的有关法规。这给司法实际工作带来了某些不便,不易正确理解和掌握。修订后的刑法,十二个罪名多数采用了叙明罪状和引证罪状的立法方式,而没有继续采用空白罪状的立法方式,特别是对偷税罪和抗税罪的罪状都作了较详细的表述,使之明确、具体、全面、可操作性强,有利于司法工作人员及时、正确地适用刑法,惩罚犯罪。

三、税收刑事法律责任的内容

(一)纳税主体的刑事法律责任

1.纳税主体偷税的刑事责任:偷税罪。纳税人采取伪造、变造、隐匿、擅自销毁账簿、记账凭证,在账簿上多列支出或者不列、少列收入,经税务机关通知申报而拒不申报或者进行虚假的纳税申报,不缴或者少缴应纳税款,偷税数额占应纳税额的10%以上不满30%并且偷税数额在1万元以上不满10万元的,或者因偷税被税务机关给予两次行政处罚又偷税的,处3年以下有期徒刑或者拘役,并处偷税数额1倍以上5倍以下罚金;偷税数额占应纳税额的30%以上并且偷税数额在10万元以上的,处3年以上7年以下有期徒刑,并处偷税数额1倍以上5倍以下罚金。

扣缴义务人采取前款所列手段,不缴或者少缴已扣、已收税款,数额占应缴税额的10%以上并且数额在1万元以上的,依照前款的规定处罚。

对多次犯有前两款行为,未经处理的,按照累计数额计算。

2.纳税主体抗税的刑事责任:抗税罪。以暴力、威胁方法拒不缴纳税款的,处3年以下有期徒刑或者拘役,并处拒缴税款1倍以上5倍以下罚金;情节严重的,处3年以上7年以下有期徒刑,并处拒缴税款1倍以上5倍以下罚金。

3.纳税主体妨碍追缴欠税刑事责任:逃避追缴欠税罪。纳税人欠缴应纳税款,采取转移或者隐匿财产的手段致使税务机关无法追缴欠缴的税款,数额在1万元以上不满10万元的,处3年以下有期徒刑或者拘役,并处或者单处欠缴税款1倍以上5倍以下罚金;数额在10万元以上的,处3年以上7年以下有期徒刑,并处欠缴税款1倍以上5倍以下罚金。

4.纳税主体骗取出口退税刑事责任:骗取出口退税罪。以假报出口或者其他欺骗手段,骗取国家出口退税款,数额较大的,处5年以下有期徒刑或者拘役,并处骗取税款1倍以上5倍以下罚金;数额巨大或者有其他严重情节的,处5年以上10年以下有期徒刑,并处骗取税款1倍以上5倍以下罚金;数额特别巨大或者有其他特别严重情节的,处10年以上有期徒刑或者无期徒刑,并处骗取税款1倍以上5倍以下罚金或者没收财产。

纳税人缴纳税款后,采取前款规定的欺骗方法骗取所缴纳的税款的,依照本法第201条的规定定罪处罚;骗取税款超过所缴纳的税款部分,依照前款的规定处罚。

5.纳税主体发票犯罪的刑事责任有如下各项:

(1)虚开增值税专用发票、用于骗取出口退税、抵押税款发票罪。虚开增值税专用发票或者虚开用于骗取出口退税、抵扣税款的其他发票的,处3年以下有期徒刑或者拘役,并处2万元以上20万元以下罚金;虚开的税款数额较大或者有其他严重情节的,处3年以上10年以下有期徒刑,并处5万元以上50万元以下罚金;虚开的税款数额巨大或者有其他特别严重情节的,处10年以上有期徒刑或者无期徒刑,并处5万元以上50万元以下罚金或者没收财产。

有前款行为骗取国家税款,数额特别巨大,情节特别严重,给国家利益造成特别重大损失的,处无期徒刑或者死刑,并处没收财产。

单位犯本条规定之罪的,对单位判处罚金,并对其直接负责的主管人员和其他直接责任人员处3年以下有期徒刑或者拘役;虚开的税款数额较大或者有其他严重情节的,处3年以上10年以下有期徒刑;虚开的税款数额巨大或者有其他特别严重情节的,处10年以上有期徒刑或者无期徒刑。

虚开增值税专用发票或者虚开用于骗取出口退税、抵扣税款的其他发票,是指有为他人虚开、为自己虚开、让他人为自己虚开、介绍他人虚开行为之一的。

(2)伪造、出售伪造的增值税专用发票罪。伪造或者出售伪造的增值税专用发票的,处3年以下有期徒刑、拘役或者管制,并处2万元以上20万元以下罚金;数量较大或者有其他严重情节的,处3年以上10年以下有期徒刑,并处5万元以上50万元以下罚金;数量巨大或者有其他特别严重情节的,处10年以上有期徒刑或者无期徒刑,并处5万元以上50万元以下罚金或者没收财产。

伪造并出售伪造的增值税专用发票,数量特别巨大,情节特别严重,严重破坏经济秩序的,处无期徒刑或者死刑,并处没收财产。

单位犯本条规定之罪的,对单位判处罚金,并对其直接负责的主管人员和其他直接责任人员处3年以下有期徒刑、拘役或者管制;数量较大或者有其他严重情节的,处3年以上10年以下有期徒刑;数量巨大或者有其他特别严重情节的,处10年以上有期徒刑或者无期徒刑。

(3)非法出售增值税专用发票罪。非法出售增值税专用发票的,处3年以下有期徒刑、拘役或者管制,并处2万元以上20万元以下罚金;数量较大的,处3年以上10年以下有期徒刑,并处5万元以上50万元以下罚金;数量巨大的,处10年以上有期徒刑或者无期徒刑,并处5万元以上50万元以下罚金或者没收财产。

(4)非法购买增值税专用发票、购买伪造的增值税专用发票罪。非法购买增值税专用发票或者购买伪造的增值税专用发票的,处5年以下有期徒刑或者拘役,并处或者单处2万元以上20万元以下罚金。

非法购买增值税专用发票或者购买伪造的增值税专用发票又虚开或者出售的,分别依照《刑法》第205条、第206条、第207条的规定定罪处罚。

(5)非法制造、出售非法制造的用于骗取出口退税、抵押税款发票罪。伪造、擅自制造或者出售伪造、擅自制造的可以用于骗取出口退税、抵扣税款的其他发票的,处3年以下有期徒刑、拘役或者管制,并处2万元以上20万元以下罚金;数量巨大的,处3年以上7年以下有期徒刑,并处5万元以上50万元以下罚金;数量特别巨大的,处7年以上有期徒刑,并处5万元以上50万元以下罚金或者没收财产。

非法制造、出售非法制造的发票罪。伪造、擅自制造或者出售伪造、擅自制造的前款规定以外的其他发票的,处2年以下有期徒刑、拘役或者管制,并处或者单处1万元以上5万元以下罚金;情节严重的,处2年以上7年以下有期徒刑,并处5万元以上50万元以下罚金。

非法出售用于骗取出口退税、抵扣税款发票罪。非法出售可以用于骗取出口退税、抵扣税款的其他发票的,依照第 1 款的规定处罚。

非法出售发票罪。非法出售第 3 款规定以外的其他发票的,依照第 2 款的规定处罚。

(6)盗窃增值税专用发票或者可以用于骗取出口退税、抵扣税款的其他发票的,依照《刑法》第 264 条的规定定罪处罚。

使用欺骗手段骗取增值税专用发票或者可以用于骗取出口退税、抵扣税款的其他发票的,依照《刑法》第 266 条的规定定罪处罚。

(7)单位犯《刑法》第 201 条、第 203 条、第 204 条、第 207 条、第 208 条、第 209 条规定之罪的,对单位判处罚金,并对其直接负责的主管人员和其他直接责任人员依照各该条的规定处罚。

犯《刑法》第 201 条至第 205 条规定之罪,被判处罚金、没收财产的,在执行前,应当先由税务机关追缴税款和所骗取的出口退税款。

6.纳税主体行贿的刑事责任。纳税主体为牟取不正当利益,给国家工作人员以财物的,是行贿罪。在经济往来中,违反国家规定,给予国家工作人员以财物,数额较大的,或者违反国家规定,给予国家工作人员以各种名义的回扣、手续费的,以行贿论处。对犯行贿罪的,处 5 年以下有期徒刑或者拘役;因行贿牟取不正当利益,情节严重的,或者使国家利益遭受重大损失的,处 5 年以上 10 年以下有期徒刑;情节特别严重的,处 10 年以上有期徒刑或者无期徒刑,可以并处没收财产。行贿人在被追诉前主动交代行贿行为的,可以减轻处罚或者免除处罚。

(二)税务机关工作人员的刑事法律责任

1.渎职、徇私舞弊的刑事责任有如下两项:

(1)税务机关工作人员徇私舞弊,不征或者少征应征税款,致使国家税收遭受重大损失的,处 5 年以下有期徒刑或者拘役;造成特别重大损失的,处 5 年以上有期徒刑。

(2)税务机关工作人员违反法律、行政法规的规定,在办理发售发票、抵扣税款、出口退税工作中,徇私舞弊,致使国家利益遭受重大损失的,处 5 年以下有期徒刑或者拘役;致使国家利益遭受特别重大损失的,处 5 年以上有期徒刑。其他国家机关工作人员违反国家规定,在提供出口货物报关单、出口收汇核销单等出口退税凭证的工作中,徇私舞弊,致使国家利益遭受重大损失的,依照前款的规定处罚。

2.贪污贿赂的刑事责任有如下各项:

(1)税务机关工作人员利用职务上的便利,索取他人财物的,或者非法收受他人财物,为他人牟取利益的,是受贿罪。税务机关工作人员在经济往来中,违反国家规定,收受各种名义的回扣、手续费,归个人所有的,以受贿论处。对犯受贿罪的,根据受贿所得数额及情节,依照《刑法》第 383 条的规定处罚。索贿的从重处罚。

(2)税务机关工作人员利用职务上的便利,侵吞、窃取、骗取或者以其他手段非法占有税款和其他公共财物的,是贪污罪。对犯贪污罪的,根据情节轻重,分别依照下列规定处罚:①个人贪污数额在 10 万元以上的,处 10 年以上有期徒刑或者无期徒刑,可以并处没收财产;情节特别严重的,处死刑,并处没收财产。②个人贪污数额在 5 万元以上不满 10 万元的,处 5 年以上有期徒刑,可以并处没收财产;情节特别严重的,处无期徒刑,并处没收财产。③个人贪污数额在 5 000 元以上不满 5 万元的,处 1 年以上 7 年以下有期徒刑;情节严重的,处 7 年以上 10 年以下有期徒刑。个人贪污数额在 5 000 元以上不满 1 万元,犯罪后有悔改表现、积极退赃的,可以减轻处罚或者免予刑事处罚,由其所在单位或者上级主管机关给予行政处分。④个人贪污数额不满 5 000 元,情节较重的,处 2 年以下有期徒刑或者拘役;情节较轻的,由其所在单位或者上级主管机关酌情给予行政处分。对多次贪污未经处理的,按照累计贪污数额处罚。

(3)税务机关工作人员利用职务上的便利,挪用税款和其他公款归个人使用,进行非法活动的,或者挪用税款和其他公款数额较大、进行赢利活动的,或者挪用税款和其他公款数额较大、超过 3 个月未还的,是挪用公款罪,处 5 年以下有期徒刑或者拘役;情节严重的,处 5 年以上有期徒刑。挪用公款数额巨大不退还的,处 10 年以上有期徒刑或者无期徒刑。

3. 共同犯罪的刑事责任:对于共同犯罪的行为,如税务机关工作人员与纳税人、扣缴义务人勾结,唆使或者协助纳税人、扣缴义务人进行偷税、欠税、抗税、骗税行为的,构成犯罪的,按照刑法关于共同犯罪的规定处罚。

案例分析

宗庆后税案风波

从 2008 年 4 月 14 日起,媒体陆续发表文章,报道杭州娃哈哈集团董事长宗庆后因涉嫌偷漏个人所得税近 3 亿元而卷入一桩税案。本案例根据《财经》杂志、《21 世纪经济报道》和其他相关报道整理。

2007 年 8 月,一名自称"税务研究爱好者"的举报人,实名举报宗庆后隐瞒巨额境内外收入,未如实申报个人所得税。国家税务总局收到举报后,迅速督促杭州地税局查办,2007 年 11 月稽查局正式立案。关于该案的具体细节,有如下事实:

一、海外账户获得的巨额奖励

1. 2007 年 11 月下旬,杭州地方税务局官员登门拜访达能上海公司,核实达能在过去十多年间向宗庆后支付报酬的情况,并取走了相关文件。税务部门获得的文件中,最关键者为达能与宗庆后签署的《服务协议》及其附属《奖励股协议》,后者是一份从未公开提及的文件。

《服务协议》:1996年,达能以及达能娃哈哈各合资企业与宗庆后签订了《服务协议》,其宗旨,即"宗先生将全职并全心全力履行本协议规定的各项服务、职责和义务,并获得工资以及与业绩挂钩的奖金"。2003年协议续签。同时,《服务协议》的第5条规定:"根据合营公司的经营业绩,甲方股东(达能方)可以其同意的形式给予宗先生任何特别奖励。"

《奖励股协议》:据此条款,达能及其子公司还与宗庆后签订了另一份附属《奖励股协议》。根据《奖励股协议》的安排,达能将一些子公司的部分股权以1元/股的低价"奖励"给宗庆后。之后,根据合资公司的业绩,宗庆后每年可从这些子公司获得红利,而达能则同意以约定的"倍数"逐渐回购上述子公司股权。回购的价格与分红的多少都与宗庆后的实际业绩挂钩。因此,所谓《奖励股协议》其实就是一种股权激励方案——宗庆后业绩越高,合资公司赢利越高,宗庆后获得的收益就越大。

2. 达能与宗庆后于1996年签订、并于2003年续签的《服务协议》和《奖励股协议》对宗庆后的税务责任有明确约定,即宗庆后对自己的收入要"负责在中国及其他地区的任何种类的税款、收费或征费"。

3. 税务部门从达能获得的银行往来凭证显示,1996~2005年,宗庆后累计获得"服务费"842.4183万美元;在"奖励股"安排中,达能将金加投资有限公司、卡尔文有限公司等境外子公司的若干股权"奖励"给宗庆后,1996~2006年,宗庆后从这两家公司的股权分红中累计获得资金1 505.6876万美元;其余大约4 000多万美元则是达能和金加投资以回购上述两公司股权名义向宗庆后支付的款项。其中,达能曾因宗庆后撮合其与乐百氏公司的联姻,以一家境外子公司股权回购模式给予宗庆后100余万美元的奖励。

4. 根据宗庆后本人的要求,这些资金都打入了其在香港开立的多个银行账户,这些账户分别属于宗庆后本人、其妻施幼珍、其女宗馥莉以及娃哈哈集团党委书记杜建英,总金额约为7 100万美元。

二、合资企业获得的巨额分红

1. 税务系统仍在调查宗庆后的另一项巨额收入来源,即通过个人持股从合资企业获得的分红。在自称"最廉价的CEO"的公开信中,宗庆后介绍,从1996年合资至2006年,合资公司累计实现利润69.65亿元,用于分配60.34亿元,其中,达能分回红利30.77亿元。而宗庆后除每年有1%的奖励分红,个人也在合资公司持股,因此也可获得相应分红。

2. 1996年,达娃双方最初的合资框架为:达能与金加投资占合资公司51%的股份,中方占49%的股份。中方股份中,娃哈哈集团占39%,娃哈哈美食城有限公司占

10%,而娃哈哈集团又控股娃哈哈美食城53.31%。此外,后来还有部分合资公司由达能与娃哈哈集团直接合资,分别占51%和49%的股份。从1999年起,娃哈哈实行以职工持股为主的国企改制,宗庆后本人获得了娃哈哈集团29.4%的股份。

3.据悉,从1996～1999年,达能娃哈哈合资公司3年的可分配利润分别为9 300万元、5 950万元和1.2亿元,共计3.5亿元。以宗庆后所言,合资公司10年可分配利润60.34亿元计,从1999～2006年的可分配利润约56亿余元。保守估计,娃哈哈集团至少可从中分到21.84亿元。

4.据宗庆后税案举报人透露,娃哈哈集团过去数年也进行了分红,这一点从宗庆后与合资公司外方董事之间的通信也可看出。宗庆后曾要求合资公司兑现2006年股东红利,达能方则回信希望娃哈哈集团通过工会持股将红利分配给合资公司员工。仅以股权比例计,名义上宗庆后可得6亿元以上,但实际上分了多少不得而知。

5.事实上,这一算法仍属保守。宗庆后在合资公司中间接控制的权益从2002年开始大大增加。"达娃"合资企业共有39家,其中,29家一级合资企业,10家为合资企业投资的二级企业。在29家一级合资企业中,娃哈哈集团只投资其中的14家,另外15家企业的中方持股在2002年后陆续转让给宗庆后指定的4家企业。这4家企业分别为杭州娃哈哈广盛投资有限公司、杭州萧山顺发食品包装有限公司、红安永盛投资有限公司和广元金信投资有限公司,均成立于2001～2002年间。4家公司中有3家均由宗庆后作为自然人控股60%左右,另一家由杜建英控股。这意味着,从2002年开始,宗庆后实际股权和可能的分红还将增加。

6.除此之外,宗庆后还可以从后来自己控制的非合资企业中获得分红。宗庆后自称,仅2006年一年非合资企业的利润总额就达10.4亿元人民币。

三、宗庆后的双重纳税主体身份

1.宗庆后的美国纳税主体身份。2008年6月初,美国加州一位不愿透露姓名的移民律师经过严密取证后确认,宗庆后本人持有美国绿卡(Permanent Resident Card,永久居留卡),且持有时间达9个年头。据上述美国移民律师确认,宗庆后一直拥有美国绿卡,且到目前为止仍然合法有效。该律师提供了其调查获得的部分证据,并签署了确保资料真实的书面证明函件。这些资料显示,宗庆后拥有的绿卡于1999年5月12日在美国加州发出,到目前已经有9年的时间。在获得该绿卡之前,宗庆后已经于1992年获得了同样由美国加州发出的社会福利号。该律师进一步透露,宗庆后绿卡的身份类别为E18。

有在美的知情人士透露,宗庆后在美国每年有通过其税务顾问申报纳税,不过数额很少。目前记者尚未获知宗庆后在美国每年申报纳税的具体数额。尽管如此,宗庆后的美国绿卡身份还是让他面临在美国申报所得收入的潜在麻烦。一位熟悉美国税法的美国律师告诉记者,"绿卡"持有人与美国公民一样是美国税收上的居民,因此,应申报其在世界范围的所得。

2. 避免双重征税双边税收协定。如果持有绿卡的外国人在国外已经按照该国税率缴纳税款，那么，只需向美国方面提供相关缴税证明即可免除相应数额的纳税义务。通常而言，两国间的税率并不一样，因此，同样收入，在美国之外的其他国家纳税数额如多于美国，则不再补缴；如少于美国，则还需要补缴。

另一种情况是，当两国间签有双边税收协定，那么，该人士可以选择在其中一国纳税。但这项条款的实施需要纳税人每年都向两国政府提出申请并得到同意，否则就面临双边申报。

据了解，中美两国在 1984 年就签订了双边税收协定，主要目的就是对所得避免双重征税和防止偷漏税。除了对上述双重征税问题予以规定外，协议还规定两国间具有情报交换的义务，特别是防止税收欺诈、偷漏税的情报。

该律师认为，一般来说，如果该持有绿卡的外国人在自己的国家被认为存在长期未如实申报并未按时纳税的行为，而该国家与美国有双边税收协定，存在信息共享，那么，一种可能是该人士在美国也没有如实申报和纳税，而另一种可能则是该国政府不认可在美国的纳税。"由于美国的税法更复杂也更全面，就持有绿卡的中国人而言，多数是希望在中国纳税的。"因此，该律师认为后一种可能性很小。

鉴于中美之间的双边税收协定，综上推断，宗庆后如果在美国进行了按时申报和纳税，并提供了相关证据，在中国的补缴就意味着"双重征税"。这正是双边税收协定力图避免的。因此，宗庆后在美国也面临长期未能如实申报这部分海外收入的可能。

一位国内税法专家告诉记者，拥有美国绿卡的中国居民同时构成两个国家的居民申报纳税义务。当该人士面临其中一国税务的稽查时，其可以推测的原因很多，也可能他在美国申报缴纳了这部分税款，但根据中国税法的一些规定也可能进行调查。专家还强调，不管在哪国纳税，该人士必须面对双重申报制度。

3. 潜在的税法责任问题。对于美国方面潜在的税务问题，上述律师介绍，在美国，申报全球所得的范围包括个人薪资收入、海外银行账户、股权或股票等投资收益等，这部分税率通常在 10% 至 35% 之间。而收入超过 35 万美金/年的，税率 35% 则为最高限，这些都需要每年进行申报。

如果未进行如实申报或完全未申报，那么，当事人则面临民事责任甚至刑事责任。这要看美国政府认定当事人是否为"过失"或者"故意"的行为。如果认定为过失，那么，只需要负民事责任，即补缴并交纳一定的滞纳金、罚金和利息；如果被认定为故意行为，还将面临监禁。

该律师表示，对于未如实申报的，政府有 3～6 年的诉讼时效期，对完全未申报的，则在任何时候都可以起诉，而轻微的刑事犯罪责任也都面临一年以内的监禁和最多 2.5 万美金的罚款。据了解，对漏税的滞纳金和罚款等金额的计算，在美国最高可以达到偷漏税额的一倍。同时，专家提示，在美国，每一年未如实申报或未申报，都将成为一项独立的指控。而对薪酬收入、海外账户以及股权分红等的分类申报,也都会独立成为一项指控。如此累加,对一般偷漏税当事人的指控就非常之多。

"申报是最大的前提。如果未申报或未如实申报,就会引出很多问题。一旦美国政府起诉,很多结果就无法避免了。"这位律师说。

四、税案曝光后宗庆后的解释

4月15日,宗庆后在接受新华社记者采访时承认,已向杭州市地方税务局补办了申报及补缴个人所得税手续,并交纳了滞纳金。他承认:"我正在积极配合税务部门检查。"另外,此事被曝光后,宗庆后在接受另一家媒体采访时表示,仅获得4 000余万美元奖励股收入,并已于去年针对这部分收入补缴了税款和滞纳金。

对绿卡事件,宗庆后说:"我都那么多年没去美国了,一些人还拿我的绿卡说事,混淆了美国公民与拿到美国绿卡之间的本质区别。"宗庆后表示,美国公民是取得美国国籍的合法居民,而"绿卡"是美国居住证,并不意味着加入美国国籍,成为美国公民。宗庆后气愤地说:"我已两年多没去美国了,早就自动放弃了绿卡。作为一个中国公民,我只有一个中国护照。"

五、国家税务总局有关人士的证实

就宗庆后偷税案,《财经》记者得到了国家税务总局有关人士的证实:"宗庆后长期应缴纳而未缴纳的税款高达近3亿元,对直接打到境外的7 100万美元收入,宗庆后从未提供过在境外的纳税证明。宗庆后在2007年11月杭州地方税务部门立案调查之前,突击补缴了高达2亿多元的税款。"

六、待解决的问题

税务局的调查现已有重大进展,但仍未完全结束;已查实偷税部分的情况如何定性,国税总局与杭州地税局正反复磋商。目前定性的难点在于宗庆后在税务部门启动调查后于2007年10月补缴了2亿多元的税款,使应缴而未缴的税款只差数百万元。因此,究竟是以近3亿元立案,还是只追究目前的数百万元税款,税务系统内部仍存争论。

问题:

1. 宗庆后是否应承担我国税收法律责任?他应承担何种税收法律责任?
2. 宗庆后是否应受美国税法的管辖,受到美国税法的制裁?

思考题

1. 简述税收法律责任和税收违法行为的关系。
2. 简述税收违法行为的构成要件。
3. 试论偷税行为与偷税罪。
4. 试论我国税收刑事法律责任的发展与完善。

第十三章　税收行政复议法律制度

要点提示

税收行政复议制度是解决税收行政争议的一项重要制度。本章着重介绍了税务行政复议制度和海关行政复议制度。本章首先讲述了税务行政复议方面的内容,包括税务行政复议的概念和特征,税务行政复议的原则和税务行政复议的范围;介绍了我国对税务行政复议管辖的规定,税务行政复议申请人资格和被申请人的确定;要求掌握税务行政复议不予受理的内容,税务行政复议的中止和终止的情形,税务行政复议中证据如何确定,税务行政复议决定的作出和执行。随后介绍了海关行政复议的范围,对海关确定纳税义务人、确定完税价格、商品归类、确定原产地、适用税率或者汇率、减征或者免征税款、补税、退税、征收滞纳金、确定计征方式以及确定纳税地点等其他涉及税款征收的具体行政行为有异议的,可以提起行政复议。

第一节　税务行政复议概述

税收行政复议是以税收争议为前提,纳税人及其他当事人认为征税机关的具体行政行为侵犯其合法权益而向征税机关提出审议所争议问题的申请,并由征税机关作出决定的一系列活动的总称。税收复议包括由税务机关作为复议机关的税务行政复议和由海关作为复议机关的海关行政复议。

一、税务行政复议的概念

行政复议是指公民、法人或其他组织认为行政机关的具体行政行为侵害其合法权益,依法向行政复议机关提出复查该具体行政行为的申请,行政复议机关依照法定程序对被申请的具体行政行为进行审查并作出行政复议决定的活动。

税务行政复议是指纳税人及其他当事人认为税务机关的具体行政行为侵犯其合法权益,可依法向税务行政复议机关提出复查该具体行政行为的申请,税务行政复议机关依照法定程序对被申请的具体行政行为进行审查并作出行政复议决定的活动。税务行政复议在性质上是一种行政权力救济、行政层级监督手段,其本身也是一种行政行为。税务行政复议是我国行政复议制度的一个重要组成部分。

税务行政复议的目的是防止和纠正税务机关违法或者不当的具体行政行为,保护纳税人及其他当事人的合法权益。根据《中华人民共和国行政复议法》(以下简称《行政复议法》)、《税收征管法》和其他法规规定,《税务行政复议规则(暂行)》已经于2004年1月17日第1次国家税务总局局务会议审议通过,自2004年5月1日起施行。《税务行政复议规则(暂行)》的制定和实施有利于防止和纠正税务机关违法或者不当的具体行政行为,保护纳税人及其他当事人的合法权益,保障和监督税务机关依法行使职权。

《税务行政复议规则(暂行)》所称税务行政复议机关,是指依法受理行政复议申请,对具体行政行为进行审查并作出行政复议决定的税务机关。税务行政复议机关作为负责税收法制工作的机构,具体办理行政复议事项,履行下列职责:

第一,受理行政复议申请。

第二,向有关组织和人员调查取证,查阅文件和资料。

第三,审查申请行政复议的具体行政行为是否合法与适当,拟定行政复议决定。

第四,处理或者转送对国家税务总局和国务院其他部门的规定、其他各级税务机关的规定、地方各级人民政府的规定、地方人民政府工作部门的规定(以上规定不含规章)的审查申请。

第五,对被申请人违反行政复议法及本规则规定的行为,依照规定的权限和程序提出处理建议。

第六,办理因不服行政复议决定提起行政诉讼的应诉事项。

第七,对下级税务机关的行政复议工作进行检查和监督。

第八,办理行政复议案件的赔偿事项。

第九,办理行政复议、诉讼、赔偿等案件的统计、报告和归档工作。

各级税务机关应建立健全税收法制工作机构,配备专职行政复议、应诉工作人员,保证行政复议、应诉工作的顺利开展。纳税人及其他当事人对行政复议决定不服的,可以依照行政诉讼法的规定向人民法院提起行政诉讼。各级税务机关发生的行政复议诉讼费用在行政经费中开支。

二、税务行政复议的特征

税务行政复议主要具有如下特征:

第一,税务行政复议以行政相对方的申请为前提。税务行政复议依税务征管相对人的请求进行,税务征管相对人提起复议申请是启动税务行政复议程序的法定条件。税务行政复议遵循"不告不理"原则,没有申请则无复议。至于税务机关自己或者上级税务机关发现已作出的处理或者处罚决定存在问题的,则适用税务行政监督程序予以纠正,而不适用税务行政复议程序。①

第二,税务行政复议权只能由法定机关行使。依法有履行税务行政复议职责的国家行政机关是法定的税务行政复议机关,但国家权力机关、国家审判机关、国家检察机关都不是税务行政复议机关;依法没有履行税务行政复议职责的国家机关不能成为税务行政复议机关。

第三,税务行政复议的审查对象是税务行政主体作出的具体行政行为,同时附带审查部分抽象行政行为。

三、税务行政复议的基本原则

税务行政复议机关必须强化责任意识和服务意识,树立依法行政观念,认真履行行政复议职责,忠于法律,确保法律正确实施,坚持有错必纠;行政复议活动应当遵循合法、公正、公开、及时、便民的原则。

(一)合法原则

1. 履行行政复议职责的主体应当合法。

2. 审理行政复议案件的依据应当合法。

3. 审理行政复议案件的程序应当合法。

(二)公正原则

1. 税务行政复议机关应当从合法性和合理性两方面审查被申请的具体行政行为,对不合法的具体行政行为,应当予以撤销或者确认违法;对明显不公正的具体行政行为,依法可以变更,必要时还可以责令被申请人重新作出具体行政行为。

2. 税务行政复议机关应当查明所有与案件有关的事实,并做出准确的定性。

3. 税务行政复议机关应当正当、合理地行使复议自由裁量权。

(三)公开原则

1. 税务行政复议过程公开。

2. 税务行政复议依据公开。

3. 税务行政复议的结果和作出决定的理由公开。

(四)及时原则

1. 受理税务行政复议申请应当及时。

2. 税务行政复议案件的审理要严格遵守审理期限的规定。

3. 作出税务行政复议决定应当及时。

4. 税务行政对复议当事人不履行复议决定的情况,复议机关应当及时处理。

---

① 徐孟洲.税法学[M].北京:中国人民大学出版社,2005:475.

（五）便民原则

税务行政复议机关应当尽可能为行政复议申请人提供便利条件,保证公民、法人或其他组织充分行使复议申请权。

第二节　税务行政复议的处理

一、税务行政复议的范围

（一）复议机关受理申请人行政复议申请的事项

复议机关应受理申请人对下列具体行政行为不服提出的行政复议申请:

1.税务机关作出的征税行为,包括确认纳税主体、征税对象、征税范围、减税、免税及退税、适用税率、计税依据、纳税环节、纳税期限、纳税地点以及税款征收方式等具体行政行为和征收税款、加收滞纳金及扣缴义务人、受税务机关委托征收的单位作出的代扣代缴、代收代缴行为。

2.税务机关作出的税收保全措施:①书面通知银行或者其他金融机构冻结存款;②扣押、查封商品、货物或者其他财产。

3.税务机关未及时解除保全措施,使纳税人及其他当事人的合法权益遭受损失的行为。

4.税务机关作出的强制执行措施:①书面通知银行或者其他金融机构从其存款中扣缴税款;②变卖、拍卖扣押、查封的商品、货物或者其他财产。

5.税务机关作出的行政处罚行为:①罚款;②没收财物和违法所得;③停止出口退税权。

6.税务机关不予依法办理或者答复的行为:①不予审批减免税或者出口退税;②不予抵扣税款;③不予退还税款;④不予颁发税务登记证、发售发票;⑤不予开具完税凭证和出具票据;⑥不予认定为增值税一般纳税人;⑦不予核准延期申报、批准延期缴纳税款。

7.税务机关作出的取消增值税一般纳税人资格的行为。

8.收缴发票、停止发售发票。

9.税务机关责令纳税人提供纳税担保或者不依法确认纳税担保有效的行为。

10.税务机关不依法给予举报奖励的行为。

11.税务机关作出的通知出境管理机关阻止出境的行为。

12.税务机关作出的其他具体行政行为。

与《税收征管法》及《税收征管法实施细则》相适应,《税务行政复议规则(暂行)》增加了可申请复议的税务具体行政行为,扩大了税务行政复议的范围。例如,纳税人及其他当事人对税务机关确认纳税主体、征税对象、征税范围、减税、免税及退税、适用税率、计税依据、纳税环节、纳税期限、纳税地点以及税款征收方式的征税行为,变卖扣押、查封的商品、货物或者其他财产,收缴发票、停止发售发票,不依法确认纳税担保有效的行为以及不依法给予举报奖励等行为,可以申请复议。

(二)纳税人及其他当事人向复议机关提出的审查申请

纳税人及其他当事人认为税务机关的具体行政行为所依据的下列规定不合法,在对具体行政行为申请行政复议时,可一并向复议机关提出对该规定的审查申请:

1.国家税务总局和国务院其他部门的规定。

2.其他各级税务机关的规定。

3.地方各级人民政府的规定。

4.地方人民政府工作部门的规定。

上述规定不含规章。依据现行规定,对国务院各部委和地方人民政府制定的规章以及国家税务总局制定的具有规章效力的规范性文件,尚不能在复议时一并提出审查申请。

二、税务行政复议的管辖

税务行政复议的管辖是明确税务行政复议申请人向哪一级税务机关申请复议,以及应当由哪一级税务机关受理的制度。税务行政复议的管辖属于税务系统内部确立受理税务行政复议案分工的制度,对税务行政复议的具体展开和实现是非常重要的。

我国对税务行政复议管辖有如下规定:

1.对各级税务机关作出的具体行政行为不服的,向其上一级税务机关申请行政复议。对省、自治区、直辖市地方税务局作出的具体行政行为不服的,可以向国家税务总局或者省、自治区、直辖市人民政府申请行政复议。

2.对国家税务总局作出的具体行政行为不服的,向国家税务总局申请行政复议。对行政复议决定不服,申请人可以向人民法院提起行政诉讼,也可以向国务院申请裁决,国务院的裁决为终局裁决。

3.对上述两项规定以外的其他税务机关、组织等作出的具体行政行为不服的,按照下列规定申请行政复议:

(1)对计划单列市税务局作出的具体行政行为不服的,向省税务局申请行政复议。

(2)对税务所、各级税务局的稽查局作出的具体行政行为不服的,向其主管税务局申请行政复议。

(3)对扣缴义务人作出的扣缴税款行为不服的,向主管该扣缴义务人的税务机关的上一级税务机关申请行政复议;对受税务机关委托的单位作出的代征税款行为不服的,向委托税务机关的上一级税务机关申请行政复议。

(4)国税局(稽查局、税务所)与地税局(稽查局、税务所)、税务机关与其他行政机关联合调查的涉税案件,应当根据各自的法定职权,经协商分别作出具体行政行为,不得共同作出具体行政行为。

对国税局(稽查局、税务所)与地税局(稽查局、税务所)共同作出的具体行政行为不服的,向国家税务总局申请行政复议;对税务机关与其他行政机关共同作出的具体行政行为不服的,向其共同上一级行政机关申请行政复议。

(5)对被撤销的税务机关在撤销前所作出的具体行政行为不服的,向继续行使其职权的税务机关的上一级税务机关申请行政复议。

具有上述(2)、(3)、(4)、(5)项所列情形之一的,申请人也可以向具体行政行为发生地的县级地方人民政府提出行政复议申请,由接受申请的县级地方人民政府依法进行转送。

随着全社会法律意识和权利意识的不断增强,因不服国税局和地税局共同作出的具体行政行为向国家税务总局提起复议的案件不断增多,在一定程度上影响了国家税务总局对带有全局性的政策、法规的研究与指导工作。为此,《税务行政复议规则(暂行)》规定,国税局(稽查局、税务所)与地税局(稽查局、税务所)、税务机关与其他行政机关联合调查的涉税案件,应当根据各自的法定职权,经协商分别作出具体行政行为,不得共同作出具体行政行为。

三、税务行政复议申请

(一)税务行政复议的当事人

1. 税务行政复议申请人。依法提起行政复议的纳税人及其他当事人为税务行政复议申请人,具体是指纳税义务人、扣缴义务人、纳税担保人和其他当事人。

有权申请行政复议的公民死亡的,其近亲属可以申请行政复议;有权申请行政复议的公民为无行为能力人或者限制行为能力人,其法定代理人可以代理申请行政复议。

有权申请行政复议的法人或者其他组织发生合并、分立或终止的,承受其权利义务的法人或者其他组织可以申请行政复议。

2. 税务行政复议被申请人。纳税人及其他当事人对税务机关的具体行政行为不服申请行政复议的,作出具体行政行为的税务机关是被申请人。两个或两个以上行政机关以共同名义作出同一具体行政行为的,共同作出具体行政行为的行政机关是共同被申请人;法律法规和规章授权的组织作出的具体行政行为引起行政复议,该组织是被申请人;行政机关委托的组织作出的具体行政行为引起行政复议,委托的行政机关是被申请人;作出具体行政行为决定的行政机关被撤销的,继续行使其职权的行政机关是被申请人;派出机关和派出机构的主体地位不同:派出机关本身是行政主体,而派出机构不能作为被申请人,它相当于政府的一个工作部门,设立该派出机构的政府工作部门为被申请人。

3.税务行政复议第三人。与申请行政复议的具体行政行为有利害关系的其他公民、法人或者其他组织可以作为第三人参加行政复议。

虽非具体行政行为的相对人,但其权利直接被该具体行政行为所剥夺、限制或者被赋予义务的第三人,在行政管理相对人没有申请行政复议时,可以单独申请行政复议。《税务行政复议规则(暂行)》更加重视公民、法人及其他组织的权益保护,对虽非税务具体行政行为的相对人,但其权利直接被该具体行政行为所剥夺、限制或者被赋予义务的第三人,在行政管理相对人没有申请行政复议时,《税务行政复议规则(暂行)》规定该第三人可以单独申请行政复议。

申请人、第三人可以委托代理人代为参加行政复议;被申请人不得委托代理人代为参加行政复议。

(二)税务行政复议的申请程序

对纳税人及其他当事人的救济主要有两种途径,即复议和诉讼。在两种救济途径的选择方面,具体又可分为两种:第一种是必须先经过复议,才能提出诉讼;第二种是无须经过复议,可直接进入诉讼阶段。这两种情况我国税务行政复议制度中都有规定,这直接影响着纳税人及其他当事人税务行政复议的提出。

申请人对具体行政行为不服,可以申请行政复议,也可以直接向人民法院提起行政诉讼。但是,特别需要注意的是,纳税人、扣缴义务人及纳税担保人对以下具体行政行为不服的,应当先向复议机关申请行政复议,对行政复议决定不服的,可以再向人民法院提起行政诉讼。

1.税务机关作出的征税行为,包括确认纳税主体、征税对象、征税范围、减税、免税及退税、适用税率、计税依据、纳税环节、纳税期限、纳税地点以及税款征收方式等具体行政行为和征收税款、加收滞纳金及扣缴义务人、受税务机关委托征收的单位作出的代扣代缴、代收代缴行为。

2.税务机关不予依法办理或者答复的行为,包括不予审批减免税或者出口退税;不予抵扣税款;不予退还税款。

申请人向复议机关申请行政复议,复议机关已经受理的,在法定行政复议期限内申请人不得再向人民法院提起行政诉讼;申请人向人民法院提起行政诉讼,人民法院已经依法受理的,不得申请行政复议。

(三)税务行政复议的申请期限、担保和申请方式

申请人可以在知道税务机关作出具体行政行为之日起60日内提出行政复议申请。因不可抗力或者被申请人设置障碍等其他正当理由耽误法定申请期限的,申请期限自障碍消除之日起继续计算。

申请人按规定申请行政复议的,必须先依照税务机关根据法律、行政法规确定的税额和期限,缴纳或者解缴税款及滞纳金或者提供相应的担保,方可在实际缴清税款和滞纳金后或者所提供的担保得到作出具体行政行为的税务机关确认之日起60日内提出行政复议申请。

申请人提供担保的方式包括保证、抵押及质押。作出具体行政行为的税务机关应当对保证人的资格、资信进行审查,对不具备法律规定资格,或者没有能力保证的,有权拒绝。作出具体行政行为的税务机关应当对抵押人、出质人提供的抵押担保、质押担保进行审查,对不符合法律规定的抵押担保和质押担保不予确认。

申请人申请行政复议,可以书面申请,也可以口头申请;口头申请的,复议机关应当当场记录申请人的基本情况、行政复议请求、申请行政复议的主要事实、理由和时间。

四、税务行政复议的受理

(一)税务行政复议受理的事项

复议机关收到行政复议申请后,应当在5日内进行审查,决定是否受理。对不符合《税务行政复议规则(暂行)》规定的行政复议申请,决定不予受理,并书面告知申请人。

对有下列情形之一的行政复议申请,决定不予受理:

1. 不属于行政复议的受案范围。
2. 超过法定的申请期限。
3. 没有明确的被申请人和行政复议对象。
4. 已向其他法定复议机关申请行政复议,且被受理。
5. 已向人民法院提起行政诉讼,人民法院已经受理。
6. 申请人就纳税发生争议,没有按规定缴清税款、滞纳金,并且没有提供担保或者担保无效。
7. 申请人不具备申请资格。

对不属于本机关受理的行政复议申请,应当告知申请人向有关复议机关提出。

复议机关收到行政复议申请后未按前款规定期限审查并作出不予受理决定的,视为受理。

对符合规定的行政复议申请,自复议机关法制工作机构收到之日起即为受理;受理行政复议申请,应当书面告知申请人。

对应当先向复议机关申请行政复议,对行政复议决定不服再向人民法院提起行政诉讼的具体行政行为,复议机关决定不予受理或者受理后超过复议期限不作答复的,纳税人及其他当事人可以自收到不予受理决定书之日起或者行政复议期满之日起15日内,依法向人民法院提起行政诉讼。

复议机关应当自受理申请之日起60日内作出行政复议决定。情况复杂,不能在规定期限内作出行政复议决定的,经复议机关负责人批准,可以适当延长,并告知申请人和被申请人,但延长期限最多不超过 30 日。延长行政复议期限的,以延长后的时间为行政复议期满时间。

纳税人及其他当事人依法提出行政复议申请,复议机关无正当理由不予受理且申请人没有向人民法院提起行政诉讼的,上级税务机关应当责令其受理;必要时,上级税务机关也可以直接受理。

(二)税务行政复议对税收执法的影响

行政复议期间,具体行政行为不停止执行,但有下列情形之一的,可以停止执行:

1. 被申请人认为需要停止执行的。
2. 复议机关认为需要停止执行的。
3. 申请人申请停止执行,复议机关认为其要求合理,决定停止执行的。
4. 法律规定停止执行的。

(三)税务行政复议的中止和终止

行政复议期间,有下列情形之一的,行政复议中止:

1. 申请人死亡,须等待其继承人表明是否参加行政复议的。
2. 申请人丧失行为能力,尚未确定法定代理人的。
3. 作为一方当事人的行政机关、法人或者其他组织终止,尚未确定其权利义务承受人的。
4. 因不可抗力原因致使复议机关暂时无法调查了解情况的。
5. 依照《税务行政复议规则(暂行)》第 39 条和第 40 条,依法对具体行政行为的依据进行处理的。
6. 案件的结果须以另一案件的审查结果为依据,而另一案件尚未审结的。
7. 申请人请求被申请人履行法定职责,被申请人正在履行的。
8. 其他应当中止行政复议的情形。

行政复议中止应当书面告知当事人。中止行政复议的情形消除后,应当立即恢复行政复议。

行政复议期间,有下列情形之一的,行政复议终止:

1. 行政复议决定作出前,申请人要求撤回行政复议申请的。
2. 行政复议申请受理后,发现其他复议机关或者人民法院已经先于本机关受理的。
3. 申请人死亡,没有继承人或者继承人放弃行政复议权利的。
4. 作为申请人的法人或者其他组织终止后,其权利义务的承受人放弃行政复议权利的。

因行政复议中止第 1,2 项原因中止行政复议满 60 日仍无人继续复议的,行政复议终止,但有正当理由的除外。

5.行政复议申请受理后,发现不符合受理条件的。

行政复议终止应当书面告知当事人。

五、税务行政复议的证据制度

《税务行政复议规则(暂行)》规定,复议机关审查复议案件以证据证明的案件事实为根据。在认证证据的规则上,《税务行政复议规则(暂行)》吸纳了行政诉讼中证据制度的有关规定,从证据形式的种类,证据合法性、真实性的审查以及非法证据排除规则等诸多方面作了详细的规定,从而使行政复议案件事实的认证更加规范、易于操作,有利于税务行政复议工作质量的提高。

行政复议证据包括以下各类:①书证;②物证;③视听资料;④证人证言;⑤当事人的陈述;⑥鉴定结论;⑦勘验笔录、现场笔录。

在行政复议中,被申请人对其作出的具体行政行为负有举证责任。复议机关审查复议案件,应当以证据证明的案件事实为根据。

复议机关应当根据案件的具体情况,从以下几个方面审查证据的合法性:①证据是否符合法定形式;②证据的取得是否符合法律法规、规章、司法解释和其他规定的要求;③是否有影响证据效力的其他违法情形。

复议机关应当根据案件的具体情况,从以下几个方面审查证据的真实性:①证据形成的原因;②发现证据时的客观环境;③证据是否为原件、原物,复制件、复制品与原件、原物是否相符;④提供证据的人或者证人与当事人是否具有利害关系;⑤影响证据真实性的其他因素。

下列证据材料不得作为定案依据:①违反法定程序收集的证据材料;②以偷拍、偷录、窃听等手段获取侵害他人合法权益的证据材料;③以利诱、欺诈、胁迫、暴力等不正当手段获取的证据材料;④当事人无正当事由超出举证期限提供的证据材料;⑤当事人无正当理由拒不提供原件、原物,又无其他证据印证,且对方当事人不予认可的证据的复制件或者复制品;⑥无法辨明真伪的证据材料;⑦不能正确表达意志的证人提供的证言;⑧不具备合法性和真实性的其他证据材料。

法制工作机构依据职责向有关组织和人员调查取证,查阅文件和资料,不得作为支持被申请人具体行政行为的证据。

在行政复议过程中,被申请人不得自行向申请人和其他有关组织或者个人收集证据。

申请人和第三人可以查阅被申请人提出的书面答复、作出具体行政行为的证据、依据和其他有关材料,除涉及国家秘密、商业秘密或者个人隐私外,复议机关不得拒绝。

六、税务行政复议决定

(一)税务行政复议方式

行政复议原则上采用书面审查的办法,但是申请人提出要求或者法制工作机构认为有必要时,应当听取申请人、被申请人和第三人的意见,并可以向有关组织和人员调查了解情况。

复议机关对被申请人作出的具体行政行为所依据的事实证据、法律程序、法律依据及设定的权利义务内容的合法性和适当性进行全面审查。

复议机关法制工作机构应当自受理行政复议申请之日起 7 日内,将行政复议申请书副本或者行政复议申请笔录复印件发送被申请人。

被申请人应当自收到申请书副本或者申请笔录复印件之日起 10 日内提出书面答复,并提交当初作出具体行政行为的证据、依据和其他有关材料。

行政复议决定作出前,申请人要求撤回行政复议申请的,可以撤回,但不得以同一基本事实或理由重新申请复议。

申请人认为税务机关的具体行政行为所依据的规定不合法,在对具体行政行为申请行政复议时,一并向复议机关提出对该规定的审查的,复议机关对该规定有权处理的,应当在 30 日内依法处理;无权处理的,应当在 7 日内按照法定程序转送有权处理的行政机关依法处理,有权处理的行政机关应当在 60 日内依法处理。处理期间,中止对具体行政行为的审查。

复议机关在对被申请人作出的具体行政行为进行审查时,认为其依据不合法,本机关有权处理的,应当在 30 日内依法处理;无权处理的,应当在 7 日内按照法定程序转送有权处理的国家机关依法处理。处理期间,中止对具体行政行为的审查。

(二)税务行政复议决定的内容

法制工作机构应当对被申请人作出的具体行政行为进行合法性与适当性审查,提出意见,经复议机关负责人同意,按照下列规定作出行政复议决定:

1. 具体行政行为认定事实清楚,证据确凿,适用依据正确,程序合法,内容适当的,决定维持。

2. 被申请人不履行法定职责的,决定其在一定期限内履行。

3. 具体行政行为有下列情形之一的,决定撤销、变更或者确认该具体行政行为违法;决定撤销或者确认该具体行政行为违法的,可以责令被申请人在一定期限内重新作出具体行政行为:①主要事实不清、证据不足的;②适用依据错误的;③违反法定程序的;④超越或者滥用职权的;⑤具体行政行为明显不当的。

复议机关责令被申请人重新作出具体行政行为的,被申请人不得以同一事实和理由作出与原具体行政行为相同或者基本相同的具体行政行为;复议机关以原具体行政行为违反法定程序而决定撤销的,被申请人重新作出具体行政行为的,不受前述限制。

4. 被申请人应当自收到申请书副本或者申请笔录复印件之日起 10 日内提出书面答复,并提交当初作出具体行政行为的证据、依据和其他有关材料。被申请人不按以上规定提出书面答复,提交当初作出具体行政行为的证据、依据和其他有关材料的,视为该具体行政行为没有证据、依据,决定撤销该具体行政行为。

重大、疑难的行政复议申请,复议机关应当集体讨论决定。重大、疑难行政复议申请的标准,由复议机关自行确定。

(三)税务行政复议决定涉及的赔偿问题

申请人在申请行政复议时可以一并提出行政赔偿请求,复议机关对符合国家赔偿法的有关规定应当给予赔偿的,在决定撤销、变更具体行政行为或者确认具体行政行为违法时,应当同时决定对被申请人依法给予赔偿。

申请人在申请行政复议时没有提出行政赔偿请求的,复议机关在依法决定撤销或者变更原具体行政行为确定的税款、滞纳金、罚款以及对财产的扣押、查封等强制措施时,应当同时责令被申请人退还税款、滞纳金和罚款,解除对财产的扣押、查封等强制措施,或者赔偿相应的价款。

(四)税务行政复议决定的期限及形式

复议机关应当自受理申请之日起 60 日内作出行政复议决定。情况复杂,不能在规定期限内作出行政复议决定的,经复议机关负责人批准,可以适当延长,并告知申请人和被申请人,但延长期限最多不超过 30 日。

复议机关作出行政复议决定应当制作行政复议决定书,并加盖印章。

(五)税务行政复议决定的执行

行政复议决定书一经送达,即发生法律效力。被申请人应当履行行政复议决定。被申请人不履行或者无正当理由拖延履行行政复议决定的,复议机关或者有关上级行政机关应当责令其限期履行。

申请人逾期不起诉又不履行行政复议决定的,或者不履行最终裁决的行政复议决定的,按照下列规定分别处理:

1. 维持具体行政行为的行政复议决定,由作出具体行政行为的行政机关依法强制执行,或者申请人民法院强制执行。

2. 变更具体行政行为的行政复议决定,由复议机关依法强制执行,或者申请人民法院强制执行。

七、有关税务行政复议的其他问题

1. 复议机关、复议机关工作人员及被申请人在税务行政复议活动中,有违反《行政复议法》及《税务行政复议规则(暂行)》规定的行为,按《行政复议法》第 6 章的规定追究法律责任。

2. 复议机关受理税务行政复议申请,不得向申请人收取任何费用。

3. 复议机关在受理、审查、决定税务行政复议案件过程中,可使用行政复议专用章。行政复议专用章与行政机关印章在行政复议中具有同等效力。

4. 行政复议期间的计算和行政复议文书的送达,依照《民事诉讼法》关于期间、送达的规定执行。关于行政复议期间有关"5 日"、"7 日"的规定是指工作日,不含节假日。

5. 税务机关办理行政复议案件应当适用规定的文书格式。文书格式包括:①口头申请行政复议登记表;②不予受理决定书;③受理复议通知书;④行政复议告知书;⑤责令受理通知书;⑥责令履行通知书;⑦提出答复通知书;⑧停止执行通知书;⑨行政复议中止通知书;⑩行政复议终止通知书;⑪决定延期通知书;⑫税务行政复议决定书;⑬规范性文件转送函(一);⑭规范性文件转送函(二)。

第三节　海关行政复议制度

为了规范海关行政复议,发挥行政复议制度在解决行政争议、建设法治海关、构建社会主义和谐社会中的作用,根据《中华人民共和国行政复议法》、《中华人民共和国海关法》(以下简称《海关法》)和《中华人民共和国行政复议法实施条例》(以下简称《行政复议法实施条例》)》的规定,海关总署已于 2007 年 8 月 29 日经署务会议审议通过《中华人民共和国海关行政复议办法》(以下简称《海关行政复议办法》),自 2007 年 11 月 1 日起施行。本节主要依据《海关行政复议办法》的规定介绍我国海关行政复议制度。

一、海关行政复议机关及其职责

各级海关行政复议机关应当认真履行行政复议职责,领导并且支持本海关负责法制工作的机构依法办理行政复议事项,海关行政复议机构主要履行下列职责:

1. 受理行政复议申请。

2. 向有关组织和人员调查取证,查阅文件和资料,组织行政复议听证。

3. 审查被申请行政复议的具体行政行为是否合法与适当,拟定行政复议决定,主持行政复议调解,审查和准许行政复议和解。

4. 办理海关行政赔偿事项。

5. 依照《行政复议法》第 33 条的规定,办理海关行政复议决定的依法强制执行或者申请人民法院强制执行事项。

6. 处理或者转送申请人依据《行政复议法》第 7 条的规定,在对具体行政行为申请行政复议时一并提出的对有关规定的审查申请。

7. 指导、监督下级海关的行政复议工作,依照规定提出复议意见。

8. 对下级海关及其部门和工作人员违反《行政复议法》、《行政复议法实施条例》和《海关行政复议办法》规定的行为依照规定的权限和程序提出处理建议。

9. 办理或者组织办理不服海关具体行政行为提起行政诉讼的应诉事项。

10. 办理行政复议、行政应诉、行政赔偿案件统计和备案事项。

11. 研究行政复议过程中发现的问题，及时向有关机关和部门提出建议，重大问题及时向行政复议机关报告。

12. 其他与行政复议工作有关的事项。

海关行政复议机关履行行政复议职责，应当遵循合法、公正、公开、及时、便民的原则，坚持依法行政、有错必纠，保障法律、行政法规和海关规章的正确实施。

二、海关行政复议的范围

有下列情形之一的，公民、法人或者其他组织可以向海关申请行政复议：

1. 对海关作出的警告，罚款，没收货物、物品、运输工具和特制设备，追缴无法没收的货物、物品、运输工具的等值价款，没收违法所得，暂停从事有关业务或者执业，撤销注册登记，取消报关从业资格及其他行政处罚决定不服的；

2. 对海关作出的收缴有关货物、物品、违法所得、运输工具、特制设备决定不服的；

3. 对海关作出的限制人身自由的行政强制措施不服的；

4. 对海关作出的扣留有关货物、物品、运输工具、账册、单证或者其他财产，封存有关进出口货物、账簿、单证等行政强制措施不服的；

5. 对海关收取担保的具体行政行为不服的；

6. 对海关采取的强制执行措施不服的；

7. 对海关确定纳税义务人、确定完税价格、商品归类、确定原产地、适用税率或者汇率、减征或者免征税款、补税、退税、征收滞纳金、确定计征方式以及确定纳税地点等其他涉及税款征收的具体行政行为有异议的（以下简称纳税争议）；

8. 认为符合法定条件，申请海关办理行政许可事项或者行政审批事项，海关未依法办理的；

9. 对海关检查运输工具和场所，查验货物、物品或者采取其他监管措施不服的；

10. 对海关作出的责令退运、不予放行、责令改正、责令拆毁和变卖等行政决定不服的；

11. 对海关稽查决定或者其他稽查具体行政行为不服的；

12. 对海关作出的企业分类决定以及按照该分类决定进行管理的措施不服的；

13. 认为海关未依法采取知识产权保护措施，或者对海关采取的知识产权保护措施不服的；

14. 认为海关未依法办理接受报关、放行等海关手续的；

15. 认为海关违法收取滞报金或者其他费用，违法要求履行其他义务的；

16. 认为海关没有依法履行保护人身权利、财产权利的法定职责的；

17. 认为海关在政府信息公开工作中的具体行政行为侵犯其合法权益的；

18. 认为海关的其他具体行政行为侵犯其合法权益的。

上述第 7 项规定的纳税争议事项，公民、法人或者其他组织应当依据海关法的规定先向海关行政复议机关申请行政复议，对海关行政复议决定不服的，再向人民法院提起行政诉讼。

三、海关行政复议申请

（一）申请人和第三人

申请行政复议的公民、法人或者其他组织是海关行政复议申请人。有权申请行政复议的公民死亡的，其近亲属可以申请行政复议。有权申请行政复议的法人或者其他组织终止的，承受其权利的公民、法人或者其他组织可以申请行政复议。法人或者其他组织实施违反海关法的行为后，有合并、分立或者其他资产重组情形，海关以原法人、组织作为当事人予以行政处罚并且以承受其权利义务的法人、组织作为被执行人的，被执行人可以以自己的名义申请行政复议。

行政复议期间，海关行政复议机构认为申请人以外的公民、法人或者其他组织与被审查的具体行政行为有利害关系的，应当通知其作为第三人参加行政复议。行政复议期间，申请人以外的公民、法人或者其他组织认为与被审查的海关具体行政行为有利害关系的，可以向海关行政复议机构申请作为第三人参加行政复议。申请作为第三人参加行政复议的，应当对其与被审查的海关具体行政行为有利害关系负举证责任。通知或者同意第三人参加行政复议的，应当制作《第三人参加行政复议通知书》，送达第三人。第三人不参加行政复议，不影响行政复议案件的审理。申请人、第三人可以委托 1 至 2 名代理人参加行政复议。

（二）被申请人和行政复议机关

公民、法人或者其他组织对海关作出的具体行政行为不服，申请行政复议的，作出该具体行政行为的海关是被申请人。对海关具体行政行为不服的，向作出该具体行政行为的海关的上一级海关提出行政复议申请。对海关总署作出的具体行政行为不服的，向海关总署提出行政复议申请。

两个以上海关以共同的名义作出具体行政行为的，以作出具体行政行为的海关为共同被申请人，向其共同的上一级海关申请行政复议。

海关与其他行政机关以共同的名义作出具体行政行为的，海关和其他行政机关为共同被申请人，向海关和其他行政机关的共同上一级行政机关申请行政复议。

申请人对海关总署与国务院其他部门共同作出的具体行政行为不服，向海总署或者国务院其他部门提出行政复议申请,由海关总署、国务院其他部门共同作出处理决定。

依照法律、行政法规或者海关规章的规定,下级海关经上级海关批准后以自己的名义作出具体行政行为的,以作出批准的上级海关为被申请人。

根据《海关法》和有关行政法规、海关规章的规定,经直属海关关长或者其授权的隶属海关关长批准后作出的具体行政行为,以直属海关为被申请人。

海关设立的派出机构、内设机构或者其他组织,未经法律、行政法规授权,对外以自己的名义作出具体行政行为的,以该海关为被申请人,向该海关的上一级海关申请行政复议。

(三)行政复议申请的期限

海关对公民、法人或者其他组织作出具体行政行为,应当告知其申请行政复议的权利、行政复议机关和行政复议申请期限。对依照法律、行政法规或者海关规章的规定,下级海关经上级海关批准后以自己的名义作出的具体行政行为,应当告知以作出批准的上级海关为被申请人以及相应的行政复议机关。

公民、法人或者其他组织认为海关具体行政行为侵犯其合法权益的,可以自知道该具体行政行为之日起 60 日内提出行政复议申请。

上述规定的行政复议申请期限依照下列规定计算:

1. 当场作出具体行政行为的,自具体行政行为作出之日起计算。

2. 载明具体行政行为的法律文书直接送达的,自受送达人签收之日起计算。

3. 载明具体行政行为的法律文书依法留置送达的,自送达人和见证人在送达回证上签注的留置送达之日起计算。

4. 载明具体行政行为的法律文书邮寄送达的,自受送达人在邮政签收单上签收之日起计算;没有邮政签收单的,自受送达人在送达回执上签名之日起计算。

5. 具体行政行为依法通过公告形式告知受送达人的,自公告规定的期限届满之日起计算。

6. 被申请人作出具体行政行为时未告知有关公民、法人或者其他组织,事后补充告知的,自公民、法人或者其他组织收到补充告知的通知之日起计算。

7. 被申请人作出具体行政行为时未告知有关公民、法人或者其他组织,但是有证据材料能够证明有关公民、法人或者其他组织知道该具体行政行为的,自证据材料证明其知道具体行政行为之日起计算。

具体行政行为具有持续状态的,自该具体行政行为终了之日起计算。

海关作出具体行政行为,依法应当向有关公民、法人或者其他组织送达法律文书而未送达的,视为该有关公民、法人或者其他组织不知道该具体行政行为。

申请人因不可抗力或者其他正当理由耽误法定申请期限的,申请期限自障碍消除之日起继续计算。

（四）行政复议申请的提出

申请人书面申请行政复议的,可以采取当面递交、邮寄、传真、电子邮件等方式递交行政复议申请书。

海关行政复议机关应当通过海关公告栏、互联网门户网站公开接受行政复议申请书的地址、传真号码、互联网邮箱地址等,方便申请人选择不同的书面申请方式。

有下列情形之一的,申请人应当提供相应的证明材料:

1. 认为被申请人不履行法定职责的,提供曾经申请被申请人履行法定职责的证明材料。

2. 申请行政复议时一并提出行政赔偿申请的,提供受具体行政行为侵害而造成损害的证明材料。

3. 申请人因不可抗力或者其他正当理由耽误法定申请期限的,提供发生不可抗力或者有其他正当理由的证明材料。

申请人认为海关的具体行政行为所依据的规定不合法,可以依据《行政复议法》第7条的规定,在对具体行政行为申请行政复议时一并提出对该规定的审查申请。

申请人在对具体行政行为提起行政复议申请时尚不知道该具体行政行为所依据的规定的,可以在海关行政复议机关作出行政复议决定前提出。

四、海关行政复议的受理

海关行政复议机关收到行政复议申请后,应当在5日内进行审查。行政复议申请符合下列规定的,应当予以受理:①有明确的申请人和符合规定的被申请人;②申请人与具体行政行为有利害关系;③有具体的行政复议请求和理由;④在法定申请期限内提出;⑤属于《海关行政复议办法》第9条第1款规定的行政复议范围;⑥属于收到行政复议申请的海关行政复议机构的职责范围;⑦其他行政复议机关尚未受理同一行政复议申请,人民法院尚未受理同一主体就同一事实提起的行政诉讼。

对符合《海关行政复议办法》的规定,且属于本海关受理的行政复议申请,自海关行政复议机构收到之日起即为受理。

申请人就同一事项向两个或者两个以上有权受理的海关申请行政复议的,由最先收到行政复议申请的海关受理;同时收到行政复议申请的,由收到行政复议申请的海关在10日内协商确定;协商不成的,由其共同上一级海关在10日内指定受理海关。协商确定或者指定受理海关所用时间不计入行政复议审理期限。

申请人依法提出行政复议申请,海关行政复议机关无正当理由不予受理的,上一级海关可以根据申请人的申请或者依职权先行督促其受理;经督促仍不受理的,应当责令其限期受理,并且制作《责令受理行政复议申请通知书》;必要时,上一级海关也可以直接受理,并且制作《直接受理行政复议申请通知书》,送达申请人和原海关行政复议机关。

行政复议期间,海关具体行政行为不停止执行,但是有《行政复议法》第21条规定情形之一的,可以停止执行。决定停止执行的,应当制作《具体行政行为停止执行决定书》,并且送达申请人、被申请人和第三人。

有下列情形之一的,海关行政复议机关可以决定合并审理,并且以后一个申请行政复议的日期为正式受理的日期:①两个以上的申请人对同一海关具体行政行为分别向海关行政复议机关申请行政复议的;②同一申请人对同一海关的数个相同类型或者具有关联性的具体行政行为分别向海关行政复议机关申请行政复议的。

五、海关行政复议的审理与决定

(一)行政复议答复

海关行政复议机构应当自受理行政复议申请之日起7日内,将行政复议申请书副本或者行政复议申请笔录复印件以及申请人提交的证据、有关材料的副本发送被申请人。

被申请人应当自收到申请书副本或者行政复议申请笔录复印件之日起10日内,向海关行政复议机构提交《行政复议答复书》,并且提交当初作出具体行政行为的证据、依据和其他有关材料。

海关行政复议机构应当在收到被申请人提交的《行政复议答复书》之日起7日内,将《行政复议答复书》副本发送申请人。

(二)行政复议审理

海关行政复议案件实行合议制审理。合议人员为不得少于三人的单数。合议人员由海关行政复议机构负责人指定的行政复议人员或者海关行政复议机构聘任或者特邀的其他具有专业知识的人员担任。

被申请人所属人员不得担任合议人员。对海关总署作出的具体行政行为不服向海关总署申请行政复议的,原具体行政行为经办部门的人员不得担任合议人员。对事实清楚、案情简单、争议不大的海关行政复议案件,也可以不适用合议制,但是应当由两名以上行政复议人员参加审理。

海关行政复议机构负责人应当指定一名行政复议人员担任主审,具体负责对行政复议案件事实的审查,并且对所认定案件事实的真实性和适用法律的准确性承担主要责任。

海关行政复议机构审理行政复议案件应当向有关组织和人员调查情况,听取申请人、被申请人和第三人的意见;海关行政复议机构认为必要时,可以实地调查核实证据；对事实清楚、案情简单、争议不大的案件，可以采取书面审查的方式进行审理。

行政复议期间有下列情形之一，影响行政复议案件审理的，行政复议中止，海关行政复议机构应当制作《行政复议中止决定书》，并且送达申请人、被申请人和第三人：

1.作为申请人的自然人死亡，其近亲属尚未确定是否参加行政复议的。

2.作为申请人的自然人丧失参加行政复议的能力，尚未确定法定代理人参加行政复议的。

3.作为申请人的法人或者其他组织终止，尚未确定权利义务承受人的。

4.作为申请人的自然人下落不明或者被宣告失踪的。

5.申请人、被申请人因不可抗力不能参加行政复议的。

6.案件涉及法律适用问题，需要有权机关作出解释或者确认的。

7.案件审理需要以其他案件的审理结果为依据，而其他案件尚未审结的。

8.申请人依法提出对有关规定的审查申请，有权处理的海关、行政机关正在依法处理期间的。

9.其他需要中止行政复议的情形。

行政复议中止的原因消除后，海关行政复议机构应当及时恢复行政复议案件的审理，制作《行政复议恢复审理通知书》，并且送达申请人、被申请人和第三人。

（三）行政复议听证

有下列情形之一的，海关行政复议机构可以采取听证的方式审理：

1.申请人提出听证要求的。

2.申请人、被申请人对事实争议较大的。

3.申请人对具体行政行为适用依据有异议的。

4.案件重大、复杂或者争议的标的价值较大的。

5.海关行政复议机构认为有必要听证的其他情形。

海关行政复议机构决定举行听证的，应当制发《行政复议听证通知书》，将举行听证的时间、地点、具体要求等事项事先通知申请人、被申请人和第三人。第三人不参加听证的，不影响听证的举行。听证可以在海关行政复议机构所在地举行，也可以在被申请人或者申请人所在地举行。行政复议听证应当公开举行，涉及国家秘密、商业秘密、海关工作秘密或者个人隐私的除外。行政复议听证人员为不得少于3人的单数，由海关行政复议机构负责人确定，并且指定其中1人为听证主持人。听证可以另指定专人为记录员。

（四）行政复议附带抽象行政行为审查

申请人对有关规定审查申请，且海关行政复议机关对该规定有权处理的，应当在30日内依照下列程序处理：

1. 依法确认该规定是否与法律、行政法规、规章相抵触。

2. 依法确认该规定能否作为被申请人作出具体行政行为的依据。

3. 书面告知申请人对该规定的审查结果。

海关行政复议机关应当制作《抽象行政行为审查告知书》,并且送达申请人和被申请人。

海关行政复议机关对申请人申请审查的有关规定无权处理的,应当在 7 日内按照下列程序转送有权处理的上级海关或者其他行政机关依法处理:

1. 转送有权处理的上级海关的,应当报告行政复议有关情况、执行该规定的有关情况、对该规定适用的意见。

2. 转送有权处理的其他行政机关的,在转送函中应当说明行政复议的有关情况、请求确认该规定是否合法。

(五)行政复议决定

海关行政复议机构提出案件处理意见,经海关行政复议机关负责人审查批准后,作出行政复议决定。

具体行政行为认定事实清楚,证据确凿,适用依据正确,程序合法,内容适当的,海关行政复议机关应当决定维持。

被申请人不履行法定职责的,海关行政复议机关应当决定其在一定期限内履行法定职责。

具体行政行为有下列情形之一的,海关行政复议机关应当决定撤销、变更或者确认该具体行政行为违法:①主要事实不清、证据不足的;②适用依据错误的;③违反法定程序的;④超越或者滥用职权的;⑤具体行政行为明显不当的。

海关行政复议机关决定撤销或者确认具体行政行为违法的,可以责令被申请人在一定期限内重新作出具体行政行为。

被申请人应当在法律、行政法规、海关规章规定的期限内重新作出具体行政行为;法律、行政法规、海关规章未规定期限的,重新作出具体行政行为的期限为 60 日。

公民、法人或者其他组织对被申请人重新作出的具体行政行为不服,可以依法申请行政复议或者提起行政诉讼。

具体行政行为有下列情形之一的,海关行政复议机关可以决定变更:①认定事实清楚,证据确凿,程序合法,但是明显不当或者适用依据错误的;②认定事实不清,证据不足,但是经海关行政复议机关审理,查明事实清楚,证据确凿的。

海关行政复议机关在申请人的行政复议请求范围内,不得作出对申请人更为不利的行政复议决定。

海关行政复议机关责令被申请人重新作出具体行政行为的,除以下情形外,被申请人不得作出对申请人更为不利的具体行政行为:①不作出对申请人更为不利的具体行政行为将损害国家利益、社会公共利益或者他人合法权益的;②原具体行政行为适用法律依据错误,适用正确的法律依据需要依法作出对申请人更为不利的具体行政行为的;③被申请人查明新的事实,根据新的事实和有关法律、行政法规、海关规章的强制性规定,需要作出对申请人更为不利的具体行政行为的;④其他依照法律、行政法规或者海关规章规定应当作出对申请人更为不利的具体行政行为的。

海关行政复议机关作出行政复议决定,应当制作《行政复议决定书》,送达申请人、被申请人和第三人。《行政复议决定书》一经送达,即发生法律效力。

有下列情形之一的,海关行政复议机关应当决定驳回行政复议申请:①申请人认为海关不履行法定职责申请行政复议,海关行政复议机关受理后发现被申请人没有相应法定职责或者被申请人在海关行政复议机关受理该行政复议申请之前已经履行法定职责的;②海关行政复议机关受理行政复议申请后,发现该行政复议申请不符合受理条件的。

海关行政复议机关的上一级海关认为该行政复议机关驳回行政复议申请的理由不成立的,应当责令其恢复审理。

(六)行政复议决定的执行

申请人认为被申请人不履行或者无正当理由拖延履行行政复议决定书、行政复议调解书的,可以申请海关行政复议机关责令被申请人履行。

海关行政复议机关发现被申请人不履行或者无正当理由拖延履行行政复议决定书、行政复议调解书的,应当责令其限期履行,并且制作《责令限期履行行政复议决定通知书》,送达被申请人。

申请人在法定期限内未提起行政诉讼又不履行海关行政复议决定的,按照下列规定分别处理:①维持具体行政行为的海关行政复议决定,由作出具体行政行为的海关依法强制执行或者申请人民法院强制执行;②变更具体行政行为的海关行政复议决定,由海关行政复议机关依法强制执行或者申请人民法院强制执行。海关行政复议机关也可以指定作出具体行政行为的海关依法强制执行,被指定的海关应当及时将执行情况上报海关行政复议机关。

申请人不履行行政复议调解书的,由作出具体行政行为的海关依法强制执行或者申请人民法院强制执行。

案例分析

刘某于2000年11月7日被所在地县级地税局罚款600元,严某是刘某的好朋友,他认为地税局的罚款过重,于同年12月14日以自己的名义向该县政府邮寄了行政复议书。由于邮局的原因,该县政府2001年2月14日才收到行政复议申请书,该县政府在2001年2月24日以超过复议申请期限为由作出不予受理的决定,并电话通知了严某。

问题:

1. 严某能否作为申请人申请行政复议?为什么?

2. 本案申请人的申请期限是否超期?为什么?

3. 县政府对严某的行政复议申请作出不予受理决定的期限是否符合法律的规定?如果不符合,县政府应在几日内作出?

4. 县政府用电话通知严某不予受理的做法是否符合法律的规定?如果不符合,应当用什么方式?

5. 如果刘某申请行政复议,应当向哪个机关申请?

参考答案:

1. 不能。因为,根据《行政复议法》的规定,只有认为具体行政行为侵犯其合法权益的公民、法人和其他组织才能作为申请人申请复议,本案例中的严某与县地税局的具体行政行为没有利害关系,所以严某不能申请复议。

2. 没有。因为以邮寄方式申请行政复议的,以邮寄的邮戳日期为准,邮寄在途期间不计算期限,本案例中的申请人没有超过法定申请期限。根据《行政复议法》、《税收征管法》和《税务行政复议规则(暂行)》的规定,申请人可以在知道税务机关作出具体行政行为之日起60日内提出行政复议申请。申请人申请行政复议,可以书面申请,也可以口头申请。

3. 县政府作出不予受理决定的期限不符合《行政复议法》的规定,县政府应当在5日内作出是否受理的决定。根据《行政复议法》和《税务行政复议规则(暂行)》的相关规定,复议机关收到行政复议申请后,应当在5日内进行审查,决定是否受理。

4. 县政府用电话通知不予受理的做法不符合行政复议法的规定。县政府应当采用书面方式告知申请人。根据《税务行政复议规则(暂行)》的相关规定,对不符合规则规定的行政复议申请决定不予受理,应当书面告知申请人。

5. 县政府无权受理。根据《税务行政复议规则(暂行)》的规定,对各级税务机关作出的具体行政行为不服的,向其上一级税务机关申请行政复议。刘某应当向县地税局的上一级主管部门(市地税局)申请行政复议。

思考题

1. 简述税务行政复议的概念和特征。

2. 税务行政复议的管辖如何确定?

3. 税务行政复议的被申请人如何确定?

4. 税务行政复议申请不予受理的情况有哪些?

5. 税务行政复议中对证据如何认证?

6. 税务行政复议的决定如何作出?

7. 简述海关行政复议的范围。

第十四章　税务行政诉讼法律制度

要点提示

税务行政诉讼是解决税收行政争议的主要方式，本章着重讲述了税务行政诉讼法律制度；税务行政诉讼的概念和特征；税务行政诉讼的受案范围；税务行政诉讼的级别管辖、地域管辖和裁定管辖。在税务行政诉讼中，原告资格的确定和被告的确定、举证责任的承担也是非常重要的内容。在税务行政诉讼中，举证责任由处于被告地位的税务机关承担，应当提供作出该具体行政行为的证据和所依据的规范性文件。此外，税务行政诉讼案件的受理也是值得关注的问题。

第一节　税务行政诉讼概述

一、税务行政诉讼的概念

有学者认为,税务行政诉讼是指公民、法人或者其他组织认为税务机关及其工作人员实施的具体税务行政行为侵犯其合法权益,依法向人民法院起诉,人民法院对被诉行为的合法性进行审查和裁判的诉讼活动。[①] 有的学者认为,税务行政诉讼是指公民、法人或者其他组织认为税务机关及其工作人员的具体行政行为侵犯其合法权益,依法向人民法院提起的诉讼。[②] 有的学者认为,税务行政诉讼是指在税务纠纷中,与税务机关相对的一方当事人不服税务机关作出的具体行政行为或复议裁决而依法向人民法院提起诉讼,由人民法院根据法定程序,按照有关法律规定作出裁决的一系列活动的总称。[③] 还有的学者认为,税务行政诉讼是指纳税人、纳税担保人或者其他税务具体行政行为违法或者不当,侵犯了其合法权益,依法向法院提起行政诉讼,由法院对税务具体行政行为的合法性进行审理并作出裁决的

---

① 刘剑文. 财税法学[M]. 北京:高等教育出版社,2004:751.
② 徐孟洲. 税法学[M]. 北京:中国人民大学出版社,2005:484~485.
③ 张松. 税法学概论[M]. 北京:中国税务出版社,1998:234.

诉讼活动。① 本书认为,税务行政诉讼是指纳税人或者其他纳税当事人认为税务机关或者其工作人员的具体行政行为侵犯其合法权益,依法向人民法院提起的诉讼。税务诉讼是解决税收争议的重要途径。

二、税务行政诉讼的特征

税务行政诉讼具有以下几个明显特征:

第一,税务行政诉讼所要解决的是税务行政争议案件。争议的对象是税务机关行使行政管理权的作为或者不作为的行为,争议的内容是税务机关的行政行为是否合法。

第二,税务行政诉讼中的双方当事人即原告、被告具有恒定性。原告总是作为税务行政管理相对一方的公民、法人或者其他组织;被告则是行使税务行政管理权的税务机关。

第三,税务行政诉讼的客体是被税务行政管理相对人认为侵犯其合法权益的具体行政行为。

第四,税务行政诉讼是人民法院按照司法程序进行,对具体税务行政行为的违法性进行审查,原则上只有判决维护或者变更,除非税务行政处罚显失公正,人民法院不能直接变更。

三、税务行政诉讼的原则

我国税务行政诉讼应遵循民事诉讼、刑事诉讼、行政诉讼普遍适用的一般法律原则。人民法院审理税务行政诉讼案件,遵循以事实为根据、以法律为准绳原则,双方当事人在税务行政诉讼中的法律地位平等原则,程序公正原则等。税务行政诉讼应遵循的具体原则如下所述。

(一)诉讼期间不停止执行的原则

税务机关作出的有争议的具体行政行为在依法作出最终判决前,被推定为具有合法性,对社会公众具有公共确定力,在税务行政诉讼期间,其原有法律效力不变,仍应予以执行。

(二)排除调解原则

税务争议不同于一般的民事争议,具有公法性,除涉及赔偿的事项以外,人民法院不能主持和协调双方当事人协商达成一致来解决税务争议,结束诉讼案件。

(三)被告负有举证责任

为了实现税务行政诉讼中当事人之间地位的实质平等,有效地保护实力较弱的相关主体的权益,被告税务机关应负举证责任。被告税务机关如果在诉讼过程

---

① 樊丽明,张斌,等.税收法治研究[M].北京:经济科学出版社,2004:407.

中不举证或举不出证据,将承担败诉的法律责任。税务机关承担举证责任,并不排斥原告纳税人等法定的举证责任。

(四)司法变更有限原则

司法变更有限原则是指人民法院对被诉具体行为的合法性进行司法审查后,只能在行政处罚显失公平的情况下,才可以判决改变原处罚的内容,因而法院的变更是很有限的。

第二节　税务行政诉讼的处理

一、税务行政诉讼的受案范围

(一)、纳税人或者其他纳税当事人可以向人民法院提起诉讼

纳税人或者其他纳税当事人认为税务机关的下列具体行政行为侵犯其合法权益,可以向人民法院提起诉讼:

1. 税务机关作出的征税行为,包括确认纳税主体、征税对象、征税范围、减税、免税及退税、适用税率、计税依据、纳税环节、纳税期限、纳税地点以及税款征收方式等具体行政行为和征收税款、加收滞纳金及扣缴义务人、受税务机关委托征收的单位作出的代扣代缴、代收代缴行为。

2. 税务机关作出的税收保全措施:①书面通知银行或者其他金融机构冻结存款;②扣押、查封商品、货物或者其他财产。

3. 税务机关未及时解除保全措施,使纳税人及其他当事人合法权益遭受损失的行为。

4. 税务机关作出的强制执行措施:①书面通知银行或者其他金融机构从其存款中扣缴税款;②变卖、拍卖扣押、查封的商品、货物或者其他财产。

5. 税务机关作出的行政处罚行为:①罚款;②没收财物和违法所得;③停止出口退税权。

6. 税务机关不予依法办理或者答复的行为:①不予审批减免税或者出口退税;②不予抵扣税款;③不予退还税款;④不予颁发税务登记证、发售发票;⑤不予开具完税凭证和出具票据;⑥不予认定为增值税一般纳税人;⑦不予核准延期申报、批准延期缴纳税款。

7. 税务机关作出的取消增值税一般纳税人资格的行为。

8. 收缴发票、停止发售发票。

9. 税务机关责令纳税人提供纳税担保或者不依法确认纳税担保有效的行为。

10. 税务机关不依法给予举报奖励的行为。

11. 税务机关作出的通知出境管理机关阻止出境的行为。

12. 税务机关作出的其他具体行政行为。

纳税人、扣缴义务人及纳税担保人对第 1 项和第 6 项中第①、②、③目行为不服的,应当先向复议机关申请行政复议,对行政复议决定不服,可以再向人民法院提起行政诉讼。对第 1 项和第 6 项中第①、②、③目以外的其他具体行政行为不服,可以申请行政复议,也可以直接向人民法院提起行政诉讼。

（二）人民法院不能受理的行为

对征税机关的下列行为不服的,人民法院不能受理:

1. 征税机关制定和发布的税收规章或者具有普遍约束力的决定、命令和其他规范性文件的行为。

2. 征税机关内部的行政行为,行政机关对行政机关工作人员的奖惩、任免等决定。

3. 法律规定由行政机关最终裁决的具体行政行为。

4. 驳回当事人对行政行为提起申诉的重复处理行为。

5. 对公民、法人或者其他组织权利义务不产生实际影响的行为。

二、税务行政诉讼管辖

税务行政诉讼管辖是指法院受理第一审涉税案件的分工,或称权限划分,它明确了相关主体应向哪一法院起诉的问题。

具体来讲,税务行政诉讼的管辖分为级别管辖、地域管辖和裁定管辖。

（一）级别管辖

1. 基层人民法院管辖本辖区内一般的税务行政诉讼案件。

2. 中级人民法院管辖海关处理的案件,对国家税务总局所作出的具体行政行为提起诉讼的案件。中级人民法院还管辖本辖区内重大、复杂的案件。"重大、复杂的案件"是指被告为县级以上人民政府,且基层人民法院不适宜审理的案件;社会影响重大的共同诉讼、集团诉讼案件;重大涉外或者涉及我国香港特别行政区、澳门特别行政区、台湾地区的案件以及其他重大、复杂案件。

3. 高级人民法院管辖本辖区内重大、复杂的第一审行政案件。

4. 最高人民法院管辖全国范围内重大、复杂的第一审行政案件。

专门人民法院、人民法庭不审理行政案件,也不审查和执行行政机关申请执行其具体行政行为的案件。

（二）地域管辖

地域管辖分为一般地域管辖和特殊地域管辖两种。

1. 一般地域管辖。凡是未经复议直接向人民法院提起诉讼的,或者经过复议,复议裁决维持原具体行政行为,当事人不服向人民法院提起诉讼的,均由最初作出具体行政行为的税务机关所在地人民法院管辖。

2. 特殊地域管辖。税务行政案件的特殊地域管辖主要是指经过复议的案件，复议机关改变原具体行政行为的，由原告选择最初作出具体行政行为的税务机关所在地的人民法院，或者复议机关所在地人民法院管辖。复议决定有下列情形之一的，属于行政诉讼法规定的"改变原具体行政行为"：①改变原具体行政行为所认定的主要事实和证据的；②改变原具体行政行为所适用的规范依据且对定性产生影响的；③撤销、部分撤销或者变更原具体行政行为处理结果的。

对限制人身自由的行政强制措施不服提起的诉讼，由被告所在地或者原告所在地人民法院管辖。因不动产提起的行政诉讼，由不动产所在地人民法院管辖。

因对征税机关通知出境机关阻止出境行为不服而起诉的，由该征税机关所在地或者原告所在地人民法院管辖。"原告所在地"包括原告的户籍所在地、经常居住地和被限制人身自由地。

行政机关基于同一事实既对人身又对财产实施行政处罚或者采取行政强制措施的，被限制人身自由的公民、被扣押或者没收财产的公民、法人或者其他组织对上述行为均不服的，既可以向被告所在地人民法院提起诉讼，也可以向原告所在地人民法院提起诉讼，受理人民法院可一并管辖。

两个以上人民法院都有管辖权的案件，原告可以选择其中一个人民法院提起诉讼。原告向两个以上有管辖权的人民法院提起诉讼的，由最先收到起诉状的人民法院管辖。

（三）裁定管辖

裁定管辖是指人民法院依法自行裁定的管辖，包括移送管辖、指定管辖及管辖权的转移三种。

1. 移送管辖。移送管辖是指人民法院将已经受理的案件移送给有管辖权的人民法院审理。根据规定，移送管辖必须具备三个条件：一是移送人民法院已经受理了该案件；二是移送法院发现自己对该案件没有管辖权；三是接受移送的人民法院必须对该案件确有管辖权。受移送的人民法院不得自行移送。

2. 指定管辖。指定管辖是指上级人民法院以裁定的方式指定某下一级人民法院管辖某一案件。根据规定，有管辖权的人民法院因特殊原因不能行使对行政诉讼的管辖权的，由其上级人民法院指定管辖，人民法院对管辖权发生争议且协商不成的，由它们共同的上级人民法院指定管辖。

3. 管辖权的转移。根据规定，上级人民法院有权审理下级人民法院管辖的第一审税务行政案件，也可以将自己管辖的第一审税务行政案件移交下级人民法院审判；下级人民法院对其管辖的第一审税务行政案件认为需要由上级人民法院审判的，可以报请上级人民法院决定。

当事人提出管辖异议，应当在接到人民法院应诉通知之日起 10 内以书面形式提出。对当事人提出的管辖异议，人民法院应当进行审查。异议成立的，裁定将案件移送有管辖权的人民法院；异议不成立的，裁定驳回。

三、税务行政诉讼参加人

（一）原告

对税务机关作出的具体行政行为不服，依法向法院提起诉讼的纳税人和其他税务当事人（公民、法人或者其他组织）是原告。有权提起诉讼的公民死亡，其近亲属可以提起诉讼。《中华人民共和国行政诉讼法》（以下简称《行政诉讼法》）第24条规定的"近亲属"，包括配偶、父母、子女、兄弟姐妹、祖父母、外祖父母、孙子女、外孙子女和其他具有扶养、赡养关系的亲属。

有权提起诉讼的法人或者其他组织终止，承受其权利的法人或者其他组织可以提起诉讼。公民因被限制人身自由而不能提起诉讼的，其近亲属可以依其口头或者书面委托以该公民的名义提起诉讼。

与具体行政行为有法律上利害关系的公民、法人或者其他组织对该行为不服的，可以依法提起行政诉讼。

有下列情形之一的，公民、法人或者其他组织可以依法提起行政诉讼：

1. 被诉的具体行政行为涉及其相邻权或者公平竞争权的。

2. 与被诉的行政复议决定有法律上利害关系或者在复议程序中被追加为第三人的。

3. 要求主管行政机关依法追究加害人法律责任的。

4. 与撤销或者变更具体行政行为有法律上利害关系的。

合伙企业向人民法院提起诉讼的，应当以核准登记的字号为原告，由执行合伙企业事务的合伙人做诉讼代表人；其他合伙组织提起诉讼的，合伙人为共同原告。

不具备法人资格的其他组织向人民法院提起诉讼的，由该组织的主要负责人做诉讼代表人；没有主要负责人的，可以由推选的负责人做诉讼代表人。

同案原告为5人以上，应当推选1至5名诉讼代表人参加诉讼；在指定期限内未选定的，人民法院可以依职权指定。

联营企业、中外合资或者合作企业的联营、合资、合作各方，认为联营、合资、合作企业权益或者自己一方合法权益受具体行政行为侵害的，均可以自己的名义提起诉讼。

农村土地承包人等土地使用权人对行政机关处分其使用的农村集体所有土地的行为不服的，可以自己的名义提起诉讼。

非国有企业被行政机关注销、撤销、合并、强令兼并、出售、分立或者改变企业隶属关系的，该企业或者其法定代表人可以提起诉讼。

股份制企业的股东大会、股东代表大会、董事会等认为行政机关作出的具体行政行为侵犯企业经营自主权的，可以企业名义提起诉讼。

原告的诉讼权利主要有：起诉权、申请回避权、申请撤诉权、争议行为停止执行申请权、辩论权、赔偿请求权、材料查阅权、上诉权、申请强制执行权等。

原告的诉讼义务主要有：按照法定程序进行诉讼活动的义务；不伪造、隐藏、转移、变卖、毁损已被查封、扣押、冻结的财产的义务；依法执行已生效判决、裁定的义务等。

（二）被告

在税务行政诉讼中，被告的确定是非常重要的，这直接关系到对相关主体合法权益的保护。

1. 当事人直接向人民法院提起诉讼的，作出具体行政行为的税务机关是被告。

2. 经复议的案件，复议机关决定维持原具体行政行为的，作出原具体行政行为的税务机关是被告；复议机关改变原具体行政行为的，复议机关是被告。

3. 税务机关的派出机构依法以自己的名义作出的具体行政行为，设立该派出机构的税务机关是被告。税务机关的派出机关或者内设机构在没有法律法规或者规章授权的情况下，以自己的名义作出具体行政行为，应当以该税务机关为被告。法律、法规或者规章授权行使行政职权的税务行政机关内设机构、派出机构或者其他组织，超出法定授权范围实施行政行为，当事人不服提起诉讼的，应当以实施该行为的机构或者组织为被告。

4. 扣缴义务人作出的扣缴税款行为，主管扣缴义务人的税务机关是被告。由法律法规授权的组织所作的具体行政行为，该组织是被告。税务行政机关在没有法律法规或者规章规定的情况下，授权其内设机构、派出机构或者其他组织行使行政职权的，应当视为委托。受税务机关委托的单位作出的代征税款行为，委托的税务机关是被告。

5. 被撤销的税务机关在撤销前作出的具体行政行为，继续行使其职权的税务机关是被告。

6. 当事人不服经上级行政机关批准的具体行政行为，向人民法院提起诉讼的，应当以在对外发生法律效力的文书上署名的机关为被告。

7. 行政机关组建并赋予行政管理职能但不具有独立承担法律责任能力的机构，以自己的名义作出具体行政行为，当事人不服提起诉讼的，应当以组建该机构的行政机关为被告。

8. 复议机关在法定期间内不作复议决定，当事人对原具体行政行为不服提起诉讼的，应当以作出原具体行政行为的行政机关为被告；当事人对复议机关不作为不服提起诉讼的，应当以复议机关为被告。

9. 原告所起诉的被告不适格，人民法院应当告知原告变更被告；原告不同意变更的，裁定驳回起诉。应当追加被告而原告不同意追加的，人民法院应当通知其以第三人的身份参加诉讼。

行政机关的同一具体行政行为涉及两个以上利害关系人,其中一部分利害关系人对具体行政行为不服提起诉讼,人民法院应当通知没有起诉的其他利害关系人作为第三人参加诉讼。

第三人有权提出与本案有关的诉讼主张,对人民法院的一审判决不服,有权提起上诉。

被告的诉讼权利主要有:委托诉讼代理人,提供证据和申请保全证据,申请回避,申请查阅补正庭审笔录,申请财产保全,上诉权,在第一审程序裁判前变更原具体税务行政行为权,依法强制执行法院判决、裁定等。与原告的诉讼权利相比,其中,在第一审程序裁判前变更原具体税务行政行为权,依法强制执行法院判决、裁定权两项权利为被告特有。

被告的诉讼义务主要有:依法应诉、提供具体税务行政行为的证据和所依据的规范性文件,根据法院裁定在诉讼中停止被诉具体税务行政行为的执行等。

需要特别指出的是,《行政诉讼法》第32条规定,被告对作出的具体行政行为负有举证责任,应当提供作出该具体行政行为的证据和所依据的规范性文件。在税务行政诉讼中,举证责任由处于被告地位的税务机关承担。举证责任的证明对象是具体税务行政行为。举证内容是指被告应当提供哪些证据来证明法律规定的证明对象。举证内容的结构和范围应当根据证明对象和证明目的来决定。在举证结构方面,被告应当提供作出具体税务行政行为的证据和所依据的规范文件。对具体税务行政行为的证明必须包括有关处理特定人和特定事件的事实证据和作为依据的规范性文件两个部分。在举证范围方面,考虑法院审判的法定职能和判决条件,举证范围应当以具体税务行政行为是否违法问题为中心。具体来说,举证应当围绕以下内容进行:主要证据是否充足,适用法律法规是否正确,是否违反法定程序,是否超越职权,是否滥用职权。《行政诉讼法》第33条规定,在诉讼过程中,被告不得自行向原告和证人搜集证据,这有利于防止被告可能利用行政职权向原告和证人施加压力,使后者不能表示自己的最初意思。

(三)代理人

没有诉讼行为能力的公民,由其法定代理人代为诉讼。当事人、法定代理人可以委托1至2人代为诉讼。律师、社会团体、提起诉讼的公民的近亲属或者所在单位推荐的人以及经人民法院许可的其他公民,可以受委托为诉讼代理人。代理诉讼的律师可以依照规定查阅本案有关材料,可以向有关组织和公民调查,搜集证据。对涉及国家秘密和个人隐私的材料,应当依照法律规定保密。经人民法院许可,当事人和其他诉讼代理人可以查阅本案庭审材料,但涉及国家秘密和个人隐私的除外。

四、税务行政诉讼的证据

在税务行政诉讼中,证据主要源于被告提供、原告提供以及法院自行获取。

(一)被告的举证责任

被告对作出的具体行政行为负有举证责任,应当提供作出该具体行政行为的证据和所依据的规范性文件。在诉讼过程中,被告不得自行向原告和证人搜集证据。

有下列情形之一的,被告经人民法院准许,可以补充相关证据:

1. 被告在作出具体行政行为时已经搜集证据,但因不可抗力等正当事由不能提供的。

2. 原告或者第三人在诉讼过程中提出了其在被告实施行政行为过程中没有提出的反驳理由或者证据的。

在行政诉讼中,被告对其作出的具体行政行为承担举证责任。

被告应当在收到起诉状副本之日起 10 日内提交答辩状,并提供作出具体行政行为时的证据、依据;被告不提供或者无正当理由逾期提供的,应当认定该具体行政行为没有证据、依据。

(二)原告的举证责任

原告对下列事项承担举证责任:

1. 证明起诉符合法定条件,但被告认为原告起诉超过起诉期限的除外。

2. 在起诉被告不作为的案件中,证明其提出申请的事实。

3. 在一并提起的行政赔偿诉讼中,证明因受被诉行为侵害而造成损失的事实。

4. 其他应当由原告承担举证责任的事项。

(三)法院的职权

人民法院有权要求当事人提供或者补充证据。人民法院有权向有关行政机关以及其他组织、公民调取证据。

在诉讼过程中,人民法院认为对专门性问题需要鉴定的,应当交由法定鉴定部门鉴定;没有法定鉴定部门的,由人民法院指定的鉴定部门鉴定。

在证据可能灭失或者以后难以取得的情况下,诉讼参加人可以向人民法院申请保全证据,人民法院也可以主动采取保全措施。

有下列情形之一的,人民法院有权调取证据:

1. 原告或者第三人及其诉讼代理人提供了证据线索,但无法自行搜集而申请人民法院调取的。

2. 当事人应当提供而无法提供原件或者原物的。

(四)证据的认定

证据有以下几种:书证;物证;视听资料;证人证言;当事人陈述;鉴定结论;勘

验笔录、现场笔录。

以上证据经法庭审查属实才能作为定案的根据。下列证据不能作为认定被诉具体税务行政行为合法的根据：

1. 被告及其诉讼代理人在作出具体行政行为后自行收集的证据；

2. 被告严重违反法定程序收集的其他证据。

3. 未经法庭质证的证据不能作为人民法院裁判的根据。

复议机关在复议过程中收集和补充的证据不能作为人民法院维持原具体行政行为的根据。被告在二审过程中向法庭提交在一审过程中没有提交的证据，不能作为二审法院撤销或者变更一审裁判的根据。

五、税务行政诉讼的起诉与受理

（一）诉由的确定

1. 撤销之诉，即原告认为税务机关的具体行政行为违法，要求人民法院通过审判程序予以撤销而提起的诉讼。

2. 请求重新作出具体行政行为之诉，即原告认为税务机关作出的具体行政行为违法，请求人民法院判决，责令被告重新作出合法、具体行政行为的诉讼。

3. 请求变更之诉，即原告认为税务机关对其作出的行政处罚显失公平，请求人民法院判处被告变更的诉讼。

4. 请求赔偿之诉，即原告认为被告税务机关所作出的具体行政行为损害其合法权益并造成损失的，请求人民法院依法判决被告税务机关予以赔偿的诉讼。

（二）起诉条件

1. 原告是认为具体税务行为侵犯其合法权益的公民、法人或者其他组织。

2. 有明确的被告。

3. 有具体的诉讼请求和事实、法律根据。

4. 属于人民法院的受案范围和受诉人民法院管辖。

（三）起诉期限和程序

提起税务行政诉讼还必须符合法定的期限和必经的程序。对属于人民法院受案范围的行政案件，公民、法人或者其他组织可以先向上一级行政机关或者法律法规规定的行政机关申请复议，对复议不服的，再向人民法院提起诉讼；也可以直接向人民法院提起诉讼。法律法规规定应当先向行政机关申请复议，对复议不服再向人民法院提起诉讼的，依照法律法规的规定。对税务机关的征税行为提起诉讼必须先经过复议；对复议决定不服的，可以在接到复议决定书之日起 15 日内向人民法院起诉。对其他具体行政行为不服的，当事人可以在接到通知或者知道之日起 15 日内直接向人民法院起诉。复议机关逾期不作决定的，申请人可以在复议期满之日起 15 日内向人民法院提起诉讼。法律另有规定的除外。

公民、法人或者其他组织直接向人民法院提起诉讼的,应当在知道作出具体行政行为之日起3个月内提出。法律另有规定的除外。

公民、法人或者其他组织因不可抗力或者其他特殊情况延误法定期限的,在障碍消除后的10日内可以申请延长期限,由人民法院决定。

税务机关作出具体行政行为时,未告知公民、法人或者其他组织诉权或者起诉期限的,起诉期限从公民、法人或者其他组织知道或者应当知道诉权或者起诉期限之日起计算,但从知道或者应当知道具体行政行为内容之日起最长不得超过2年。

复议决定未告知公民、法人或者其他组织诉权或者法定起诉期限的,适用前款规定。

公民、法人或者其他组织不知道行政机关作出的具体行政行为内容的,其起诉期限从知道或者应当知道该具体行政行为内容之日起计算。对涉及不动产的具体行政行为,从作出之日起超过20年、其他具体行政行为从作出之日起超过5年提起诉讼的,人民法院不予受理。

由于不属于起诉人自身的原因超过起诉期限的,被延误的时间不计算在起诉期间内。因人身自由受到限制而不能提起诉讼的,被限制人身自由的时间不计算在起诉期间内。

(四)起诉的受理

人民法院应当组成合议庭对原告的起诉进行审查。符合起诉条件的,应当在7日内立案;不符合起诉条件的,应当在7日内裁定不予受理。原告对裁定不予受理不服的,可以提起上诉。7日内不能决定是否受理的,应当先予受理;受理后经审查不符合起诉条件的,裁定驳回起诉。受诉人民法院在7日内既不立案又不作出裁定的,起诉人可以向上一级人民法院申诉或者起诉。上一级人民法院认为符合受理条件的应予受理;受理后可以移交或者指定下级人民法院审理,也可以自行审理。以上7日的期限,从受诉人民法院收到起诉状之日起计算;因起诉状内容欠缺而责令原告补正的,从人民法院收到补正材料之日起计算。

在案件受理方面,具体情况如下:

1. 与税收复议有关案件的受理。法律法规规定应当先申请复议,公民、法人或者其他组织未申请复议直接提起诉讼的,人民法院不予受理。

复议机关不受理复议申请或者在法定期限内不作出复议决定,公民、法人或者其他组织不服,依法向人民法院提起诉讼的,人民法院应当依法受理。

法律法规未规定行政复议为提起行政诉讼必经程序,公民、法人或者其他组织既提起诉讼又申请行政复议的,由先受理的机关管辖;同时受理的,由公民、法人或者其他组织选择。公民、法人或者其他组织已经申请行政复议,在法定复议期间内又向人民法院提起诉讼的,人民法院不予受理。

法律法规未规定行政复议为提起行政诉讼必经程序,公民、法人或者其他组织向复议机关申请行政复议后,又经复议机关同意撤回复议申请,在法定起诉期限内对原具体行政行为提起诉讼的,人民法院应当依法受理。

2.与撤诉有关案件的受理。人民法院裁定准许原告撤诉后,原告以同一事实和理由重新起诉的,人民法院不予受理。

准予撤诉的裁定确有错误,原告申请再审的,人民法院应当通过审判监督程序撤销原准予撤诉的裁定,重新对案件进行审理。

原告或者上诉人未按规定的期限预交案件受理费,又不提出缓交、减交、免交申请,或者提出申请未获批准的,按自动撤诉处理。在按撤诉处理后,原告或者上诉人在法定期限内再次起诉或者上诉,并依法解决诉讼费预交问题的,人民法院应予受理。

3.对不服征税机关的重作行为的案件的受理。人民法院判决撤销行政机关的具体行政行为后,公民、法人或者其他组织对行政机关重新作出的具体行政行为不服向人民法院起诉的,人民法院应当依法受理。

4.对征税机关不履行法定职责案件的受理。公民、法人或者其他组织申请行政机关履行法定职责,行政机关在接到申请之日起60日内不履行的,公民、法人或者其他组织向人民法院提起诉讼,人民法院应当依法受理。法律、法规、规章和其他规范性文件对行政机关履行职责的期限另有规定的,从其规定。

公民、法人或者其他组织在紧急情况下请求行政机关履行保护其人身权、财产权的法定职责,行政机关不履行的,起诉期间不受前款规定的限制。

行政机关作出具体行政行为时,没有制作或者没有送达法律文书,公民、法人或者其他组织不服向人民法院起诉的,只要能证明具体行政行为存在,人民法院就应当依法受理。

(五)不予受理的情况

有下列情形之一的,人民法院应当裁定不予受理;已经受理的,裁定驳回起诉:

1.请求事项不属于行政审判权限范围的。

2.起诉人无原告诉讼主体资格的。

3.起诉人错列被告且拒绝变更的。

4.法律规定必须由法定或者指定代理人、代表人为诉讼行为,未由法定或者指定代理人、代表人为诉讼行为的。

5.由诉讼代理人代为起诉,其代理不符合法定要求的。

6.起诉超过法定期限且无正当理由的。

7.法律、法规规定行政复议为提起诉讼必经程序而未申请复议的。

8.起诉人重复起诉的。

9.已撤回起诉,无正当理由再行起诉的。

10.诉讼标的为生效判决的效力所羁束的。

11. 起诉不具备其他法定要件的。

上述所列情形可以补正或者更正的,人民法院应当指定期间责令补正或者更正;在指定期间已经补正或者更正的,应当依法受理。

起诉状副本送达被告后,原告提出新的诉讼请求的,人民法院不予准许,但有正当理由的除外。

六、税务行政诉讼的审理与判决

人民法院审理税务行政诉讼案件,以事实为根据,以法律为准绳,对具体行政行为是否合法进行审查。人民法院审理税务行政诉讼案件实行合议、回避、公开审判和两审终审制度。双方当事人在税务行政诉讼中的法律地位平等。当事人在行政诉讼中有权进行辩论,人民检察院有权对行政诉讼实行法律监督。

人民法院应当在税务行政诉讼案件立案之日起 5 日内,将起诉状副本发送被告税务机关。被告应当在收到起诉状副本之日起 10 日内,向人民法院提交作出具体行政行为的有关材料,并提出答辩状。被告不提出答辩状的,不影响人民法院审理。人民法院应当在收到答辩之日起 5 日内将答辩状副本发送给原告。

人民法院公开审理行政案件,但涉及国家秘密、个人隐私和法律另有规定的除外。人民法院审理行政案件,由审判员组成合议庭,或者由审判员、陪审员组成合议庭。合议庭的成员应当是 3 人以上的单数。

(一)税务行政诉讼案件的合并审理

有下列情形之一的,人民法院可以决定合并审理:

1. 两个以上行政机关分别依据不同的法律法规对同一事实作出具体行政行为,公民、法人或者其他组织不服向同一人民法院起诉的。

2. 行政机关就同一事实对若干公民、法人或者其他组织分别作出具体行政行为,公民、法人或者其他组织不服分别向同一人民法院起诉的。

3. 在诉讼过程中,被告对原告作出新的具体行政行为,原告不服向同一人民法院起诉的。

4. 人民法院认为可以合并审理的其他情形。

被告对平等主体之间民事争议所作的裁决违法,民事争议当事人要求人民法院一并解决相关民事争议的,人民法院可以一并审理。

(二)回避

当事人认为审判人员与本案有利害关系或者有其他关系可能影响公正审判,有权申请审判人员回避。审判人员认为自己与本案有利害关系或者有其他关系,应当申请回避。回避的规定适用于书记员、翻译人员、鉴定人和勘验人。

院长担任审判长时的回避由审判委员会决定;审判人员的回避由院长决定;其他人员的回避由审判长决定。当事人对决定不服的,可以申请复议。

当事人申请回避应当说明理由,在案件开始审理时提出;回避事由在案件开始审理后知道的,应当在法庭辩论终结前提出。

被申请回避的人员在人民法院作出是否回避的决定前,应当暂停参与本案的工作,但案件需要采取紧急措施的除外。对当事人提出的回避申请,人民法院应当在 3 日内以口头或者书面形式作出决定。

申请人对驳回回避申请决定不服的,可以向作出决定的人民法院申请复议一次。复议期间,被申请回避的人员不停止参与本案的工作。对申请人的复议申请,人民法院应当在 3 日内作出复议决定,并通知复议申请人。

(三)财产保全

人民法院对因一方当事人的行为或者其他原因,可能使具体行政行为或者人民法院生效裁判不能或者难以执行的案件,可以根据对方当事人的申请作出财产保全的裁定;当事人没有提出申请的,人民法院在必要时也可以依法采取财产保全措施。

人民法院审理起诉行政机关没有依法发给抚恤金、社会保险金、最低生活保障费等案件,可以根据原告的申请,依法书面裁定先予执行。

当事人对财产保全或者先予执行的裁定不服的,可以申请复议。复议期间不停止裁定的执行。

(四)撤诉与缺席判决

原告或者上诉人经合法传唤,无正当理由拒不到庭或者未经法庭许可中途退庭的,可以按撤诉处理。

原告或者上诉人申请撤诉,人民法院裁定不予准许的,原告或者上诉人经合法传唤无正当理由拒不到庭,或者未经法庭许可中途退庭的,人民法院可以缺席判决。

第三人经合法传唤无正当理由拒不到庭,或者未经法庭许可中途退庭的,不影响案件的审理。

(五)变更具体行政行为

被告在一审期间改变被诉具体行政行为的,应当书面告知人民法院。

原告或者第三人对改变后的行为不服提起诉讼的,人民法院应当就改变后的具体行政行为进行审理。

被告改变原具体行政行为,原告不撤诉,人民法院经审查认为原具体行政行为违法的,应当作出确认其违法的判决;认为原具体行政行为合法的,应当判决驳回原告的诉讼请求。

原告起诉被告不作为,在诉讼中被告作出具体行政行为,原告不撤诉的,参照上述规定处理。

（六）诉讼中止与诉讼终结

在诉讼过程中，有下列情形之一的，中止诉讼：

1. 原告死亡，须等待其近亲属表明是否参加诉讼的。

2. 原告丧失诉讼行为能力，尚未确定法定代理人的。

3. 作为一方当事人的行政机关、法人或者其他组织终止，尚未确定权利义务承受人的。

4. 一方当事人因不可抗力的事由不能参加诉讼的。

5. 案件涉及法律适用问题，需要送请有权机关作出解释或者确认的。

6. 案件的审判须以相关民事、刑事或者其他行政案件的审理结果为依据，而相关案件尚未审结的。

7. 其他应当中止诉讼的情形。

中止诉讼的原因消除后恢复诉讼。因上述第 1，2，3 项原因中止诉讼满 90 日仍无人继续诉讼的，裁定终结诉讼，但有特殊情况的除外。

在诉讼过程中有下列情形之一的，终结诉讼：

1. 原告死亡，没有近亲属或者近亲属放弃诉讼权利的。

2. 作为原告的法人或者其他组织终止后，其权利义务的承受人放弃诉讼权利的。

（七）人民法院经过审理可能作出的判决

人民法院经过审理，根据不同情况分别作出以下判决：

1. 具体行政行为证据确凿，适用法律、法规正确，符合法定程序的，判决维持。

2. 具体行政行为有下列情形之一的，判决撤销或者部分撤销，并可以判决被告重新作出具体行政行为：①主要证据不足的；②适用法律、法规错误的；③违反法定程序的；④超越职权的；⑤滥用职权的。

3. 被告不履行或者拖延履行法定职责的，判决其在一定期限内履行。

4. 行政处罚显失公正的，可以判决变更。

（八）驳回诉讼请求的判决

有下列情形之一的，人民法院应当判决驳回原告的诉讼请求：

1. 起诉被告不作为理由不能成立的。

2. 被诉具体行政行为合法但存在合理性问题的。

3. 被诉具体行政行为合法，但因法律、政策变化需要变更或者废止的。

4. 其他应当判决驳回诉讼请求的情形。

人民法院认为被诉具体行政行为合法，但不适宜判决维持或者驳回诉讼请求的，可以作出确认其合法或者有效的判决。

（九）确认违反或者无效的判决

有下列情形之一的，人民法院应当作出确认被诉具体行政行为违法或者无效的判决：

1. 被告不履行法定职责，但判决责令其履行法定职责已无实际意义的。

2. 被诉具体行政行为违法，但不具有可撤销内容的。

3. 被诉具体行政行为依法不成立或者无效的。

被诉具体行政行为违法，但撤销该具体行政行为将给国家利益或者公共利益造成重大损失的，人民法院应当作出确认被诉具体行政行为违法的判决，并责令被诉行政机关采取相应的补救措施；造成损失的，依法判决承担赔偿责任。

（十）撤销违法行为的判决

根据《行政诉讼法》第 54 条第（二）项的规定，判决撤销违法的被诉具体行政行为，将给国家利益、公共利益或者他人合法权益造成损失的，人民法院在判决撤销的同时，可以分别采取以下方式处理：

1. 判决被告重新作出具体行政行为。

2. 责令被诉行政机关采取相应的补救措施。

3. 向被告和有关机关提出司法建议。

4. 发现违法犯罪行为的，建议有权机关依法处理。

人民法院判决被告重新作出具体行政行为，如不及时重新作出具体行政行为，将给国家利益、公共利益或者当事人利益造成损失的，可以限定重新作出具体行政行为的期限。

（十一）判决对当事人的影响

复议决定维持原具体行政行为的，人民法院判决撤销原具体行政行为，复议决定自然无效。

复议决定改变原具体行政行为错误，人民法院判决撤销复议决定时，应当责令复议机关重新作出复议决定。

人民法院判决被告重新作出具体行政行为的，被告不得以同一事实和理由作出与原具体行政行为基本相同的具体行政行为。

《行政诉讼法》第 55 条规定，人民法院判决被告重新作出具体行政行为，被告重新作出的具体行政行为与原具体行政行为的结果相同，但主要事实或者主要理由有改变的，不属于《行政诉讼法》第 55 条规定的情形。

人民法院以违反法定程序为由，判决撤销被诉具体行政行为的，行政机关重新作出具体行政行为不受《行政诉讼法》第 55 条规定的限制。

行政机关以同一事实和理由重新作出与原具体行政行为基本相同的具体行政行为，人民法院应当根据《行政诉讼法》第 54 条第（二）项和第 55 条的规定判决撤销或者部分撤销，并根据《行政诉讼法》第 65 条第 3 款的规定处理。

人民法院审理行政案件不得加重对原告的处罚，但利害关系人同为原告的除外。人民法院审理行政案件不得对行政机关未予处罚的人直接给予行政处罚。

人民法院应当在立案之日起 3 个月内作出第一审判决。有特殊情况需要延长的,由高级人民法院批准,高级人民法院审理第一审案件需要延长的,由最高人民法院批准。

七、税务行政诉讼的上诉

当事人不服人民法院第一审判决的,有权在判决书送达之日起 15 日内向上一级人民法院提起上诉。当事人不服人民法院第一审裁定的,有权在裁定书送达之日起 10 内向上一级人民法院提起上诉。逾期不提起上诉的,人民法院的第一审判决或者裁定发生法律效力。

第一审人民法院作出判决和裁定后,当事人均提起上诉的,上诉各方均为上诉人。诉讼当事人中的一部分人提出上诉,没有提出上诉的对方当事人为被上诉人,其他当事人依原审诉讼地位列明。

原审人民法院收到上诉状,应当在 5 日内将上诉状副本送达其他当事人,对方当事人应当在收到上诉状副本之日起 10 日内提出答辩状,原审人民法院应当在收到答辩状之日起 5 日内将副本送达当事人。原审人民法院收到上诉状、答辩状,应当在 5 日内连同全部案卷和证据报送第二审人民法院。已经预收诉讼费用的,一并报送。

第二审人民法院审理上诉案件,应当对原审人民法院的裁判和被诉具体行政行为是否合法进行全面审查。当事人对原审人民法院认定的事实有争议的,或者第二审人民法院认为原审人民法院认定事实不清楚的,第二审人民法院应当开庭审理。人民法院对上诉案件认为事实清楚的,可以实行书面审理。

第二审人民法院经审理认为原审人民法院不予受理或者驳回起诉的裁定确有错误,且起诉符合法定条件的,应当裁定撤销原审人民法院的裁定,指令原审人民法院依法立案受理或者继续审理。

第二审人民法院裁定发回原审人民法院重新审理的行政案件,原审人民法院应当另行组成合议庭进行审理。

人民法院审理上诉案件,应当在收到上诉状之日起两个月内作出终审判决。有特殊情况需要延长的,由高级人民法院批准,高级人民法院审理上诉案件需要延长的,由最高人民法院批准。

人民法院审理上诉案件,按照下列情形分别处理:①原判决认定事实清楚,适用法律法规正确的,判决驳回上诉,维持原判。②原判决认定事实清楚,但适用法律法规错误的,依法改判。③原判决认定事实不清,证据不足,或者由于违反法定程序可能影响案件正确判决的,裁定撤销原判,发回原审人民法院重审,也可以查清事实后改判。当事人对重审案件的判决、裁定可以上诉。

第二审人民法院审理上诉案件,需要改变原审判决的,应当同时对被诉具体行政行为作出判决。

原审判决遗漏了必须参加诉讼的当事人或者诉讼请求的,第二审人民法院应当裁定撤销原审判决,发回重审。

原审判决遗漏行政赔偿请求,第二审人民法院经审查认为依法不应当予以赔偿的,应当判决驳回行政赔偿请求。

原审判决遗漏行政赔偿请求,第二审人民法院经审理认为依法应当予以赔偿的,在确认被诉具体行政行为违法的同时,可以就行政赔偿问题进行调解;调解不成的,应当就行政赔偿部分发回重审。

当事人在第二审期间提出行政赔偿请求的,第二审人民法院可以进行调解;调解不成的,应当告知当事人另行起诉。

当事人对已经发生法律效力的判决、裁定,认为确有错误的,可以向原审人民法院或者上一级人民法院提出申诉,但判决、裁定不停止执行。

人民法院院长对本院已经发生法律效力的判决、裁定,发现违反法律法规规定认为需要再审的,应当提交审判委员会决定是否再审。

上级人民法院对下级人民法院已经发生法律效力的判决、裁定,发现违反法律法规规定的,有权提审或者指令下级人民法院再审。

人民检察院对人民法院已经发生法律效力的判决、裁定,发现违反法律法规规定的,有权按照审判监督程序提出抗诉。

案例分析

(一)2003年9月,某市国税局一分局的税务稽查人员在检查中发现,孙某开办了一家食品加工厂,自2001年1月开业以来未办理税务登记,也未缴纳增值税。为此,稽查人员曾多次责令其办理税务登记,依法申报纳税,但孙某置之不理。

2003年11月8日,分局对孙某下达了《责令限期改正通知书》,责令其在2003年11月23日以前办理税务登记,并按规定办理纳税申报,但孙某逾期仍未办理。于是,分局作出决定,对孙某未按规定办理税务登记的行为处以1 500元罚款;对其逾期未申报的行为按偷税处理,并核定其开业以来应纳增值税9 578元,同时处以少缴税款1倍的罚款。

分局依照法定权限和法定程序履行了相关手续,由市国税局制作了《税务行政处罚事项告知书》、《税务行政处罚决定书》和《税务处理决定书》,并送交孙某。

孙某不服,在依法缴清了税款和滞纳金后,于2003年11月25日向上一级国税机关申请复议。复议机关审查后认为,该案具体行政行为事实清楚、证据确凿、处理适当,维持市国税局作出的处理决定。

孙某对复议结果仍不服,于 2003 年 12 月 10 日向当地人民法院提起行政诉讼,请求人民法院撤销市国税局制作的《税务处理决定书》和《税务行政处罚决定书》。

法院判决:

法院经审理认为,市国税局作出的偷税处理决定证据确凿、适用法律法规得当,但税务稽查人员在税务检查时没有出示税务检查证,属滥用职权,判决市国税局作出的具体行政行为无效。

问题:

请结合本章所学内容分析本案。

参考答案:

从本案的实质情况来看,税务机关对孙某未按规定办理税务登记进行的处罚、对其偷税的认定、对有关执法文书的制作和送达以及取得的证据均是合法有效的。争议的焦点是:税务稽查人员在实施检查时没有出示税务检查证,是不是滥用职权?

现行的中国税收征管信息系统(CTAIS)稽查程序并没有明确要求税务人员在检查时必须出示税务检查证。根据《税收征管法》第 59 条的规定,税务机关派出的人员进行税务检查时应当出示税务检查证和税务检查通知书;未出示税务检查证和税务检查通知书的,被检查人有权拒绝检查。由此可见,税务人员对纳税户进行税务检查时出示检查证是非常必要的。根据法律的有关规定,税务检查是一种要式行政行为,必须出示检查证和检查通知书才能被确认为合法的行政行为。税务人员在税务检查时应当制作《税务检查笔录》,该笔录应当写明税务稽查机关的名称、税务稽查人员、税务稽查时间、税务稽查地点和税务稽查对象,并在笔录上注明税务人员在税务检查时是否出示过税务检查证,然后由稽查对象在笔录上签字或者盖章。

(二)2000 年 2 月,某市税务稽查机关在检查中发现,该市钢材公司在购销钢材业务中多次虚增增值税期初存货已征税款,累计达 21 万元。1996 年,该公司经理彭某在公司副股级以上干部会上公开倡导账外经营。经税务部门查实,该公司自 1996 年 4 月至检查时止,账外经营钢材业务取得营业收入 1 300 万元,偷税 145 万元。此案移交检察部门侦查终结并起诉至市人民法院,市人民法院以偷税罪判处钢材公司罚金 200 万元,判处法定代表人彭某有期徒刑 6 个月,缓期 1 年执行。2002 年 8 月,税务稽查部门再次对该公司进行纳税检查,发现该公司 2000 年 9、10 月间存在收入不记账、虚报固定资产抵扣等偷税行为,偷税 9 万余元,并在检查中发现了私立账户、违规销毁会计原始凭证等违法行为的证据。8 月 9 日,市国税局下发处罚通知书,责令其限期补缴税款和滞纳金,并处罚款 8 万元。

市钢材公司对这一处罚不服,提出复议,上级税务机关作出了维持原处罚的复议决定。钢材公司以公司账目已经在2000年2月经过税务部门检查,并接受过处罚,不应再次进行处罚为由,向人民法院提起行政诉讼。

问题:

如何理解行政处罚中"一事不再罚"原则?

参考答案:

"一事不再罚"是行政处罚的基本原则之一,具体规定见《中华人民共和国行政处罚法》第24条,其基本含义是对当事人的一个违法行为不能给予两次以上的处罚。行政违法行为是指违反行政法律规范的行为。就税务违法行为来看,根据《税收征管法》规定的精神,一般只要具备了偷税、逃避追缴税款、抗税行为或者其他违反税务管理制度行为的客观要件,就构成税务违法行为,应当依法给予行政处罚。税务行政处罚的主体是特定主体,即纳税人或税务管理的特定对象,同时应当是具备行政责任能力的主体。因此,在税务行政处罚中,"一事"就是指一个税务违法行为截至实施处罚时止所发现的税务违法行为。有连续偷税行为的,应将偷税数额累计计算。本案中,钢材公司虽然已经经过纳税检查,但是其2000年9、10月间的偷税行为并未作过处理,属于新发现的行政违法行为,与2000年2月查实的偷税行为不是"一事",应当受到再次处罚。

思考题

1. 简述税务行政诉讼的概念和特征。
2. 税务行政诉讼的受案范围是什么?
3. 简述税务行政诉讼管辖的确定。
4. 税务行政诉讼中的被告如何确定?
5. 税务行政诉讼中被告应承担怎样的举证责任?
6. 人民法院经过对行政诉讼案件的审理,可能会作出怎样的判决?

第十五章　税务行政赔偿法律制度

要点提示

　　税务行政赔偿制度是国家赔偿制度的重要组成部分，对维护纳税主体的合法权益具有重要意义。本章主要介绍了税务行政赔偿法律制度，包括税务行政赔偿的概念和特征，税务行政赔偿与行政补偿的区别，税务行政赔偿与民事赔偿的区别，税务行政赔偿的原则和构成要件；介绍了承担税务行政赔偿义务的机关、税务行政赔偿的范围以及在哪些情况下国家不承担赔偿责任；介绍了税务行政赔偿程序，包括诉讼程序和非诉讼程序以及两者不同的适用条件和税务行政赔偿的方式。

第一节　税务行政赔偿概述

　　行政赔偿制度在世界范围内的发展是不平衡的，有的国家早在 20 世纪后期就确立了，有的国家迟至现在才开始创设，少数国家目前仍尚未建立。考察和总结一些较早建立行政赔偿制度的西方国家，行政赔偿制度的产生与发展经历了两个阶段：第一个阶段是否定阶段，即由公务员个人承担赔偿责任，公务员执行职务不法侵害相对人，只承认公务员个人责任；第二个阶段是肯定阶段，即国家承担对公务员行使权力所致损害的赔偿责任。

　　行政赔偿是国家赔偿制度的重要组成部分，鉴于侵权主体和赔偿义务机关的不同，行政赔偿有不同的种类，税务行政赔偿是其中一种。我国的行政赔偿制度最初由 1954 年《宪法》确立，《宪法》第 97 条确认，公民"由于国家机关工作人员侵犯公民权利而受到损失的人有取得赔偿的权利"。1982 年修订的《宪法》第 41 条第 3 款规定："由于国家机关和国家机关工作人员侵犯公民权利而受到损失的人，有依照法律规定取得赔偿的权利。"这为我国行政赔偿制度的建立提供了宪法依据。其后，1986 年的《治安管理处罚条例》、1987 年的《民法通则》、1989 年的《行政诉讼法》等一些单行法律法规都相继规定了行政赔偿制度，使行政赔偿制度有了进一步的发展。为保障公民、法人和其他组织享有依法取得国家赔偿的权利，促进国家机关依法行使职权，根据《宪法》，1994 年制定了《中华人民共和国国家赔偿法》（以下简称《国家赔偿法》），并于1995年1月1日生效，这标志着我国行政赔偿制度的进一步完善。根据《中华人民共和国国家赔偿法》、《中华人民共和国税收征收管理法》和《最高人民法院关于人民法院执行〈中华人民共和国国家赔偿法〉几个问题的解释》，本章将重点介绍税务行政赔偿法律制度。

一、税务行政赔偿的概念

（一）行政赔偿的概念和特征

行政赔偿是指国家行政机关或者行政机关的工作人员在行使职权时违法，侵犯了公民、法人或者其他组织的合法权益，并造成了损害，由行政机关作为赔偿义务机关对造成的损害履行赔偿义务。它具有下列特征：

1. 造成赔偿的主体是行政机关和行政机关工作人员。只有享有行政权的行政机关，才能实施行政行为，才能构成行政赔偿。行政行为是由行政机关工作人员作出的，这时，行政机关工作人员行使职权代表的是行政机关，不属于个人行为。

2. 国家负责赔偿的损害必须是行政机关或行政机关工作人员行使职权时造成的。只有行使行政职权的行为，即行政主体行使行政权、执行公务的行为，才能构成行政赔偿。非行使行政职权的行为，如立法机关的立法行为、司法机关的司法行为、行政机关的民事行为等，均不能构成行政赔偿。

3. 行政赔偿因行政行为违法而引起。只有违法行政行为才能构成行政赔偿，合法行政行为不能构成行政赔偿。行政赔偿仅以客观上行政行为违法为要件，而不以行政主体主观上是否有过错为要件。

4. 侵犯相对人合法权益并造成损害。①违法行政行为只有在侵犯了相对人合法权益时才能构成行政赔偿。如果侵犯的不是相对人的合法权益，则不能构成行政赔偿；如果没有侵犯相对人的合法权益，反而有利于相对人的违法减免税，也不能构成行政赔偿；如果剥夺的是相对人的非法利益，也不能构成行政赔偿。②损害必须是现实已经产生或必然产生的，而不是想象的；是直接的损害，而不是间接的损害。

（二）税务行政赔偿的概念

税务行政赔偿是指税务机关及其工作人员在行使职权过程中，因其行为违法而侵犯纳税人、扣缴义务人及其他当事人的合法权益并造成损害，由税务机关依法代表国家给予赔偿的一项法律责任。

税务行政赔偿是当税务机关及其工作人员违法行使职权侵犯纳税人、扣缴义务人及其他当事人的合法权益时，对受害人所受的损害给予救济的一种手段，其在性质上属于国家赔偿，赔偿责任由国家整体负担。税务行政赔偿是一种国家赔偿，意味着税务工作人员违法行政导致侵权损害的责任由国家承担，税务工作人员不因违法行使职权造成损害而对受害人负个人责任，即使税务工作人员有故意或者重大过失也不例外。因此,对税务工作人员违法行政造成的损害,在任何情况下受害人都不能向税务工作人员个人请求赔偿。对税务违法行政造成的损害,受害人也不能针对侵犯机关和个人提出民事赔偿诉讼,对这类损害,受害人只能通过请求行政赔偿的方式得到救济。

(三)税务行政赔偿与行政补偿的区别

如前文所述,税务行政赔偿是因税务机关及其工作人员违法而侵犯纳税人、扣缴义务人等的合法权益并造成损害,由税务机关依法代表国家给予赔偿的法律责任,而行政补偿则是指国家行政机关及其工作人员在管理国家和社会公共事务的过程中,因合法的行政行为给公民、法人或其他组织的合法权益造成了损失,由国家依法予以补偿的制度。两者的区别主要表现在以下三个方面。

1. 产生原因不同。税务行政赔偿产生于税务机关及其工作人员的违法行政行为;行政补偿产生于国家机关及其工作人员的合法行为。

2. 赔偿范围不同。税务行政赔偿受法律规定的限制,并非税务机关及其工作人员的所有违法侵权行为都会产生行政赔偿;行政补偿的范围法律没有明确规定,因此,行政补偿的范围较行政赔偿的范围更大。

3. 救济程度不同。税务行政赔偿仅限于纳税人、扣缴义务人及其他当事人的合法的财产权和人身权的直接损失,并且有最高数额的限制,对受害人的赔偿并不完全充分;行政补偿采取以补偿实际损失为原则的办法,行政机关及其工作人员的合法行为给公民、法人和其他组织的合法权益造成了多大的损害,国家就补偿多少,对受害人的救济相对税务行政赔偿更充分一些。

(四)税务行政赔偿与民事赔偿的区别

税务行政赔偿与民事赔偿两者的区别主要表现在以下四个方面。

1. 产生原因不同。税务行政赔偿的原因在于税务机关及其工作人员违法行使职权,侵犯公民、法人和其他组织的合法权益造成实际损害;民事赔偿产生的原因是民事侵权行为。

2. 责任主体不同。行政赔偿属于国家赔偿的一种,责任主体是国家,赔偿款项由财政列支;民事赔偿的责任主体是民事主体,如税务机关作为民事主体从事非税收征管行为时,如果造成损害,则适用民事赔偿。

3. 赔偿范围不同。税务行政赔偿由《国家赔偿法》作了具体规定,受法律规定的限制,只赔偿直接损失和物质损失,并且规定了赔偿的最高限额。民事赔偿不仅对直接损失进行赔偿,也对事先可以预测的预期利益进行赔偿;不仅对物质损失进行赔偿,也对精神损害进行赔偿。

4. 归责原则不同。税务行政赔偿采用违法原则;民事赔偿以过错责任原则为主,还包括严格责任原则、无过错责任原则和公平责任原则。

二、税务行政赔偿的原则

税务行政赔偿应遵循以下五项原则。

(一)不告不理原则

不告不理原则是指申请人对税务机关造成的损害不提出赔偿请求的,除法定情形外,税务机关一般不会主动进行赔偿。只有在申请人提出赔偿请求时,税务机关才按照有关法律法规的规定负责赔偿。

(二)调解原则

税务行政赔偿案件可以采用调解原则。这点与税务行政复议案件和税务行政诉讼案件截然不同。

(三)及时、合理、依法赔偿原则

税务机关在接到税务行政赔偿申请后应当及时处理,税务行政赔偿时限要尽量缩短、程序要尽量简化;税务行政赔偿的范围、条件及计算方法应当合理、合法。

(四)财政列支赔偿费用原则

按照《国家赔偿法》的有关规定,赔偿费用列入各级财政预算,具体办法由国务院规定。同时,为了监督税务机关依法行使职权,增强税务机关的责任感,规定赔偿义务机关赔偿损失后,应当责成故意或重大过失的工作人员或受委托的组织或者个人承担部分或全部赔偿费用。对有故意或者重大过失的责任人员,有关机关应当依法给予行政处分;构成犯罪的,应当依法追究刑事责任。

(五)以违法为归责原则

《国家赔偿法》第2条规定:"国家机关和国家机关工作人员违法行使职权侵犯公民、法人和其他组织的合法权益造成损害的,受害人有依照本法取得国家赔偿的权利。"这一条的规定就是对违法原则作为行政赔偿基本归责原则在立法中的明文规定。所谓违法原则,是指税务机关的行为是否需要赔偿,以行为是否违反法律作为评定标准。只考察税务机关的行为是否与法律的规定一致,是否违反了现行法律的规定,不考察税务机关的主观状态是否有过错。这一原则在实践中操作方便、认定准确,避免了过错原则对主观状态判断不易的弊病。

三、税务行政赔偿的构成要件

税务行政赔偿是指税务机关及其工作人员在行使职权过程中,因其行为违法而侵犯纳税人、扣缴义务人及其他当事人的合法权益并造成损害,由税务机关依法代表国家给予赔偿的一项法律责任。税务行政赔偿应具备以下五个要件。

(一)侵权主体是行使国家税收征管职权的税务机关及其工作人员

按照《国家赔偿法》的相关规定,我国的国家赔偿范围包括行政赔偿和司法赔偿。在行政赔偿中,由于侵权主体和赔偿义务机关的不同又有不同的种类,税务行政赔偿就是其中的一种。① 税务行政赔偿责任的侵权主体是行使国家税收征管职权的税务机关和税务机关的工作人员，赔偿义务机关是行使税收征管职权的税务机关或行使税收征管职权的税务工作人员所在的税务机关。税务行政赔偿是一种国家赔偿，意味着税务工作人员违法行政导致侵权损害的责任由国家承担。税务工作人员作出的具体税收征管行为造成的损害，由该工作人员所在的税务机关负责赔偿；税务机关赔偿后，应当责令有故意或者重大过失的工作人员承担部分或者全部赔偿费用。

这里所说的税务工作人员，是指在税务机关内行使税收管理职权的税务人员，不包括勤杂工、司机、炊事员等，他们通常不行使国家赋予的税收征管职权。税务机关的司机违反交通规则撞伤行人导致的赔偿不能从国家财政列支的国家赔偿费用项目中支付，而由其所在单位或者其本人负责，适用民法调整。

（二）侵权客体是税务机关或者其工作人员行使税收征管职权的行为

所谓行使税收征管职权的行为，是指在行使税收征管职权时实施的一切活动。这里的"时"并非指时间，更不能解释为上班时间行使税收征管职权国家负责，下班时间国家不负责，而是指关联行为，即在客观上足以确认与税收征管职权相关的行为。这是构成税务行政赔偿责任的基本要件，也是税务行政赔偿责任存在的前提。能够引起税务行政赔偿的行为必须是税务机关或者其工作人员行使职权的行为。如果税务机关或者其工作人员作为民事主体从事民事活动时侵犯了他人的合法权益，对因此造成的损害就不能构成税务行政赔偿责任，国家不负责赔偿。

行使税收征管职权的行为应当是税务具体行政行为，即税务机关及其工作人员为了行使税收征管职权，依法针对特定的、具体的公民、法人或者其他组织而采取某种行政措施的单方公务行为，而不是税务抽象行政行为。即税务机关为了实施税收征管职权，依法在其职权范围内，针对普遍的对象制定和公布具有普遍约束力的税收规范性文件的公务行为。因为税务抽象行政行为针对的人和事往往是不特定的和不具体的，一般情况下，它不会自动地直接产生损害后果。如果说，税务抽象行政行为违反了法律和行政法规，也只有在税务机关和税务机关工作人员适用它针对特定的人和事作出某项税务具体行政行为时才有可能发生侵权，所以国家无须对税务抽象行政行为负赔偿责任。②

（三）税务机关或者其工作人员的职务行为具有违法性

如果税务机关及其工作人员合法行使职权，对纳税人和其他税务当事人的合法权益造成损害的，可以给予税务行政补偿，而不是行政赔偿。根据我国《国家赔偿法》第 2 条的规定，我国国家赔偿的归责原则是违法原则，因而它不同于民法上

---

① 彭正国. 中国纳税人［M］. 北京：中国财经出版社，2001：115.
② 徐放. 税收与社会［M］. 北京：中国税务出版社，2000：55～57.

承担赔偿责任的原则。一般说来,民法上承担赔偿责任的原则是过错原则,要考察行为人的主观心理状态,即行为人存在故意或过失。而国家赔偿法上的归责原则是违法原则,以法律法规作为标准来衡量行为,并不过问行为人主观上处于何种状态。如果该行为违反法律法规,那就是违法,造成损害的,国家就要承担赔偿责任。如果行为人主观上存在过错,但是客观上并未违背法律法规,就不能导致国家应承担的赔偿责任。所谓违法,既包括违反法律法规,也包括不行使法定职权的不作为行为而造成的侵权;既包括实体上的违法,也包括程序上的违法。具体包括没有事实根据或没有法律依据,适用法律或法规错误,违反法定程序,超越职权以及拒不履行法定职责等形式。需要注意的是,对税务执法人员的不当行为,如果是在法律法规规定的范围内自由裁量、灵活机动地处置问题,国家则不承担赔偿责任。

(四)存在对纳税人和其他税务当事人合法权益造成损害的事实

对纳税人和其他税务当事人合法权益造成损害的事实是构成税务行政赔偿责任的核心要件。这里的损害事实是指已经发生的损害,对尚未发生的损害,税务机关不负赔偿义务。如某市税务局未查明偷税、漏税事实就决定对纳税人处以 3 000 元的罚款,所有手续已经办妥但未实际执行,或者在未实际执行前被复议机关复议撤销或人民法院判决撤销了,这种情况下损害没有实际发生,就不产生损害赔偿问题。另外,损害后果已经发生,除了包括确已存在的现实的损害,还包括已经十分清楚的在将来不可避免地必然发生的损害。这里的合法权益是指纳税人或者其他税务当事人的合法财产权和人身权。如果税务机关及其工作人员违法行使职权没有侵犯纳税人和其他税务当事人的合法权益,或者侵犯的是非法利益,或者侵犯的不是财产权和人身权而是其他权利,如政治权利等,均不发生税务行政赔偿。

(五)税务机关及其工作人员的职务违法行为与损害事实之间存在因果关系

如果税务机关及其工作人员在执行职务时虽有违法行为,纳税人和其他税务当事人合法权益也受到损害了,但是这种损害却不是税务机关及其工作人员的职务违法行为引起的,税务机关不负赔偿义务。

第二节 税务行政赔偿的处理

一、税务行政赔偿主体

(一)赔偿请求人

赔偿请求人是指有权要求赔偿的受行政行为侵害的公民、法人或其他组织。我国《国家赔偿法》规定,受害的公民、法人和其他组织有权要求赔偿。受害的公民死亡,其继承人和其他有抚养关系的亲属有权要求赔偿。受害的法人或者其他组织终止,承受其权利的法人或者其他组织有权要求赔偿。税务行政赔偿请求人是指因税务机关及其工作人员违法执行职务而遭受损害,有权请求国家予以赔偿的纳税人、扣缴义务人等。税务行政赔偿请求人既可以是公民,也可以是法人或其他组织。

税务行政赔偿中,有权提出赔偿请求的人或组织有以下几种:

1. 受到税收征管行为损害的纳税人、扣缴义务人或其他当事人。无民事行为能力或限制行为能力的人,当他们的权益遭到税务机关或其工作人员在行使职权时的非法侵犯,他们的监护人为法定代理人,代理他们行使税务行政赔偿请求权。

2. 受到税收征管行为损害的纳税人、扣缴义务人死亡的,其继承人和其他与之有抚养关系的亲属也可以成为赔偿请求人。

3. 受到税收征管行为损害的法人或其他组织终止,承受其权利的法人或其他组织有权要求赔偿。

（二）赔偿义务主体

赔偿义务主体主要有以下几类:

1. 行政机关及其工作人员行使行政职权侵犯公民、法人和其他组织的合法权益造成损害的,该行政机关为赔偿义务机关。

2. 两个以上行政机关共同行使行政职权时侵犯公民、法人和其他组织的合法权益造成损害的,共同行使行政职权的行政机关为共同赔偿义务机关。赔偿请求人有权对其中任何一个行政机关提出赔偿请求。

3. 法律法规授权的组织在行使授予的行政权力时侵犯公民、法人和其他组织的合法权益造成损害的,被授权的组织为赔偿义务机关。

4. 受行政机关委托的组织或者个人在行使受委托的行政权力时侵犯公民、法人和其他组织的合法权益造成损害的,委托的行政机关为赔偿义务机关。

5. 赔偿义务机关被撤销的,继续行使其职权的行政机关为赔偿义务机关;没有继续行使其职权的行政机关的,撤销该赔偿义务机关的行政机关为赔偿义务机关。

6. 经复议机关复议的,最初造成侵权行为的行政机关为赔偿义务机关,但复议机关的复议决定加重损害的,复议机关对加重的部分履行赔偿义务。

二、税务行政赔偿的范围

（一）税务机关及其工作人员在行使行政职权时侵犯人身权的情形

税务机关及其工作人员在行使行政职权时有下列侵犯人身权情形之一的,受害人有取得赔偿的权利:

1. 非法拘禁纳税人和其他税务当事人的。

2. 以其他方法非法剥夺纳税人和其他税务当事人人身自由的。剥夺、限制公民的人身自由只能由司法机关依法实施,其他任何单位或者个人都无权剥夺、限制公民的人身自由。税务机关及其工作人员非法拘禁纳税人和其他税务当事人,或者以其他方式剥夺纳税人和其他税务当事人人身自由的行为,与公安机关的违法拘留或者违法限制公民人身自由的行为不同:"违法"是指法律规定了剥夺或者限制公民人身自由的措施,行政机关有权依法实施,但实施过程中违反了法律规定;"非法"是指行政机关在无权采取剥夺、限制公民人身自由的措施的情况下,对公民的人身自由采取了剥夺、限制行为。

3. 以殴打等暴力行为或者唆使他人以殴打等暴力行为造成纳税人和其他税务当事人身体伤害或者死亡的。

4. 造成纳税人和其他税务当事人身体伤害或者死亡的其他违法行为。

(二)税务机关及其工作人员在行使行政职权时侵犯财产权的情形

税务机关及其工作人员在行使行政职权时有下列侵犯财产权情形之一的,受害人有取得赔偿的权利:

1. 税务机关及其工作人员违法征收税款及滞纳金的。

2. 税务机关及其工作人员对当事人违法实施罚款、没收非法所得等行政处罚的。

3. 税务机关及其工作人员对当事人财产违法采取强制措施或者税收保全措施的。纳税人在限期内已缴纳税款,税务机关未立即解除税收保全措施,使纳税人的合法利益遭受损失的,税务机关应当承担赔偿责任。税务机关滥用职权违法采取税收保全措施、强制执行措施,或者采取税收保全措施、强制执行措施不当,使纳税人、扣缴义务人或者纳税担保人的合法权益遭受损失的,应当依法承担赔偿责任。

4. 税务机关及其工作人员违反国家规定向当事人征收财物、摊派费用的。

5. 税务机关及其工作人员不作为行为造成损害的。

6. 税务机关及其工作人员越权行政或滥用职权造成损害的。

7. 税务机关及其工作人员造成当事人财产损害的其他违法行为。

(三)国家不承担赔偿责任的情形

有下列情形之一的,国家不承担赔偿责任:

1. 税务机关工作人员与行使职权无关的行为。能够引起税务行政赔偿的行为必须是税务机关或者其工作人员的行使职权的行为。对税务机关工作人员与行使职权无关的个人行为,国家不承担责任。税务工作人员非职务行为对他人造成的损害,责任由其个人承担。

2. 因纳税人和其他税务当事人自己的行为致使损害发生的。税务机关及其工作人员的职务违法行为与损害事实之间应存在因果关系。在损害不是由税务行政侵权行为引起,而是由纳税人和其他税务当事人自己的行为引起的情况下,税务机关不承担赔偿义务,但如果出现混合过错,即损害的发生,受害人自己存在过错,税务机关及其工作人员也存在过错,应根据双方过错的大小各自承担责任,此时,税务机关应承担部分赔偿义务。

3. 法律规定的其他情形。

三、税务行政赔偿程序

(一)税务行政赔偿的非诉讼程序

1. 税务行政赔偿请求的提出。依据《国家赔偿法》的规定,赔偿请求人要求赔偿应当先向赔偿义务机关提出,也可以在申请行政复议和提起行政诉讼时一并提出。赔偿请求人在单独提出赔偿请求时,必须以赔偿义务机关先行处理为条件,不得不经赔偿义务机关处理而直接提起诉讼。赔偿请求人可以向共同赔偿义务机关中的任何一个赔偿义务机关要求赔偿,该赔偿义务机关应当先予赔偿。赔偿请求人根据受到损害的不同,可以同时提出数项赔偿要求。

2. 请求赔偿的方式。要求赔偿应当递交申请书,申请书应当载明下列事项:

(1)受害人的姓名、性别、年龄、工作单位和住所,法人或者其他组织的名称、住所和法定代表人或者主要负责人的姓名、职务。

(2)具体的要求、事实根据和理由。

(3)申请的年、月、日。

如果税务行政赔偿请求人书写申请书确有困难,可以委托他人代书,也可以口头申请,由赔偿义务机关记入笔录。

税务行政赔偿请求的提出必须符合以下四个条件:一是有明确的税务行政赔偿机关;二是有具体的赔偿请示和事实依据;三是请求赔偿的范围必须符合法律规定;四是有明确的赔偿处理机关。

3. 对税务行政赔偿申请的处理。赔偿义务机关应当自收到申请之日起两个月内依照本法第四章的规定给予赔偿;逾期不予赔偿或者赔偿请求人对赔偿数额有异议的,赔偿请求人可以自期间届满之日起 3 个月内向人民法院提起诉讼。

(二)税务行政赔偿的诉讼程序

当税务赔偿义务机关逾期不予赔偿或者税务行政赔偿请求人对赔偿数额有异议时,税务行政赔偿请求人可以向人民法院提起诉讼,此时进入税务行政赔偿诉讼程序。税务行政赔偿诉讼与税务行政赔偿非诉讼程序中规定的可以在提起税务行政诉讼的同时一并提出税务行政赔偿请求不同,税务行政赔偿诉讼的提起必须以税务机关的先行处理为条件,而在提起税务行政诉讼时一并提出赔偿请求,则无须经过先行处理。

(三)税务行政追偿制度

根据《国家赔偿法》的规定,履行了赔偿义务的税务机关在赔偿损失后,应当责令有故意或者重大过失的工作人员或者受委托的组织或者个人承担部分或者全部赔偿费用。这是税务机关先行赔偿造成的损害以后再追究责任的制度,它解决的是税务机关与其工作人员或受委托组织之间的关系。规定追偿制度是对违法行使职权的工作人员的一种制裁,有利于促使行政机关工作人员恪尽职守,防止其滥用职权。

《国家赔偿法》还规定,对有故意或者重大过失的工作人员,应当依法给予行政处分;构成犯罪的,应当依法追究刑事责任。

另外,依据国家赔偿费用管理办法的规定,如果赔偿义务机关因故意或者重大过失造成赔偿的,或者超出《国家赔偿法》规定的范围和标准赔偿的,同级人民政府可以责令该赔偿义务机关自行承担部分或者全部赔偿费用。

四、税务行政赔偿的方式

税务行政赔偿方式采取以现金赔偿为主、以返还财产和恢复原状为辅的赔偿原则,具体赔偿方式有以下九种:

1.违反税收法律法规征收税款及滞纳金的,应返还已征收的税款和滞纳金。

2.违反税收法律法规,对有关退税(如减免税、退税等)应退未退的,应按规定办理退税。

3.违法处以罚款、没收财产的,返还罚款和被没收的财产。

4.违法查封、扣押、冻结财产的,解除对财产的查封、扣押、冻结,造成财产损坏或者灭失的,按照下述第5、6种方式赔偿。

5.应当返还的财产损坏的,能够恢复原状的,恢复原状;不能恢复原状的,按照损坏程度给付相应的赔偿金。

6.应当返还的财产灭失的,给付相应的赔偿金。

7.财产已经拍卖的,给付拍卖所得的价款。

8.对造成其他损害的,按照直接损失给予赔偿。

9.税务行政赔偿机关非法拘禁或者以其他方法非法剥夺公民人身自由,并造成受害人名誉权、荣誉权损害的,应当在侵权行为影响的范围内为受害人消除影响,恢复名誉并赔礼道歉。

案例分析

2002年8月,某税务机关在一次专项检查中发现并查实,作为一般纳税人的某私营企业从2001年8月开始,利用不开或少开发票、发票外收入不入账等手段进行偷税,累计偷税额达9万元。9月12日,该税务机关依法定程序作出补税并罚款的决定,并下达了《税务处理决定书》等税务文书,限定该企业在9月27日前缴清税款及罚款。在此期间,该企业并没有履行决定书中的处理规定。9月20日,税务机关发现该企业有转移财产迹象,税务机关在调查核实后,于9月21日责成该企业 9 月 22 日前缴纳税款或提供纳税担保。9 月 23 日,因该企业拒不履行税务机关的决定,税务机关于当日上午 8 时依法采取税收保全措施,扣押了其相当于应纳税款的商品及货物。该企业于 9 月 24 日缴清了税款,税务机关于 9 月 26 日下午 4 时才解除税收保全措施。9 月 28 日,该企业向当地法院起诉,认为税务机关的税收保全措施给其合法利益造成了损害,要求税务机关赔偿其经济损失,法院依法判处税务机关承担赔偿责任。

问题:

1. 申请税务行政赔偿的程序如何进行?

2. 该税务机关是否应承担赔偿义务?

参考答案:

1. 根据《国家赔偿法》第 10 条的规定,赔偿请求人要求赔偿应当先向赔偿义务机关提出,也可以在申请行政复议和提起行政诉讼时一并提出。《国家赔偿法》第 13 条规定,赔偿义务机关应当自收到申请之日起两个月内依照本法第 4 章的规定给予赔偿;逾期不予赔偿或者赔偿请求人对赔偿数额有异议的,赔偿请求人可以自期间届满之日起 3 个月内向人民法院提起诉讼。本案中,该企业应当先行向税务机关提出赔偿请求,对税务机关逾期不予赔偿或者赔偿请求人对赔偿数额有异议的,可以自期间届满之日起 3 个月内向人民法院提起诉讼,或者在申请行政复议和提起行政诉讼时一并提出赔偿请求。

2. 税务行政赔偿是税务机关作为履行国家赔偿义务的机关,对本机关及其工作人员的职务违法行为给纳税人和其他税务当事人的合法权益造成损害,代表国家予以赔偿的制度。本案中,税务机关为保全国家税收收入,依法行使了税收保全措施,依据税收保全措施的实施规定,纳税人在税务机关实施税收保全措施后按规定期限缴纳了税款的,税务机关应在收到税款或银行转回的税票后 24 小时内解除税收保全措施。本案中,纳税人于 9 月 24 日缴清了税款,而税务机关直到 26 日下午 4 时才解除税收保全措施,显然超过了法律规定的 24 小时时限,影响了纳税人的正常经营,给纳税人造成了一定的经营损失。所以,依据《国家赔偿法》的规定,法院依法判处了税务机关承担赔偿责任。

思 考 题

1. 简述税务行政赔偿的概念和构成要件。

2. 如何确定承担税务行政赔偿义务的机关?

3. 税务行政赔偿的范围有哪些?

4. 简述税务行政赔偿程序。

5. 税务行政赔偿的方式有哪些?

参 考 书 目

[1] 徐孟洲.税法学[M].北京:人民大学出版社,2005.

[2] 张守文.税法原理[M].北京:北京大学出版社,2001.

[3] 吉文丽,张晓慧,石玉杰.税法[M].北京:清华大学出版社,2007.

[4] 王春雷.税法[M].北京:经济科学出版社,2006.

[5] 张怡,张新民,陈光宇.税法[M].北京:清华大学出版社,2007.

[6] 赵恒群.税法教程[M].北京:清华大学出版社,北京交通大学出版社,2007.

[7] 施正文.税法要论[M].北京:中国税务出版社,2007.

[8] 李晓安.经济法教程[M].北京:首都经济贸易大学出版社,2006.

[9] 刘隆亨.中国税法概论[M].北京:北京大学出版社,2003.

[10] 中国注册会计师协会.税法[M].北京:中国财政经济出版社,2005.

[11] 刘剑文,熊伟.税法基础理论[M].北京:北京大学出版社,2004.

[12] 张富强.税法学[M].北京:法律出版社,2007.

[13] 高家伟.国家赔偿法学[M].北京:工商出版社,2000.

[14] 薛刚凌.国家赔偿法教程[M].北京:中国政法大学出版社,2003.

[15] 房绍坤,毕可志.国家赔偿法学[M].北京:北京大学出版社,2004.

[16] 刘静仑.比较国家赔偿法[M].北京:群众出版社,2001.

[17] 黄杰,等.国家赔偿法释义与讲座[M].北京:中国人民公安大学出版社,1994.

[18] 陈佳林.中华人民共和国国家赔偿法实用问答[M].北京:中国政法大学出版社,1994.

[19] 陈新民.公法学札记[M].北京:中国政法大学出版社,2001.

[20] 曾世雄.损害赔偿法原理[M].北京:中国政法大学出版社,2001.

[21] 周汉华,何峻.外国国家赔偿制度比较研究[M].北京:警官教育出版社,1992.

[22] 张正钊.国家赔偿制度研究[M].北京:中国人民大学出版社,1996.

[23] 刘剑文.财税法学[M].北京:高等教育出版社,2004.

[24] 张松.税法学概论[M].北京:中国税务出版社,1998.

[25] 樊丽明,张斌,等.税收法治研究[M].北京:经济科学出版社,2004.

[26] 熊晓青.问题与对策:税收争讼法律制度探讨[M].北京:法律出版

社,2002.

[27] 国家税务总局税收科学研究所.西方税收理论[M].北京:中国财政经济出版社,1997.

[28] 高培勇.西方税收理论与政策[M].北京:中国财政经济出版社,1993.

[29] 蔡秀云.新税法教程[M].北京:中国法制出版社,1995.

[30] 许建国.中国税法原理[M].武汉:武汉大学出版社,1995.

[31] 陈清秀.税法总论[M].台北:台湾三民书局,1997.

[32] 刘剑文.WTO 与中国法律改革[M].北京:西苑出版社,2001.

[33] 刘少军,庞淑萍.税法案例教程[M].北京:知识产权出版社,2005.

[34] 林雄.疑难税案法理评述[M].福州:福建人民出版社,2006.

[35] 刘剑文.税收征管法[M].武汉:武汉大学出版社,2003.

[36] 刘剑文.税收法律关系研究述评[OL].北大法律信息网.

[37] 张馨."税收价格论"理念更新与现实意义[J].税务研究,2001(6).

[38] 朱大旗.从税法的调整对象、特点论税收法律关系的性质[J].法天下,2006(2).

[39] 万福,角境.谈税务行政复议规则制定中的几个问题[J].税务.1989(2).

[40] 邵诚,刘作翔.法与公平论[M].西安:西北大学出版社,1995.

[41] 彭正国.中国纳税人[M].北京:中国财经出版社,2001.

[42] 刘剑文.所得税法[M].北京:北京大学出版社,1999.

[43] 刘溶沧,赵志耘.税制改革的国际比较研究[M].北京:中国财政经济出版社,2002.

国外参考文献

[1] 金子宏.日本税法原理[M].刘多田,等,译.北京:中国财政经济出版社. 1989年9月版

[2] 孟德斯鸠.论法的精神[M].张雁深,译.上册.上海:商务图书馆.1961 年版

[3] 洛克.政府论[M].叶启芳,瞿菊农,译.下.上海:商务印书馆.1964年版. 第77页

[4] 詹姆斯·E·米德.效率、公平与产权[M].施仁,译.北京:北京经济学院 出版社.1992年版

[5] 戴维·M.沃克 主编.牛津法律大辞典[M].邓正来,等,译.北京:光明日 报出版社.1989年版

[6] 中川一郎.税法学体系总论.当代公法理论[M].台湾:月旦出版公司. 1993年版

[7] 北野弘久.税法学原理[M].4版.陈刚,杨建广,等,译.北京:中国检察出 版社.2001年版

图书在版编目(CIP)数据

简明税法教程/周序中主编. —北京:首都经济贸易大学出版社,2009.2
(21世纪高职高专经济与管理专业基础课规划教材)
ISBN 978 - 7 - 5638 - 1591 - 3

Ⅰ.简…　Ⅱ.周…　Ⅲ.税法—中国—教材　Ⅳ.D922.22

中国版本图书馆 CIP 数据核字(2008)第 206067 号

简明税法教程
周序中　主编
高桂林　胡延玲　副主编

出版发行　首都经济贸易大学出版社
地　　址　北京市朝阳区红庙(邮编 100026)
电　　话　(010)65976483　65065761　65071505(传真)
网　　址　http://www.sjmcb.com
E - mail　publish@ cueb.edu.cn
经　　销　全国新华书店
照　　排　首都经济贸易大学出版社激光照排服务部
印　　刷　北京永生印刷有限责任公司
开　　本　787 毫米×980 毫米　1/16
字　　数　388 千字
印　　张　20.25
版　　次　2009 年 2 月第 1 版第 1 次印刷
印　　数　1~4 000
书　　号　ISBN 978 - 7 - 5638 - 1591 - 3/D·97
定　　价　29.00 元